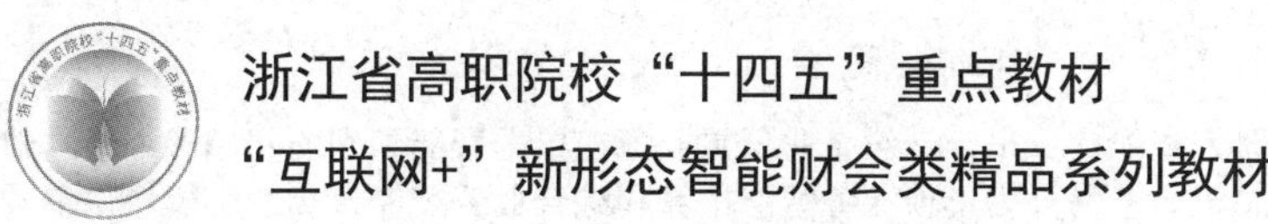

浙江省高职院校“十四五”重点教材

“互联网+”新形态智能财会类精品系列教材

云财务智能核算

蔡梦颖　王碧秀◎主　编

汪　泓　谢计生◎副主编

電子工業出版社

Publishing House of Electronics Industry

北京 · BEIJING

内 容 简 介

本书主要介绍如何依托财务机器人智能核算平台，对企业日常业务在票据智能识别的基础上，通过建立财务模型，实现财务智能核算的过程。全书分为单项业务智能核算和综合业务智能核算两个模块。单项业务智能核算依托企业财务与会计机器人应用云平台，按采购业务智能核算、销售业务智能核算、往来业务智能核算、费用业务智能核算、期末计提摊销结转业务智能核算5个项目的15个具体任务，介绍财务机器人智能核算的基本原理。综合业务智能核算以一家中型商贸企业为案例背景，依托智慧财务云平台，以分岗合作实训形式完成指定企业3个月的全部经济业务智能核算。全书由单项业务到综合业务，整体架构层层递进、由易到难，具有很强的实操性和针对性。

本书配有在“学银在线”平台建成的包含教学标准、教学计划、教学课件、视频微课、试题库等丰富教学资源的线上课程，部分资源可通过扫读书中二维码方式获取。实践教学所需平台由厦门科云信息科技有限公司提供，其中，单项实践教学平台可登录企业网站免费获取，综合实践教学平台可以向企业申请试用。

本书既可作为职业院校财务会计专业和财经商贸大类下其他相关专业的教学用书和1+X“企业财务与会计机器人应用职业技能等级证书”考证用书，还可以作为社会从业人员从事企业智能财务核算的参考用书。

图书在版编目（CIP）数据

云财务智能核算 / 蔡梦颖，王碧秀主编. -- 北京 ：电子工业出版社，2024. 8. -- ISBN 978-7-121-48530-5

Ⅰ. F275-39

中国国家版本馆CIP数据核字第2024RY2343号

责任编辑：贾瑞敏

印　　刷：山东华立印务有限公司

装　　订：山东华立印务有限公司

出版发行：电子工业出版社

北京市海淀区万寿路173信箱　　邮编 100036

开　　本：787×1092　1/16　印张：17.5　字数：448千字

版　　次：2024年8月第1版

印　　次：2024年8月第1次印刷

定　　价：54.00元

凡所购买电子工业出版社图书有缺损问题，请向购买书店调换。若书店售缺，请与本社发行部联系，联系及邮购电话：（010）88254888，88258888。

质量投诉请发邮件至zlts@phei.com.cn，盗版侵权举报请发邮件至dbqq@phei.com.cn。

本书咨询联系方式：（010）88254019，jrm@phei.com.cn。

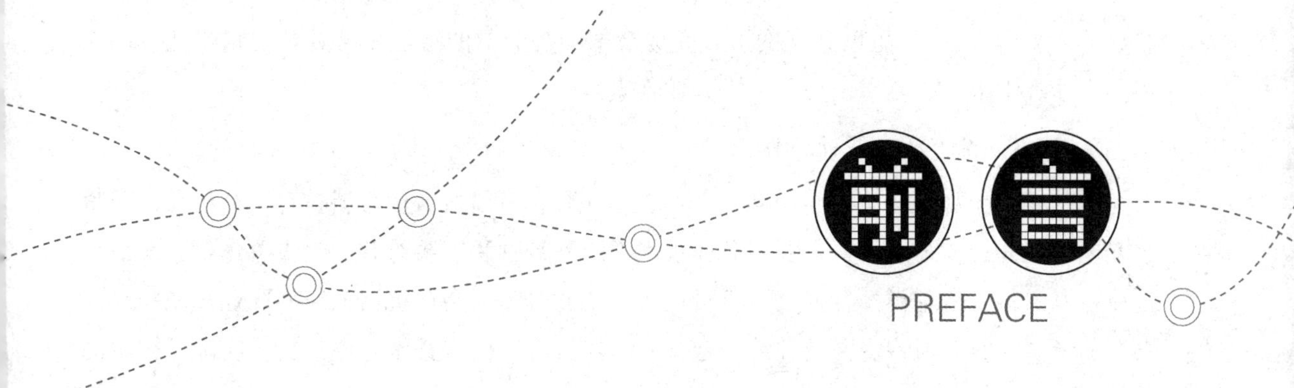

“大智移云”信息技术的快速发展与广泛应用，推动了产业的升级和商业模式的变革，进而对职业教育人才培养提出了新要求。国家陆续发布了《国家职业教育改革实施方案》《关于在院校实施“学历证书+若干职业技能等级证书”制度试点方案》《职业教育专业目录（2021 年）》等一系列职业教育政策文件。为满足目录调整后职业院校财会专业人工智能技术培养的新需求，推进职业院校财会类专业的数智化升级转型，编写团队在三年多的教学实践基础上，精心编写了《云财务智能核算》教材。该教材以如下特色和创新，于 2023 年有幸入选首批浙江省高职院校“十四五”重点教材项目。

1. 德技并修，落实课程思政

本教材以多元化方式落实“立德树人”根本任务。编者在教材中设计了“德技并修”专栏，通过对数字经济、人工智能等内容来引领学习，贯彻二十大精神；配套在线课程设计正向操作案例，培养学生求实务实的工作态度，通过设计反向操作案例，培养学生谨慎细心的工作作风；课堂教学通过小组分岗，培养学生团结协作的团队意识；实践操作通过权限设置，培养学生坚持原则的职业精神。

2. 任务驱动，岗课赛证融通

本教材基于任务驱动的编写理念分两大模块编写。模块一单项业务智能核算，以 1+X“企业财务与会计机器人应用职业技能等级证书”及全国职业院校技能大赛会计技能赛项要求为依据，内容选取了采购业务、销售业务、往来业务、费用业务、期末计提摊销结转业务 5 大业务，以真实经营活动为教学任务情境，以完成工作岗位任务为学习目标进行编排。依托“企业财务与会计机器人应用云平台”（简称财务机器人云平台），让学生以混岗的形式完成特定企业特定业务智能账务处理，理解财务机器人工作原理，达到考取 1+X 证书的目标，也为后续模块二综合业务智能核算学习奠定基础。模块二以苏州美乐食品有限公司 3 个月真实经济业务为内容，按智能财务下的实际工作岗位和流程进行编制。依托“智慧财务云平台”，让学生以分岗的形式完成全部经济业务的智能账务处理与报账任务，在理实一体教学中，练就岗位技能，提升职业素养。

3．产教融合，校企双元合作

本教材由丽水职业技术学院会计专业教学团队、厦门科云信息科技有限公司和国网紧水滩电厂共同合作开发编写。丽水职业技术学院蔡梦颖和王碧秀共同负责总体设计及最终定稿，厦门科云信息科技有限公司负责提供“企业财务与会计机器人应用职业技能等级证书”的考试内容、训练资源及训练平台、技术支持等，国网紧水滩电厂提供实际操作案例和场景资源。

4．资源丰富，满足教、学、训、考需求

本教材已通过“学银在线”平台建成覆盖全部教学任务的教学设计、教学课件、课堂测试题库、视频资源，以及“工作手册式”任务示范项目设计，能充分满足线上线下混合教学需求，也可作为同步 MOOC 和院校 SPOC 的资源共享。“活页式”任务练习页，以及由合作公司免费提供的操作平台，能充分满足日常线下教学、测试及 1+X 考证练习需求。

本教材适用于高等职业院校大数据与会计、大数据与财务管理、财税大数据应用、大数据与审计、会计信息管理等专业教学使用，也可作为财经商贸大类其他专业拓展课程教学使用，同时可供在职人员自学参考。

本书从策划到完稿，前后历时 3 年，感谢厦门科云信息科技有限公司在技术上的大力支持，感谢电子工业出版社贾瑞敏的精心编辑与严格把关。开发一门新课程对于我们来说是一次巨大的挑战，在教材项目设计以及编写的具体细节上难免存在不足，恳请各位老师、同学们批评指正，在此奉上作者联系邮箱：619069952@qq.com。

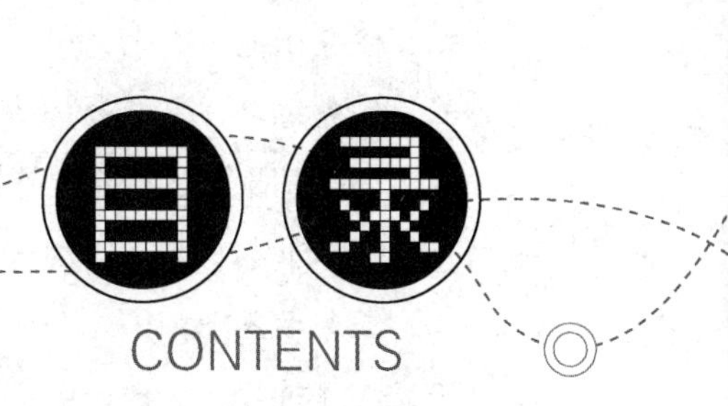
目录
CONTENTS

模块一 单项业务智能核算

学习目标◎

本模块教学依托（厦门科云）财务机器人应用平台，以企业真实案例为背景，以混岗形式完成特定业务财务智能核算为目标，全面考核学生财务机器人智能核算工作原理与业务建模两方面知识与技能的掌握情况。

企业背景◎

本模块所涉企业有 6 家，分别为江苏旺丰物流有限公司、徐州佳和美商贸有限公司、南京星辰电子商务有限公司、厦门信德工业有限公司、福州诚鑫装修有限公司、上海泰鼎网络科技有限公司。

上述各公司经营范围、开户银行、部门设置、执行的财务制度等基本信息可以通过应用平台获取。

【德技并修】数字蝶变 青年担当◎

采购业务智能核算

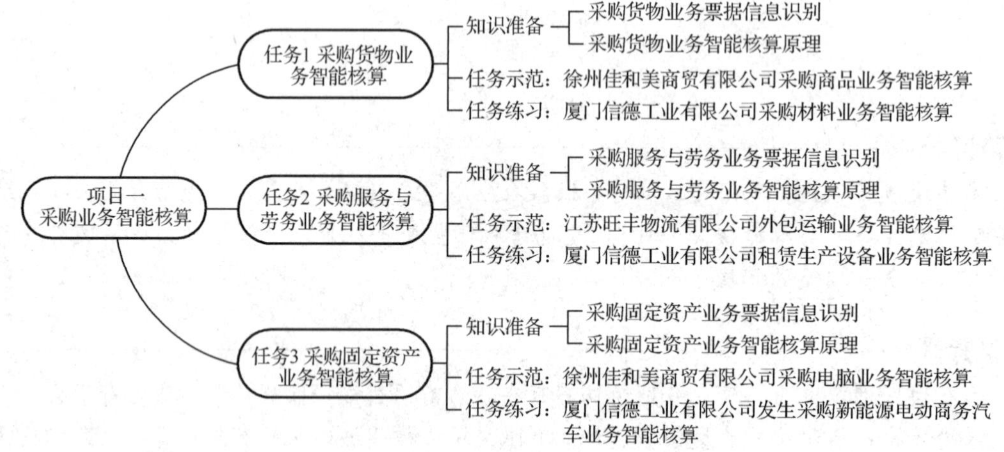

学习目标

知识目标：

1. 熟悉财务机器人识别采购货物、采购服务及劳务、采购固定资产业务所涉发票的主要信息项目。
2. 熟悉财务机器人识别采购货物、采购固定资产业务所涉入库单、验收单的主要信息项目。
3. 掌握采购货物、采购服务及劳务、采购固定资产业务财务机器人票据模型创建原理。
4. 掌握货物入库、固定资产验收业务财务机器人票据模型创建原理。

技能目标：

1. 能在财务机器人云平台熟练进行采购货物及入库、采购服务与劳务、采购固定资产与验收业务的票据建模操作。
2. 能在财务机器人云平台熟练完成采购货物及入库、采购服务及劳务、采购固定资产与验收业务的记账审核，对系统提示的错误进行原因查找并修改，直至生成正确的记账凭证。

素养目标：1．通过对“大智移云物区”新技术了解，提高学生接受新事物的兴趣，增强民族自信心。

2．通过票据建模，培养学生精益求精的工匠精神和谨慎细心的工作作风。

3．通过查找与修改错误，培养学生批判性思维，以及独立思考和分析解决问题的能力。

4．通过分组合作学习，培养学生协作共进的团队意识和积极主动的职业态度。

任务1　采购货物业务智能核算

一、知识准备

（一）采购货物业务票据信息识别

本任务所称采购货物业务是指采购原材料、周转材料、商品等存货资产，其常见的业务票据有发票和入库单。

1. 发票

采购货物业务的发票常见的有增值税专用发票、增值税普通发票、增值税电子普票发票。财务机器人识别发票的主要信息项目有：①票据抬头：江苏增值税普通发票，②销售方：上海美之味食品有限公司苏州经营部，③购买方：徐州佳和美商贸有限公司，④发票号码：45866321，⑤发票代码：6509037336，⑥开票日期：2021-07-14，⑦票据联次：发票联，⑧金额：3270.00，⑨税额：425.10，⑩含税金额：3695.10，⑪账期：2021-07，⑫项目【明细】：水果派面包、海苔肉松吐司，具体见图 1-1-1。

财务机器人识别增值税专用发票的信息项目与识别增值税普通发票的信息项目完全相同。增值税电子普通发票与前两者比较，没有票据联次，其他项目均相同。

2. 入库单

财务机器人识别入库单的主要信息项目有：①票据抬头：入库单，②交货单位：上海美之味食品有限公司苏州经营部，③仓库：商品仓，④发票号码：93732666，⑤交易日期：2021-07-14，⑥票据联次：记账联，⑦金额：3695.10（904.00+2791.10），⑧含税金额：3695.10（904.00+2791.10），⑨账期：2021-07，⑩项目【明细】：水果派面包、海苔肉松吐司，具体见图 1-1-3。

（二）采购货物业务智能核算原理

采购货物业务智能核算是在财务机器人识别的票据信息基础上，进行票据类别、场景类别、场景配置、凭证模板四个流程的设置，通过智能合并或抵销最终智能生成记账凭证。

1. 采购增值税专用发票分录设置原理（见表 1-1-1）

表 1-1-1 采购增值税专用发票分录设置原理

借贷方向	科目来源	科　目	明细科目识别原理（科目匹配类型）	金额识别原理（取值公式）
借	科目	在途物资	按“明细-项目【明细】”自动识别	按“金额”自动识别
借	科目	应交税费-应交增值税-进项税额	——	按“税额”自动识别
贷	科目	应付账款	按“供应商-销售方”自动识别	按“含税金额”自动识别

2. 采购增值税普通发票（含电子普通发票）分录设置原理（见表 1-1-2）

表 1-1-2 采购增值税普通发票（含电子普通发票）分录设置原理

借贷方向	科目来源	科　目	明细科目识别原理（科目匹配类型）	金额识别原理（取值公式）
借	科目	在途物资	按“明细-项目【明细】”自动识别	按“含税金额”自动识别
贷	科目	应付账款	按“供应商-销售方”自动识别	按“含税金额”自动识别

3. 入库单分录设置原理（见表 1-1-3）

表 1-1-3 入库单分录设置原理

借贷方向	科目来源	科目	明细科目识别原理（科目匹配类型）	金额识别原理（取值公式）
借	科目	原材料、库存商品等	按“明细-项目【明细】”自动识别	按“金额”或“含税金额”自动识别
贷	科目	在途物资	按“明细-项目【明细】”自动识别	按“金额”或“含税金额”自动识别

二、任务示范

1-1 任务实施

■ 任务情景

2021 年 7 月，徐州佳和美商贸有限公司采购商品并验收入库，财务部取得增值税专用发票 1 张、增值税普通发票 1 张、入库单 2 张，见图 1-1-1 至图 1-1-4。

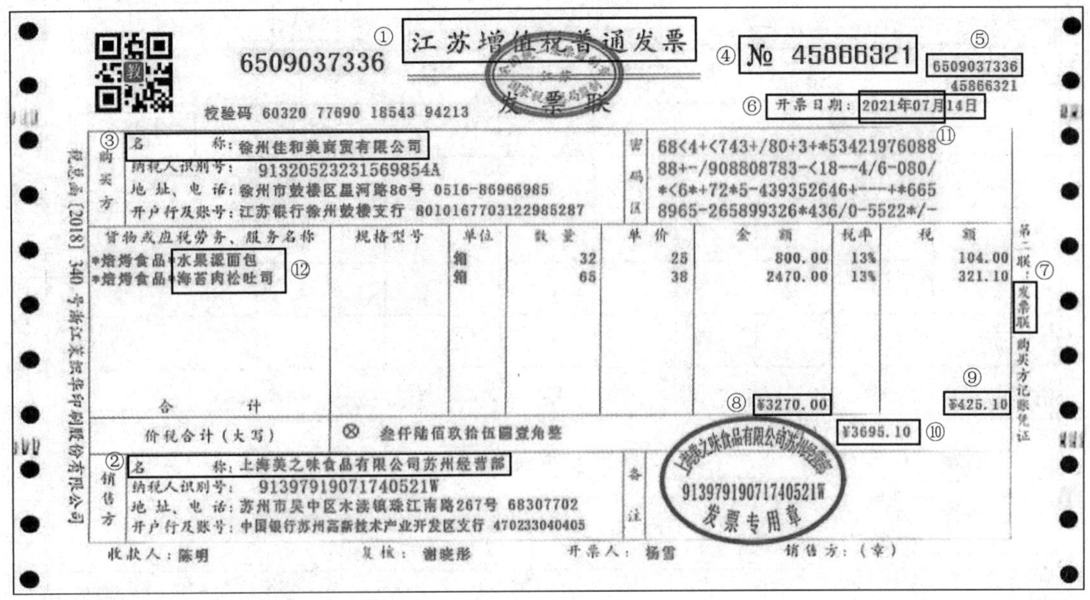

①江苏增值税普通发票　6509037336　④№ 45866321　⑤6509037336 45866321

发票联

校验码 60320 77690 18543 94213　⑥开票日期：2021年07月14日⑪

购买方	③名　　称：徐州佳和美商贸有限公司 纳税人识别号：91320523231569854A 地 址、电 话：徐州市鼓楼区星河路86号 0516-86966985 开户行及账号：江苏银行徐州鼓楼支行 8010167703122985287	密码区	68<4+<743+/80+3+*53421976088 88+-/908808783-<18--4/6-080/ *<6*+72*5-439352646+---+*665 8965-265899326*436/0-5522*/-

货物或应税劳务、服务名称	规格型号	单位	数量	单价	金额	税率	税额
*焙烤食品*水果派面包⑫		箱	32	25	800.00	13%	104.00
*焙烤食品*海苔肉松吐司		箱	65	38	2470.00	13%	321.10
合　　计					⑧¥3270.00		⑨¥425.10
价税合计（大写）	⊗叁仟陆佰玖拾伍圆壹角整				⑩¥3695.10		

销售方	②名　　称：上海美之味食品有限公司苏州经营部 纳税人识别号：91397919071740521W 地 址、电 话：苏州市吴中区木渎镇珠江南路267号 68307702 开户行及账号：中国银行苏州高新技术产业开发区支行 470233040405	备注	

收款人：陈明　　复核：谢晓彤　　开票人：杨雪　　销售方：（章）

第二联：⑦发票联 购买方记账凭证

图 1-1-1　单据 1

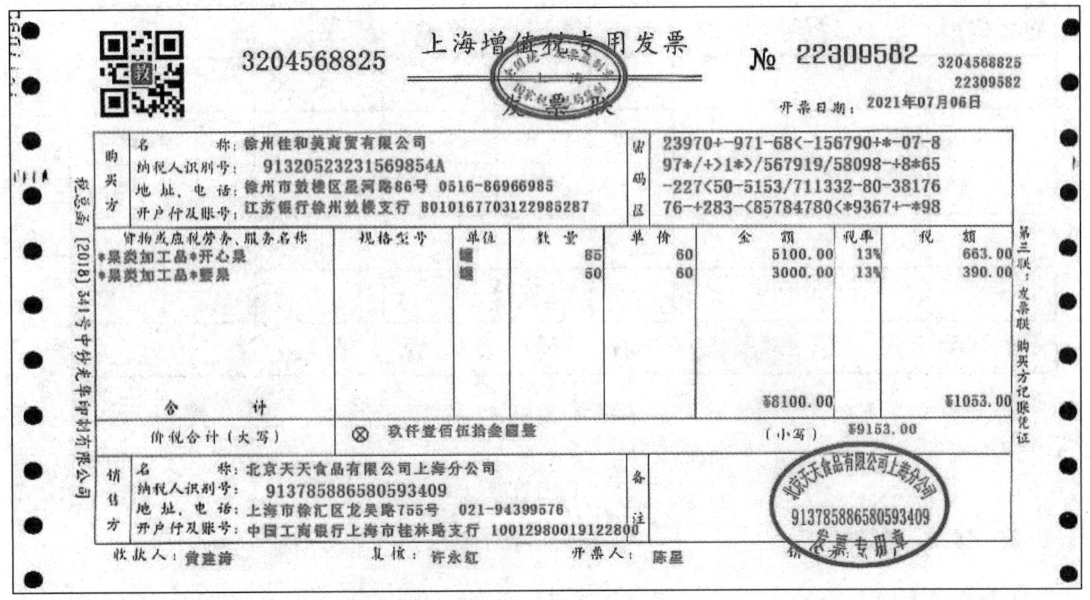

上海增值税专用发票　3204568825　№ 22309582　3204568825 22309582

发票联

开票日期：2021年07月06日

购买方	名　　称：徐州佳和美商贸有限公司 纳税人识别号：91320523231569854A 地 址、电 话：徐州市鼓楼区星河路86号 0516-86966985 开户行及账号：江苏银行徐州鼓楼支行 8010167703122985287	密码区	23970+-971-68<-156790+*-07-8 97*/+>1*>/567919/58098-+8*65 -227<50-5153/711332-80-38176 76-+283-<85784780<*9367+-*98

货物或应税劳务、服务名称	规格型号	单位	数量	单价	金额	税率	税额
*果类加工品*开心果		罐	85	60	5100.00	13%	663.00
*果类加工品*腰果		罐	50	60	3000.00	13%	390.00
合　　计					¥8100.00		¥1053.00
价税合计（大写）	⊗玖仟壹佰伍拾叁圆整				（小写）¥9153.00		

销售方	名　　称：北京天天食品有限公司上海分公司 纳税人识别号：913785886580593409 地 址、电 话：上海市徐汇区龙吴路755号 021-94399576 开户行及账号：中国工商银行上海市桂林路支行 1001298001912280	备注	

收款人：黄建涛　　复核：许永红　　开票人：陈星　　销售方：（章）

第三联：发票联 购买方记账凭证

图 1-1-2　单据 2

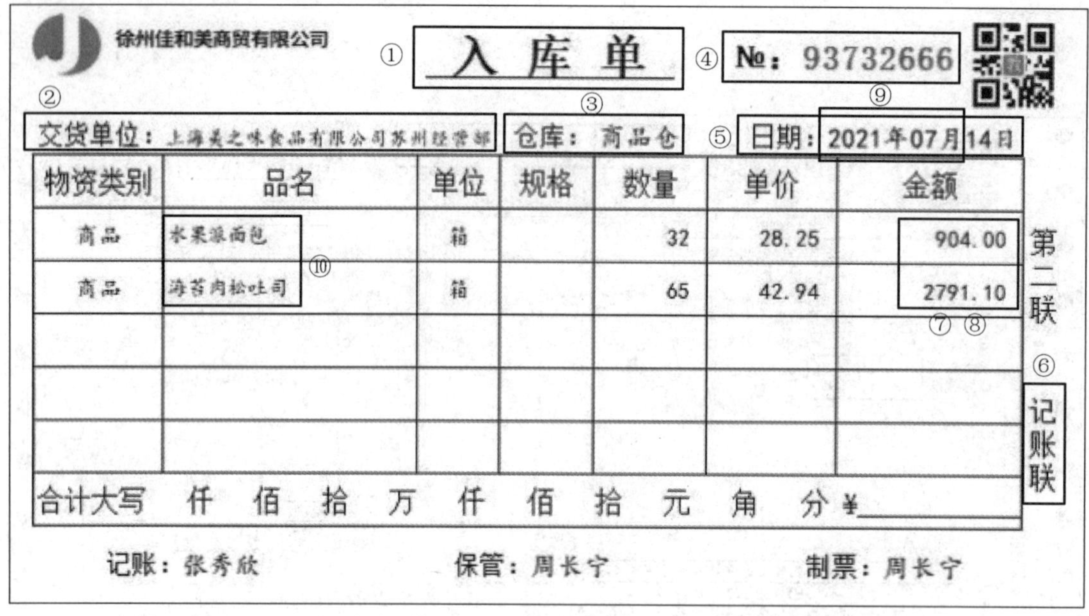

徐州佳和美商贸有限公司　① 入库单　④ №：93732666

② 交货单位：上海美之味食品有限公司苏州经营部　③ 仓库：商品仓　⑤ 日期：⑨ 2021年07月14日

物资类别	品名	单位	规格	数量	单价	金额
商品	水果派面包 ⑩	箱		32	28.25	904.00
商品	海苔肉松吐司	箱		65	42.94	2791.10 ⑦ ⑧
合计大写	仟 佰 拾 万 仟 佰 拾 元 角 分 ¥					

第二联 ⑥ 记账联

记账：张秀欣　保管：周长宁　制票：周长宁

图 1-1-3　单据 3

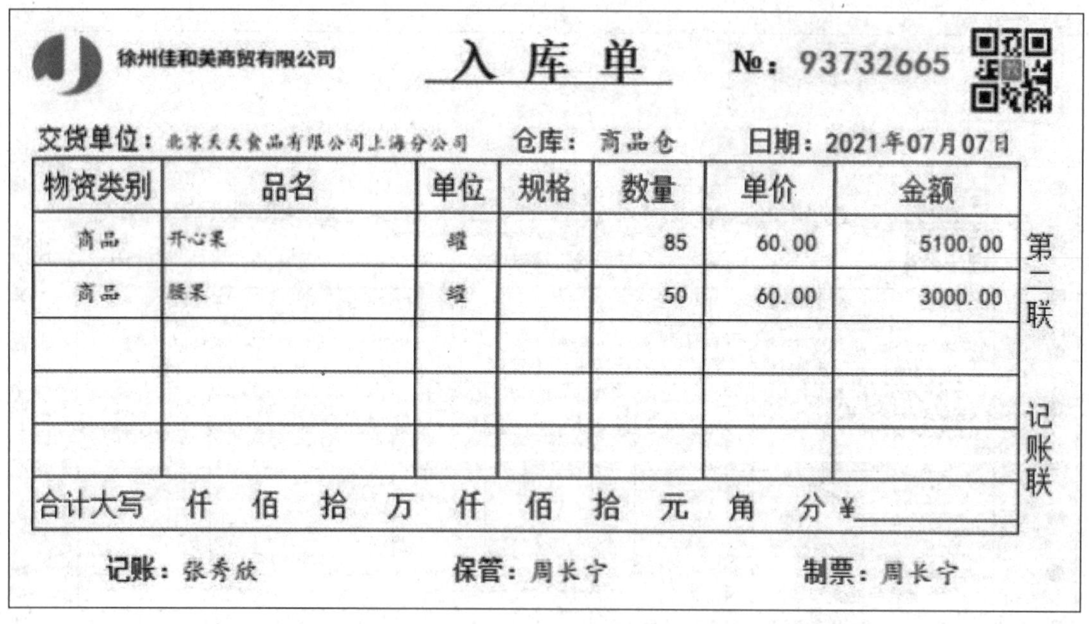

徐州佳和美商贸有限公司　入库单　№：93732665

交货单位：北京美美食品有限公司上海分公司　仓库：商品仓　日期：2021年07月07日

物资类别	品名	单位	规格	数量	单价	金额
商品	开心果	罐		85	60.00	5100.00
商品	腰果	罐		50	60.00	3000.00
合计大写	仟 佰 拾 万 仟 佰 拾 元 角 分 ¥					

第二联 记账联

记账：张秀欣　保管：周长宁　制票：周长宁

图 1-1-4　单据 4

■ 任务目标

根据徐州佳和美商贸有限公司的企业背景、任务情景相关信息，针对 2021 年 7 月份发生的商品采购与入库业务，在财务机器人云平台完成相关票据建模，并自动生成记账凭证。

要求：凭证合并方式为不合并，分录合并方式为不合并，启用分录自定义排序并按借贷方进行排序。

■ 任务实施

根据任务情景，2021 年 7 月徐州佳和美商贸有限公司发生商品采购与入库业务取得的票据有增值税专用发票、增值税普通发票和入库单，因此，应按要求分别进行采购增值税专用发票、采购增值税普通发票和入库单的票据建模。具体操作步骤如下。

➢ 步骤 1：票据识别

在“首页”菜单，依次单击“影像管理”→“影像识别”选项，打开“影像识别”窗口，单击“上传影像”按钮，在“单据识别”选项卡中，依次单击“全选”→“识别”按钮，弹出“账期”对话框，选择账期为“2021-07”，单击“确定”按钮，系统自动进行票据识别。将系统“票据信息”和“票据明细”栏识别信息与纸质票据票面信息进行核对，如果信息出现错误，可以对系统识别的票据信息进行修改。

【友情提示】

单据识别完成后，一定要仔细查看和理解各项票据信息与系统设置项目具体名称的对应关系，这些信息将会在后续建模中被引用。

➢ 步骤 2：票据类别设置

在“首页”菜单，依次单击“业务票据建模”→“票据类别”选项，打开“票据类别”窗口，依次完成增值税专用发票、增值税普通发票以及入库单票据类别设置。

票据类别设置一般需要经过新增大类、新增细类、选择票种和设置筛选条件四个环节，基本流程见图 1-1-5。

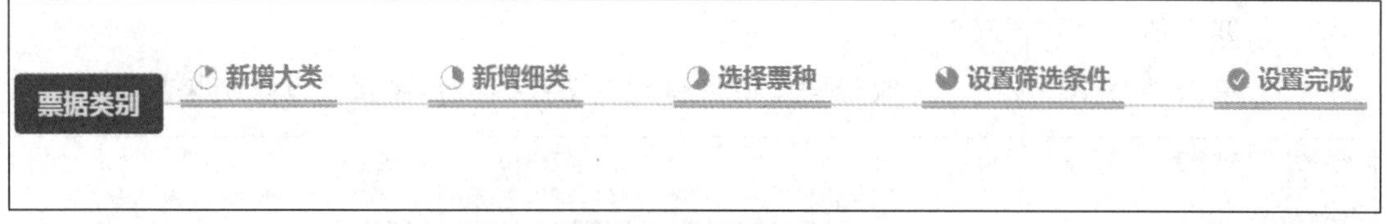

图 1-1-5　票据类别设置流程

1. 设置采购增值税专用发票票据类别

（1）单击“新增大类”按钮，在“主类别”文本框中输入“采购票据”，单击“保存”按钮，完成主类别名称设置。

（2）单击“新增细类”按钮，在“类别名称”文本框中输入“采购专票”，在“选择票种”下拉列表中选择“增值税专用发票”选项，完成类别名称设置及票种选择。

（3）单击“操作+”按钮，添加设置筛选条件 1：筛选项为“@购买方”，操作符为“等于”，匹配值为“徐州佳和美商贸有限公司”。

【友情提示】

在设置筛选条件时，当操作符为“等于”时，匹配值的内容必须与机器人识别的购买方的名称完全相同。

（4）单击“操作+”按钮，添加设置筛选条件 2：筛选项为“@票据联次”，操作符为“等于”，匹配值为“发票联”。

（5）单击“保存”按钮，完成采购增值税专用发票票据类别设置，设置结果见图 1-1-6。

图 1-1-6　采购增值税专用发票票据类别设置

2. 设置采购增值税普通发票票据类别

（1）单击“采购票据”按钮，选择“采购票据”为主类别。

（2）单击“新增细类”按钮，在“类别名称”文本框中输入“采购普票”，在“选择票种”下拉列表中选择“增值税普通发票”选项，完成类别名称设置和票种选择。

（3）单击“操作+”按钮，添加设置筛选条件 1：筛选项为“@购买方”，操作符为“等于”，匹配值为“徐州佳和美商贸有限公司”。

（4）单击“操作+” 按钮，添加设置筛选条件 2：筛选项为“@票据联次”，操作符为“等于”，匹配值为“发票联”。

（5）单击“保存”按钮，完成采购增值税普通发票票据类别设置，设置结果见图 1-1-7。

图 1-1-7　采购增值税普通发票票据类别设置

3. 设置入库单票据类别

（1）单击“新增大类”按钮，在“主类别”文本框中输入“内部单据”，单击“保存”按钮，完成主类别名称设置。

（2）单击“新增细类”按钮，在“类别名称”文本框中输入“入库单”，在“选择票种”下拉列表中选择“入库单”选项，完成类别名称设置和票种选择。

【友情提示】

入库单为内部单据，内部单据一般不需要设置筛选条件。

（3）单击“保存”按钮，完成入库单票据类别设置，设置结果见图 1-1-8。

图 1-1-8　入库单票据类别设置

➢ 步骤 3：场景类别设置

在“首页”菜单，依次单击“业务票据建模”→“场景类别”选项，打开“场景类别”窗口，依次进行增值税发票和入库单场景类别设置。

场景类别设置一般需要经过新增大类、新增细类、选择票种和设置筛选条件四个环节，基本流程见图 1-1-9。

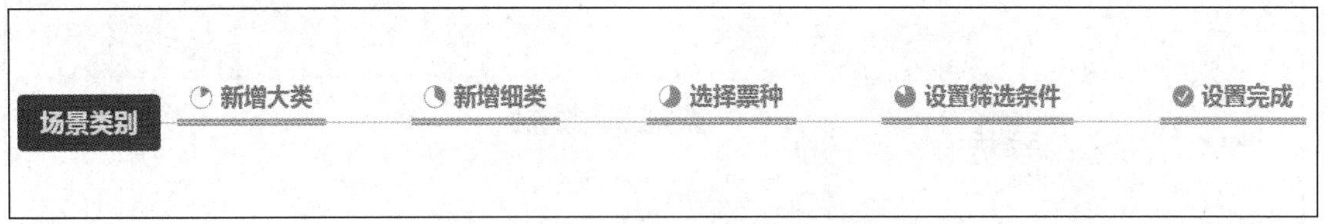

图 1-1-9　场景类别设置流程

1. 设置增值税发票采购商品场景类别

本任务增值税专用发票和增值税普通发票均反映采购商品业务，场景类别具体设置步骤如下。

（1）单击“新增大类”按钮，在“主类别”文本框中输入“采购场景”，单击“保存”按钮，完成主类别名称设置。

（2）单击“新增细类”按钮，在“类别名称”文本框中输入“采购商品”，在“选择票种”下拉列表中选择“采购专票→增值税专用发票”选项，单击“操作+”按钮，添加设置筛选条件：筛选项为“@项目【明细】”，操作符为“包含”，匹配值为“腰果”。

（3）单击“复制规则”按钮，新增自定义 2，筛选条件中的匹配值改为“开心果”，其他选项不变。

【友情提示】

也可使用“新增规则”按钮实现票种选择和筛选条件的设置（本教材后续类似功能全部采用“复制规则”按钮实现）。

注：上述（2）与（3）针对增值税专用发票场景类别设置结果见图 1-1-10。

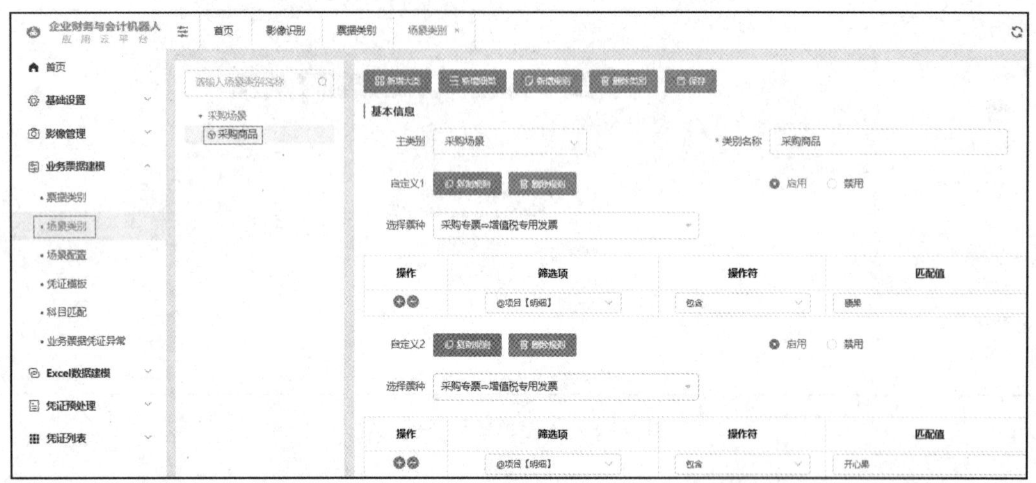

图 1-1-10　增值税专用发票采购商品场景类别设置

（4）继续复制规则，新增自定义 3，在“选择票种”下拉列表中选择“采购普票→增值税普通发票”选项，筛选条件中的匹配值为“水果派面包”，其他选项不变。

注：上述（3）与（4）针对增值税普通发票场景类别设置结果见图 1-1-11。

图 1-1-11　增值税普通发票采购商品场景类别设置

（5）继续复制规则，新增自定义 4，在“选择票种”下拉列表中选择“采购普票→增值税普通发票”选项，筛选条件中的匹配值为“海苔肉松吐司”，其他选项不变。

（6）单击“保存”按钮，完成采购商品全部票据场景类别设置。

2. 设置入库单商品入库场景类别

本任务入库单反映商品入库业务，场景类别具体设置步骤如下。

（1）单击“采购场景”按钮，选择“采购场景”为主类别。

（2）单击“新增细类”按钮，在“类别名称”文本框中输入“商品入库”，在“选择票种”下拉列表中选择“入库单→入库单”选项，完成类别名称设置及票种选择，无须设置筛选条件。

（3）单击“保存”按钮，完成入库单场景类别设置，设置结果见图 1-1-12。

图 1-1-12　入库单商品入库场景类别设置

➢ 步骤 4：场景配置设置

在“首页”菜单，依次单击“业务票据建模”→“场景配置”选项，打开“场景配置”窗口，进行采购商品和商品入库场景配置设置。

场景配置设置一般需要经过新增主场景、新增场景、选择场景类别、选择票据类别和设置组合名称五个环节，基本流程见图 1-1-13。

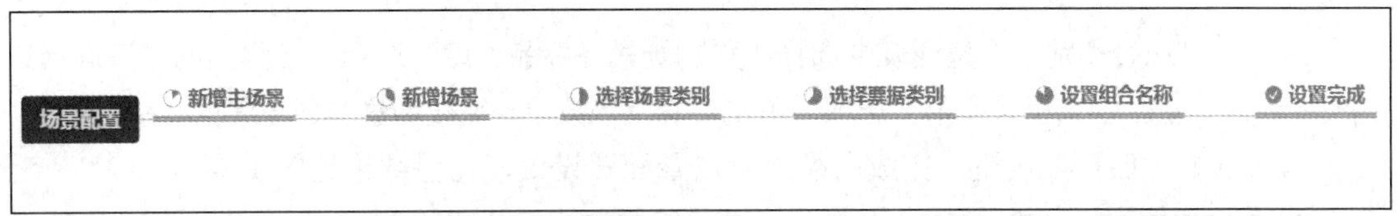

图 1-1-13　场景配置设置流程

1. 设置采购业务采购商品场景配置

（1）单击“新增主场景”按钮，在“主场景”文本框中输入“采购业务”，单击“保存”按钮，完成主场景名称设置。

（2）单击“新增场景”按钮，在“场景名称”文本框中输入“采购商品”，完成场景名称设置。

（3）在“场景类别”下拉列表中选择“采购场景→采购商品”选项，在弹出的“请选择票据类别”对话框中，同时勾选“采购专票”“采购普票”选项，单击“确定”按钮，完成场景类别与票据类别配置。

（4）组合名称命名：选择“采购专票”为主分录票据，组合名称栏设为空；对应“采购普票”组合名称可设为“采购普票”。

（5）单击“保存”按钮，完成采购商品场景配置设置，设置结果见图 1-1-14。

图 1-1-14　采购商品场景配置设置

【友情提示】

同一场景中有多张票据时，需要进行组合名称设置，并将涉及最多的票据类别设置为主分录（一般为增值税专用发票），主分录的组合名称栏设为空行，其他票据对应的组合名称栏需要进行命名，具体名称可根据自己习惯设置。为方便在后续凭证设置时能够快速知晓对应的票据种类，建议以票据类别名称为组合名称。

2. 设置采购业务商品入库场景配置

（1）单击“采购业务”按钮，选择“采购业务”为主场景。

（2）单击“新增场景”按钮，在“场景名称”文本框中输入“商品入库”，完成场景名称设置。

（3）在“场景类别”下拉列表中选择“采购场景→商品入库”选项，在弹出的“请选择票据类别”对话框中勾选“入库单”选项，单击“确定”按钮，完成场景类别与票据类别配置。

（4）单击“保存”按钮，完成商品入库场景配置设置，设置结果见图 1-1-15。

图 1-1-15　商品入库场景配置设置

➢ 步骤 5：凭证模板设置

在“首页”菜单，依次单击“业务票据建模”→“凭证模板”选项，打开“凭证模板”窗口，依次进行采购商品、商品入库场景凭证模板设置。

凭证模板设置一般需要经过凭证头设置、分录设置、辅助核算和合并及排序四个环节，基本流程见图 1-1-16。

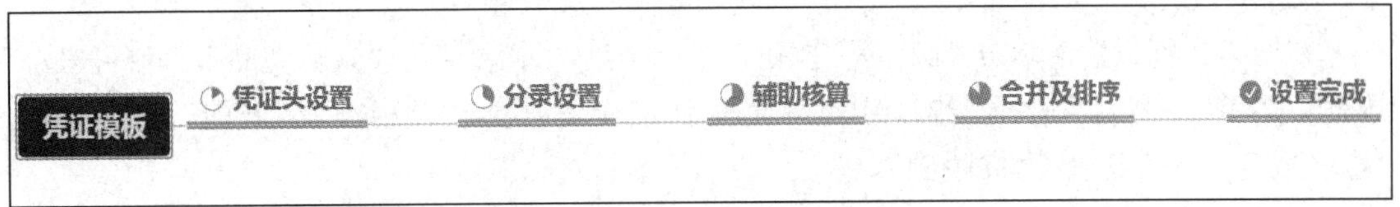

图 1-1-16　凭证模板设置流程

1. 采购商品场景凭证模板设置

单击“采购商品”会计场景后面的“新增模板”按钮，弹出“凭证模板设置”对话框，对采购商品场景凭证模板进行设置。

（1）凭证头设置，设置结果见图 1-1-17，具体设置注意以下两点。

① 记账日期选择。记账日期有开票日期、交易日期及制单日期三种，选择时应与系统识别的票据日期对应的项目名称一致，具体可通过查看首页“影像管理”选项下的“票据信息”栏获取。

② 推送方式选择。推送方式有手动推送与自动推送两种。采用手动推送时，需要手动完成“首页”菜单中，从“凭证预处理”传送到“凭证列表”的操作；采用自动推送时，从“凭证预处理”传送到“凭证列表”的操作自动完成。

【友情提示】

采用自动推送时，如果凭证生成出现错误，需要删除凭证列表中已经生成的凭证，才能让其他步骤修改生效，所以建议同学们初学时先用手动推送。

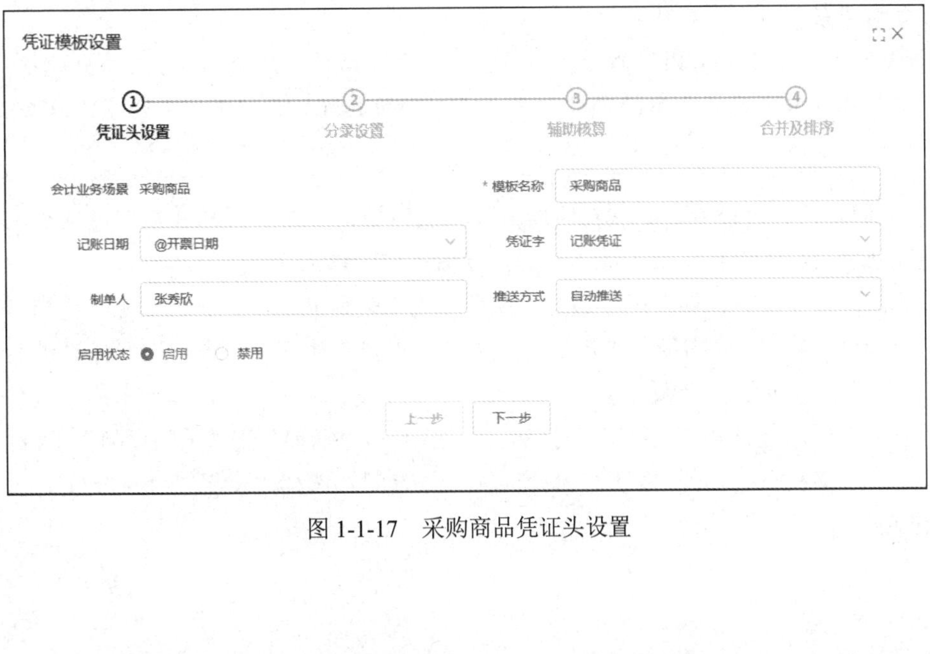

凭证模板设置

① 凭证头设置　② 分录设置　③ 辅助核算　④ 合并及排序

会计业务场景　采购商品　　* 模板名称　采购商品

记账日期　@开票日期　　凭证字　记账凭证

制单人　张秀欣　　推送方式　自动推送

启用状态　◉ 启用　○ 禁用

上一步　下一步

图 1-1-17　采购商品凭证头设置

（2）分录设置。设置好凭证头后，单击“下一步”按钮，进行分录设置。

① 主分录设置。本任务主分录对应采购增值税专用发票，设置结果见图 1-1-18，具体操作步骤如下。

第 1 行设置：“摘要”为“采购商品”，“科目来源”选择“科目”，“科目”选择“1402 在途物资”，“科目匹配类型”选择“明细”，“方向”选择“借”，“金额取值公式”选择“@金额”。

新增第 2 行设置：单击“操作+”按钮，新增一行，“摘要”为“采购商品”，“科目来源”选择“科目”，“科目”选择“22210101 应交税费-应交增值税-进项税额”，“方向”选择“借”，“金额取值公式”选择 “@税额”。

新增第 3 行设置：单击“操作+”按钮，新增一行，“摘要”为“采购商品”，“科目来源”选择“科目”，“科目”选择“2202 应付账款”，“方向”选择“贷”，“金额取值公式”选择“@含税金额”。

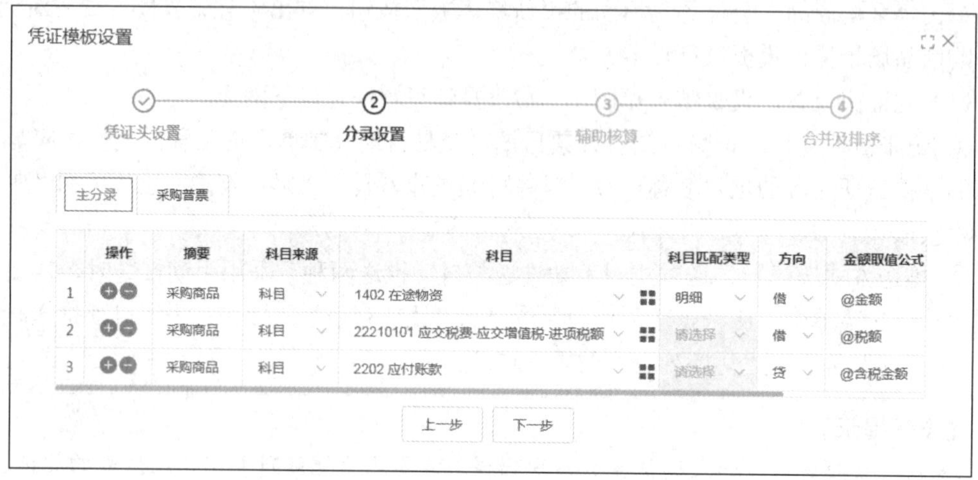

图 1-1-18 采购增值税专用发票分录设置

【友情提示】

摘要的内容设置没有固定的标准答案，比如可以写“采购商品”或“采购@项目【明细】”都是可以的。建议无论是哪种表述方式，前面最好加上“采购”两字，以直观反映采购业务。

② 采购普票分录设置。此项对应增值税普通发票，单击“采购普票”选项卡，对采购普票进行分录设置，设置结果见图 1-1-19。具体操作步骤如下。

第 1 行设置：单击“操作+”按钮，“摘要”为“采购商品”，“科目来源”选择“科目”，“科目”选择“1402 在途物资”，“科目匹配类型”选择“明细”，“方向”选择“借”，“金额取值公式”选择“@含税金额”。

新增第 2 行设置：单击“操作+”按钮，新增一行，“摘要”为“采购商品”，“科目来源”选择“科目”，“科目”选择“2202 应付账款”，“方向”选择“贷”，“金额取值公式”选择“@含税金额”。

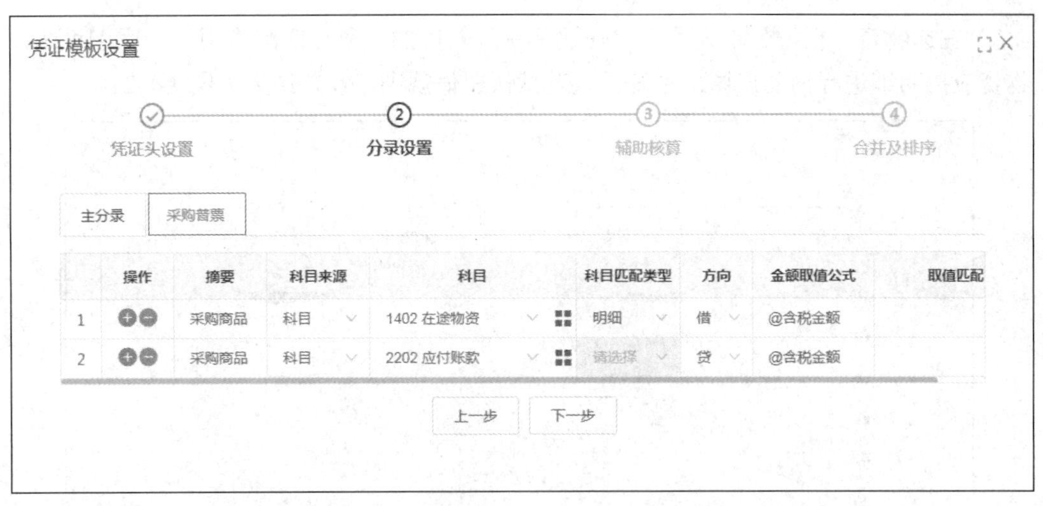

图 1-1-19　采购增值税普通发票分录设置

【友情提示】

①在进行完主分录设置后，别忘记进行“采购普票”分录设置；②不同科目对应的金额取值不同，注意金额、税额与含税金额的区分。

（3）辅助核算。分录设置完成后，单击“下一步”按钮，进行辅助核算。

分析分录设置中的“科目”及“科目匹配类型”选项可知，本任务还需要对应付账款和在途物资进行辅助核算。

① 应付账款：应付账款应按供应商进行辅助核算。单击“供应商”前的“+”按钮，弹出“取值匹配”对话框，“固定栏位”选择“@销售方”，单击“添加”按钮，“操作符”选择“等于”，单击“保存”按钮，完成应付账款的辅助核算设置，设置结果见图 1-1-20。

图 1-1-20　应付账款辅助核算

② 在途物资：根据分录设置中“在途物资”对应的“科目匹配类型”为明细可知，在途物资应按明细进行辅助核算，系统已设置默认取值规则，设置结果见图 1-1-21。

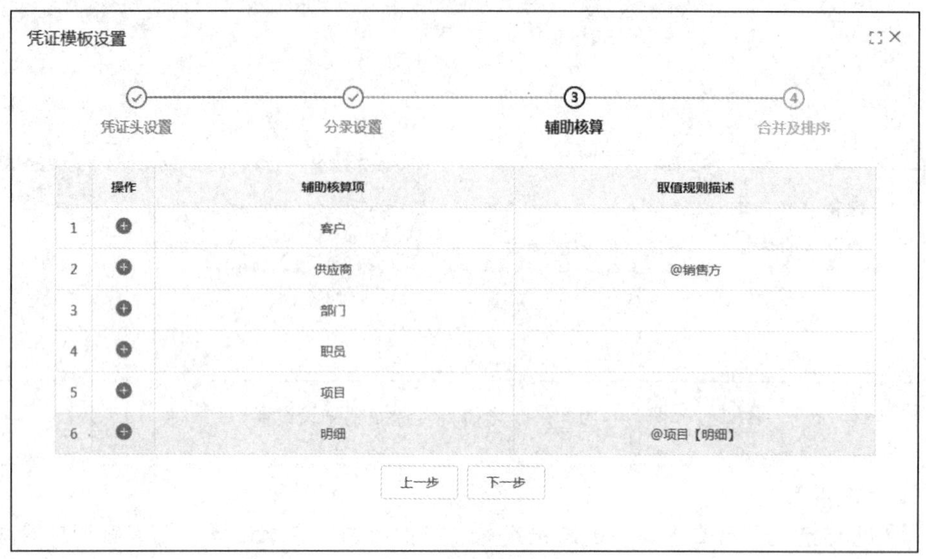

图 1-1-21　在途物资辅助核算

【友情提示】

进行应付账款辅助核算设置时，在固定栏位进行选择时，应选择“@销售方”，不选择“收款方名称”。

（4）合并及排序。辅助核算设置完成后，单击“下一步”按钮，开始合并及排序设置。根据任务要求，“凭证合并方式”选择“不合并”，“分录合并方式”选择“不合并”，“分录自定义排序”选择“启用”，“排序条件”选择“借贷方”，单击“完成”按钮，设置结果见图 1-1-22。

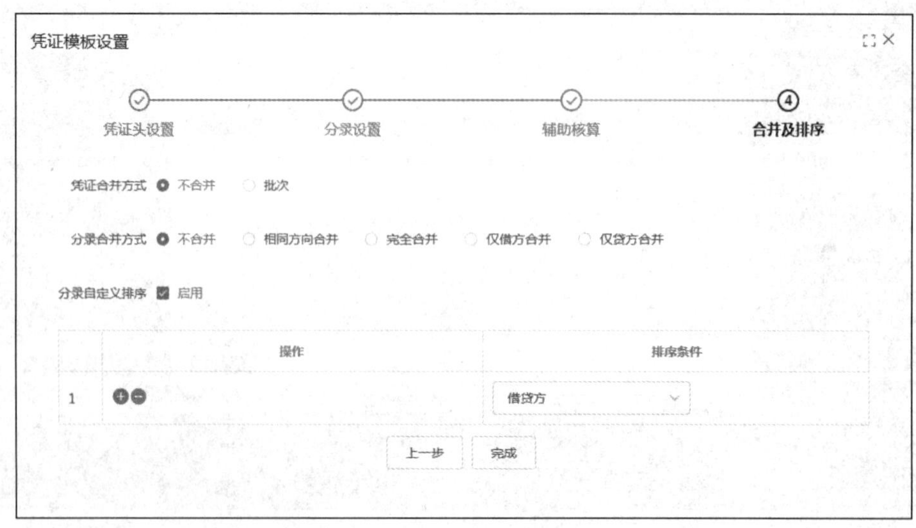

图 1-1-22　合并及排序设置

2. 商品入库场景凭证模板设置

单击“商品入库”会计场景后面的“新增模板”按钮，弹出“凭证模板设置”对话框，对商品入库场景凭证模板进行设置。

（1）凭证头设置。“模板名称”为“商品入库”，“记账日期”选择 “@交易日期”，“凭证字”选择“记账凭证”，“制单人”为“张秀欣”，“启用状态” 选择“启用”，“推送方式”选择“自动推送”。

（2）分录设置。主分录对应入库单，分录设置结果见图 1-1-23，具体操作步骤如下。

第 1 行设置：“摘要”为“商品入库”，“科目来源”选择“科目”，“科目”选择“1405 库存商品”，“科目匹配类型”选择“明细”，“方向”选择“借”，“金额取值公式”选择“@金额”。

新增第 2 行设置：单击“操作+”按钮，“摘要”为“商品入库”，“科目来源”选择“科目”，“科目”选择“1402 在途物资”，“科目匹配类型”选择“明细”，“方向”选择“贷”，“金额取值公式”选择“@金额”。

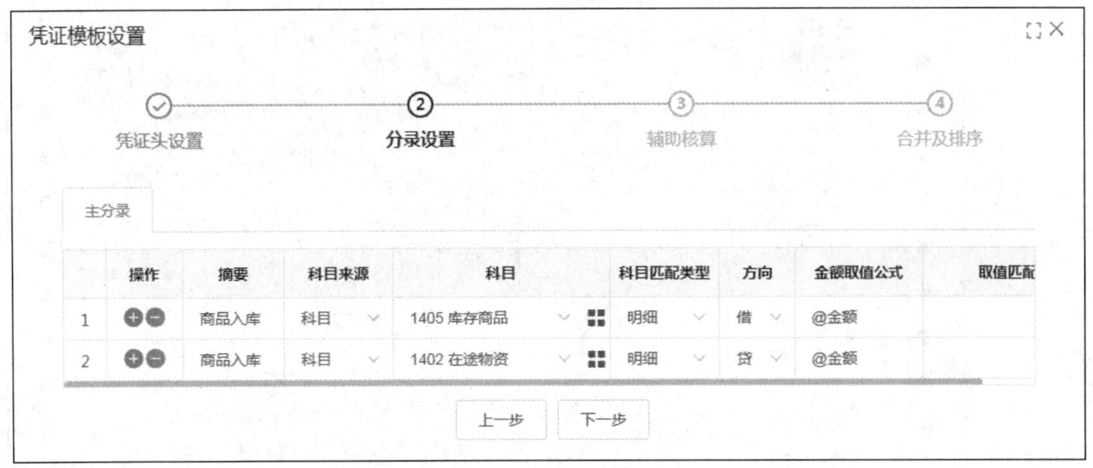

图 1-1-23　商品入库单分录设置

（3）辅助核算。本任务需要对库存商品和在途物资进行辅助核算设置，根据分录设置中对应的科目匹配类型判断，两者均按明细进行辅助核算，系统已默认设置，不需要进行操作。

（4）合并及排序。与采购商品场景相同，此处略。

➢ 步骤 6：票据审核并生成凭证

完成票据类别、场景类别、场景配置和凭证模板四个流程的设置后，要进行票据审核并记账，系统自动生成记账凭证。

（1）在“首页”菜单，依次单击“影像管理”→“影像识别”选项，进入“影像识别”窗口，单击“单据审核”选项卡下的“全选”按钮，选择需要审核的票据，单击“审核并记账”按钮，弹出“确定审核勾选的数据吗”对话框，单击“确定”按钮，即可生成相应的凭证。

（2）若凭证模板采用手动推送方式，依次单击“凭证预处理”→“业务票据凭证”选项，在弹出窗口勾选需要推送的分录，再单击“审核并推送”按钮，完成凭证推送。

（3）单击“凭证列表”按钮，在凭证列表中查看生成的凭证，核对结果是否正确。

【友情提示】

完成票据审核并生成凭证操作后，如果发现有错误，这时需要在“业务票据建模”选项下的“业务票据凭证异常”窗口中，通过异常类型、异常信息及影像等进行综合分析，判断差错的原因，并进行相应的修改与调整。修改完成后要再次在“影像管理”选项下的“影像识别”窗口中进行单据审核。

三、任务练习（见表 1-1-4）

表 1-1-4　学生练习工作页

班级		姓名		组别		时间		地点	
任务情景	2021 年 9 月，厦门信德工业有限公司进行原材料采购并入库。财务部取得增值税专用发票 2 张、入库单 2 张，共 4 张单据。 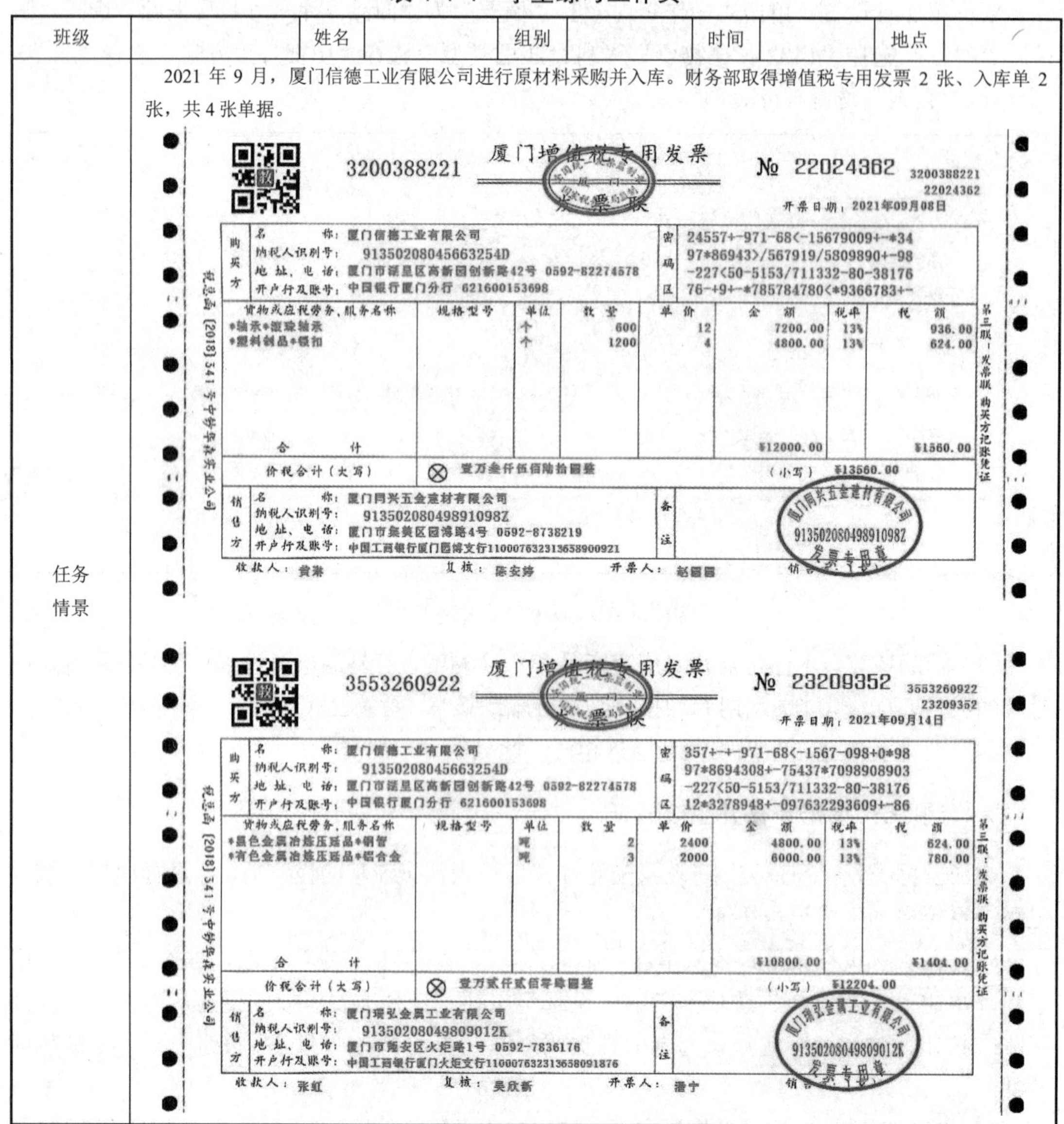								

厦门增值税专用发票

3200388221　　№ 22024362　　3200388221　22024362

发票联　　开票日期：2021年09月08日

购买方	名称：厦门信德工业有限公司 纳税人识别号：91350208045663254D 地址、电话：厦门市湖里区高新园创新路42号 0592-82274578 开户行及账号：中国银行厦门分行 621600153698	密码区	24557+-971-68<-15679009+-*34 97*86943>/567919/5809890+-98 -227<50-5153/711332-80-38176 76-+9+-*785784780<*9366783+-

货物或应税劳务、服务名称	规格型号	单位	数量	单价	金额	税率	税额
*轴承*滚珠轴承		个	600	12	7200.00	13%	936.00
*塑料制品*纽扣		个	1200	4	4800.00	13%	624.00
合　　计					¥12000.00		¥1560.00
价税合计（大写）	⊗ 壹万叁仟伍佰陆拾圆整				（小写）¥13560.00		

销售方	名称：厦门同兴五金建材有限公司 纳税人识别号：91350208049891098Z 地址、电话：厦门市集美区园湾路4号 0592-8738219 开户行及账号：中国工商银行厦门园博支行110007632313658900921	备注	厦门同兴五金建材有限公司 91350208049891098Z 发票专用章

收款人：黄莱　　复核：陈安婷　　开票人：赵圆圆　　销售方：（章）

第三联：发票联　购买方记账凭证

税总函〔2018〕341 号中钞华森实业公司

厦门增值税专用发票

3553260922　　№ 23209352　　3553260922　23209352

发票联　　开票日期：2021年09月14日

购买方	名称：厦门信德工业有限公司 纳税人识别号：91350208045663254D 地址、电话：厦门市湖里区高新园创新路42号 0592-82274578 开户行及账号：中国银行厦门分行 621600153698	密码区	357+-+-971-68<-1567-098+0*98 97*8694308+-75437*7098908903 -227<50-5153/711332-80-38176 12*3278948+-097632293609+-86

货物或应税劳务、服务名称	规格型号	单位	数量	单价	金额	税率	税额
*黑色金属冶炼压延品*钢管		吨	2	2400	4800.00	13%	624.00
*有色金属冶炼压延品*铝合金		吨	3	2000	6000.00	13%	780.00
合　　计					¥10800.00		¥1404.00
价税合计（大写）	⊗ 壹万贰仟贰佰零肆圆整				（小写）¥12204.00		

销售方	名称：厦门瑞弘金属工业有限公司 纳税人识别号：91350208049809012K 地址、电话：厦门市翔安区火炬路1号 0592-7836176 开户行及账号：中国工商银行厦门火炬支行110007632313658091876	备注	厦门瑞弘金属工业有限公司 91350208049809012K 发票专用章

收款人：张虹　　复核：吴欣新　　开票人：潘宁　　销售方：（章）

第三联：发票联　购买方记账凭证

税总函〔2018〕341 号中钞华森实业公司

续表

任务情景

厦门信德工业有限公司　**入库单**　№：95043362

交货单位：厦门同兴五金建材有限公司　仓库：材料仓　日期：2021年09月09日

物资类别	品名	单位	规格	数量	单价	金额
材料	滚珠轴承	个		600	12.00	7200.00
材料	锁扣	个		1200	4.00	4800.00
合计大写	仟 佰 拾 万 仟 佰 拾 元 角 分 ¥					

第二联 记账联

记账：赵萌　保管：徐泽涛　制票：徐泽涛

厦门信德工业有限公司　**入库单**　№：95043363

交货单位：厦门瑞弘金属工业有限公司　仓库：材料仓　日期：2021年09月16日

物资类别	品名	单位	规格	数量	单价	金额
材料	钢管	吨		2	2400.00	4800.00
材料	铝合金	吨		3	2000.00	6000.00
合计大写	仟 佰 拾 万 仟 佰 拾 元 角 分 ¥					

第二联 记账联

记账：赵萌　保管：徐泽涛　制票：徐泽涛

任务目标

根据厦门信德工业有限公司的企业背景、任务情景相关信息，针对 2021 年 9 月份发生的材料采购与入库业务，在财务机器人云平台完成发票和入库单的业务票据建模，并自动生成记账凭证。

要求：凭证合并方式为不合并，分录合并方式为不合并。

任务实施

步骤1：票据识别

请确认机器人识别的发票信息与系统设置项目对应关系：

1．增值税专用发票

①票据抬头：________；②销售方：________；③购买方：________；

④发票号码：________；⑤发票代码：________；⑥开票日期：________；

⑦票据联次：________；⑧金额：________；⑨税额：________；⑩含税金额：________；

⑪账期：________；⑫项目【明细】：________。

2．入库单

①票据抬头：________；②交货单位：________；③仓库：________；

④发票号码：________；⑤交易日期：________；⑥票据联次：________；⑦金额：________；

⑧含税金额：________；⑨账期：________；⑩项目【明细】：________。

步骤2：票据类别

1．增值税专用发票

①主类别：________；

②类别名称：________；

③自定义 1，选择票种：________；

筛选项：________、操作符：________、匹配值：________；

筛选项：________、操作符：________、匹配值：________。

2．入库单

①主类别：________；

②类别名称：________；

③自定义 1，选择票种：________；

筛选项：________、操作符：________、匹配值：________；

筛选项：________、操作符：________、匹配值：________。

续表

<table>
<tr><td rowspan="7">任务实施</td><td rowspan="2">步骤3：场景类别</td><td colspan="2">1．增值税专用发票（采购材料）
①主类别：____；
②类别名称：____；
③自定义1，选择票种：____；
筛选项：____、操作符：____、匹配值：____；
自定义2，选择票种：____；
筛选项：____、操作符：____、匹配值：____；
自定义3，选择票种：____；
筛选项：____、操作符：____、匹配值：____；
自定义4，选择票种：____；
筛选项：____、操作符：____、匹配值：____。</td></tr>
<tr><td colspan="2">2．入库单（材料入库）
①主类别：____；
②类别名称：____；
③自定义1，选择票种：____；
筛选项：____、操作符：____、匹配值：____；
自定义2，选择票种：____；
筛选项：____、操作符：____、匹配值：____；
自定义3，选择票种：____；
筛选项：____、操作符：____、匹配值：____；
自定义4，选择票种：____；
筛选项：____、操作符：____、匹配值：____。</td></tr>
<tr><td rowspan="2">步骤4：场景配置</td><td colspan="2">1．采购材料（增值税专用发票）
①主场景：____；
②场景名称：____；
③场景类别：____，票据类别：____，组合名称：____。</td></tr>
<tr><td colspan="2">2．材料入库（入库单）
①主场景：____；
②场景名称：____；
③场景类别：____，票据类别：____，组合名称：____。</td></tr>
<tr><td rowspan="3">步骤5：凭证模板</td><td rowspan="3">采购材料发票模型（专票）</td><td>1．凭证头设置
①模板名称：____；②记账日期：____；
③凭证字：记账凭证；④制单人：赵萌；⑤推送方式：自动或手动。</td></tr>
<tr><td>2．分录设置
第1行：摘要：____，科目来源：____，科目：____，
科目匹配类型：____，方向：____，金额取值公式：____，
取值匹配：____；
第2行：摘要：____，科目来源：____，科目：____，
科目匹配类型：____，方向：____，金额取值公式：____，
取值匹配：____；
第3行：摘要：____，科目来源：____，科目：____，
科目匹配类型：____，方向：____，金额取值公式：____，
取值匹配：____。</td></tr>
<tr><td>3．辅助核算
（1）对应“在途物资”：辅助核算项：____，取值规则描述：____；
（2）对应“应付账款”：辅助核算项：____，取值规则描述：____。</td></tr>
<tr><td></td><td></td><td></td><td>4．合并排列
凭证合并方式：____，分录合并方式：____，分录自定义排序条件：____。</td></tr>
</table>

续表

<table>
<tr><td rowspan="5">任务实施</td><td rowspan="4">步骤5：凭证模板</td><td rowspan="4">材料入库票据模型</td><td>1. 凭证头设置
①模板名称：________；②记账日期：________；
③凭证字：记账凭证；④制单人：赵萌；⑤推送方式：自动或手动。</td></tr>
<tr><td>2. 分录设置
第1行：摘要：________，科目来源：____，科目：________，
科目匹配类型：____，方向：____，金额取值公式：________，
取值匹配：________；
第2行：摘要：________，科目来源：____，科目：________，
科目匹配类型：____，方向：____，金额取值公式：________，
取值匹配：________。</td></tr>
<tr><td>3. 辅助核算
（1）对应“在途物资”：辅助核算项：________，取值规则描述：________；
（2）对应“原材料”：辅助核算项：________，取值规则描述：________。</td></tr>
<tr><td>4. 合并排列
凭证合并方式：________，分录合并方式：________，分录自定义排序条件：____。</td></tr>
<tr><td>步骤6：审核并生成凭证</td><td colspan="2">注意：如有出现错误的，请在此进行记录。</td></tr>
<tr><td colspan="2">学习感悟</td><td colspan="2"></td></tr>
</table>

任务2 采购服务与劳务业务智能核算

一、知识准备

（一）采购服务与劳务业务票据信息识别

本任务所称服务包括交通运输服务、邮政服务、电信服务、建筑服务、金融服务、现代服务和生活服务，劳务特指加工、修理修配劳务。采购服务与劳务业务获取的原始凭证主要是各种发票，包括增值税专用发票、增值税普通发票、增值税电子普通发票。财务机器人识别的发票信息与本项目任务1中相关内容相同，此处略。

【友情提示】

如果购买的服务与劳务作为费用报销处理，会有相关的费用报销单。除了发票，还会有差旅费报销单、通用费用报销单等内部票据，这些票据的处理不在本任务讲述。

（二）采购服务与劳务业务智能核算原理

采购服务与劳务业务智能核算原理与采购货物业务的相同，也是在财务机器人识别票据信息的基础上，进行票据类别、场景类别、场景配置、凭证模板四个流程的设置，通过智能合并或抵销来完成账务处理。

1. 采购增值税专用发票分录设置原理（见表 1-2-1）

表 1-2-1　采购增值税专用发票分录设置原理

借贷方向	科目来源	科　目	明细科目识别原理（科目匹配类型）	金额识别原理（取值公式）
借	科目	主营业务成本等	按“明细-项目【明细】”自动识别	按“金额”自动识别
		主营业务成本-运费等	——	
借	科目	应交税费-应交增值税-进项税额	——	按“税额”自动识别
贷	科目	应付账款	按“供应商-销售方”自动识别	按“含税金额”自动识别

2. 采购增值税普通发票（含电子普票）分录设置原理（见表 1-2-2）

表 1-2-2　采购增值税普通发票（含电子普票）分录设置原理

借贷方向	科目来源	科目	明细科目识别原理（科目匹配类型）	金额识别原理（取值公式）
借	科目	主营业务成本等	按“明细-项目【明细】”自动识别	按“含税金额”自动识别
		主营业务成本-运费等	——	
贷	科目	应付账款	按“供应商-销售方”自动识别	按“含税金额”自动识别

二、任务示范

1-2 任务实施

■ 任务情景

2021 年 6 月，江苏旺丰物流有限公司发生外包运输业务，财务部取得增值税普通发票 1 张、增值税专用发票 1 张，见图 1-2-1 至图 1-2-2。

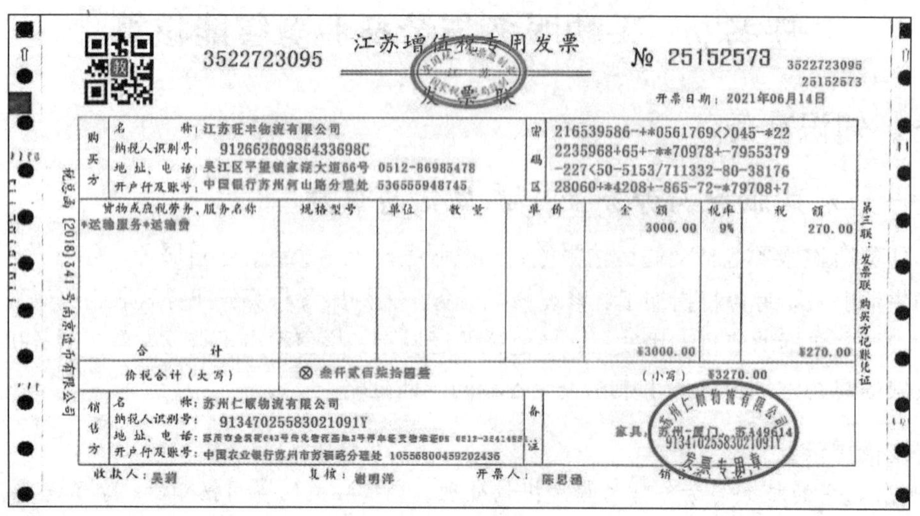

江苏增值税专用发票

3522723095　发票联　№ 25152573　3522723095　25152573

开票日期：2021年06月14日

购买方　名　　称：江苏旺丰物流有限公司
纳税人识别号：91266260986433698C
地 址、电 话：吴江区平望镇家溇大道66号 0512-86985478
开户行及账号：中国银行苏州何山路分理处 536555948745

密码区　216539586-+*0561769<>045-*22
2235968+65+-**70978+-7955379
-227<50-5153/711332-80-38176
28060+*4208+-865-72-*79708+7

货物或应税劳务、服务名称	规格型号	单位	数量	单价	金额	税率	税额
*运输服务*运输费					3000.00	9%	270.00
合　计					¥3000.00		¥270.00

价税合计（大写）　⊗叁仟贰佰柒拾圆整　（小写）¥3270.00

销售方　名　　称：苏州仁顺物流有限公司
纳税人识别号：91347025583021091Y
地 址、电 话：[illegible]
开户行及账号：中国农业银行苏州市苏福路分理处 10556800459202436

备注　家具，苏州-厦门

收款人：吴莉　复核：谢明洋　开票人：陈思涵　销售方：（章）

第三联：发票联　购买方记账凭证

图 1-2-1　单据 1

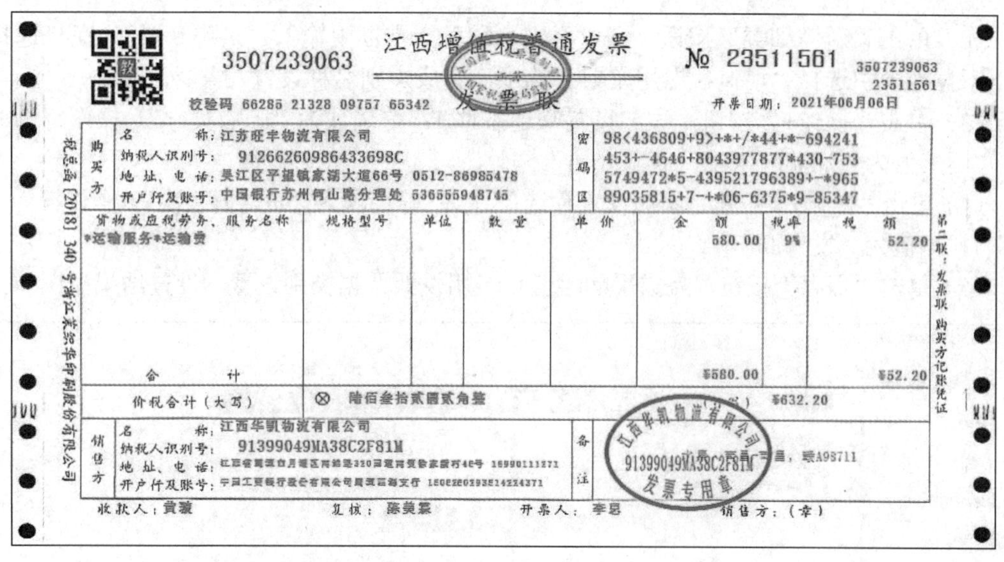

3507239063 江西增值税普通发票 № 23511561 3507239063 23511561

发票联

校验码 66285 21328 09757 65342 开票日期：2021年06月06日

购买方	名称：江苏旺丰物流有限公司 纳税人识别号：91266260986433698C 地址、电话：吴江区平望镇家湖大道66号 0512-86985478 开户行及账号：中国银行苏州何山路分理处 536555948745	密码区	98<436809+9>+*+/*44+*-694241 453+-4646+8043977877*430-753 5749472*5-439521796389+-*965 89035815+7-+*06-6375*9-85347

货物或应税劳务、服务名称	规格型号	单位	数量	单价	金额	税率	税额
*运输服务*运输费					580.00	9%	52.20
合计					¥580.00		¥52.20
价税合计（大写）	⊗ 陆佰叁拾贰圆贰角整			（小写）	¥632.20		

销售方	名称：江西华凯物流有限公司 纳税人识别号：91399049MA38C2F81M 地址、电话： 开户行及账号：	备注	车船号，赣A98711

收款人：黄濛 复核：陈美霖 开票人：李昱 销售方：（章）

第二联：发票联 购买方记账凭证

图 1-2-2 单据 2

■ 任务目标

根据江苏旺丰物流有限公司的企业背景、任务情景相关信息，针对 2021 年 6 月发生的外包运输业务，在财务机器人云平台完成采购发票业务票据建模，并自动生成记账凭证。

要求：凭证合并方式为不合并，分录合并方式为不合并，启用分录自定义排序并按借贷方进行排序。

■ 任务实施

根据任务情景，2021 年 6 月江苏旺丰物流有限公司发生外包运输业务，取得的业务票据有增值税专用发票、增值税普通发票，因此，应按照要求分别完成采购增值税专用发票、采购增值税普通发票的票据建模。

➢ 步骤 1：票据识别

票据识别具体操作参照“项目一采购业务智能核算中的任务 1 任务示范的步骤 1”进行。本步骤操作与前者的区别仅在于需要将账期选择设为“2021-06”，其他操作全部相同，此处不再赘述。本步骤需要特别注意销售方、购买方、金额、税额、含税金额及项目【明细】的具体内容及对应名称。

➢ 步骤 2：票据类别设置

在“首页”菜单，依次单击“业务票据建模”→“票据类别”选项，打开“票据类别”窗口，依次完成增值税专用发票和增值税普通发票票据类别设置。

1. 设置采购增值税专用发票票据类别

（1）单击“新增大类”按钮，在“主类别”文本框中输入“采购票据”，单击“保存”按钮，完成主类别名称设置。

（2）单击“新增细类”按钮，在“类别名称”文本框中输入“采购专票”，在“选择票种”下拉列表中选择“增值税专用发票”选项，完成类别名称设置及票种选择。

（3）单击“操作+”按钮，添加设置筛选条件 1：筛选项为“@购买方”，操作符为“等于”，匹配值为“江苏旺丰物流有限公司”。

（4）单击“操作+”按钮，添加设置筛选条件 2：筛选项为“@票据联次”，操作符为“等于”，匹配值为“发票联”。

（5）单击“保存”按钮，完成采购增值税专用发票票据类别设置，设置结果见图 1-2-3。

图 1-2-3　采购增值税专用发票票据类别设置

2. 设置采购增值税普通发票票据类别

（1）单击“采购票据”按钮，选择“采购票据”为主类别。

（2）单击“新增细类”按钮，在“类别名称”文本框中输入“采购普票”，在“选择票种”下拉列表中选择“增值税普通发票”选项，完成类别名称设置及票种选择。

（3）单击“操作+”按钮，添加设置筛选条件 1：筛选项为“@购买方”，操作符为“等于”，匹配值为“江苏旺丰物流有限公司”。

（4）单击“操作+”按钮，添加设置筛选条件 2：筛选项为“@票据联次”，操作符为“等于”，匹配值为“发票联”。

（5）单击“保存”按钮，完成采购增值税普通发票票据类别设置，设置结果见图 1-2-4。

图 1-2-4　采购增值税普通发票票据类别设置

➢ 步骤 3：场景类别设置

在“首页”菜单，依次单击“业务票据建模”→“场景类别”选项，打开“场景类别”窗口，进行增值税专用发票和增值税普通发票场景类别设置。

本任务增值税专用发票和增值税普通发票均反映采购运输服务业务，场景类别具体设置步骤如下。

（1）单击“新增大类”按钮，在“主类别”文本框中输入“采购场景”，单击“保存”按钮，完成主类别名称设置。

（2）单击“新增细类”按钮，在“类别名称”文本框中输入“采购运输服务”，在自定义 1 下的“选择票种”下拉列表中选择“采购专票→增值税专用发票”，单击“操作+”按钮，添加设置筛选条件：筛选项为“@项目【明细】”，操作符为“包含”，匹配值为“运输费”。

（3）单击“复制规则”按钮，新增自定义 2，在“选择票种”下拉列表中选择“采购普票→增值税普通发票”，筛选条件设置不做修改。

（4）单击“保存”按钮，完成增值税专用发票和增值税普通发票采购运输服务场景类别设置，设置结果见图 1-2-5。

图 1-2-5　增值税专用发票和增值税普通发票采购运输服务场景类别设置

➢ 步骤 4：场景配置设置

在“首页”菜单，依次单击“业务票据建模”→“场景配置”选项，打开“场景配置”窗口，进行采购运输服务场景配置设置，具体操作步骤如下。

（1）单击“新增主场景”按钮，在“主场景”文本框中输入“采购业务”，单击“保存”按钮，完成主场景名称设置。

（2）单击“新增场景”按钮，在“场景名称”文本框中输入“采购运输服务”，完成场景名称设置。

（3）在“场景类别”下拉列表中选择“采购场景→采购运输服务”选项，在弹出的“请选择票据类别”对话框中同时勾选“采购专票”“采购普票”选项，单击“确定”按钮，完成场景类别与票据类别组合配置。

（4）组合名称命名：一般将“采购专票”设为主分录票据，对应的组合名称框设为空；对应票据类别“采购普票”应进行组合名称命名，设为“采购普票”。

（5）单击“保存”按钮，完成采购运输服务场景配置设置，设置结果见图 1-2-6。

图 1-2-6　采购运输服务场景配置设置

➢ 步骤 5：凭证模板设置

在“首页”菜单，依次单击“业务票据建模”→“凭证模板”选项，打开“凭证模板”窗口，进行采购运输服务场景凭证模板设置。

（1）凭证头设置。“模板名称”为“采购运输服务”，“记账日期”选择“@开票日期”，“凭证字”选择“记账凭证”，“制单人”为“吴小萍”，“启用状态”选择“启用”，“推送方式”选择“自动推送”。

（2）分录设置。

① 主分录设置。本任务主分录对应增值税专用发票，设置结果见图 1-2-7，具体操作步骤如下。

图 1-2-7　采购运输服务增值税专用发票分录设置

第 1 行设置：“摘要”为“采购运输服务”；“科目来源”选择“科目”；“科目”选择“640109 主营业务成本-运费”；“方向”选择“借”；“金额取值公式”选择“@金额”。

新增第 2 行设置：单击“操作+”按钮，新增一行，“摘要”为“采购运输服务”；“科目来源”选择“科目”；“科目”选择“22210101 应交税费-应交增值税-进项税额”；“方向”选择“借”；“金额取值公式”选择“@税额”。

新增第 3 行设置：单击“操作+”按钮，“摘要”为“采购运输服务”；“科目来源”选择“科目”；“科目”选择“220201 应付账款-供应商”；“方向”选择“贷”；“金额取值公式”选择“@含税金额”。

② 采购普票。本任务之分录设置。对应增值税普通发票，单击“采购普票”选项卡，开始分录设置，设置结果见图 1-2-8，具体操作步骤如下。

第 1 行设置：“摘要”为“采购运输服务”；“科目来源”选择“科目”；“科目”选择“640109 主营业务成本-运费”；“方向”选择“借”；“金额取值公式”选择“@含税金额”。

新增第 2 行设置：单击“操作+”按钮，新增一行，“摘要”为“采购运输服务”；“科目来源”选择“科目”；“科目”选择“220201 应付账款-供应商”；“方向”选择“贷”；“金额取值公式”选择“@含税金额”。

【友情提示】

①本任务的会计主体为物流公司，其外购的运输服务成本支出是企业的营业成本，因此借方科目为“主营业务成本”；并且进行科目设置时，应选择“主营业务成本-运费”，不能选择“主营业务成本”+科目匹配类型“明细”；②反映款项未付的科目应选择“应付账款-供应商”，不能选择“应付账款”+科目匹配类型“明细”。

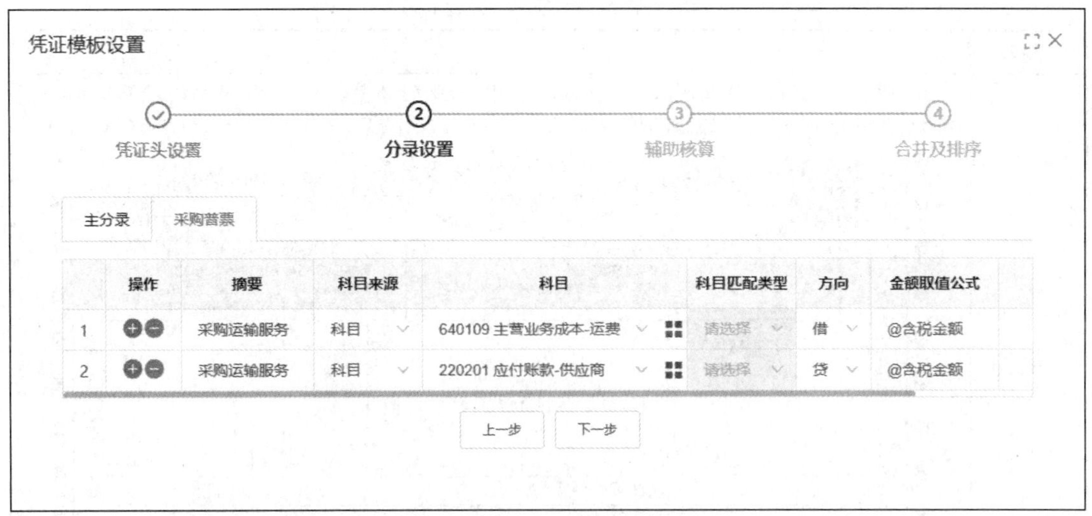

	操作	摘要	科目来源	科目	科目匹配类型	方向	金额取值公式
1	⊕⊖	采购运输服务	科目	640109 主营业务成本-运费	请选择	借	@含税金额
2	⊕⊖	采购运输服务	科目	220201 应付账款-供应商	请选择	贷	@含税金额

图 1-2-8 采购运输服务增值税普通发票分录设置

（3）辅助核算。分析分录设置中的“科目”及“科目匹配类型”选项可知，本任务只需对应付账款进行辅助核算。应付账款应按供应商进行辅助核算。单击“供应商”前的“+”按钮，弹出“取值匹配”对话框，“固定栏位”选择“@销售方”，单击“添加”按钮，“操作符”选择“等于”，单击“保存”按钮，完成应付账款的明细核算设置，设置结果见图 1-2-9。

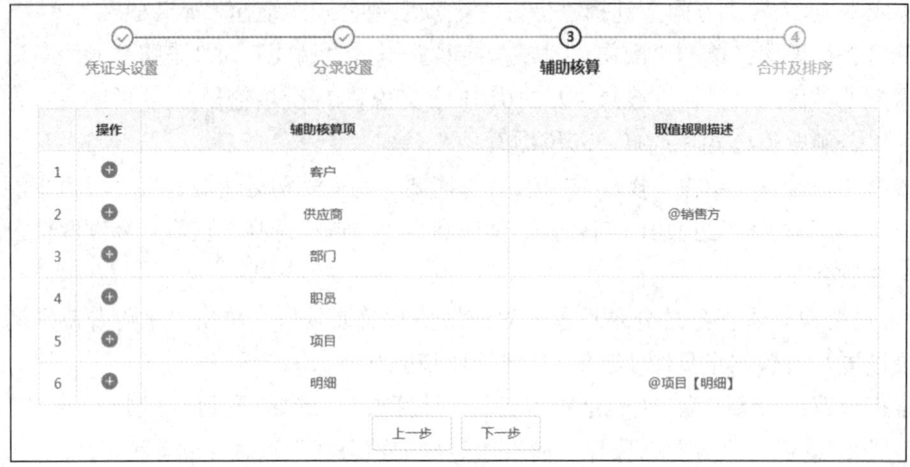

图 1-2-9　应付账款辅助核算设置

（4）合并及排序。操作方法与项目一任务 1 相同，此处略。

➢ 步骤 6：票据审核并生成凭证

完成票据类别、场景类别、场景配置和凭证模板四个流程的设置后，进行单据审核记账，系统自动生成记账凭证。具体操作与本项目任务 1 步骤 6 相同，此处略。

三、任务练习（见表 1-2-3）

表 1-2-3　学生练习工作页

班级		姓名		组别		时间		地点	
任务情景	2021 年 7 月，厦门信德工业有限公司发生租赁生产用设备业务，租赁期为 6 个月，租金于每月初分期支付，期满后设备归还出租方，符合短期租赁特征，承租人采用简化会计处理。财务部取得增值税专用发票 1 张。 3563221362　厦门增值税专用发票　№ 35329226　3563221362　35329226 发票联　开票日期：2021年07月01日 购买方　名称：厦门信德工业有限公司　纳税人识别号：91350208045663254D　地址、电话：厦门市湖里区高新园创新路42号 0592-82274578　开户行及账号：中国银行厦门分行 621600153698 密码区　67+*-7586-+*09764332099-+*70　9+-86945+765**70978+-7845625　-227<50-5153/711332-80-38176　865668643+*796-72-*79865+*42 货物或应税劳务、服务名称：*租赁服务*生产用设备租赁费　规格型号：　单位：月　数量：1　单价：3000　金额：3000.00　税率：9%　税额：270.00 合计　¥3000.00　¥270.00 价税合计（大写）⊗叁仟贰佰柒拾圆整　（小写）¥3270.00 销售方　名称：厦门天逸租赁有限公司　纳税人识别号：91350211MA44294835　地址、电话：厦门市湖里区嘉禾路22号 0592-82347362　开户行及账号：中国银行厦门分行 512937483642 备注　厦门天逸租赁有限公司 91350211MA44294835 发票专用章 收款人：甘美婷　复核：陈碧玉　开票人：许晓燕　销售方（章） 税总函〔2018〕341 号中钞华森实业公司　第三联：发票联 购买方记账凭证								

续表

<table>
<tr><td colspan="2">任务目标</td><td>根据厦门信德工业有限公司企业背景、任务情景相关信息，针对 2021 年 7 月份发生的生产用设备租赁业务，在财务机器人云平台完成设备租赁发票业务票据建模，并自动生成记账凭证。
要求：凭证合并方式为不合并，分录合并方式为不合并。</td></tr>
<tr><td rowspan="9">任务实施</td><td>步骤1：票据识别</td><td>请确认机器人识别的发票信息与系统设置项目对应关系：增值税专用发票。
①票据抬头：________；②销售方：________；③购买方：________；
④发票号码：________；⑤发票代码：________；⑥开票日期：________；
⑦票据联次：________；⑧金额：________；⑨税额：________；⑩含税金额：________；
⑪账期：________；⑫项目【明细】：________。</td></tr>
<tr><td>步骤2：票据类别</td><td>增值税专用发票
①主类别：________；
②类别名称：________；
③自定义 1，选择票种：________；
筛选项：________、操作符：________、匹配值：________；
筛选项：________、操作符：________、匹配值：________。</td></tr>
<tr><td>步骤3：场景类别</td><td>增值税专用发票（租赁服务）
①主类别：________；
②类别名称：________；
③自定义 1，选择票种：________；
筛选项：________、操作符：________、匹配值：________；
筛选项：________、操作符：________、匹配值：________。</td></tr>
<tr><td>步骤4：场景配置</td><td>采购租赁服务（增值税专用发票）
①主场景：________；
②场景名称：________；
③场景类别：________，票据类别：________，组合名称：________。</td></tr>
<tr><td rowspan="4">步骤5：凭证模板</td><td>1. 凭证头设置
①模板名称：________；②记账日期：________；
③凭证字：记账凭证；④制单人：赵萌；⑤推送方式：自动推送或手动推送。</td></tr>
<tr><td>2. 分录设置
第 1 行：摘要：________，科目来源：________，科目：________，
科目匹配类型：________，方向：________，金额取值公式：________，
取值匹配：________；
第 2 行：摘要：________，科目来源：________，科目：________，
科目匹配类型：________，方向：________，金额取值公式：________，
取值匹配：________；
第 3 行：摘要：________，科目来源：________，科目：________，
科目匹配类型：________，方向：________，金额取值公式：________，
取值匹配：________。</td></tr>
<tr><td>3. 辅助核算
（1）对应“应付账款”：辅助核算项：________，取值规则描述：________。</td></tr>
<tr><td>4. 合并排列
凭证合并方式：________，分录合并方式：________，分录自定义排序条件：________。</td></tr>
<tr><td>步骤6：审核并生成凭证</td><td>注意：如有出现错误的请在此进行记录。</td></tr>
</table>

续表

学习感悟	

任务 3　采购固定资产业务智能核算

一、知识准备

（一）采购固定资产业务票据信息识别

本任务所述采购固定资产业务是指采购房屋、建筑物、飞机、火车、轮船、机器、机械等生产设备，与生产经营活动有关的器具、工具、家具等，除飞机、火车、轮船以外的运输工具，以及电子设备等有形资产。

采购固定资产业务常见的业务票据有增值税专用发票、增值税普通发票、增值税电子普通发票、机动车销售统一发票和固定资产验收单。其中：

财务机器人识别机动车销售统一发票信息项目有：①票据抬头：机动车销售统一发票，②销售方：厦门石伟汽车销售有限公司，③购买方：厦门信德工业有限公司，④发票号码：02214856，⑤发票代码：142001643463，⑥开票日期：2021-07-11，⑦票据联次：发票联，⑧金额：200000.00，⑨税额：26000.00，⑩含税金额：226000.00，⑪账期：2021-07，见图 1-3-1。

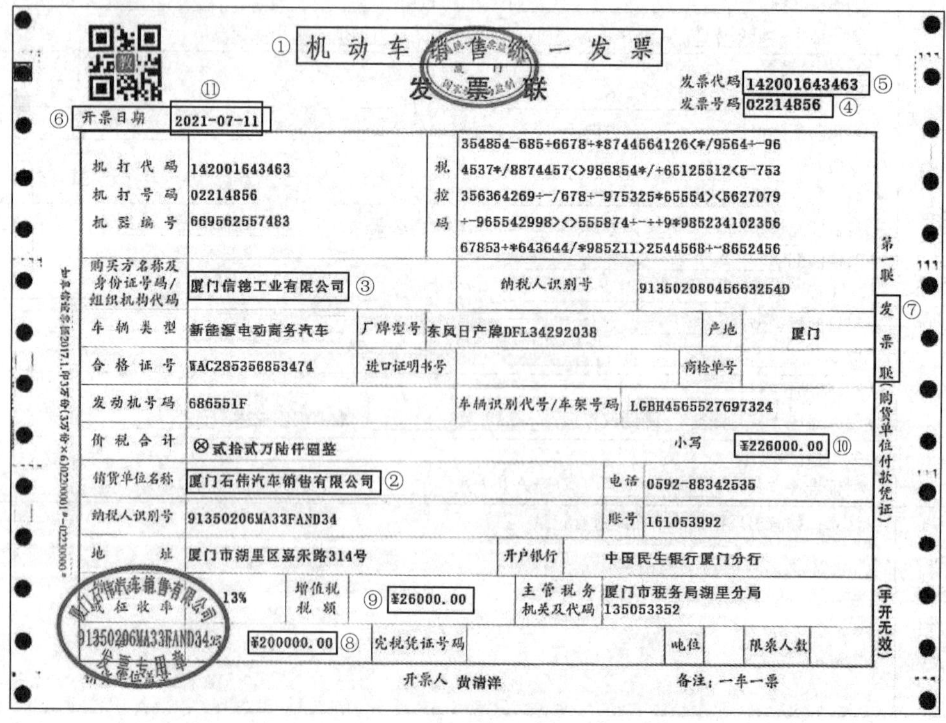
① 机动车销售统一发票
发票联
发票代码 142001643463 ⑤
发票号码 02214856 ④
⑥ 开票日期 2021-07-11 ⑪

机打代码	142001643463	税控码	354854-685÷6678÷*8744564126<*/9564÷-96 4537*/8874457<>986854*/+65125512<5-753 356364269÷-/678÷-975325*65554><5627079 ÷-965542998><555874÷-÷+9*985234102356 67853÷*643644/*985211>2544568÷-8652456
机打号码	02214856		
机器编号	669562557483		

购买方名称及身份证号码/组织机构代码	厦门信德工业有限公司 ③	纳税人识别号	91350208045663254D		
车辆类型	新能源电动商务汽车	厂牌型号	东风日产牌DFL34292038	产地	厦门
合格证号	WAC285356853474	进口证明书号		商检单号	
发动机号码	686551F	车辆识别代号/车架号码	LGBH4565527697324		
价税合计	⊗贰拾贰万陆仟圆整			小写	¥226000.00 ⑩
销货单位名称	厦门石伟汽车销售有限公司 ②	电话	0592-88342535		
纳税人识别号	91350206MA33FAND34	账号	161053992		
地址	厦门市湖里区嘉禾路314号	开户银行	中国民生银行厦门分行		
增值税税率或征收率	13%	增值税税额	⑨ ¥26000.00	主管税务机关及代码	厦门市税务局湖里分局 135053352
不含税价	¥200000.00 ⑧	完税凭证号码		吨位	限乘人数

开票人 黄清洋　　备注：一车一票

第一联 发票联 ⑦（购货单位付款凭证）（手开无效）

图 1-3-1　财务机器人识别销售机动车统一发票信息项目及内容

财务机器人识别固定资产验收单的主要信息项目有：①票据抬头：固定资产验收单，②资产类别：电子设备，③资产名称：笔记本电脑，④交易日期：2021-06-18，⑤金额：6000.00，⑥含税金额：6000.00，⑦账期：2021-06，见图 1-3-2。

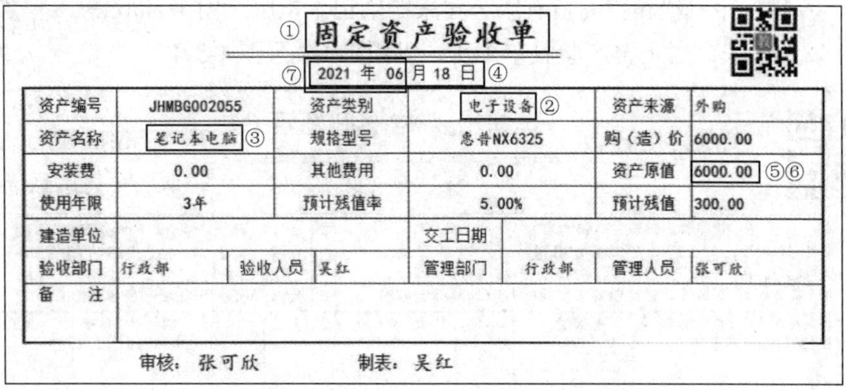

①固定资产验收单

⑦2021 年 06 月 18 日④

资产编号	JHMBG002055		资产类别	电子设备②	资产来源	外购
资产名称	笔记本电脑③		规格型号	惠普NX6325	购（造）价	6000.00
安装费	0.00		其他费用	0.00	资产原值	6000.00⑤⑥
使用年限	3年		预计残值率	5.00%	预计残值	300.00
建造单位				交工日期		
验收部门	行政部	验收人员	吴红	管理部门	行政部	管理人员 张可欣
备注						

审核：张可欣　　制表：吴红

图 1-3-2　财务机器人识别固定资产验收单信息项目及内容

（二）采购固定资产业务智能核算原理

采购固定资产业务智能核算是在财务机器人识别的票据信息的基础上，进行票据类别、场景类别、场景配置、凭证模板四个流程的设置，再通过智能合并或抵销来完成账务处理。

1. 采购增值税专用发票（含机动车销售统一发票）分录设置原理（见表 1-3-1）

表 1-3-1　采购增值税专用发票（含机动车销售统一发票）分录设置原理

借贷方向	科目来源	科　目	明细科目识别原理（科目匹配类型）	金额识别原理（取值公式）
借	科目	固定资产-待验收	——	按“金额”自动识别
借	科目	应交税费-应交增值税-进项税额	——	按“税额”自动识别
贷	科目	应付账款	按“供应商-销售方”自动识别	按“含税金额”自动识别

2. 采购增值税普通发票（含电子普通发票）分录设置原理（见表 1-3-2）

表 1-3-2　采购增值税普通发票（含电子普通发票）分录设置原理

借贷方向	科目来源	科　目	明细科目识别原理（科目匹配类型）	金额识别原理（取值公式）
借	科目	固定资产-待验收	——	按“含税金额”自动识别
贷	科目	应付账款	按“供应商-销售方”自动识别	按“含税金额”自动识别

3. 固定资产验收单分录设置原理（见表 1-3-3）

表 1-3-3　固定资产验收单分录设置原理

借贷方向	科目来源	科　目	明细科目识别原理（科目匹配类型）	金额识别原理（取值公式）
借	科目	固定资产-资产类别	选择对应资产类别	按“金额”或“含税金额”自动识别
贷	科目	固定资产-待验收	——	按“金额”或“含税金额”自动识别

二、任务示范

1-3 任务实施

■ 任务情景

2021 年 6 月，徐州佳和美商贸有限公司采购笔记本电脑，财务部取得增值税专用发票 1 张，固定资产验收单 1 张，见图 1-3-3 至图 1-3-4。

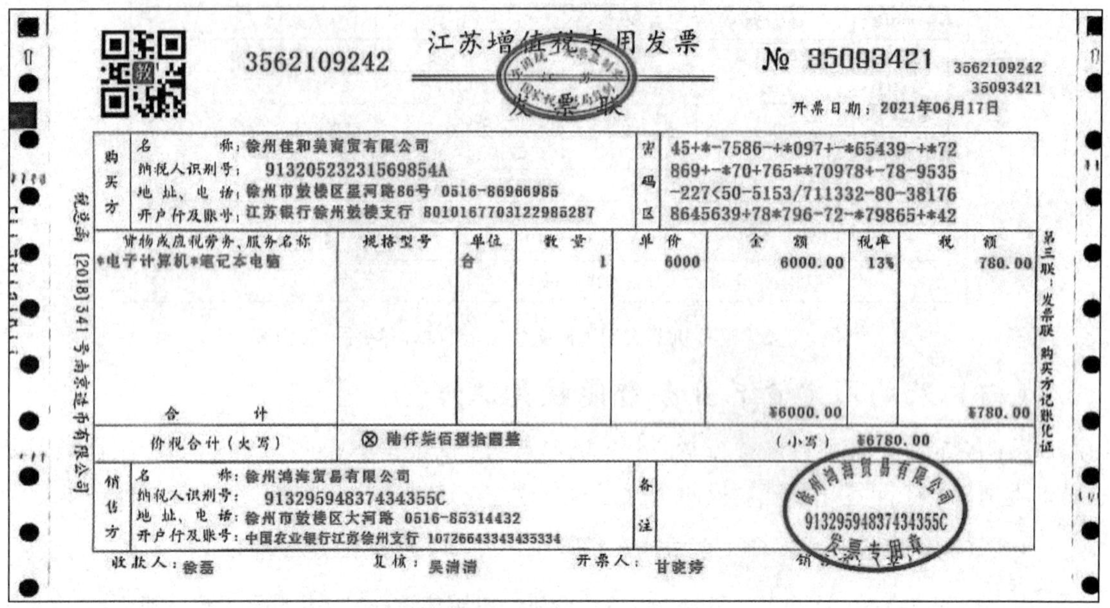

江苏增值税专用发票

3562109242　　发票联　　№ 35093421　3562109242　35093421

开票日期：2021年06月17日

购买方	名称：徐州佳和美商贸有限公司 纳税人识别号：91320523231569854A 地址、电话：徐州市鼓楼区星河路86号 0516-86966985 开户行及账号：江苏银行徐州鼓楼支行 8010167703122985287	密码区	45+*-7586-+*097+-*65439-+*72 869+-*70+765**70978+-78-9535 -227<50-5153/711332-80-38176 8645639+78*796-72-*79865+*42

货物或应税劳务、服务名称	规格型号	单位	数量	单价	金额	税率	税额
*电子计算机*笔记本电脑		台	1	6000	6000.00	13%	780.00
合计					¥6000.00		¥780.00
价税合计（大写）	⊗陆仟柒佰捌拾圆整				（小写）¥6780.00		

销售方	名称：徐州鸿海贸易有限公司 纳税人识别号：91329594837434355C 地址、电话：徐州市鼓楼区大河路 0516-85314432 开户行及账号：中国农业银行江苏徐州支行 10726643343435334	备注	徐州鸿海贸易有限公司 91329594837434355C 发票专用章

收款人：徐磊　　复核：吴清清　　开票人：甘晓婷　　销售方：（章）

税总函[2018]341号南京造币有限公司

第三联：发票联 购买方记账凭证

图 1-3-3　单据 1

固定资产验收单

2021 年 06 月 18 日

资产编号	JHMBG002055	资产类别	电子设备		资产来源	外购
资产名称	笔记本电脑	规格型号	惠普NX6325		购（造）价	6000.00
安装费	0.00	其他费用	0.00		资产原值	6000.00
使用年限	3年	预计残值率	5.00%		预计残值	300.00
建造单位			交工日期			
验收部门	行政部	验收人员	吴红	管理部门	行政部	管理人员 张可欣
备注						

审核：张可欣　　制表：吴红

图 1-3-4　单据 2

■ 任务目标

根据徐州佳和美商贸有限公司的企业背景、任务情景相关信息，针对 2021 年 6 月发生的采购笔记本电脑业务，在财务机器人云平台完成相关增值税专用发票与固定资产验收单业务票据建模，并自动生成记账凭证。

要求：凭证合并方式为不合并，分录合并方式为不合并，启用分录自定义排序并按借贷方进行排序。

■ 任务实施

根据任务情景，2021 年 6 月徐州佳和美商贸有限公司采购笔记本电脑，取得的业务票据有增值税专用发票和固定资产验收单，因此，应按照要求分别完成采购增值税专用发票和固定资产验收单的票据建模。

➢ 步骤 1：票据识别

票据识别具体操作参照“项目一采购业务智能核算任务 1 的任务示范的步骤 1”进行，本步骤与前者的区别只在于应将账期选择为“2021-06”，其他操作全部相同。财务机器人识别固定资产验收单关键信息可见图 1-3-2，限于篇幅其他票据识别不再赘述。

➢ 步骤 2：票据类别设置

在“首页”菜单，依次单击“业务票据建模”→“票据类别”选项，打开“票据类别”窗口，依次完成增值税专用发票及固定资产验收单票据类别设置。

1. 设置采购增值税专用发票票据类别

（1）单击“新增大类”按钮，在“主类别”文本框中输入“采购票据”，单击“保存”按钮，完成主类别名称设置。

（2）单击“新增细类”按钮，在“类别名称”文本框中输入“采购专票”，在“选择票种”下拉列表中选择“增值税专用发票”选项，完成类别名称设置及票种选择。

（3）单击“操作+”按钮，添加设置筛选条件 1：筛选项为“@购买方”，操作符为“等于”，匹配值为“徐州佳和美商贸有限公司”。

（4）单击“操作+”按钮，添加设置筛选条件 2：筛选项为“@票据联次”，操作符为“等于”，匹配值为“发票联”。

（5）单击“保存”按钮，完成采购增值税专用发票票据类别设置，设置结果见图 1-3-5。

图 1-3-5 采购增值税专用发票票据类别设置

2. 设置固定资产验收单票据类别

（1）单击“新增大类”按钮，在“主类别”文本框中输入“内部票据”，单击“保存”按钮，完成主类别名称设置。

（2）单击“新增细类”按钮，在“类别名称”文本框中输入“固定资产验收单”，在“选择票种”下拉列表中选择“固定资产验收单”选项，完成类别名称设置及票种选择，无须设置筛选条件。

（3）单击“保存”按钮，完成固定资产验收单票据类别设置，设置结果见图 1-3-6。

图 1-3-6 固定资产验收单票据类别设置

➢ 步骤 3：场景类别设置

在“首页”菜单，依次单击“业务票据建模”→“场景类别”选项，打开“场景类别”窗口，依次进行增值税专用发票和固定资产验收单场景类别设置。

1. 设置增值税专用发票采购固定资产场景类别

本任务增值税专用发票反映采购固定资产业务，场景类别具体设置步骤如下。

（1）单击“采购场景”按钮，选择“采购场景”为主类别。

（2）单击“新增细类”按钮，在“类别名称”文本框中输入“采购固定资产”，在自定义 1 中的“选择票种”下拉列表中选择“采购专票→增值税专用发票”，单击“操作+”按钮，添加设置筛选条件：筛选项为“@项目【明细】”，操作符为“包含”，匹配值为“电脑”。

（3）单击“保存”按钮，完成采购增值税专用发票场景类别设置，设置结果见图 1-3-7。

2. 设置固定资产验收单场景类别

本任务固定资产验收单反映固定资产验收业务，场景类别具体设置步骤如下。

（1）单击“采购场景”按钮，选择“采购场景”为主类别。

（2）单击“新增细类”按钮，在“类别名称”文本框中输入“固定资产验收”，在自定义 1 的“选择票种”下拉列表中选择“固定资产验收单→固定资产验收单”，单击“操作+”按钮，添加设置筛选条件：筛选项为“@资产名称”，操作符为“包含”，匹配值为“电脑”。

图 1-3-7　增值税专用发票采购固定资产场景类别设置

（3）单击“保存”按钮，完成固定资产验收单场景类别设置，设置结果见图 1-3-8。

图 1-3-8　固定资产验收单场景类别设置

➢ 步骤 4：场景配置设置

在“首页”菜单，依次单击“业务票据建模”→“场景配置”选项，打开“场景配置”窗口，进行采购固定资产和固定资产验收场景配置设置。

1. 设置采购业务采购固定资产场景配置

（1）单击“新增主场景”按钮，在“主场景”文本框中输入“采购业务”，单击“保存”按钮，完成主场景名称设置。

（2）单击“新增场景”按钮，在“场景名称”文本框中输入“采购固定资产”，完成场景名称设置。

（3）在“场景类别”下拉列表中选择“采购场景→采购固定资产”选项，在弹出的“请选择票据类别”对话框中勾选“采购专票”选项，单击“确定”按钮，完成场景类别与票据类别配置。

（4）无须进行组合名称命名，单击“保存”按钮，完成采购固定资产场景配置设置，设置结果见图 1-3-9。

图 1-3-9　采购固定资产场景配置设置

2. 设置采购业务固定资产验收场景配置

（1）单击“采购业务”按钮，选择“采购业务”为主场景。

（2）单击“新增场景”按钮，在“场景名称”文本框中输入“固定资产验收”，完成场景名称设置。

（3）在“场景类别”下拉列表中选择“固定资产验收场景→固定资产验收”选项，在弹出的“请选择票据类别”对话框中勾选“固定资产验收单”选项，单击“确定”按钮，完成场景类别与票据类别配置。

（4）无须进行组合名称命名，单击“保存”按钮，完成固定资产验收场景配置设置，设置结果见图 1-3-10。

图 1-3-10　固定资产验收场景配置设置

➢ 步骤 5：凭证模板设置

在“首页”菜单，依次单击“业务票据建模”→“凭证模板”选项，打开“凭证模板”窗口，进行采购固定资产和固定资产验收场景凭证模板设置。

1. 设置采购固定资产凭证模板

单击“采购固定资产”会计场景后面的“新增模板”按钮，弹出“凭证模板设置”对话框，对采购固定资产场景凭证模板进行设置。

（1）凭证头设置。“模板名称”为“采购固定资产”，“记账日期”选择“@开票日期”，“凭证字”选择“记账凭证”，“制单人”为“张秀欣”，“启用状态”选择“启用”，“推送方式”选择“自动推送”。

（2）分录设置。主分录设置对应增值税专用发票，设置结果见图 1-3-11，具体操作如下。

第 1 行设置：“摘要”为“采购固定资产”，“科目来源”选择“科目”，“科目”选择“160106 固定资产-待验收”，“方向”选择“借”，“金额取值公式”选择“@金额”。

新增第 2 行设置：单击“操作+”按钮，新增一行，“摘要”为“采购固定资产”，“科目来源”选择“科目”，“科目”选择“22210101 应交税费-应交增值税-进项税额”，“方向”选择“借”，“金额取值公式”选择“@税额”。

新增第 3 行设置：单击“操作+”按钮，新增一行，“摘要”为“采购固定资产”，“科目来源”选择“科目”，“科目”选择“2202 应付账款”，“方向”选择“贷”，“金额取值公式”选择“@含税金额”。

【友情提示】

根据采购发票处理采购固定资产业务分录设置时，固定资产成本核算应先记入“固定资产-待验收”科目，在处理固定资产验收业务时再根据固定资产验收单将其转入“固定资产-明细”科目。

图 1-3-11　采购固定资产增值税专用发票分录设置

（3）辅助核算。分析分录设置中的“科目”及“科目匹配类型”选项可知，本任务只需对应付账款进行辅助核算。

应付账款应按供应商进行辅助核算。单击“供应商”前的“+”按钮，弹出“取值匹配”对话框，“固定栏位”选择“@销售方”，单击“添加”按钮，“操作符”选择“等于”，单击“保存”按钮，完成应付账款的辅助核算设置，设置结果见图 1-3-12。

（4）合并及排序。操作方法与项目一任务 1 相同，此处略。

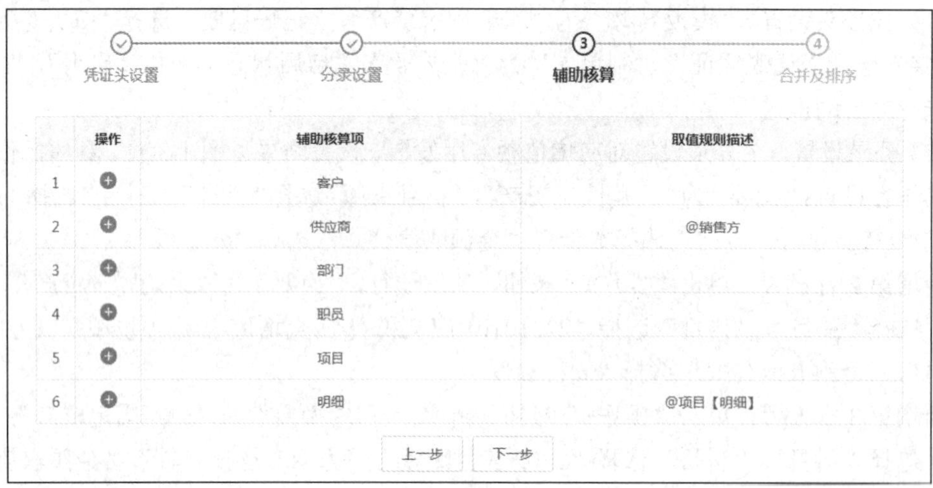

图 1-3-12　应付账款辅助核算设置

2. 设置固定资产验收凭证模板

单击“固定资产验收”会计场景后面的“新增模板”按钮，弹出“凭证模板设置”对话框，对固定资产验收场景凭证模板进行设置。

（1）凭证头设置。“模板名称”为“固定资产验收”，“记账日期”选择“@交易日期”，“凭证字”选择“记账凭证”，“制单人”为“张秀欣”，“启用状态”选择“启用”，“推送方式”选择“自动推送”。

（2）分录设置。主分录设置对应固定资产验收单，设置结果见图 1-3-13，具体操作如下。

第 1 行设置：“摘要”为“固定资产验收”，“科目来源”选择“科目”，“科目”选择“160103 固定资产-电子设备类”，“方向”选择“借”，“金额取值公式”选择“@金额”。

图 1-3-13　固定资产验收分录设置

新增第 2 行设置：单击“操作+”按钮，新增一行，“摘要”为“固定资产验收”，“科目来源”选择“科目”，“科目”选择“160106 固定资产-待验收”，“方向”选择“贷”，“金额取值公式”选择“@金额”。

（3）辅助核算。分析分录设置中的“科目”及“科目匹配类型”选项可知，本任务各科目不需要辅助核算，不需要任何操作。

（4）合并及排序。操作方法与项目一任务 1 相同，此处略。

➢ **步骤 6：票据审核并生成凭证**

完成票据类别、场景类别、场景配置和凭证模板四个流程的设置后，进行单据审核记账，系统自动生成记账凭证。具体操作与本项目任务 1 步骤 6 相同，此处略。

三、任务练习（见表 1-3-4）

1-3 任务练习

表 1-3-4 学生练习工作页

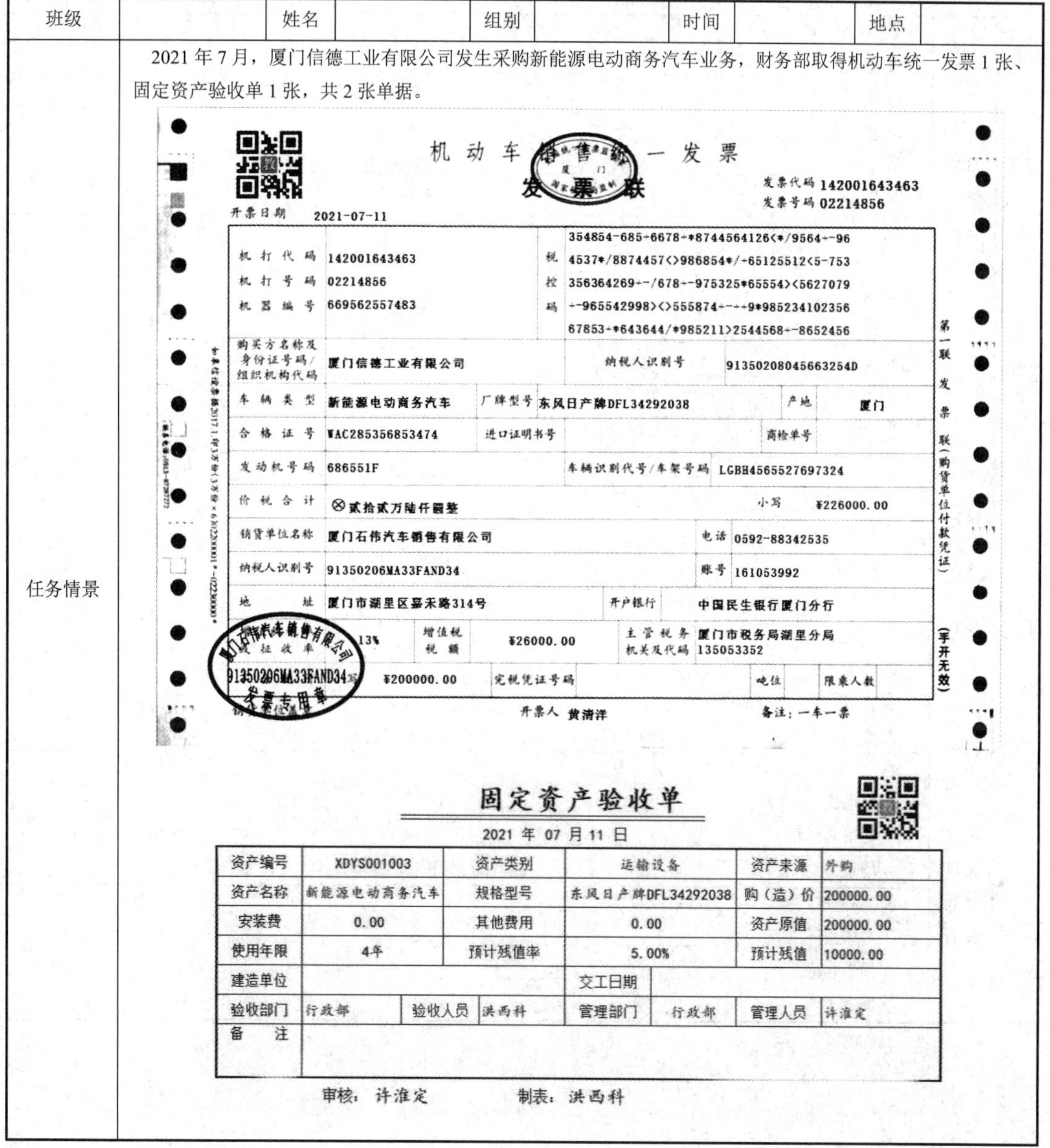

班级		姓名		组别		时间		地点	
任务情景	2021 年 7 月，厦门信德工业有限公司发生采购新能源电动商务汽车业务，财务部取得机动车统一发票 1 张、固定资产验收单 1 张，共 2 张单据。								

机动车销售统一发票

发票联

发票代码 142001643463
发票号码 02214856

开票日期 2021-07-11

机打代码	142001643463	税控码	354854-685÷6678÷*8744564126<*/9564÷-96 4537*/8874457<>986854*/÷65125512<5-753 356364269÷-/678÷-975325*65554><5627079 ÷-965542998><>555874÷-÷÷9*985234102356 67853÷*643644/*985211>2544568÷-8652456			
机打号码	02214856					
机器编号	669562557483					
购买方名称及身份证号码/组织机构代码	厦门信德工业有限公司	纳税人识别号	91350208045663254D			
车辆类型	新能源电动商务汽车	厂牌型号	东风日产牌DFL34292038	产地	厦门	
合格证号	WAC285356853474	进口证明书号		商检单号		
发动机号码	686551F	车辆识别代号/车架号码	LGBH4565527697324			
价税合计	⊗贰拾贰万陆仟圆整			小写	¥226000.00	
销货单位名称	厦门石伟汽车销售有限公司			电话	0592-88342535	
纳税人识别号	91350206MA33FAND34			账号	161053992	
地址	厦门市湖里区嘉禾路314号	开户银行	中国民生银行厦门分行			
增值税税率或征收率	13%	增值税税额	¥26000.00	主管税务机关及代码	厦门市税务局湖里分局 135053352	
不含税价	¥200000.00	完税凭证号码		吨位		限乘人数

销货单位盖章　开票人 黄清洋　备注：一车一票

第一联 发票联（购货单位付款凭证）（手开无效）

固定资产验收单

2021 年 07 月 11 日

资产编号	XDYS001003	资产类别	运输设备	资产来源	外购
资产名称	新能源电动商务汽车	规格型号	东风日产牌DFL34292038	购（造）价	200000.00
安装费	0.00	其他费用	0.00	资产原值	200000.00
使用年限	4年	预计残值率	5.00%	预计残值	10000.00
建造单位		交工日期			
验收部门	行政部　验收人员　洪西科	管理部门	行政部	管理人员	许淮定
备注					

审核：许淮定　制表：洪西科

续表

<table>
<tr><td>任务目标</td><td colspan="2">根据厦门信德工业有限公司的企业背景、任务情景相关信息，针对 2021 年 7 月发生的采购新能源电动商务汽车业务，在财务机器人云平台完成机动车销售统一发票、固定资产验收单业务票据建模，并自动生成记账凭证。
要求：账期为 2021 年 7 月，凭证合并方式为不合并，分录合并方式为不合并。</td></tr>
<tr><td rowspan="8">任务实施</td><td rowspan="2">步骤1：票据识别</td><td>请确认机器人识别的发票信息与系统设置项目对应关系：
1．机动车销售统一发票
①票据抬头：＿＿＿＿＿＿；②销售方：＿＿＿＿＿＿；③购买方：＿＿＿＿＿＿；
④发票号码：＿＿＿＿；⑤发票代码：＿＿＿＿；⑥开票日期：＿＿＿＿；⑦票据联次：＿＿＿；
⑧金额：＿＿＿＿；⑨税额：＿＿＿＿；⑩含税金额：＿＿＿＿。</td></tr>
<tr><td>2．固定资产验收单
①票据抬头：＿＿＿＿＿＿；②资产类别：＿＿＿＿＿＿；③资产名称：＿＿＿＿＿＿；
④交易日期：＿＿＿＿；⑤金额：＿＿＿＿；⑥含税金额：＿＿＿＿＿；⑦账期：＿＿＿＿。</td></tr>
<tr><td rowspan="2">步骤2：票据类别</td><td>1．机动车销售统一发票
①主类别：＿＿＿＿＿＿＿＿＿＿＿＿；
②类别名称：＿＿＿＿＿＿＿＿＿＿＿＿；
③自定义 1，选择票种：＿＿＿＿＿＿＿＿＿＿；
筛选项：＿＿＿＿＿、操作符：＿＿＿＿、匹配值：＿＿＿＿＿＿；
筛选项：＿＿＿＿＿、操作符：＿＿＿＿、匹配值：＿＿＿＿＿＿。</td></tr>
<tr><td>2．固定资产验收单
①主类别：＿＿＿＿＿＿＿＿＿＿＿＿；
②类别名称：＿＿＿＿＿＿＿＿＿＿＿＿；
③自定义 1，选择票种：＿＿＿＿＿＿＿＿＿＿；
筛选项：＿＿＿＿＿、操作符：＿＿＿＿、匹配值：＿＿＿＿＿＿；
筛选项：＿＿＿＿＿、操作符：＿＿＿＿、匹配值：＿＿＿＿＿＿。</td></tr>
<tr><td rowspan="2">步骤3：场景类别</td><td>1．机动车销售统一发票（采购机动车）
①主类别：＿＿＿＿＿＿＿＿＿＿＿＿；
②类别名称：＿＿＿＿＿＿＿＿＿＿＿＿；
③自定义 1，选择票种：＿＿＿＿＿＿＿＿＿＿；
筛选项：＿＿＿＿＿、操作符：＿＿＿＿、匹配值：＿＿＿＿＿＿。</td></tr>
<tr><td>2．固定资产验收单（固定资产验收）
①主类别：＿＿＿＿＿＿＿＿＿＿＿＿；
②类别名称：＿＿＿＿＿＿＿＿＿＿＿＿；
③自定义 1，选择票种：＿＿＿＿＿＿＿＿＿＿；
筛选项：＿＿＿＿＿、操作符：＿＿＿＿、匹配值：＿＿＿＿＿＿。</td></tr>
<tr><td rowspan="2">步骤4：场景配置</td><td>1．采购机动车（机动车销售统一发票）
①主场景：＿＿＿＿＿＿＿＿＿；
②场景名称：＿＿＿＿＿＿＿＿＿；
③场景类别：＿＿＿＿＿＿＿＿＿，票据类别：＿＿＿＿＿，组合名称：＿＿＿＿＿。</td></tr>
<tr><td>2．固定资产验收（固定资产验收单）
①主场景：＿＿＿＿＿＿＿＿＿；
②场景名称：＿＿＿＿＿＿＿＿＿；
③场景类别：＿＿＿＿＿＿＿＿＿，票据类别：＿＿＿＿＿，组合名称：＿＿＿＿＿。</td></tr>
</table>

续表

<table>
<tr><td rowspan="9">任
务
实
施</td><td rowspan="8">步骤
5：
凭证
模板</td><td rowspan="4">采购
机动
车发
票模
型</td><td>1．凭证头设置
①模板名称：______；②记账日期：______；
③凭证字：记账凭证；④制单人：赵萌； ⑤推送方式：自动或手动 。</td></tr>
<tr><td>2．分录设置
第 1 行：摘要：______，科目来源：______，科目：______，
科目匹配类型：______，方向：______，金额取值公式:______，
取值匹配:______；
第 2 行：摘要：______，科目来源：______，科目：______，
科目匹配类型：______，方向：______，金额取值公式:______，
取值匹配:______；
第 3 行：摘要：______，科目来源：______，科目：______，
科目匹配类型：______，方向：______，金额取值公式:______，
取值匹配:______。</td></tr>
<tr><td>3．辅助核算
对应“应付账款”：辅助核算项：______，取值规则描述：______。</td></tr>
<tr><td>4．合并排列
凭证合并方式：______，分录合并方式：______，分录自定义排序条件：______。</td></tr>
<tr><td rowspan="4">固定
资产
验收
模型</td><td>1．凭证头设置
①模板名称：______；②记账日期：______；
③凭证字：记账凭证；④制单人：赵萌；⑤推送方式：自动或手动 。</td></tr>
<tr><td>2．分录设置
第 1 行：摘要：______，科目来源：______，科目：______，
科目匹配类型：______，方向：______，金额取值公式:______，
取值匹配:______；
第 2 行：摘要：______，科目来源：______，科目：______，
科目匹配类型：______，方向：______，金额取值公式:______，
取值匹配:______。</td></tr>
<tr><td>3．辅助核算
对应“固定资产”：辅助核算项：______，取值规则描述：______。</td></tr>
<tr><td>4．合并排列
凭证合并方式：______，分录合并方式：______，分录自定义排序条件：______。</td></tr>
<tr><td>步骤
6：
审核
并生
成凭
证</td><td colspan="2">注意：如有出现错误的请在此进行记录。</td></tr>
<tr><td colspan="2">学习感悟</td><td colspan="2"></td></tr>
</table>

销售业务智能核算

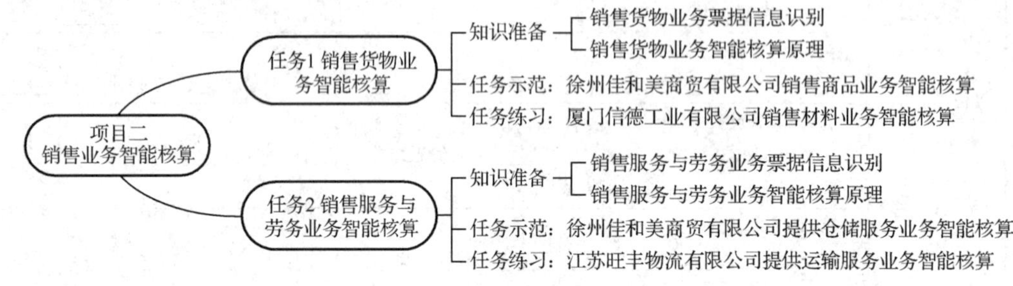

学习目标

知识目标：

1. 熟悉财务机器人识别销售货物、销售服务与劳务业务所涉发票的主要信息项目。
2. 掌握销售货物、销售服务与劳务业务财务机器人票据模型创建原理。

技能目标：

1. 能在财务机器人云平台熟练进行销售货物、销售服务与劳务业务财务机器人票据建模操作。
2. 能在财务机器人云平台熟练完成销售货物、销售服务与劳务业务的记账凭证审核，对系统提示的记账错误进行查找与修改，直至生成正确的记账凭证。

素养目标：

1. 通过对“大智移云物区”新技术的了解，提高学生接受新事物的兴趣，增强民族自信心。
2. 通过票据建模，培养学生精益求精的工匠精神和谨慎细心的工作作风。
3. 通过查找与修改错误，培养学生批判性思维，以及独立思考和分析解决问题的能力。
4. 通过分组合作学习，培养学生协作共进的团队意识和积极主动的职业态度。

任务1　销售货物业务智能核算

一、知识准备

（一）销售货物业务票据信息识别

本任务所称销售货物业务是指销售自产或外购商品、原材料等有形资产。销售货物一般会开具增值税专用发票、增值税普通发票、增值税电子普通发票；收取货款会取得银行收款回单，销售货物发货会涉及出库单。本任务处理的票据主要指销售开具的发票（涉及的银行收款回单将在往来业务中讲述，发出货物成本的结转票据将在期末结转业务中讲述）。

以图2-1-1单据1为例，财务机器人识别增值税专用发票信息项目有：①票据抬头：江苏增值税专用发票，②销售方：徐州佳和美商贸有限公司，③购买方：苏州市品园食品厂，④发票号码：22832031，⑤发票代码：3205098323，⑥开票日期：2021-05-11，⑦票据联次：记账联，⑧金额：4200.00，⑨税额：546.00，⑩含税金额：4746.00，⑪账期：2021-05，⑫项目【明细】：全麦吐司。

财务机器人识别增值税普通发票和增值税专用发票的信息种类相同，增值税电子普通发票与前两者的区别是没有票据联次，其他均相同。

（二）销售货物业务智能核算原理

企业销售货物业务实现的收入在“主营业务收入”或“其他业务收入”科目核算。“主营业务收入”科目核算企业销售商品等主营业务活动实现的收入，“其他业务收入”科目核算除主营业务之外的其他经营活动实现的收入。具体科目的选择要结合企业经营范围、经营性质来判断。

销售货物业务智能核算是在财务机器人识别的票据信息基础上，进行票据类别、场景类别、场景配置、凭证模板四个流程的设置，再通过智能合并或抵销来完成账务处理。销售发票分录设置原理见表2-1-1。

表2-1-1　销售发票分录设置原理

借贷方向	科目来源	科　目	明细科目识别原理（科目匹配类型）	金额识别原理（取值公式）
借	科目	应收账款	按“客户-购买方”自动识别	按“含税金额”自动识别
贷	科目	主营业务收入	按“明细-项目【明细】”自动识别	按“金额”自动识别
贷	科目	其他业务收入-销售服务	——	按“金额”自动识别
贷	科目	应交税费-应交增值税-销项税额	——	按“税额”自动识别

二、任务示范

■ 任务情景

2021 年 5 月，徐州佳和美商贸有限公司发生销售商品业务，财务部开具增值税专用发票 1 张、增值税普通发票 1 张，见图 2-1-1 和图 2-1-2。

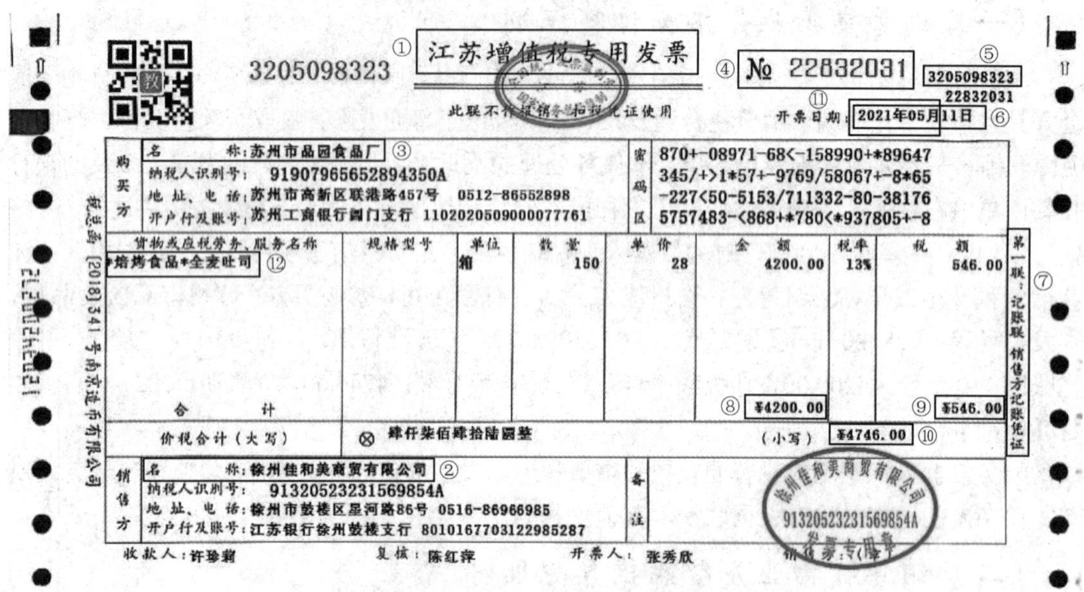

3205098323 ① 江苏增值税专用发票 ④ № 22832031 ⑤ 3205098323 22832031

此联不作报销、扣税凭证使用 ⑪ 开票日期：2021年05月11日 ⑥

购买方	名称：苏州市品园食品厂 ③ 纳税人识别号：91907965652894350A 地址、电话：苏州市高新区联港路457号 0512-86552898 开户行及账号：苏州工商银行阊门支行 1102020509000077761	密码区	870+-08971-68<-158990+*89647 345/+>1*57+-9769/58067+-8*65 -227<50-5153/711332-80-38176 5757483-<868+*780<*937805+-8

货物或应税劳务、服务名称	规格型号	单位	数量	单价	金额	税率	税额
*焙烤食品*全麦吐司 ⑫		箱	150	28	4200.00	13%	546.00
合计					⑧ ¥4200.00		⑨ ¥546.00
价税合计（大写）	⊗肆仟柒佰肆拾陆圆整				（小写）¥4746.00 ⑩		

销售方	名称：徐州佳和美商贸有限公司 ② 纳税人识别号：91320523231569854A 地址、电话：徐州市鼓楼区星河路86号 0516-86966985 开户行及账号：江苏银行徐州鼓楼支行 8010167703122985287	备注	

收款人：许珍莉 复核：陈红萍 开票人：张秀欣 销售方：（章）

第一联：记账联 销售方记账凭证 ⑦

税总函〔2018〕341号南京造币有限公司

徐州佳和美商贸有限公司 91320523231569854A 发票专用章

图 2-1-1 单据 1

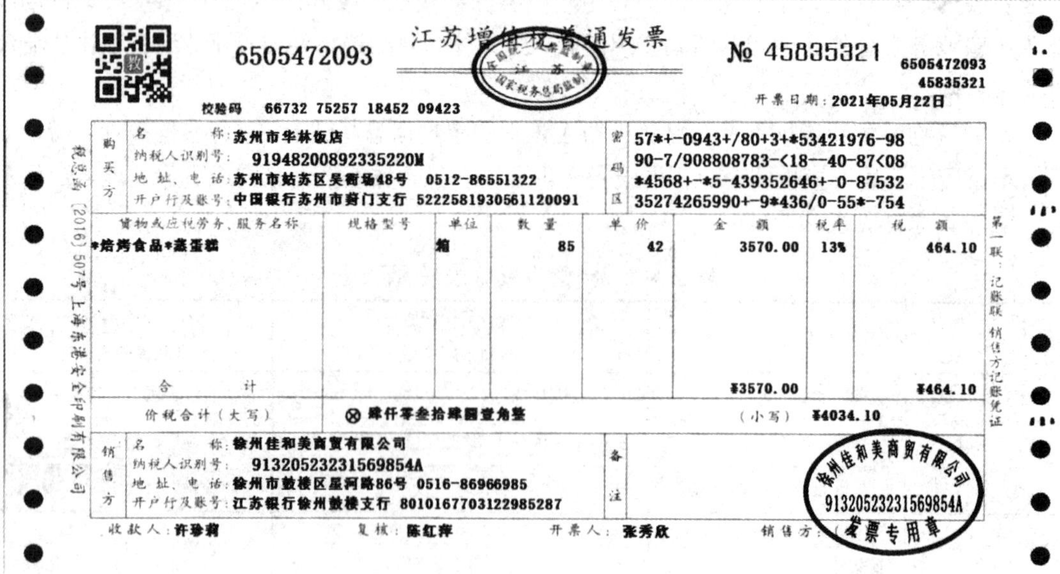

6505472093 江苏增值税普通发票 № 45835321 6505472093 45835321

校验码 66732 75257 18452 09423 开票日期：2021年05月22日

购买方	名称：苏州市华林饭店 纳税人识别号：91948200892335220M 地址、电话：苏州市姑苏区吴衙场48号 0512-86551322 开户行及账号：中国银行苏州市葑门支行 5222581930561120091	密码区	57*+-0943+/80+3+*53421976-98 90-7/908808783-<18--40-87<08 *4568+-*5-439352646+-0-87532 35274265990+-9*436/0-55*-754

货物或应税劳务、服务名称	规格型号	单位	数量	单价	金额	税率	税额
*焙烤食品*蒸蛋糕		箱	85	42	3570.00	13%	464.10
合计					¥3570.00		¥464.10
价税合计（大写）	⊗肆仟零叁拾肆圆壹角整				（小写）¥4034.10		

销售方	名称：徐州佳和美商贸有限公司 纳税人识别号：91320523231569854A 地址、电话：徐州市鼓楼区星河路86号 0516-86966985 开户行及账号：江苏银行徐州鼓楼支行 8010167703122985287	备注	

收款人：许珍莉 复核：陈红萍 开票人：张秀欣 销售方：（章）

第一联：记账联 销售方记账凭证

税总函〔2016〕507号上海东港安全印制有限公司

徐州佳和美商贸有限公司 91320523231569854A 发票专用章

图 2-1-2 单据 2

■ 任务目标

根据徐州佳和美商贸有限公司的企业背景、任务情景相关信息，针对 2021 年 5 月份发生的销售商品业务，在财务机器人云平台完成销售增值税专用发票和增值税普通发票业务票据建模，并自动生成记账凭证。

要求：账期为2021年5月，凭证合并方式为不合并，分录合并方式为不合并，启用分录自定义排序并按借贷方进行排序。

■ 任务实施

2-1 任务实施

根据任务情景，2021年5月徐州佳和美商贸有限公司销售商品业务，开具的业务票据有增值税专用发票和增值税普通发票，因此，应按照要求分别完成销售增值税专用发票与销售增值税普通发票的票据建模。

➢ 步骤1：票据识别

票据识别具体操作参照“项目一采购业务智能核算任务1的任务示范的步骤1”进行，本任务与前者的区别只在于应将账期选择为“2021-05”，其他操作全部相同，此处略。

➢ 步骤2：票据类别设置

在“首页”菜单，依次单击“业务票据建模”→“票据类别”选项，打开“票据类别”窗口，依次完成增值税专用发票及增值税普通发票票据类别设置。

1. 设置销售增值税专用发票票据类别

（1）单击“新增大类”按钮，在“主类别”文本框中输入“销售票据”，单击“保存”按钮，完成主类别名称设置。

（2）单击“新增细类”按钮，在“类别名称”文本框中输入“销售专票”，在“选择票种”下拉列表中选择“增值税专用发票”选项，完成类别名称设置及票种选择。

（3）单击“操作+”按钮，添加设置筛选条件1：筛选项为“@销售方”，操作符为“等于”，匹配值为“徐州佳和美商贸有限公司”。

（4）单击“操作+”按钮，添加设置筛选条件2：筛选项为“@票据联次”，操作符为“等于”，匹配值为“记账联”。

（5）单击“保存”按钮，完成销售增值税专用发票票据类别设置，设置结果见图2-1-3。

图2-1-3 销售增值税专用发票票据类别设置

2. 设置销售增值税普通发票票据类别

（1）单击“销售票据”选项，选择“销售票据”为主类别。

（2）单击“新增细类”按钮，在“类别名称”文本框中输入“销售普票”，在“选择票种”下拉列表中选择“增值税普通发票”选项，完成类别名称设置及票种选择。

（3）单击“操作+”按钮，添加设置筛选条件1：筛选项为“@销售方”，操作符为“等于”，匹配值为“徐州佳和美商贸有限公司”。

（4）单击“操作+”按钮，添加设置筛选条件2：筛选项为“@票据联次”，操作符为“等于”，匹配值为“记账联”。

（5）单击“保存”按钮，完成销售增值税普通发票票据类别设置，设置结果见图2-1-4。

图2-1-4　销售增值税普通发票票据类别设置

➢ 步骤3：场景类别设置

在“首页”菜单，依次单击“业务票据建模”→“场景类别”选项，打开“场景类别”窗口，进行增值税发票场景类别设置。本任务增值税专用发票和增值税普通发票均反映销售商品业务，场景类别具体设置步骤如下。

（1）单击“新增大类”按钮，在“主类别”文本框中输入“销售场景”，单击“保存”按钮，完成主类别名称设置。

（2）单击“新增细类”按钮，在“类别名称”文本框中输入“销售商品”，在自定义1下的“选择票种”下拉列表中选择“销售专票→增值税专用发票”，单击“操作+”按钮，添加设置筛选条件：筛选项为“@项目【明细】”，操作符为“包含”，匹配值为“全麦吐司”。

（3）单击“复制规则”按钮，新增自定义2，修改“选择票种”为“销售普票→增值税普通发票”，修改筛选条件匹配值为“蒸蛋糕”。

（4）单击“保存”按钮，完成增值税专用发票与普通发票场景类别设置，设置结果见图2-1-5。

➢ 步骤4：场景配置设置

在“首页”菜单，依次单击“业务票据建模”→“场景配置”选项，打开“场景配置”窗口，进行销售商品场景配置设置。

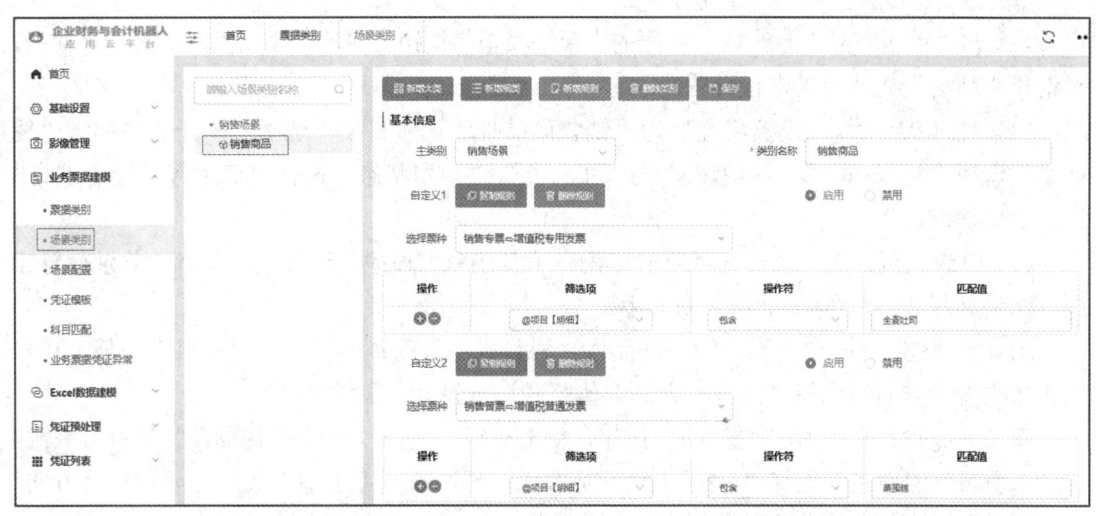

图 2-1-5　增值税专用发票和普通发票销售商品场景类别设置

（1）单击“新增主场景”按钮，在“主场景”文本框中输入“销售业务”，单击“保存”按钮，完成主场景名称设置。

（2）单击“新增场景”按钮，在“场景名称”文本框中输入“销售商品”，完成场景名称设置。

（3）在“场景类别”下拉列表中选择“销售场景→销售商品”选项，在弹出的“请选择票据类别”对话框中同时勾选“销售专票”“销售普票”选项，单击“确定”按钮，完成场景类别与票据类别配置。

（4）无须进行组合名称命名，单击“保存”按钮，完成销售商品场景配置设置，设置结果见图 2-1-6。

【友情提示】

销售商品无论增值税专用发票还是增值税普通发票，都需要按税法规定缴纳增值税，所以不需要对增值税专用发票和增值税普通发票进行组合名称命名。

图 2-1-6　销售商品场景配置设置

➢ 步骤 5：凭证模板设置

在“首页”菜单，依次单击“业务票据建模”→“凭证模板”选项，打开“凭证模板”

窗口，单击“销售商品”会计场景后面的“新增模板”按钮，弹出“凭证模板设置”对话框，对销售商品场景凭证模板进行设置。

（1）凭证头设置。“模板名称”为“销售商品”，“记账日期”选择“@开票日期”，“凭证字”选择“记账凭证”，“制单人”为“张秀欣”，“启用状态”选择“启用”，“推送方式”选择“自动推送”。

（2）分录设置。主分录设置对应增值税专用发票和增值税普通发票，两者的分录设置相同，结果见图 2-1-7，具体操作步骤如下。

第 1 行设置：“摘要”为“销售商品”，“科目来源”选择“科目”，“科目”选择“1122 应收账款”，“方向”选择“借”，“金额取值公式”选择“@含税金额”。

新增第 2 行设置：单击“操作+”按钮，新增一行，“摘要”为“销售商品”，“科目来源”选择“科目”，“科目”选择“6001 主营业务收入”，“科目匹配类型”选择“明细”，“方向”选择“贷”，“金额取值公式”选择“@金额”。

新增第 3 行设置：单击“操作+”按钮，新增一行，“摘要”为“销售商品”，“科目来源”选择“科目”，“科目”选择“22210102 应交税费-应交增值税-销项税额”，“方向”选择“贷”，“金额取值公式”选择“@税额”。

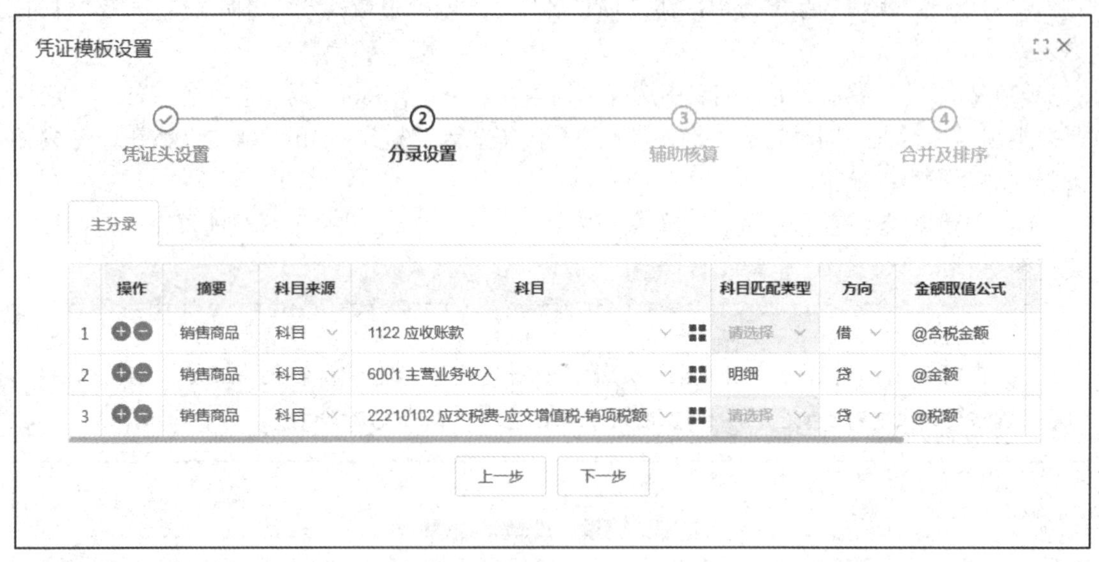

图 2-1-7 销售商品分录设置

（3）辅助核算。分析分录设置中的“科目”及“科目匹配类型”选项可知，本任务需要对应收账款和主营业务收入进行辅助核算，设置结果见图 2-1-8。

① 应收账款按客户辅助核算。单击“客户”前的“+”按钮，弹出“取值匹配”对话框，“固定栏位”选择“@购买方”，单击“添加”按钮，“操作符”选择“等于”，单击“保存”按钮。

② 主营业务收入按明细进行辅助核算，系统已默认设置，不需要操作。

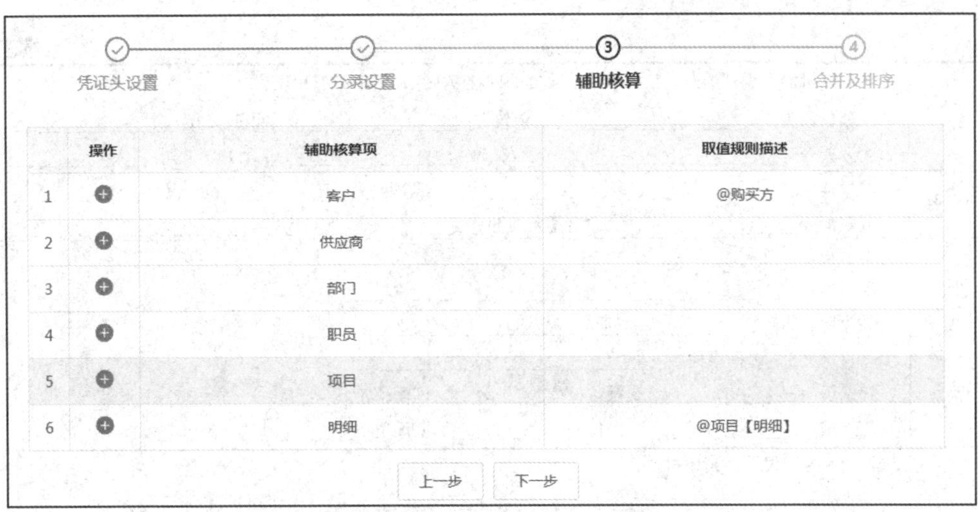

图 2-1-8 应收账款和主营业务收入辅助核算设置

（4）合并及排序。操作方法不再赘述。

➢ 步骤 6：票据审核并生成凭证

完成票据类别、场景类别、场景配置和凭证模板四个流程的设置后，进行单据审核记账，系统自动生成记账凭证。

三、任务练习（见表 2-1-2）

表 2-1-2 学生练习工作页

班级		姓名		组别		时间		地点	
任务情景	2021 年 6 月，厦门信德工业有限公司发生销售材料业务，财务部开具增值税专用发票 1 张。 厦门增值税专用发票 3207340564 № 32598322 3207340564 32598322 此联不作报销、扣税凭证使用 开票日期：2021年06月10日 购买方 名称：西安品捷贸易有限公司 纳税人识别号：916101566582255854 地址、电话：西安市南大街42号 029-84569552 开户行及账号：中国建设银行西安南大街支行 110101522555656655528 密码区 039485+-71-6+-*69-990+*58694 785/+>1*57980+*7858076+-9074 -227<50-5153/711332-80-38176 8959483-<8-8-98686*937800-97 货物或应税劳务、服务名称：*黑色金属冶炼压延品*钢管；规格型号：；单位：吨；数量：1；单价：3500；金额：3500.00；税率：13%；税额：455.00 合计 ¥3500.00 ¥455.00 价税合计（大写）叁仟玖佰伍拾伍圆整 （小写）¥3955.00 销售方 名称：厦门信德工业有限公司 纳税人识别号：91350208045663254D 地址、电话：厦门市湖里区高新园创新路42号 0592-82274578 开户行及账号：中国银行厦门分行 621600153698 备注 厦门信德工业有限公司 91350208045663254D 发票专用章 收款人：王萱萱 复核：钟可馨 开票人：赵萌 销售方：（章） 第一联：记账联 销售方记账凭证 税总函〔2018〕341号中钞华森实业公司									
任务目标	根据厦门信德工业有限公司的企业背景、任务情景相关信息，针对 2021 年 6 月份发生的销售材料业务，在财务机器人云平台完成销售增值税普通发票业务票据建模，并自动生成记账凭证。 要求：账期为 2021 年 7 月，凭证合并方式为不合并，分录合并方式为不合并。									

续表

<table>
<tr><td rowspan="7">任务实施</td><td>步骤1：票据识别</td><td colspan="2">请确认机器人识别的发票信息与系统设置项目对应关系：增值税专用发票
①票据抬头：____；②销售方：____；③购买方：____；
④发票号码：____；⑤发票代码：____；⑥开票日期：____；
⑦票据联次：____；⑧金额：____；⑨税额：____；⑩含税金额：____；
⑪账期：____；⑫项目【明细】：____。</td></tr>
<tr><td>步骤2：票据类别</td><td colspan="2">增值税专用发票
①主类别：____；
②类别名称：____；
③自定义1，选择票种：____；
筛选项：____、操作符：____、匹配值：____；
筛选项：____、操作符：____、匹配值：____。</td></tr>
<tr><td>步骤3：场景类别</td><td colspan="2">增值税专用发票（销售材料）
①主类别：____；
②类别名称：____；
③自定义1，选择票种：____；
筛选项：____、操作符：____、匹配值：____。</td></tr>
<tr><td>步骤4：场景配置</td><td colspan="2">销售材料（增值税专用发票）
①主场景：____；
②场景名称：____；
③场景类别：____，票据类别：____，组合名称：____。</td></tr>
<tr><td rowspan="4">步骤5：凭证模板</td><td rowspan="4">销售材料发票模型</td><td>1. 凭证头设置
①模板名称：____；②记账日期：____；
③凭证字：记账凭证；④制单人：赵萌；⑤推送方式：自动或手动。</td></tr>
<tr><td>2. 分录设置
第1行：摘要：____，科目来源：____，科目：____，
科目匹配类型：____，方向：____，金额取值公式：____，
取值匹配：____；
第2行：摘要：____，科目来源：____，科目：____，
科目匹配类型：____，方向：____，金额取值公式：____，
取值匹配：____；
第3行：摘要：____，科目来源：____，科目：____，
科目匹配类型：____，方向：____，金额取值公式：____，
取值匹配：____。</td></tr>
<tr><td>3. 辅助核算
对应“应收账款”：辅助核算项：____，取值规则描述：____。</td></tr>
<tr><td>4. 合并排列
凭证合并方式：____，分录合并方式：____，分录自定义排序条件：____。</td></tr>
<tr><td>步骤6：审核并生成凭证</td><td colspan="2">注意：如有出现错误的请在此进行记录。</td></tr>
</table>

续表

学习感悟	

任务2　销售服务与劳务业务智能核算

一、知识准备

（一）销售服务与劳务业务票据信息识别

本任务所称销售服务与劳务业务是指除销售商品等有形货物以外的服务与劳务项目。服务指交通运输服务、邮政服务、电信服务、建筑服务、金融服务、现代服务和生活服务；劳务指加工、修理修配劳务。销售服务与劳务业务涉及的相关票据与销售货物业务相同，此处不再赘述。

（二）销售服务与劳务业务智能核算原理

企业销售服务与劳务业务智能核算原理与销售货物相同，其分录设置原理见表2-2-1。

表2-2-1　销售业务智能核算分录设置原理

借贷方向	科目来源	科　目	明细科目识别原理（科目匹配类型）	金额识别原理（取值公式）
借	科目	应收账款	按"客户-购买方"自动识别	按"含税金额"自动识别
贷	科目	主营业务收入	按"明细-项目【明细】"自动识别	按"金额"自动识别
贷	科目	其他业务收入-销售服务收入	——	按"金额"自动识别
贷	科目	应交税费-应交增值税-销项税额	——	按"税额"自动识别

二、任务示范

■ 任务情景

2021年5月，徐州佳和美商贸有限公司提供仓储服务业务，财务部开具增值税专用发票1张、增值税普通发票1张，见图2-2-1和图2-2-2。

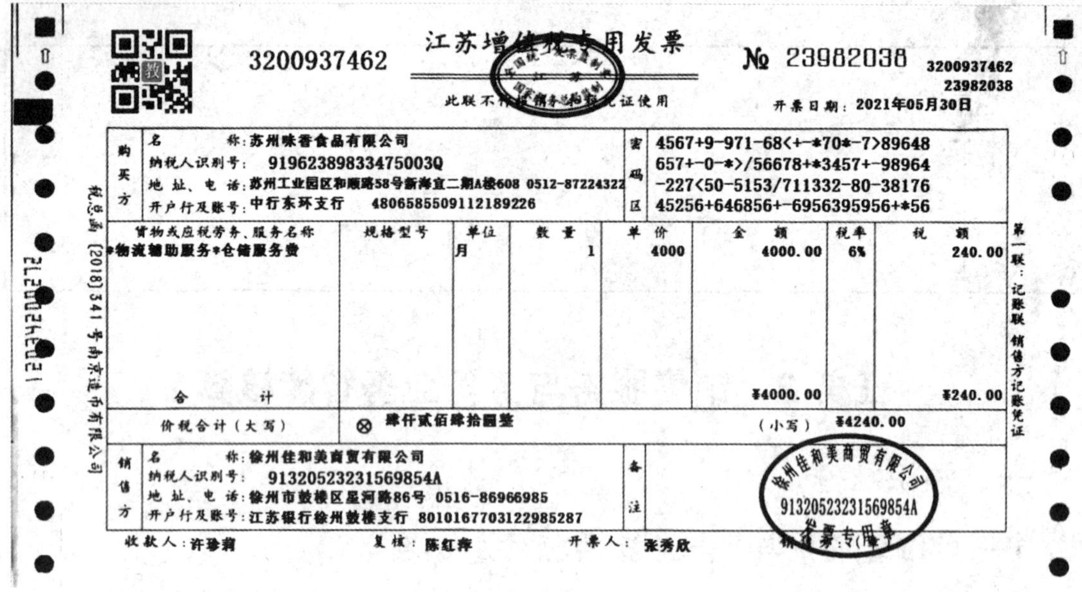

3200937462　江苏增值税专用发票　№ 23982038　3200937462 23982038

此联不得作为扣税凭证使用　开票日期：2021年05月30日

购买方	名称：苏州味香食品有限公司 纳税人识别号：91962389833475003Q 地址、电话：苏州工业园区和顺路58号新海宜二期A楼608 0512-87224322 开户行及账号：中行东环支行 4806585509112189226	密码区	4567+9-971-68<+-*70*-7>89648 657+-0-*>/56678+*3457+-98964 -227<50-5153/711332-80-38176 45256+646856+-6956395956+*56

货物或应税劳务、服务名称	规格型号	单位	数量	单价	金额	税率	税额
*物流辅助服务*仓储服务费		月	1	4000	4000.00	6%	240.00
合计					¥4000.00		¥240.00
价税合计（大写）	⊗肆仟贰佰肆拾圆整				（小写）¥4240.00		

销售方	名称：徐州佳和美商贸有限公司 纳税人识别号：91320523231569854A 地址、电话：徐州市鼓楼区星河路86号 0516-86966985 开户行及账号：江苏银行徐州鼓楼支行 8010167703122985287	备注	

收款人：许珍莉　复核：陈红萍　开票人：张秀欣　销售方：（章）

税总函[2018]341号南京造币有限公司

第一联：记账联　销售方记账凭证

图 2-2-1　单据 1

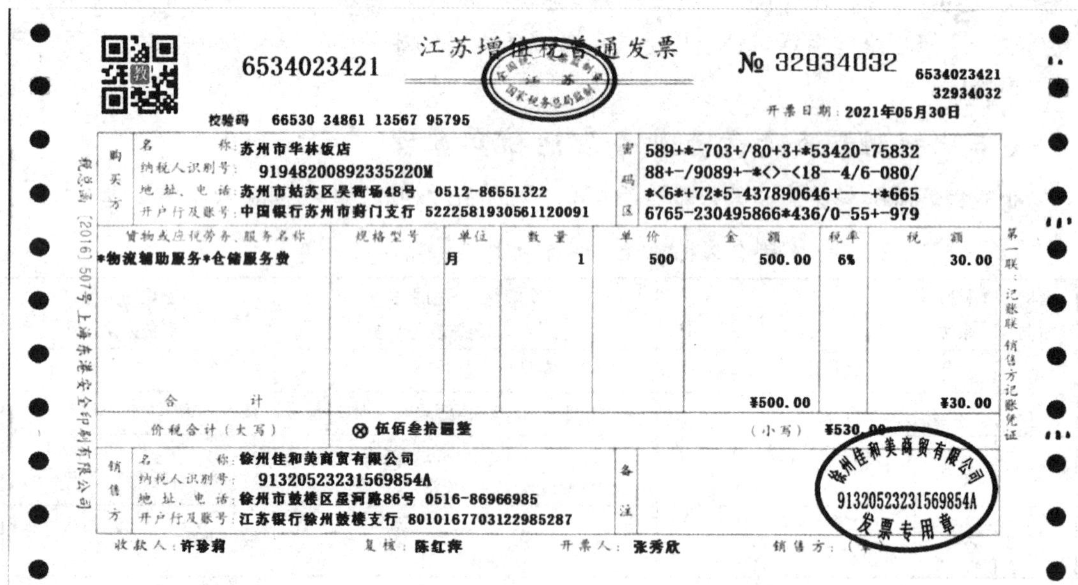

6534023421　江苏增值税普通发票　№ 32934032　6534023421 32934032

校验码 66530 34861 13567 95795　开票日期：2021年05月30日

购买方	名称：苏州市华林饭店 纳税人识别号：91948200892335220M 地址、电话：苏州市姑苏区吴衙场48号 0512-86551322 开户行及账号：中国银行苏州市葑门支行 5222581930561120091	密码区	589+*-703+/80+3+*53420-75832 88+-/9089+-*<>-<18--4/6-080/ *<6*+72*5-437890646+---+*665 6765-230495866*436/0-55+-979

货物或应税劳务、服务名称	规格型号	单位	数量	单价	金额	税率	税额
*物流辅助服务*仓储服务费		月	1	500	500.00	6%	30.00
合计					¥500.00		¥30.00
价税合计（大写）	⊗伍佰叁拾圆整				（小写）¥530.00		

销售方	名称：徐州佳和美商贸有限公司 纳税人识别号：91320523231569854A 地址、电话：徐州市鼓楼区星河路86号 0516-86966985 开户行及账号：江苏银行徐州鼓楼支行 8010167703122985287	备注	

收款人：许珍莉　复核：陈红萍　开票人：张秀欣　销售方：（章）

税总函[2016]507号上海东港安全印刷有限公司

第一联：记账联　销售方记账凭证

图 2-2-2　单据 2

■ 任务目标

根据徐州佳和美商贸有限公司的企业背景、任务情景相关信息，针对 2021 年 5 月份发生的提供仓储服务业务，在财务机器人云平台完成销售增值税专用发票和增值税普通发票业务票据建模，并自动生成记账凭证。

要求：账期为 2021 年 5 月，凭证合并方式为不合并，分录合并方式为不合并，启用分录自定义排序并按借贷方进行排序。

■ 任务实施

2-2 任务实施

根据任务情景，2021 年 5 月徐州佳和美商贸有限公司销售服务业务，开具的业务票据有增值税专用发票和增值税普通发票，因此，应按照要求分别完成销售增值税专用发票据与销售增值税普通发票的票据建模。

➢ 步骤 1：票据识别

票据识别具体操作参照“项目一采购业务智能核算中的任务 1 的任务示范的步骤 1”进行，本任务与前者的区别只在于应将账期选择为“2021-05”，其他操作全部相同，此处略。

➢ 步骤 2：票据类别设置

在 “首页”菜单，依次单击“业务票据建模”→“票据类别”选项，打开“票据类别”窗口，依次完成增值税专用发票及增值税普通发票票据类别设置。

1. 设置销售增值税专用发票票据类别

（1）单击“新增大类”按钮，在“主类别”文本框中输入“销售票据”，单击“保存”按钮，完成主类别名称设置。

（2）单击“新增细类”按钮，在“类别名称”文本框中输入“销售专票”，在“选择票种”下拉列表中选择“增值税专用发票”选项，完成类别名称设置及票种选择。

（3）单击“操作+”按钮，添加设置筛选条件 1：筛选项为“@销售方”，操作符为“等于”，匹配值为“徐州佳和美商贸有限公司”。

（4）单击“操作+”按钮，添加设置筛选条件 2：筛选项为“@票据联次”，操作符为“等于”，匹配值为“记账联”。

（5）单击“保存”按钮，完成销售增值税专用发票票据类别设置，设置结果见图 2-2-3。

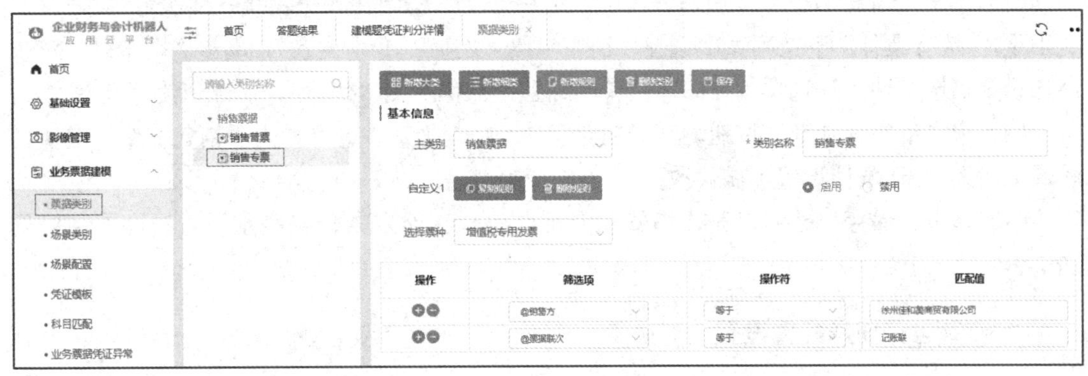

图 2-2-3 销售增值税专用发票票据类别设置

2. 设置销售增值税普通发票票据类别

（1）单击“销售票据”按钮，选择“销售票据”为主类别。

（2）单击“新增细类”按钮，在“类别名称”文本框中输入“销售普票”，在“选择票种”下拉列表中选择“增值税普通发票”选项，完成类别名称设置及票种选择。

（3）单击“操作+”按钮，添加设置筛选条件 1：筛选项为“@销售方”，操作符为“等于”，匹配值为“徐州佳和美商贸有限公司”。

（4）单击“操作+”按钮，添加设置筛选条件 2：筛选项为“@票据联次”，操作符为“等于”，匹配值为“记账联”。

（5）单击“保存”按钮，完成销售增值税普通发票票据类别设置，设置结果见图 2-2-4。

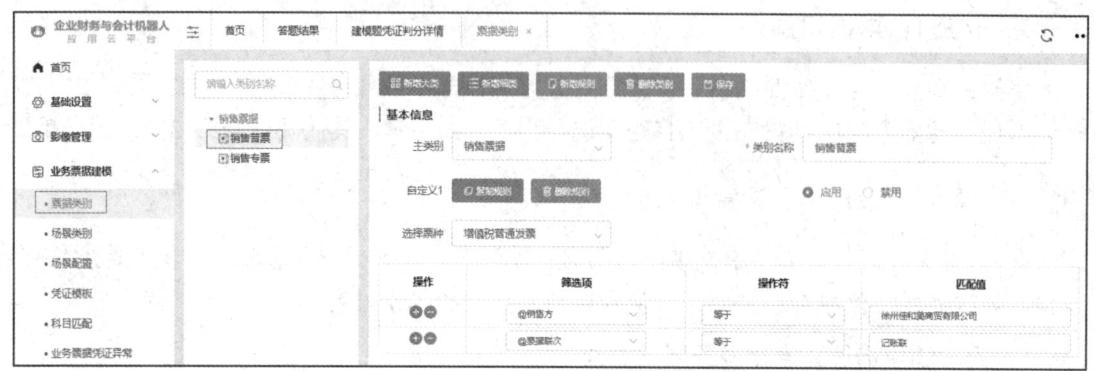

图 2-2-4　销售增值税普通发票票据类别设置

➢ 步骤 3：场景类别设置

在“首页”菜单，依次单击“业务票据建模”→“场景类别”选项，打开“场景类别”窗口，进行增值税发票场景类别设置。

本任务增值税专用发票和增值税普通发票均反映提供仓储服务业务，场景类别具体设置步骤如下。

（1）单击“新增大类”按钮，在“主类别”文本框中输入“销售场景”，单击“保存”按钮，完成主类别名称设置。

（2）单击“新增细类”按钮，在“类别名称”文本框中输入“销售仓储服务”，在自定义 1 下，“选择票种”下拉列表中选择“销售专票→增值税专用发票”，单击“操作+”按钮，添加设置筛选条件：筛选项为“@项目【明细】”，操作符为“包含”，匹配值为“仓储”。

（3）单击“复制规则”按钮，新增自定义 2，修改“票种选择”为“销售普票→增值税普通发票”，筛选条件设置不做修改。

（4）单击“保存”按钮，完成增值税专用发票与普通发票场景类别设置，设置结果见图 2-2-5。

➢ 步骤 4：场景配置设置

在“首页”菜单，依次单击“业务票据建模”→“场景配置”选项，打开“场景配置”窗口，进行销售仓储服务场景配置设置。

（1）单击“新增主场景”按钮，在“主场景”文本框中输入“销售业务”，单击“保存”按钮，完成主场景名称设置。

（2）单击“新增场景”按钮，在“场景名称”文本框中输入“销售仓储服务”，完成场景名称设置。

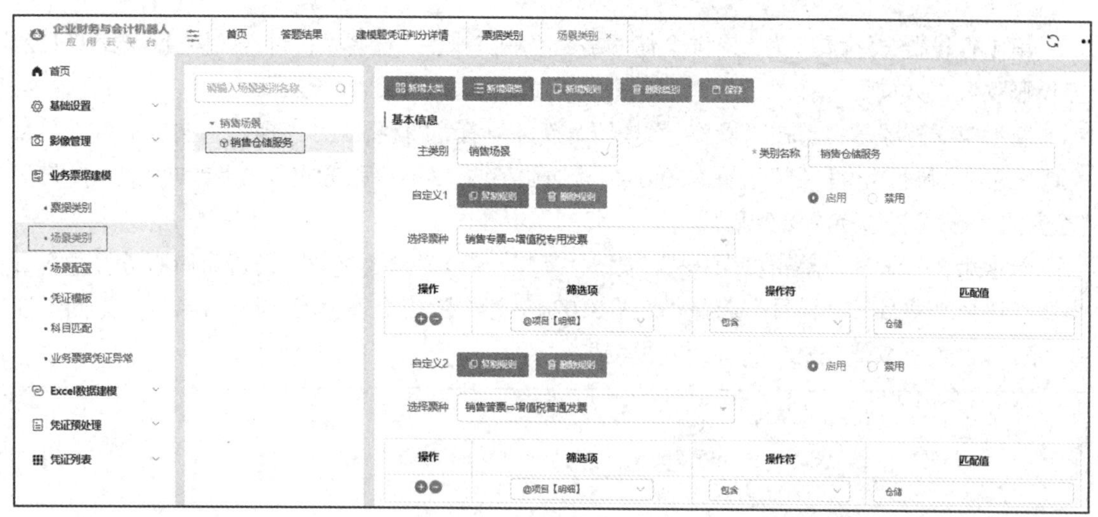

图 2-2-5　增值税专用发票和普通发票销售仓储服务场景类别设置

（3）在“场景类别”下拉列表中选择“销售场景→销售仓储服务”选项，在弹出的“请选择票据类别”对话框中同时勾选“销售专票”“销售普票”选项，单击“确定”按钮，完成场景类别与票据类别配置。

（4）无须进行组合名称命名，单击“保存”按钮，完成销售仓储服务场景配置设置，设置结果见图 2-2-6。

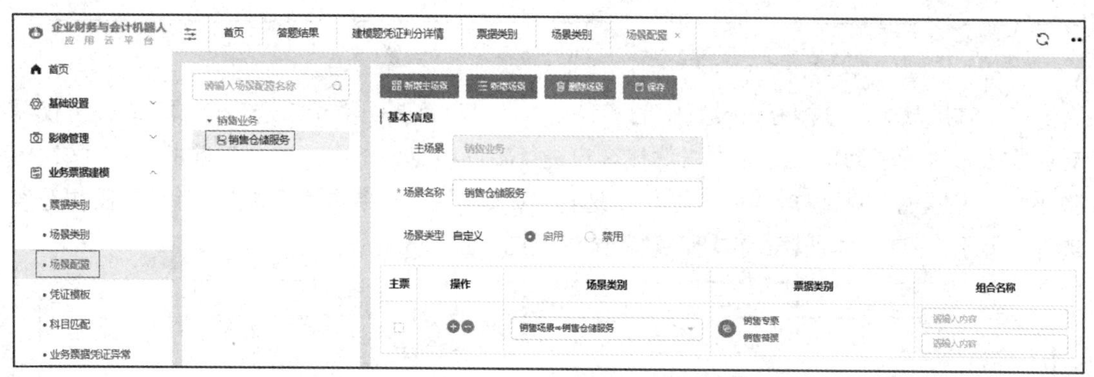

图 2-2-6　销售仓储服务场景配置

➢ 步骤 5：凭证模板设置

在“首页”菜单，依次单击“业务票据建模”→“凭证模板”选项，打开“凭证模板”窗口，单击“销售仓储服务”会计场景后面的“新增模板”按钮，弹出“凭证模板设置”对话框，对销售仓储服务场景凭证模板进行设置。

（1）凭证头设置。“模板名称”为“销售仓储服务”，“记账日期”选择“@开票日期”，“凭证字”选择“记账凭证”，“制单人”为“张秀欣”，“启用状态”选择“启用”，“推送方式”选择“自动推送”。

（2）分录设置。主分录对应增值税专用发票和增值税普通发票，设置结果见图 2-2-7，具体操作步骤如下。

第 1 行设置:“摘要”为“提供仓储服务”,“科目来源”选择“科目”,“科目”选择“1122 应收账款”,“方向”选择“借”,“金额取值公式”选择“@含税金额”。

新增第 2 行设置:单击“操作+”按钮,新增一行,“摘要”为“提供仓储服务”,“科目来源”选择“科目”,“科目”选择“605101 其他业务收入-销售服务收入”,“方向”选择“贷”,“金额取值公式”选择“@金额”。

新增第 3 行设置:单击“操作+”按钮,新增一行,“摘要”为“销售仓储服务”,“科目来源”选择“科目”,“科目”选择“22210102 应交税费-应交增值税-销项税额”,“方向”选择“贷”,“金额取值公式”选择“@税额”。

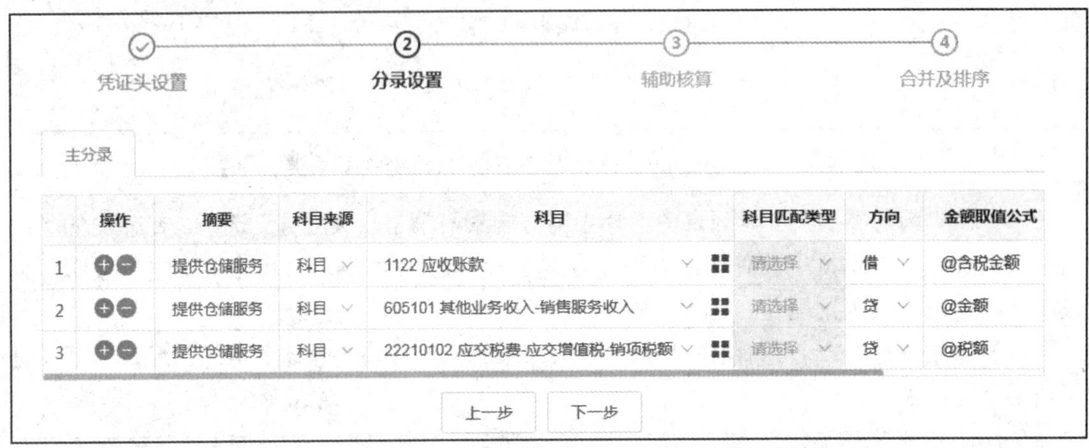

凭证头设置　分录设置　辅助核算　合并及排序

主分录

	操作	摘要	科目来源	科目	科目匹配类型	方向	金额取值公式
1		提供仓储服务	科目	1122 应收账款	请选择	借	@含税金额
2		提供仓储服务	科目	605101 其他业务收入-销售服务收入	请选择	贷	@金额
3		提供仓储服务	科目	22210102 应交税费-应交增值税-销项税额	请选择	贷	@税额

上一步　下一步

图 2-2-7　销售仓储服务分录设置

(3)辅助核算。分析分录设置中的“科目”及“科目匹配类型”选项可知,本任务仅需对应收账款进行辅助核算。应收账款按客户进行辅助核算,单击“客户”前的“+”按钮,弹出“取值匹配”对话框,“固定栏位”选择“@购买方”,单击“添加”按钮,“操作符”选择“等于”,单击“保存”按钮,设置结果见图 2-2-8。

凭证头设置　分录设置　辅助核算　合并及排序

	操作	辅助核算项	取值规则描述
1		客户	@购买方
2		供应商	
3		部门	
4		职员	
5		项目	
6		明细	@项目【明细】

上一步　下一步

图 2-2-8　应收账款辅助核算设置

（4）合并及排序。操作方法不再赘述。

➢ **步骤 6：票据审核并生成凭证**

完成票据类别、场景类别、场景配置和凭证模板四个环节的设置后，进行单据审核记账，系统自动生成记账凭证。

三、任务练习（见表 2-2-2）

表 2-2-2　学生练习工作页

班级		姓名		组别		时间		地点	
任务情景	2021 年 5 月，江苏旺丰物流有限公司发生提供运输服务业务。财务部开具增值税专用发票 1 张，增值税普通发票 1 张，共 2 张单据。 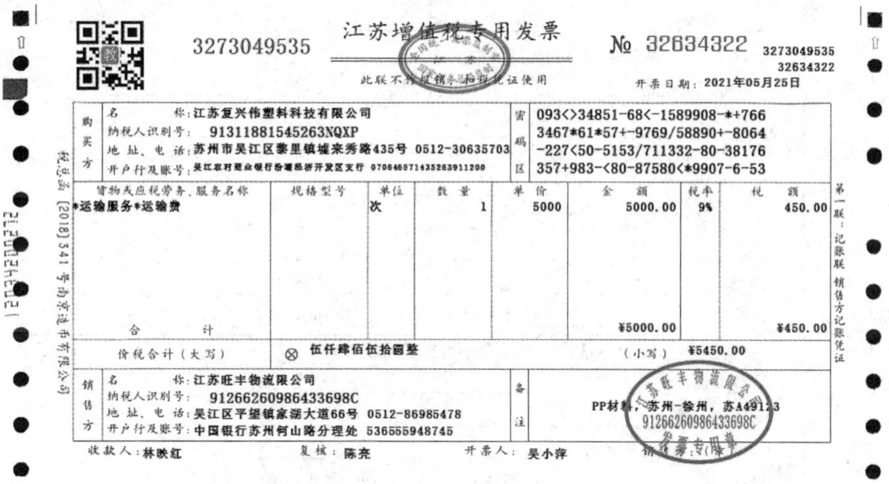 江苏增值税专用发票　3273049535　№ 32634322　3273049535 32634322 此联不作报销、扣税凭证使用　开票日期：2021年05月25日 购买方　名称：江苏复兴伟塑料科技有限公司　纳税人识别号：91311881545263NQXP　地址、电话：苏州市吴江区黎里镇城来秀路435号 0512-30635703　开户行及账号：吴江农村商业银行黎里支行 07064657143526391120　密码区：093<>34851-68<-1589908-*+766 3467*61*57+-9769/58890+-8064 -227<50-5153/711332-80-38176 357+983-<80-87580<*9907-6-53 货物或应税劳务、服务名称：*运输服务*运输费　单位：次　数量：1　单价：5000　金额：5000.00　税率：9%　税额：450.00 合计　¥5000.00　¥450.00 价税合计（大写）⊗伍仟肆佰伍拾圆整　（小写）¥5450.00 销售方　名称：江苏旺丰物流有限公司　纳税人识别号：91266260986433698C　地址、电话：吴江区平望镇家湖大道66号 0512-86985478　开户行及账号：中国银行苏州何山路分理处 536555948745　备注：PP材料，苏州-徐州，苏A49123 收款人：林映红　复核：陈亮　开票人：吴小萍　销售方：（章） 第一联：记账联 销售方记账凭证 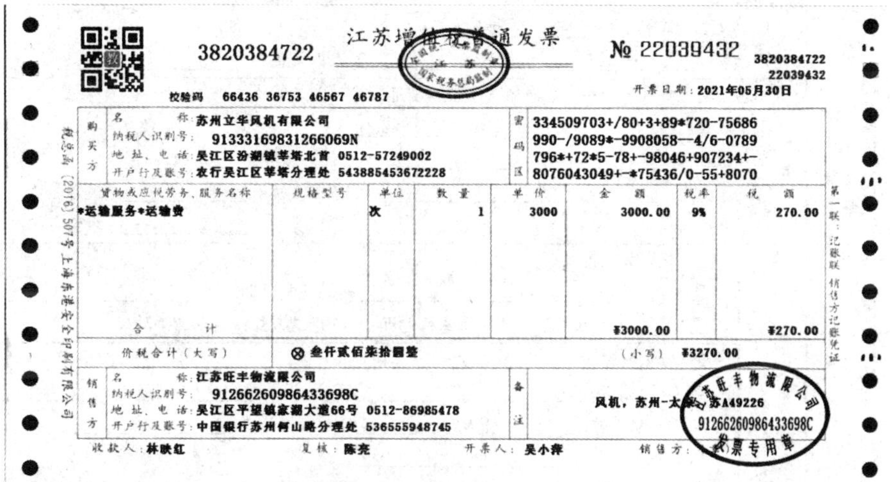 江苏增值税普通发票　3820384722　№ 22039432　3820384722 22039432 校验码 66436 36753 46567 46787　开票日期：2021年05月30日 购买方　名称：苏州立华风机有限公司　纳税人识别号：91333169831266069N　地址、电话：吴江区汾湖镇莘塔北官 0512-57249002　开户行及账号：农行吴江区莘塔分理处 543885453672228　密码区：334509703+/80+3+89*720-75686 990-/9089*-9908058—4/6-0789 796*+72*5-78+-98046+907234+- 8076043049+-*75436/0-55+8070 货物或应税劳务、服务名称：*运输服务*运输费　单位：次　数量：1　单价：3000　金额：3000.00　税率：9%　税额：270.00 合计　¥3000.00　¥270.00 价税合计（大写）⊗叁仟贰佰柒拾圆整　（小写）¥3270.00 销售方　名称：江苏旺丰物流有限公司　纳税人识别号：91266260986433698C　地址、电话：吴江区平望镇家湖大道66号 0512-86985478　开户行及账号：中国银行苏州何山路分理处 536555948745　备注：风机，苏州-太仓，苏A49226 收款人：林映红　复核：陈亮　开票人：吴小萍　销售方：（章） 第一联：记账联 销售方记账凭证									
任务目标	根据江苏旺丰物流有限公司的企业背景、任务情景相关信息，针对 2021 年 5 月份发生的提供运费服务业务，在财务机器人云平台完成销售增值税专用发票和增值税普通发票业务票据建模，并自动生成记账凭证。 要求：账期为 2021 年 5 月，凭证合并方式为不合并，分录合并方式为不合并。									

续表

<table>
<tr><td rowspan="9">任务实施</td><td rowspan="2">步骤1：票据识别</td><td colspan="2">请确认机器人识别的发票信息与系统设置项目对应关系：
1．增值税专用发票
①票据抬头：________；②销售方：________；③购买方：________；
④发票号码：________；⑤发票代码：________；⑥开票日期：________；
⑦票据联次：______；⑧金额：______；⑨税额：______；⑩含税金额：______；
⑪账期：______；⑫项目【明细】：________________。</td></tr>
<tr><td colspan="2">2．增值税普通发票
①票据抬头：________；②销售方：________；③购买方：________；
④发票号码：________；⑤发票代码：________；⑥开票日期：________；
⑦票据联次：______；⑧金额：______；⑨税额：______；⑩含税金额：______；
⑪账期：______；⑫项目【明细】：________________。</td></tr>
<tr><td rowspan="2">步骤2：票据类别</td><td colspan="2">1．增值税专用发票
①主类别：________________；
②类别名称：________________；
③自定义1，选择票种：____________；
筛选项：______、操作符：_____、匹配值：________；
筛选项：______、操作符：_____、匹配值：________。</td></tr>
<tr><td colspan="2">2．增值税普通发票
①主类别：________________；
②类别名称：________________；
③自定义1，选择票种：____________；
筛选项：______、操作符：_____、匹配值：________；
筛选项：______、操作符：_____、匹配值：________。</td></tr>
<tr><td>步骤3：场景类别</td><td colspan="2">增值税专用发票、增值税普票发票（销售运输服务）
①主类别：________________；
②类别名称：________________；
③自定义1，选择票种：____________；
筛选项：______、操作符：_____、匹配值：________；
自定义2，选择票种：____________；
筛选项：______、操作符：_____、匹配值：________。</td></tr>
<tr><td>步骤4：场景配置</td><td colspan="2">销售运输服务（增值税专用发票、增值税普通发票）
①主场景：____________；
②场景名称：____________；
③场景类别：____________，票据类别：______，组合名称：______。
票据类别：______，组合名称：______。</td></tr>
<tr><td rowspan="2">步骤5：凭证模板</td><td rowspan="2">销售服务发票模型（专票和普票）</td><td>1．凭证头设置
①模板名称：__________；②记账日期：__________；
③凭证字：记账凭证；④制单人：赵萌；⑤推送方式：自动或手动。</td></tr>
<tr><td>2．分录设置
第1行：摘要：________，科目来源：____，科目：________，
科目匹配类型：____，方向：___，金额取值公式：____________，
取值匹配：__________；
第2行：摘要：________，科目来源：____，科目：________，
科目匹配类型：____，方向：___，金额取值公式：____________，
取值匹配：__________；
第3行：摘要：________，科目来源：____，科目：________，
科目匹配类型：____，方向：___，金额取值公式：____________，
取值匹配：__________。</td></tr>
</table>

续表

<table>
<tr><td rowspan="3">任务实施</td><td rowspan="2">步骤5：凭证模板</td><td rowspan="2">销售服务发票模型（专票和普票）</td><td>3. 辅助核算
对应“应收账款”：辅助核算项：__________，取值规则描述：__________。</td></tr>
<tr><td>4. 合并排列
凭证合并方式：__________，分录合并方式：__________，分录自定义排序条件：__________。</td></tr>
<tr><td>步骤6：审核并生成凭证</td><td colspan="2">注意：如有出现错误的请在此进行记录。</td></tr>
<tr><td colspan="2">学习感悟</td><td colspan="2"></td></tr>
</table>

往来业务智能核算

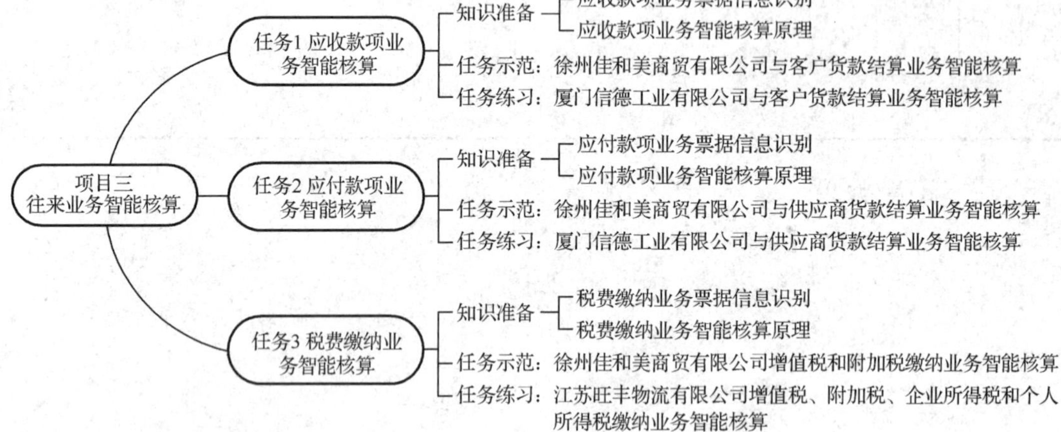

学习目标

知识目标： 1. 熟悉财务机器人识别银行收款回单、银行付款回单业务的主要信息项目。

2. 掌握银行收款业务、银行付款业务的财务机器人票据模型创建原理。

技能目标： 1. 能在财务机器人云平台熟练进行银行收款业务、银行付款业务的票据建模操作。

2. 能在财务机器人云平台熟练完成银行收款业务、银行付款业务的凭证审核，对系统提示的错误进行查找与修改，直至生成正确的记账凭证。

素养目标： 1. 通过对“大智移云物区”新技术的了解，提高学生接受新事物的兴趣，增强民族自信心。

2. 通过票据建模，培养学生精益求精的工匠精神和谨慎细心的工作作风。

3. 通过查找与修改错误，培养学生批判性思维，以及独立思考和分析解决问题的能力。

4. 通过分组合作学习，培养学生协作共进的团队意识和积极主动的职业态度。

任务1 应收款项业务智能核算

一、知识准备

（一）应收款项业务票据信息识别

本任务所称应收款项业务主要指因销售商品或材料等通过银行转账收回款项业务。这类业务的票据一般为银行收款回单。银行在完成收款业务后，向企业提供银行收款回单作为企业账务处理的有效凭证。

不同银行提供的银行回单格式不完全相同，但财务机器人识别的银行收款回单的主要信息项目相同，例如：①票据抬头：江苏银行业务回单（普通回单），②付款方名称：苏州苏大有信商贸有限公司，③收款方名称：徐州佳和美商贸有限公司，④付款方账号：4806582300112452390，⑤收款方账号：8010167703122985287，⑥交易日期：2020-09-03，⑦摘要：货款，⑧金额：23030.74，⑨含税金额：23030.74，⑩账期：2020-09，见图3-1-1。

【友情提示】

财务机器人平台上设置的类别②③名称与银行收款回单票面上信息不完相同，前者为“付款方名称”“收款方名称”而原票据为“付款人名称”“收款人名称”，这两个名称的一字之差将直接对后续筛选项选择产生影响。

（二）应收款项业务智能核算原理

应收款项业务智能核算是在财务机器人识别的票据信息的基础上，完成票据类别、场景类别、场景配置、凭证模板四个流程的设置后，进行智能审核生成记账凭证。银行收款回单分录设置原理见表3-1-1。

表3-1-1 银行收款回单分录设置原理

借贷方向	科目来源	科 目	明细科目识别原理（科目匹配类型）	金额识别原理（取值公式）
借	科目	银行存款-**银行	——	按“金额”或“含税金额”自动识别
借	银行	收款人账号	按“收款人账号”自动识别	
贷	科目	应收账款	按“客户-付款方名称”自动识别	
贷	科目	实收资本	按“客户-付款方名称”自动识别	

二、任务示范

■ 任务情景

2020年9月，徐州佳和美商贸有限公司与客户发生货款结算业务，财务部收到银行收款回单4张，见图3-1-1至图3-1-4。

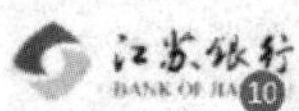

① 江苏银行业务回单(普通回单)

⑥ 交易日期：⑩ 2020年09月03日　　交易柜员：353444　　币种：人民币

② 付款人名称：苏州苏大有信商贸有限公司　　③ 收款人名称：徐州佳和美商贸有限公司

④ 付款人账号：4806582300112452390　　⑤ 收款人账号：8010167703122985287

付款人开户行：中行葑门支行　　收款人开户行：江苏银行徐州鼓楼支行

⑧ 交易金额（小写）：23030.74 ⑨　　交易金额（大写）：贰万叁仟零叁拾元柒角肆分

柜员流水：c46739650 附言：凭证号

⑦ 摘要：货款

凭证号：18410000000000

江苏银行股份有限公司 徐州鼓楼支行 回单专用章 AW80AYTR9E5Q

打印时间：2020/09/03　15:20:48　　打印机构/柜员：2475　　打印次数：1(回单打印，注意重复)

防伪码：25BED5085348CHLK2389E1

图 3-1-1　单据 1

江苏银行业务回单(普通回单)

交易日期：2020年09月15日　　交易柜员：724295　　币种：人民币

付款人名称：苏州市品园食品厂　　收款人名称：徐州佳和美商贸有限公司

付款人账号：1102020509000077761　　收款人账号：8010167703122985287

付款人开户行：苏州工商银行阊门支行　　收款人开户行：江苏银行徐州鼓楼支行

交易金额（小写）：14200.00　　交易金额（大写）：壹万肆仟贰佰元整

柜员流水：c43810897 附言：凭证号

摘要：货款

凭证号：20798000000000

江苏银行股份有限公司 徐州鼓楼支行 回单专用章 AW80AYTR9E5Q

打印时间：2020/09/15　16:17:33　　打印机构/柜员：1877　　打印次数：1(回单打印，注意重复)

防伪码：61BED3975144CHLK1011E1

图 3-1-2　单据 2

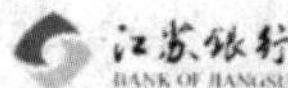

江苏银行业务回单(普通回单)

交易日期：2020年09月17日　　交易柜员：682477　　币种：人民币

付款人名称：苏州市佰汇有限公司　　收款人名称：徐州佳和美商贸有限公司

付款人账号：30370384078605715　　收款人账号：8010167703122985287

付款人开户行：江苏银行城西支行　　收款人开户行：江苏银行徐州鼓楼支行

交易金额（小写）：6535.00　　交易金额（大写）：陆仟伍佰叁拾伍元整

柜员流水：c16159039 附言：凭证号

摘要：货款

凭证号：94465000000000

江苏银行股份有限公司 徐州鼓楼支行 回单专用章 AW80AYTR9E5Q

打印时间：2020/09/17　15:32:11　　打印机构/柜员：2528　　打印次数：1(回单打印，注意重复)

防伪码：14BED7906253CHLK7256E1

图 3-1-3　单据 3

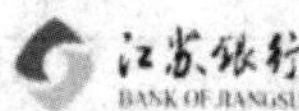

江苏银行业务回单(普通回单)

交易日期：2020年09月22日　　交易柜员：135888　　币种：人民币

付款人名称：苏州工业园区多宝利超市　　收款人名称：徐州佳和美商贸有限公司

付款人账号：4858582300565611220　　收款人账号：8010167703122985287

付款人开户行：中国银行苏州工业园区支行　　收款人开户行：江苏银行徐州鼓楼支行

交易金额（小写）：2354.00　　交易金额（大写）：贰仟叁佰伍拾肆元整

柜员流水：c56280621!附言：凭证号

摘要：货款

凭证号：29546000000000

打印次数：1(回单打印，谨防重复)

打印时间：2020/09/22 17:40:47　　打印机构/柜员：2044

防伪码：84BED8748619GHLK5756E1

图 3-1-4　单据 4

■ 任务目标

根据徐州佳和美商贸有限公司的企业背景、任务情景相关信息，针对 2020 年 9 月发生的收取货款业务，在财务机器人云平台完成银行收款回单收取货款业务票据建模，并自动生成记账凭证。

要求：凭证合并方式为不合并，分录合并方式为不合并，启用分录自定义排序并按借贷方进行排序。

■ 任务实施

3-1 任务实施

➢ 步骤 1：票据识别

票据识别具体操作参照“项目一采购业务智能核算中的任务 1 的任务示范的步骤 1”进行，本任务与前者的区别只在于应将账期选择为“2020-09”，其他操作全部相同，此处略。

➢ 步骤 2：票据类别设置

在“首页”菜单，依次单击“业务票据建模”→“票据类别”选项，打开“票据类别”窗口，依次完成银行收款回单票据类别设置。

（1）单击“新增大类”按钮，在“主类别”文本框中输入“银行票据”，单击“保存”按钮，完成主类别名称命名。

（2）单击“新增细类”按钮，在“类别名称”文本框中输入“银行收款回单”，在“选择票种”下拉列表中选择“银行回单”选项，完成类别名称设置及票种选择。

（3）单击“操作+”按钮，添加设置筛选条件：筛选项为“@收款方名称”，操作符为“等于”，匹配值为“徐州佳和美商贸有限公司”。

（4）单击“保存”按钮，完成银行收款回单票据类别设置，设置结果见图 3-1-5。

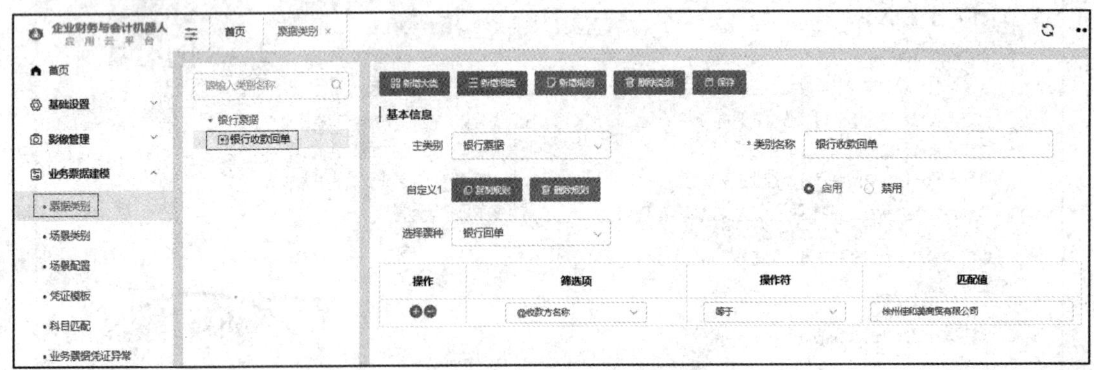

图 3-1-5　银行收款回单票据类别设置

➢ 步骤 3：场景类别设置

在“首页”菜单，依次单击“业务票据建模”→“场景类别”选项，打开“场景类别”窗口，进行银行收款回单场景类别设置。本任务银行回单反映收取货款业务，场景类别具体设置步骤如下。

（1）单击“新增大类”按钮，在“主类别”文本框中输入“往来场景”，单击“保存”按钮，完成主类别名称命名。

（2）单击“新增细类”按钮，在“类别名称”文本框中输入“收取货款”，在“选择票种”下拉列表中选择“银行收款回单→银行回单”，单击“操作+”按钮，添加设置筛选条件：筛选项为“@摘要”，操作符为“包含”，匹配值为“货款”。

（3）单击“保存”按钮，完成银行收款回单收取货款场景类别设置，设置结果见图 3-1-6。

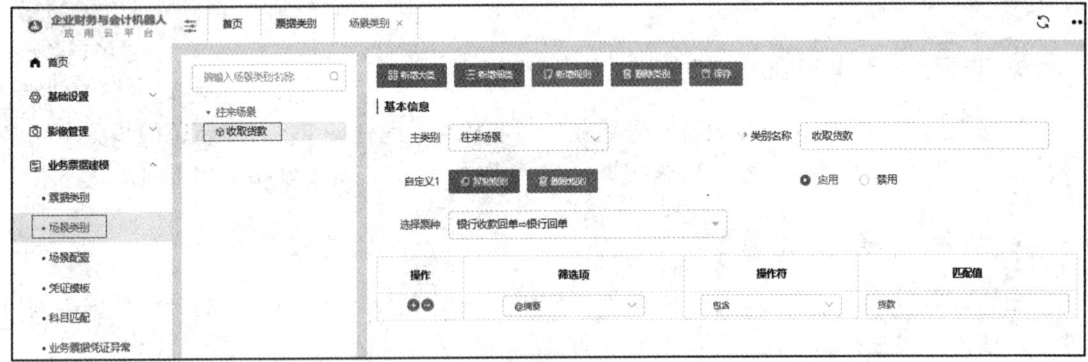

图 3-1-6　银行收款回单收取货款场景类别设置

【友情提示】

在设置筛选条件时，当操作符为“包含”时，匹配值的内容需要能够涵盖机器人识别所有票据“@摘要”内容的共同关键词，即保证最大范围的筛选内容。本任务中填写“货款”为最佳答案，它能够包含货款、收取货款、收取**货款等多种摘要描述的票据。

➢ 步骤 4：场景配置设置

在“首页”菜单，依次单击“业务票据建模”→“场景配置”选项，打开“场景配置”窗口，进行银行收款回单收取货款场景配置设置，具体操作步骤如下。

（1）单击“新增主场景”按钮，在“主场景”文本框中输入“往来业务”，单击“保存”按钮，完成主场景名称命名。

（2）单击“新增场景”按钮，在“场景名称”文本框中输入“收取货款”，完成场景名称命名。

（3）在“场景类别”下拉列表中选择“往来场景→收取货款”选项，在弹出的“请选择票据类别”对话框中勾选“银行收款回单”选项，单击“确定”按钮，完成场景类别与票据类别配置。

（4）单击“保存”按钮，完成银行收款回单收取货款场景配置设置，设置结果见图 3-1-7。

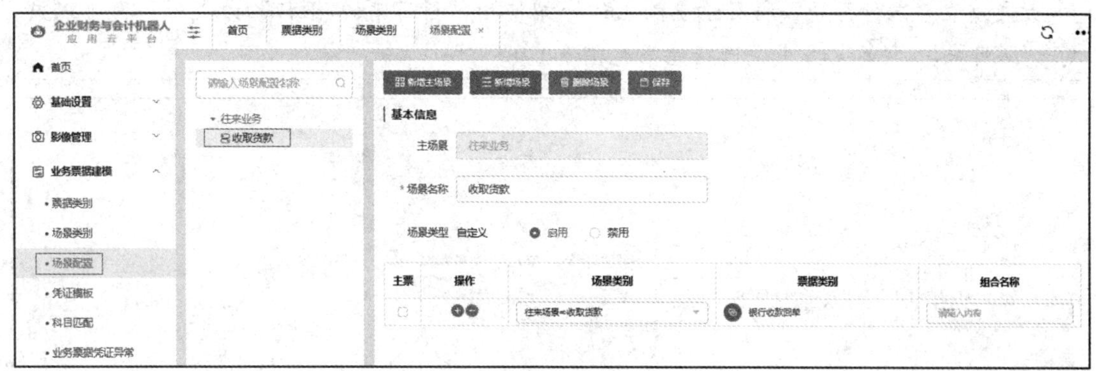

图 3-1-7　收取货款场景配置设置

➢ 步骤 5：凭证模板设置

在“首页”菜单，依次单击“业务票据建模”→“凭证模板”选项，打开“凭证模板”窗口，单击“收取货款”会计场景后面的“新增模板”按钮，弹出“凭证模板设置”对话框，对收取货款场景凭证模板进行设置。

（1）凭证头设置。“模板名称”为“收取货款”，“记账日期”选择“@交易日期”，“凭证字”选择“记账凭证”，“制单人”为“张秀欣”，“启用状态”选择“启用”，“推送方式”选择“自动推送”。

（2）分录设置。主分录对应银行收款回单，设置结果见图 3-1-8，具体操作步骤如下。

第 1 行设置：“摘要”为“收取货款”，“科目来源”选择“银行”，“科目”选择“收款人账号”，“方向”选择“借”，“金额取值公式”选择“@金额”。

新增第 2 行设置：单击“操作+”按钮，新增一行，“摘要”为“收取货款”，“科目来源”选择“科目”，“科目”选择“1122 应收账款”，“方向”选择“贷”，“金额取值公式”选择“@金额”。

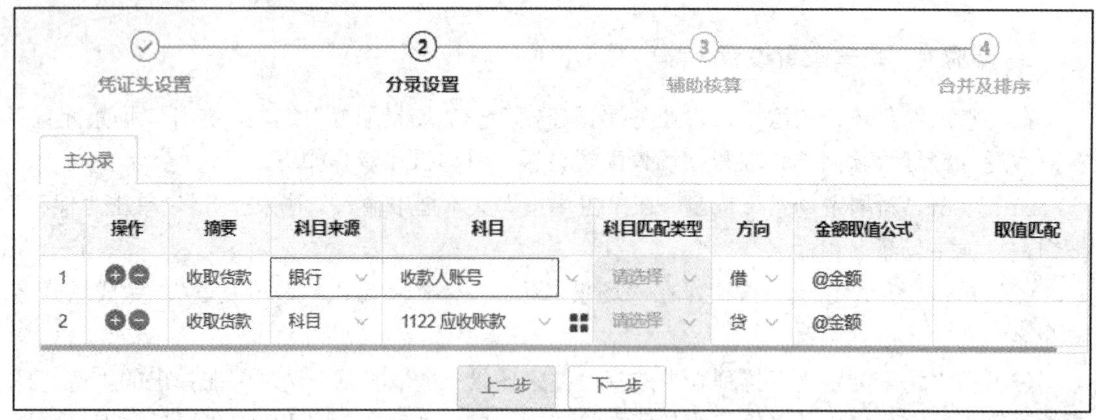

图 3-1-8　银行收款回单收取货款分录设置

【友情提示】

主分录“银行存款”科目设置除上述介绍使用“科目来源-银行”方式外，也可以采用“科目来源-科目”方式，选择结果见图 3-1-9。

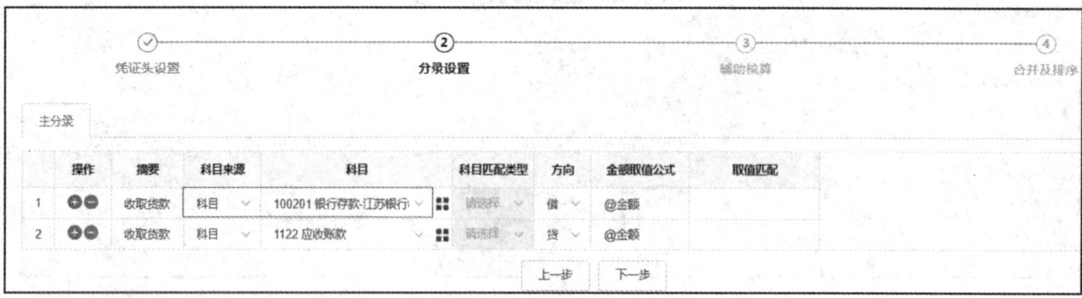

图 3-1-9　银行收款回单收取货款分录设置

【友情提示】

在银行收款回单上，@金额与@含税金额是相同的，所以在确定科目金额取值公式时，可以直接选@金额，同时不需要进行取值匹配设置。

（3）辅助核算。分析分录设置中的“科目”及“科目匹配类型”选项可知，本任务只需对应收账款进行辅助核算。

应收账款按客户进行辅助核算，单击“客户”前的“+”按钮，弹出“取值匹配”对话框，“固定栏位”选择“@付款方名称”，单击“添加”按钮，“操作符”选择“等于”，单击“保存”按钮，设置结果见图 3-1-10。

【友情提示】

在银行收款回单中，应收账款辅助核算财务机器人认别的信息对应为“客户-@付款方名称”。

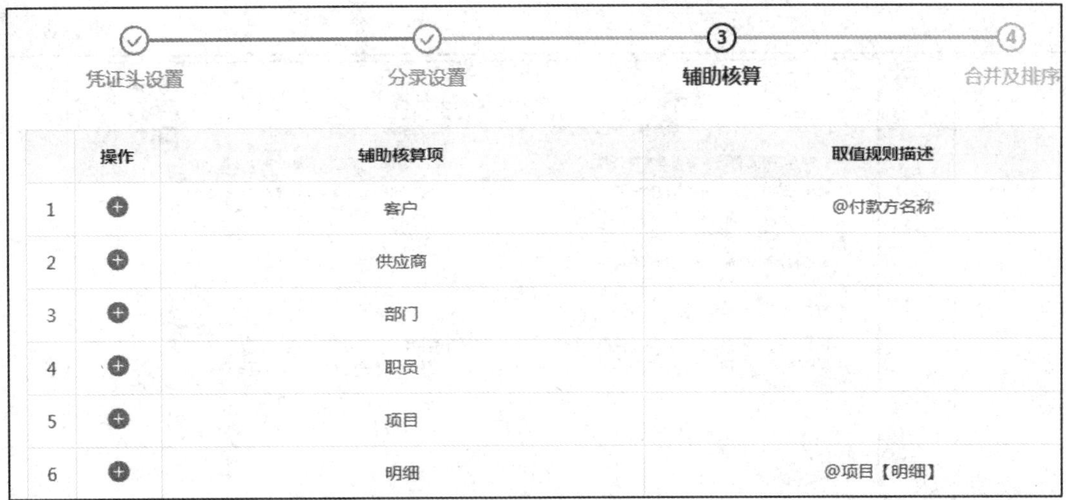

	操作	辅助核算项	取值规则描述
1	⊕	客户	@付款方名称
2	⊕	供应商	
3	⊕	部门	
4	⊕	职员	
5	⊕	项目	
6	⊕	明细	@项目【明细】

图 3-1-10　应收账款辅助核算设置

（4）合并及排序。操作方法不再赘述。

➢ 步骤 6：票据审核并生成凭证

完成票据类别、场景类别、场景配置和凭证模板四个流程的设置后，进行单据审核记账，系统自动生成记账凭证。

三、任务练习（见表 3-1-2）

表 3-1-2　学生练习工作页

班级		姓名		组别		时间		地点	
任务情景	2020 年 7 月，厦门信德工业有限公司发生了 6 笔货款结算业务。财务部收到款项并取得相应的银行收款回单 6 张。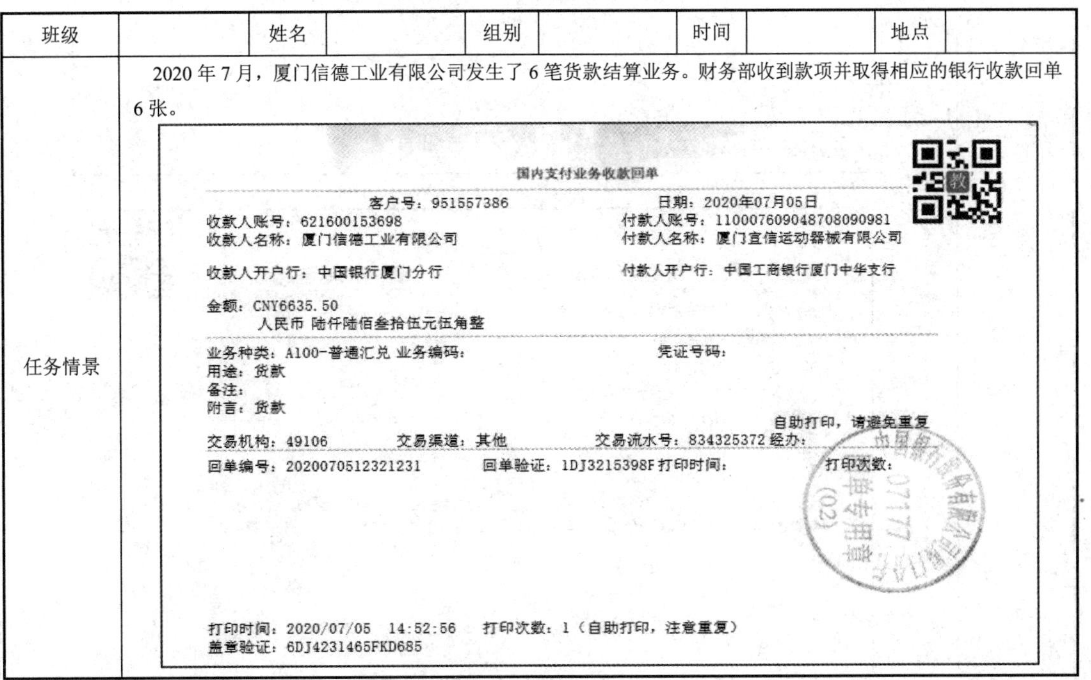								

国内支付业务收款回单

客户号：951557386　　日期：2020年07月05日

收款人账号：621600153698　　付款人账号：110007609048708090981

收款人名称：厦门信德工业有限公司　　付款人名称：厦门宜信运动器械有限公司

收款人开户行：中国银行厦门分行　　付款人开户行：中国工商银行厦门中华支行

金额：CNY6635.50

人民币 陆仟陆佰叁拾伍元伍角整

业务种类：A100-普通汇兑 业务编码：　　凭证号码：

用途：货款

备注：

附言：货款

自助打印，请避免重复

交易机构：49106　　交易渠道：其他　　交易流水号：834325372 经办：

回单编号：2020070512321231　　回单验证：1DJ3215398F 打印时间：　　打印次数：

打印时间：2020/07/05　14:52:56　　打印次数：1（自助打印，注意重复）

盖章验证：6DJ4231465FKD685

续表

任务情景	国内支付业务收款回单 客户号：951557386　　日期：2020年07月09日 收款人账号：621600153698　　付款人账号：110007609048787197648 收款人名称：厦门信德工业有限公司　　付款人名称：厦门翔城股份有限公司 收款人开户行：中国银行厦门分行　　付款人开户行：中国工商银行厦门高新支行 金额：CNY32000.00 人民币 叁万贰仟元整 业务种类：A100-普通汇兑 业务编码：　　凭证号码： 用途：货款 备注： 附言：货款 自助打印，请避免重复 交易机构：49106　交易渠道：其他　交易流水号：860139872 经办： 回单编号：2020070916334231　回单验证：1DJ3325656F 打印时间：　打印次数： 打印时间：2020/07/09 09:33:23　打印次数：1（自助打印，注意重复） 盖章验证：6DJ4452465FKD998 国内支付业务收款回单 客户号：951557386　　日期：2020年07月13日 收款人账号：621600153698　　付款人账号：110007609048774970563 收款人名称：厦门信德工业有限公司　　付款人名称：厦门承平运动器械有限公司 收款人开户行：中国银行厦门分行　　付款人开户行：中国工商银行厦门石鼓支行 金额：CNY12000.00 人民币 壹万贰仟元整 业务种类：A100-普通汇兑 业务编码：　　凭证号码： 用途：货款 备注： 附言：货款 自助打印，请避免重复 交易机构：49106　交易渠道：其他　交易流水号：437139872 经办： 回单编号：2020071316352132　回单验证：1DJ3651656F 打印时间：　打印次数： 打印时间：2020/07/13 10:20:27　打印次数：1（自助打印，注意重复） 盖章验证：3DJ4346465FKD901 国内支付业务收款回单 客户号：951557386　　日期：2020年07月07日 收款人账号：621600153698　　付款人账号：110007609048788098143 收款人名称：厦门信德工业有限公司　　付款人名称：厦门集萃股份有限公司 收款人开户行：中国银行厦门分行　　付款人开户行：中国工商银行厦门海翔支行 金额：CNY22050.00 人民币 贰万贰仟零伍拾元整 业务种类：A100-普通汇兑 业务编码：　　凭证号码： 用途：货款 备注： 附言：货款 自助打印，请避免重复 交易机构：49106　交易渠道：其他　交易流水号：521139472 经办： 回单编号：2020070713312730　回单验证：3DJ3655476F 打印时间：　打印次数： 打印时间：2020/07/07 16:15:27　打印次数：1（自助打印，注意重复） 盖章验证：3DJ4762165FKD987

续表

<table>
<tr><td colspan="2">任务情景</td><td>国内支付业务收款回单
客户号：951557386　日期：2020年07月21日
收款人账号：621600153698　付款人账号：11000760904878719764８
收款人名称：厦门信德工业有限公司　付款人名称：厦门翔城股份有限公司
收款人开户行：中国银行厦门分行　付款人开户行：中国工商银行厦门高新支行
金额：CNY3356.00
人民币 叁仟叁佰伍拾陆元整
业务种类：A100-普通汇兑 业务编码：　凭证号码：
用途：货款
备注：
附言：货款
自助打印，请避免重复
交易机构：49106　交易渠道：其他　交易流水号：534239472 经办：
回单编号：2020072113314289　回单验证：9DJ3585476F 打印时间：　打印次数：
打印时间：2020/07/21 13:15:27　打印次数：1（自助打印，注意重复）
盖章验证：3DJ4732165FKD954

国内支付业务收款回单
客户号：951557386　日期：2020年07月27日
收款人账号：621600153698　付款人账号：110007609048708090981
收款人名称：厦门信德工业有限公司　付款人名称：厦门宜信运动器械有限公司
收款人开户行：中国银行厦门分行　付款人开户行：中国工商银行厦门中华支行
金额：CNY7980.00
人民币 柒仟玖佰捌拾元整
业务种类：A100-普通汇兑 业务编码：　凭证号码：
用途：货款
备注：
附言：货款
自助打印，请避免重复
交易机构：49106　交易渠道：其他　交易流水号：542159472 经办：
回单编号：2020072713416077　回单验证：9DJ3670376F 打印时间：　打印次数：
打印时间：2020/07/27 15:15:33　打印次数：1（自助打印，注意重复）
盖章验证：5DJ4732660FKD432</td></tr>
<tr><td colspan="2">任务目标</td><td>根据厦门信德工业有限公司的企业背景、任务情景相关信息，针对2020年7月发生的收取货款业务，在财务机器人云平台完成银行收款回单票据建模，并自动生成记账凭证。
要求：账期为2020年7月，凭证合并方式为不合并，分录合并方式为不合并，启用分录自定义排序并按借贷方进行排序。</td></tr>
<tr><td rowspan="2">任务实施</td><td>步骤1：票据识别</td><td>请确认机器人识别的发票信息与系统设置项目对应关系：银行收款回单
①票据抬头：________；②付款方名称：________；③收款方名称：________；
④付款方账号：________；⑤收款方账号：________；⑥交易日期：________；
⑦摘要：________；⑧金额：________；⑨含税金额：________；⑩账期：________。</td></tr>
<tr><td>步骤2：票据类别</td><td>银行收款回单
①主类别：________________；
②类别名称：________________；
③自定义1，选择票种：________________；
筛选项：________、操作符：________、匹配值：________；
筛选项：________、操作符：________、匹配值：________。</td></tr>
</table>

续表

<table>
<tr><td rowspan="7">任务实施</td><td>步骤3：场景类别</td><td colspan="2">银行收款回单（收取货款）
①主类别：____________________；
②类别名称：____________________；
③自定义1，选择票种：____________________；
筛选项：__________、操作符：______、匹配值：__________；
自定义2，选择票种：____________________；
筛选项：__________、操作符：______、匹配值：__________。</td></tr>
<tr><td>步骤4：场景配置</td><td colspan="2">收取货款（银行收款回单）
①主场景：____________________；
②场景名称：____________________；
③场景类别：____________________，票据类别：__________，组合名称：__________。</td></tr>
<tr><td rowspan="4">步骤5：凭证模板</td><td rowspan="4">银行收款回单（收取货款）</td><td>1．凭证头设置
①模板名称：______________；②记账日期：______________；
③凭证字：记账凭证；④制单人：张秀欣；⑤推送方式：自动推送或手动推送。</td></tr>
<tr><td>2．分录设置
第1行：摘要：______________，科目来源：______，科目：______________，
科目匹配类型：______，方向：______，金额取值公式：______________，
取值匹配：______________；
第2行：摘要：______________，科目来源：______，科目：______________，
科目匹配类型：______，方向：______，金额取值公式：______________，
取值匹配：______________。</td></tr>
<tr><td>3．辅助核算
对应“应收账款”：辅助核算项：______________，取值规则描述：__________。</td></tr>
<tr><td>4．合并排列
凭证合并方式：__________，分录合并方式：__________，分录自定义排序条件：__________。</td></tr>
<tr><td>步骤6：审核并生成凭证</td><td colspan="2">注意：如有出现错误的请在此进行记录。</td></tr>
<tr><td colspan="2">学习感悟</td><td colspan="2"></td></tr>
</table>

任务2　应付款项业务智能核算

一、知识准备

（一）应付款项业务票据信息识别

本任务所称应付款项业务主要指因采购货物或服务通过银行转账支付款项的业务。这类业务的票据一般为银行付款回单。银行在完成付款业务后，向企业提供银行付款回单作为企业账务处理的有效凭证。

不同银行提供的银行付款回单格式不完全相同，但财务机器人识别的银行付款回单的主要信息项目相同，例如：①票据抬头：江苏银行业务回单（二代支付渠道），②付款方名称：徐州佳和美商贸有限公司，③收款方名称：苏州市和而同贸易有限公司，④付款方账号：8010167703122985287，⑤收款方账号：518830595788，⑥交易日期：2020-09-03，⑦摘要：货款，⑧金额：8358.00，⑨含税金额 8358.00，⑩账期：2020-09，见图 3-2-1。

（二）应付款项业务智能核算原理

应付款项业务智能核算是在财务机器人识别的票据信息的基础上，完成票据类别、场景类别、场景配置、凭证模板四个流程的设置后，进行智能审核并生成记账凭证。银行付款回单分录设置原理见表 3-2-1。

表 3-2-1 银行付款回单分录设置原理

借贷方向	科目来源	科 目	明细科目识别原理（科目匹配类型）	金额识别原理（取值公式）
借	科目	应付账款	按“供应商-收款方名称”自动识别	按“金额”或“含税金额”自动识别
贷	科目	银行存款-**银行	——	
贷	银行	付款人账号	按“付款人账号”自动识别	

二、任务示范

■ 任务情景

2020 年 9 月，徐州佳和美商贸有限公司与供应商发生货款结算业务，财务部已支付相应款项并取得相应的银行付款回单 4 张，见图 3-2-1 至图 3-2-4。

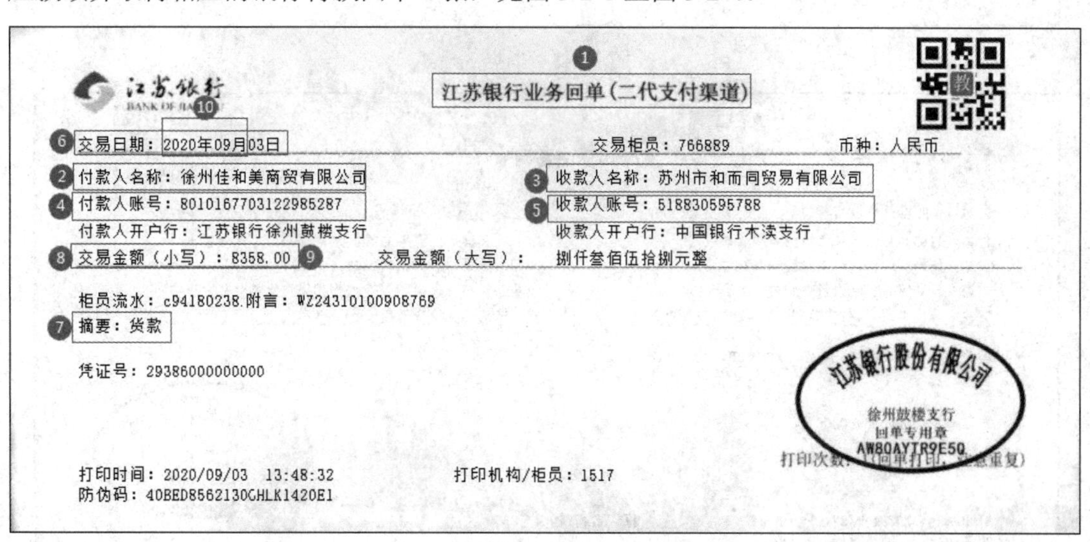
①
江苏银行 BANK OF JIANGSU ⑩
江苏银行业务回单(二代支付渠道)

⑥交易日期：2020年09月03日　交易柜员：766889　币种：人民币
②付款人名称：徐州佳和美商贸有限公司　③收款人名称：苏州市和而同贸易有限公司
④付款人账号：8010167703122985287　⑤收款人账号：518830595788
付款人开户行：江苏银行徐州鼓楼支行　收款人开户行：中国银行木渎支行
⑧交易金额（小写）：8358.00　⑨交易金额（大写）：捌仟叁佰伍拾捌元整

柜员流水：c94180238.附言：WZ24310100908769
⑦摘要：货款

凭证号：29386000000000

江苏银行股份有限公司 徐州鼓楼支行 回单专用章 AW80AYTR9E5Q
打印次数：1（回单打印，注意重复）

打印时间：2020/09/03 13:48:32　打印机构/柜员：1517
防伪码：40BED8562130CHLK1420E1

图 3-2-1 单据 1

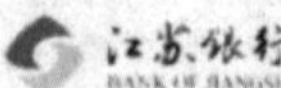

江苏银行业务回单（二代支付渠道）

交易日期：2020年09月15日　　交易柜员：724295　　币种：人民币

付款人名称：徐州佳和美商贸有限公司　　收款人名称：苏州好利得贸易有限公司

付款人账号：8010167703122985287　　收款人账号：10551936259685418

付款人开户行：江苏银行徐州鼓楼支行　　收款人开户行：农业银行苏州工业园区支行

交易金额（小写）：4300.50　　交易金额（大写）：肆仟叁佰元伍角整

柜员流水：c79891058 附言：WZ34279107693769

摘要：货款

凭证号：67959000000000

打印次数：1（回单打印，注意重复）

打印时间：2020/09/15　15:21:15　　打印机构/柜员：1135

防伪码：91BED8051242GHLK3384E1

图 3-2-2　单据 2

江苏银行业务回单（二代支付渠道）

交易日期：2020年09月17日　　交易柜员：599698　　币种：人民币

付款人名称：徐州佳和美商贸有限公司　　收款人名称：江苏禾北食品有限公司

付款人账号：8010167703122985287　　收款人账号：9830812818576050000

付款人开户行：江苏银行徐州鼓楼支行　　收款人开户行：工行相城元和支行

交易金额（小写）：23680.00　　交易金额（大写）：贰万叁仟陆佰捌拾元整

柜员流水：c53267255 附言：WZ42659107880767

摘要：货款

凭证号：28545000000000

江苏银行股份有限公司 徐州鼓楼支行 回单专用章 AW80AYTR9E5Q

打印次数：1（回单打印，注意重复）

打印时间：2020/09/17　11:12:42　　打印机构/柜员：1731

防伪码：21BED4697957GHLK8559E1

图 3-2-3　单据 3

江苏银行业务回单（二代支付渠道）

交易日期：2020年09月22日　　交易柜员：339418　　币种：人民币

付款人名称：徐州佳和美商贸有限公司　　收款人名称：上海美之味食品有限公司苏州经营部

付款人账号：8010167703122985287　　收款人账号：470233040405

付款人开户行：江苏银行徐州鼓楼支行　　收款人开户行：中国银行苏州高新技术产业开发区支行

交易金额（小写）：10724.00　　交易金额（大写）：壹万零柒佰贰拾肆元整

柜员流水：c74371798 附言：WZ53259107650963

摘要：货款

凭证号：79040000000000

江苏银行股份有限公司 徐州鼓楼支行 回单专用章 AW80AYTR9E5Q

打印次数：1（回单打印，注意重复）

打印时间：2020/09/22　14:36:52　　打印机构/柜员：3505

防伪码：13BED8717819GHLK9904E1

图 3-2-4　单据 4

➢ 任务目标

根据徐州佳和美商贸有限公司的企业背景、任务情景相关信息，针对 2020 年 9 月发生的支付货款业务，在财务机器人云平台完成银行付款回单支付货款业务票据建模，并自动生成记账凭证。

要求：凭证合并方式为不合并，分录合并方式为不合并，启用分录自定义排序并按借贷方进行排序。

■ 任务实施

3-2 任务实施

➢ 步骤 1：票据识别

票据识别具体操作参照“项目一采购业务智能核算中的任务 1 的任务示范的步骤 1”进行，本任务与前者的区别只在于应将账期选择为“2020-09”，其他操作全部相同。

➢ 步骤 2：票据类别设置

在“首页”菜单，依次单击“业务票据建模”→“票据类别”选项，打开“票据类别”窗口，依次完成银行付款回单票据类别设置。

（1）单击“新增大类”按钮，在“主类别”文本框中输入“银行票据”，单击“保存”按钮，完成主类别名称命名。

（2）单击“新增细类”按钮，在“类别名称”文本框中输入“银行付款回单”，在“选择票种”下拉列表中选择“银行回单”选项，完成类别名称设置及票种选择。

（3）单击“操作+”按钮，添加设置筛选条件：筛选项为“@付款方名称”，操作符为“等于”，匹配值为“徐州佳和美商贸有限公司”。

（4）单击“保存”按钮，完成银行付款回单票据类别设置，设置结果见图 3-2-5。

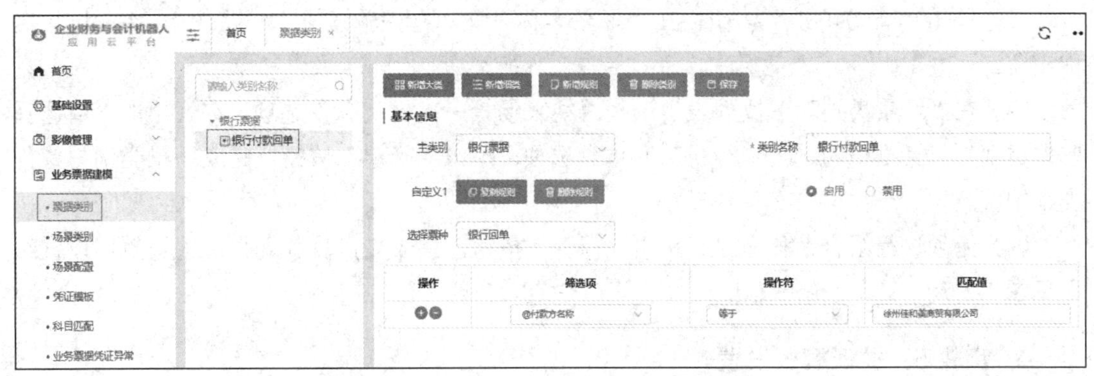

图 3-2-5 银行付款回单票据类别设置

➢ 步骤 3：场景类别设置

在“首页”菜单，依次单击“业务票据建模”→“场景类别”选项，打开“场景类别”

窗口，依次进行银行付款回单场景类别设置。本任务银行回单反映支付货款业务，场景类别具体设置步骤如下。

（1）单击“新增大类”按钮，在“主类别”文本框中输入“往来场景”，单击“保存”按钮，完成主类别名称命名。

（2）单击“新增细类”按钮，在“类别名称”文本框中输入“支付货款”，在自定义 1 下的“选择票种”下拉列表中选择“银行付款回单→银行回单”，单击“操作+”按钮，添加设置筛选条件：筛选项为“@摘要”，操作符为“包含”，匹配值为“货款”。

（3）单击“保存”按钮，完成银行付款回单支付货款场景类别设置，设置结果见图 3-2-6。

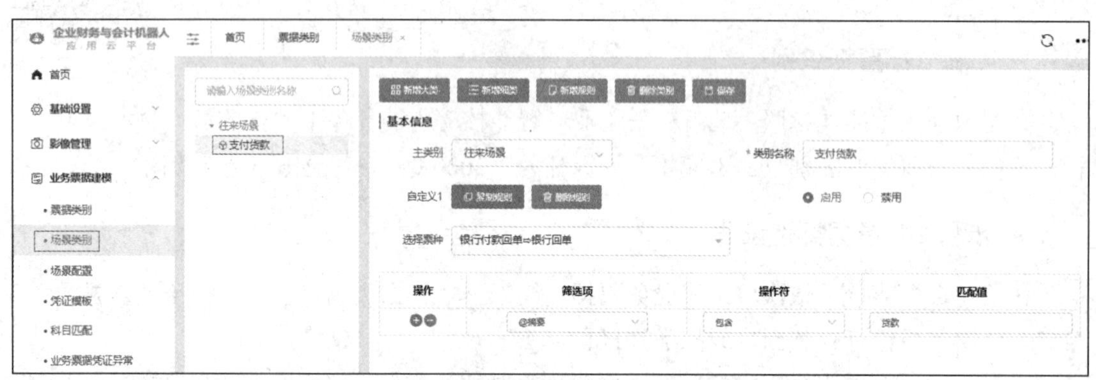

图 3-2-6　银行付款回单支付货款场景类别设置

➢ 步骤 4：场景配置设置

在“首页”菜单，依次单击“业务票据建模”→“场景配置”选项，打开“场景配置”窗口，进行支付货款场景配置设置，具体操作步骤如下：

（1）单击“新增主场景”按钮，在“主场景”文本框中输入“往来业务”，单击“保存”按钮，完成主场景名称设置。

（2）单击“新增场景”按钮，在“场景名称”文本框中输入“支付货款”，完成场景名称设置。

（3）在“场景类别”下拉列表中选择“往来场景→支付货款”选项，在弹出的“请选择票据类别”对话框中勾选“银行付款回单”选项，单击“确定”按钮，完成场景类别与票据类别配置。

（4）无须进行组合名称命名，单击“保存”按钮，完成支付货款场景配置设置，设置结果见图 3-2-7。

➢ 步骤 5：凭证模板设置

在“首页”菜单，依次单击“业务票据建模”→“凭证模板”选项，打开“凭证模板”窗口，单击“支付货款”会计场景后面的“新增模板”按钮，弹出“凭证模板设置”对话框，对支付货款场景凭证模板进行设置。

图 3-2-7 支付货款场景配置设置

（1）凭证头设置。“模板名称”为“支付货款”，“记账日期”选择“@交易日期”，“凭证字”选择“记账凭证”，“制单人”为“张秀欣”，“启用状态”选择“启用”，“推送方式”选择“自动推送”。

（2）分录设置。主分录对应银行付款回单，设置结果见图 3-2-8，具体操作步骤如下。

第 1 行设置：“摘要”为“支付货款”，“科目来源”选择“科目”，“科目”选择“2202 应付账款”，“方向”选择“借”，“金额取值公式”选择“@金额”。

新增第 2 行设置：单击“操作+”按钮，新增一行，“摘要”为“支付货款”，“科目来源”选择“银行”，“科目”选择“付款人账号”，“方向”选择“贷”，“金额取值公式”选择“@金额”。

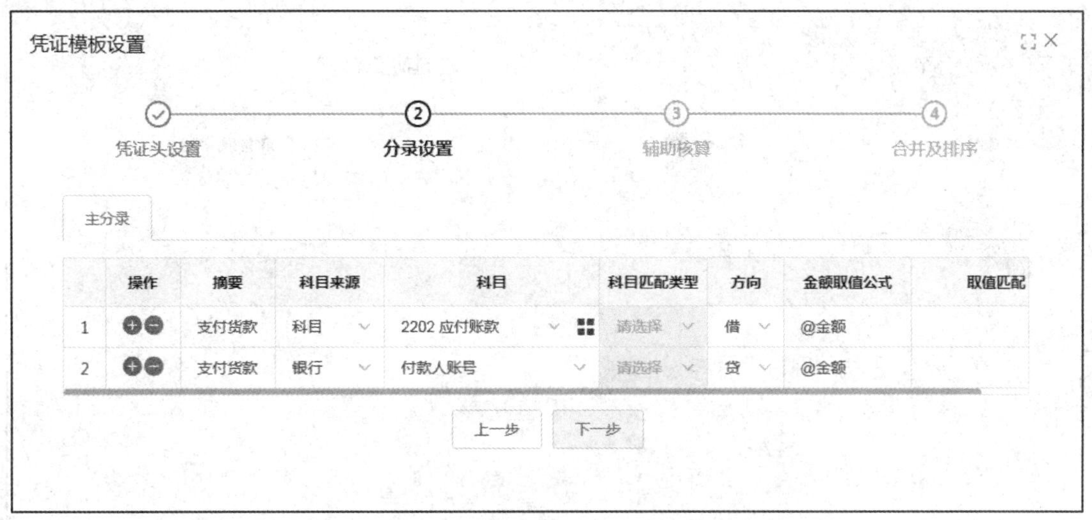

图 3-2-8 银行付款回单支付货款分录设置

【友情提示】

主分录“银行存款”科目设置除上述介绍使用“科目来源-银行”方式外，也可以采用“科目来源-科目”方式，选择结果见图 3-2-9。

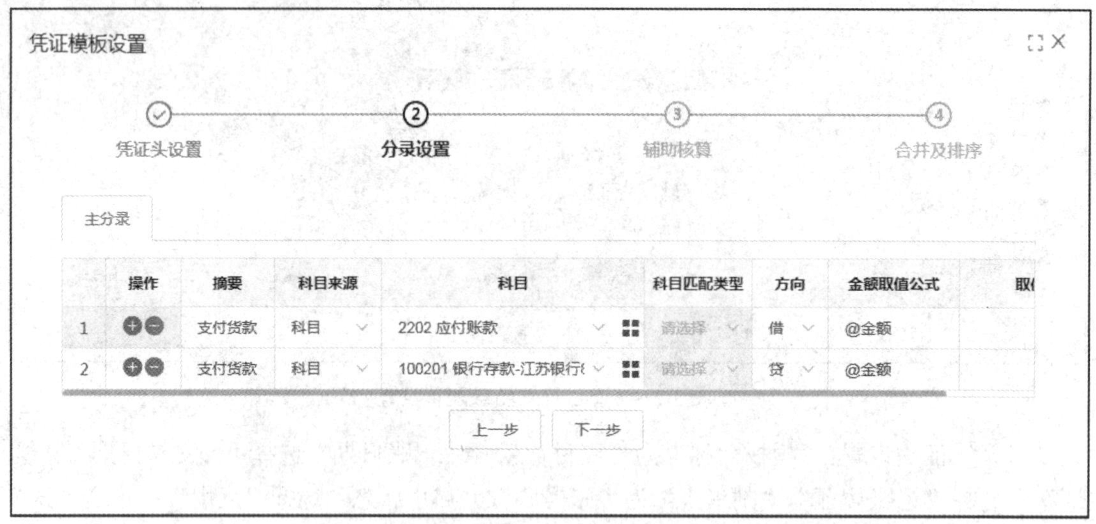

图 3-2-9　银行付款回单支付货款分录设置

（3）辅助核算。分析分录设置中的“科目”及“科目匹配类型”选项可知，本任务只需对应付账款进行辅助核算设置。

应付账款按供应商进行辅助核算，单击“供应商”前的“+”按钮，弹出“取值匹配”对话框，“固定栏位”选择“@收款方名称”，单击“添加”按钮，“操作符”选择“等于”，单击“保存”按钮，完成应付账款的辅助核算设置，设置结果见图 3-2-10。

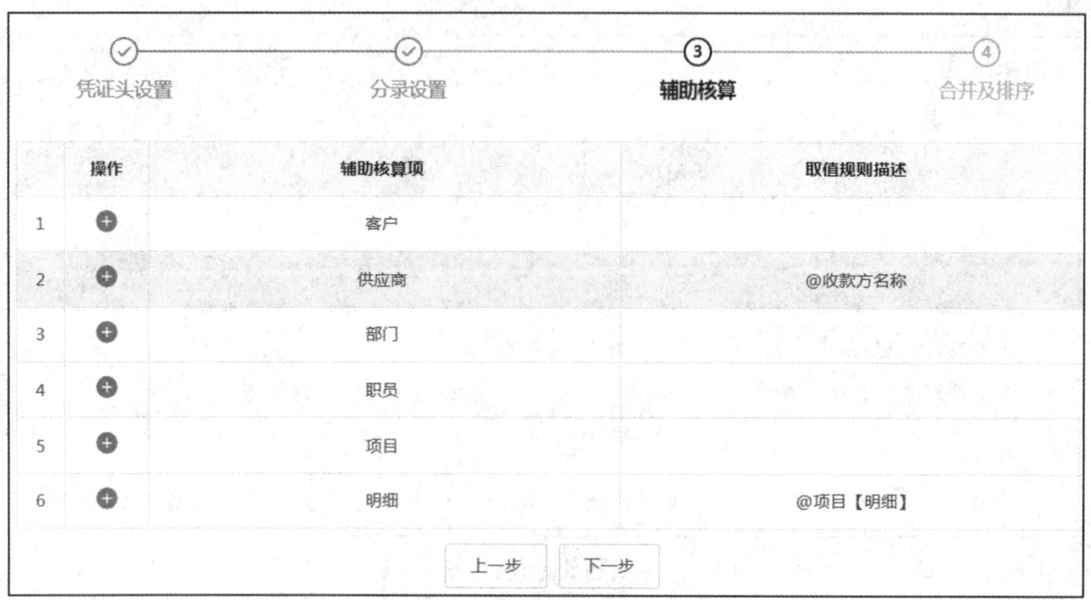

图 3-2-10　应付账款辅助核算设置

（4）合并及排序。操作方法不再赘述。

➢ 步骤 6：票据审核并生成凭证

完成票据类别、场景类别、场景配置和凭证模板四个流程的设置后，进行单据审核记账，系统自动生成记账凭证。

三、任务练习（见表 3-2-2）

表 3-2-2　学生练习工作页

<table>
<tr><td>班级</td><td></td><td>姓名</td><td></td><td>组别</td><td></td><td>时间</td><td></td><td>地点</td><td></td></tr>
<tr><td>任务情景</td><td colspan="9">2020 年 3 月，厦门信德工业有限公司与供应商发生若干笔货款结算业务，财务部已支付相应款项并取得相应的原始凭证：银行付款回单 6 张。

国内支付业务付款回单
客户号：951557386　日期：2020年03月09日
付款人账号：621600153698　收款人账号：110007632313658908123
付款人名称：厦门信德工业有限公司　收款人名称：厦门三棵树环保油漆有限公司
付款人开户行：中国银行厦门分行　收款人开户行：中国工商银行厦门莲花支行
金额：CNY20,000.00
人民币 贰万元整
业务种类：A100-普通汇兑 业务编码：000000000000　凭证号码：
用途：材料款
备注：
附言：材料款
交易机构：49106　交易渠道：其他　交易流水号：571820441 经办：
回单编号：2020030912092340　回单验证：5DJ3241716F 打印时间：　打印次数：
中国银行股份有限公司厦门分行 07181 回单专用章 (02)
打印时间：2020/03/09　12:23:12　打印次数：1（自助打印，注意重复）
盖章验证：7DJ7223178FKD098

国内支付业务付款回单
客户号：951557386　日期：2020年03月10日
付款人账号：621600153698　收款人账号：110007632313658565218
付款人名称：厦门信德工业有限公司　收款人名称：厦门路安轮胎有限公司
付款人开户行：中国银行厦门分行　收款人开户行：中国工商银行厦门高崎支行
金额：CNY43,300.00
人民币 肆万叁仟叁佰元整
业务种类：A100-普通汇兑 业务编码：000000000000　凭证号码：
用途：材料款
备注：
附言：材料款
交易机构：49106　交易渠道：其他　交易流水号：591018411 经办：
回单编号：2020031012622091　回单验证：6DJ0911716F 打印时间：　打印次数：
中国银行股份有限公司厦门分行 07181 回单专用章 (02)
打印时间：2020/03/10　9:18:09　打印次数：1（自助打印，注意重复）
盖章验证：6DJ7402462FKD019</td></tr>
</table>

续表

任务情景	国内支付业务付款回单 客户号：951557386　日期：2020年03月13日 付款人账号：621600153698　收款人账号：110007632313658908123 付款人名称：厦门信德工业有限公司　收款人名称：厦门三棵树环保油漆有限公司 付款人开户行：中国银行厦门分行　收款人开户行：中国工商银行厦门莲花支行 金额：CNY85,000.00 人民币 捌万伍仟元整 业务种类：A100-普通汇兑 业务编码：000000000000　凭证号码： 用途：材料款 备注： 附言：材料款 交易机构：49106　交易渠道：其他　交易流水号：630820441 经办： 回单编号：2020031312626783　回单验证：5DJ0352870F 打印时间：　打印次数：  打印时间：2020/03/13　16:09:17　打印次数：1（自助打印，注意重复） 盖章验证：4D12620054FKD892 国内支付业务付款回单 客户号：951557386　日期：2020年03月15日 付款人账号：621600153698　收款人账号：110007632313658900921 付款人名称：厦门信德工业有限公司　收款人名称：厦门同兴五金建材有限公司 付款人开户行：中国银行厦门分行　收款人开户行：中国工商银行厦门园博支行 金额：CNY9,000.00 人民币 玖仟元整 业务种类：A100-普通汇兑 业务编码：000000000000　凭证号码： 用途：材料款 备注： 附言：材料款 交易机构：49106　交易渠道：其他　交易流水号：509220209 经办： 回单编号：2020031512601140　回单验证：3DJ0045228F 打印时间：　打印次数：  打印时间：2020/03/15　15:02:01　打印次数：1（自助打印，注意重复） 盖章验证：6DJ3770210FKD117 国内支付业务付款回单 客户号：951557386　日期：2020年03月17日 付款人账号：621600153698　收款人账号：110007632313658900921 付款人名称：厦门信德工业有限公司　收款人名称：厦门同兴五金建材有限公司 付款人开户行：中国银行厦门分行　收款人开户行：中国工商银行厦门园博支行 金额：CNY3,000.00 人民币 叁仟元整 业务种类：A100-普通汇兑 业务编码：000000000000　凭证号码： 用途：材料款 备注： 附言：材料款 交易机构：49106　交易渠道：其他　交易流水号：230920056 经办： 回单编号：2020031712601209　回单验证：5DJ3241716F 打印时间：　打印次数：  打印时间：2020/03/17　10:43:59　打印次数：1（自助打印，注意重复） 盖章验证：2DJ0093178FKD834

续表

<table>
<tr><td colspan="2">任务情景</td><td>国内支付业务付款回单
客户号：951557386　日期：2020年03月25日
付款人账号：621600153698　收款人账号：110007632313658565218
付款人名称：厦门信德工业有限公司　收款人名称：厦门路安轮胎有限公司
付款人开户行：中国银行厦门分行　收款人开户行：中国工商银行厦门高崎支行
金额：CNY60,000.00
人民币 陆万元整
业务种类：A100-普通汇兑 业务编码：000000000000　凭证号码：
用途：材料款
备注：
附言：材料款
交易机构：49106　交易渠道：其他　交易流水号：254420170 经办：
回单编号：2020032512600456　回单验证：5DJ2563413F 打印时间：　打印次数：
中国银行股份有限公司厦门分行 07181 回单专用章 (02)
打印时间：2020/03/25　11:01:34　打印次数：1（自助打印，注意重复）
盖章验证：6DJ7421178FKD892</td></tr>
<tr><td colspan="2">任务目标</td><td>根据厦门信德工业有限公司的企业背景、任务情景相关信息，针对 2020 年 3 月发生的支付材料款业务，在财务机器人云平台上完成银行付款回单支付货款业务票据建模，并自动生成记账凭证。
要求：账期为 2020 年 3 月，凭证合并方式为不合并，分录合并方式为不合并。</td></tr>
<tr><td rowspan="4">任务实施</td><td>步骤 1：票据识别</td><td>请确认机器人识别的发票信息与系统设置项目对应关系：
银行付款回单
①票据抬头：________；②付款方名称：________；③收款方名称：________；
④付款方账号：________；⑤收款方账号：________；⑥交易日期：________；
⑦摘要：________⑧金额：________；⑨含税金额：________；⑩账期：________。</td></tr>
<tr><td>步骤 2：票据类别</td><td>银行付款回单
①主类别：________；
②类别名称：________；
③自定义 1，选择票种：________；
筛选项：________、操作符：________、匹配值：________；
筛选项：________、操作符：________、匹配值：________。</td></tr>
<tr><td>步骤 3：场景类别</td><td>银行付款回单（支付货款）
①主类别：________；
②类别名称：________；
③自定义 1，选择票种：________；
筛选项：________、操作符：________、匹配值：________。</td></tr>
<tr><td>步骤 4：场景配置</td><td>支付货款（银行付款回单）
①主场景：________；
②场景名称：________；
③场景类别：________，票据类别：________，组合名称：________。</td></tr>
</table>

续表

<table>
<tr>
<td rowspan="5">任务实施</td>
<td rowspan="4">步骤5：凭证模板</td>
<td rowspan="4">银行付款回单（支付货款）</td>
<td>1. 凭证头设置
①模板名称：______________________；②记账日期：______________________；
③凭证字：记账凭证；④制单人：赵萌；⑤推送方式：自动推送或手动推送。</td>
</tr>
<tr>
<td>2. 分录设置
第1行：摘要：______________________，科目来源：________，科目：______________________，
科目匹配类型：__________，方向：______，金额取值公式：______________________________，
取值匹配：______________________；
第2行：摘要：______________________，科目来源：________，科目：______________________，
科目匹配类型：__________，方向：______，金额取值公式：______________________________，
取值匹配：______________________。</td>
</tr>
<tr>
<td>3. 辅助核算
对应“应付账款”：辅助核算项：______________________，取值规则描述：________________。</td>
</tr>
<tr>
<td>4. 合并排列
凭证合并方式：____________，分录合并方式：____________，分录自定义排序条件：__________。</td>
</tr>
<tr>
<td>步骤6：审核并生成凭证</td>
<td colspan="2">注意：如有出现错误的请在此进行记录。</td>
</tr>
<tr>
<td colspan="2">学习感悟</td>
<td colspan="2"></td>
</tr>
</table>

任务3 税费缴纳业务智能核算

一、知识准备

（一）税费缴纳业务票据信息识别

本任务所称税费缴纳业务是指企业实际缴纳增值税、消费税、企业所得税、个人所得税、印花税、资源税、土地增值税、城镇土地使用税、房产税、车船税、城市维护建设税和教育附加等各项税费的业务。企业在完成税费缴纳后，将从银行获取银行付款回单作为企业账务处理的有效凭证。

财务机器人识别缴纳税费的银行付款回单的主要信息项目相同，例如：①票据抬头：江苏银行业务回单（二代支付渠道），②付款方名称：徐州佳和美商贸有限公司，③收款方名称：待报解预算收入，④付款方账号：80101677031229852877，⑤收款方账号：03010151830005006，⑥交易日期：2020-11-15，⑦摘要：附加税扣款，⑧金额：3386.59，⑨含税金额：3386.59，⑩账期：2020-11，⑪项目【明细】：城市维护建设税、教育费附加、地方教育附加，如图3-3-1。

（二）税费缴纳业务智能核算原理

税费缴纳业务涉及的税种繁多，如果按常规的处理方式，需要为每一个税种设置一个相应的业务模板或选择一个会计科目，这样的规则建模设置工作量大。为了克服这个缺陷，财务机器人的模板设置，增设了“科目匹配”功能，以快速定位会计科目，达到自动核算的效果。具体匹配规则是“科目来源”下拉列表选择“科目匹配”，“科目”下拉列表选择“@项目【明细】”，也就是说按项目【明细】内容实现与“应交税费”相关明细科目的一一对应。例如：缴税回单中的项目【明细】内容为“城市维护建设税”的，匹配“应交税费-应交城市维护建设税”科目；缴税回单中的项目【明细】内容为“教育费附加”的，匹配“应交税费-应交教育费附加”科目；缴税回单中的项目【明细】内容为“增值税”的，匹配“应交税费-未交增值税”科目等。因此，税费缴纳业务智能核算是在财务机器人识别的票据信息的基础上，完成票据类别、场景类别、场景配置、凭证模板、科目匹配五个流程的设置后，进行智能审核生成记账凭证。银行付款回单税费缴纳业务分录设置原理见表 3-3-1。

表 3-3-1 银行付款回单税费缴纳业务分录设置原理

借贷方向	科目来源	科 目	明细科目识别原理（科目匹配类型）	金额识别原理（取值公式）
借	科目匹配	@项目【明细】	按项目【明细】内容自动识别	按“金额”或“含税金额”自动识别
贷	科目	银行存款-**银行	——	按“金额”或“含税金额”自动识别
贷	银行	付款人账号	按“付款人账号”自动识别	

二、任务示范

■ 任务情景

2020 年 11 月，徐州佳和美商贸有限公司财务部完成增值税和附加税的申报缴纳业务，取得银行缴税付款凭证 2 张，见图 3-3-1 和图 3-3-2。

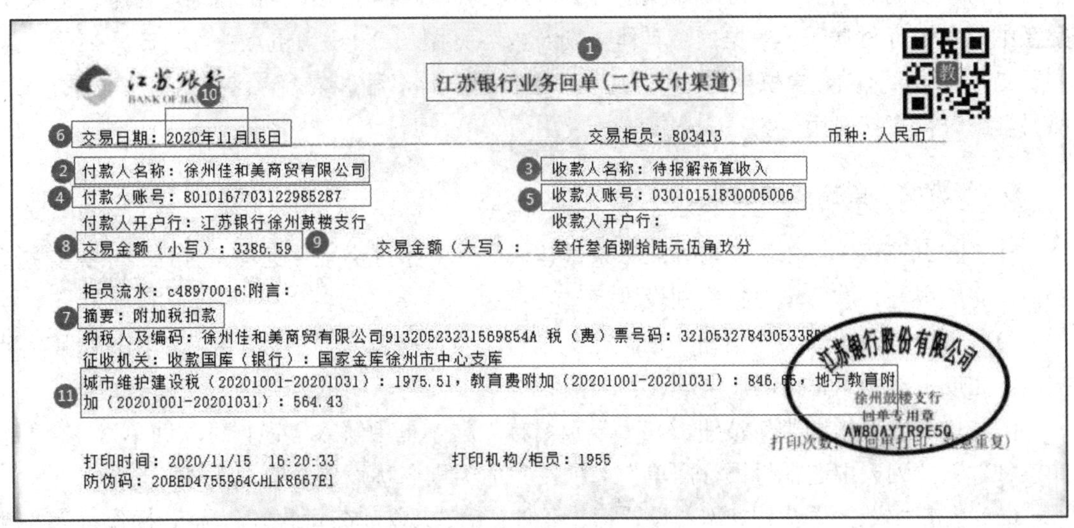

江苏银行 BANK OF JIANGSU

江苏银行业务回单（二代支付渠道）

交易日期：2020年11月15日　　交易柜员：803413　　币种：人民币

付款人名称：徐州佳和美商贸有限公司　　收款人名称：待报解预算收入

付款人账号：8010167703122985287　　收款人账号：03010151830005006

付款人开户行：江苏银行徐州鼓楼支行　　收款人开户行：

交易金额（小写）：3386.59　　交易金额（大写）：叁仟叁佰捌拾陆元伍角玖分

柜员流水：c48970016;附言：

摘要：附加税扣款

纳税人及编码：徐州佳和美商贸有限公司91320523231569854A 税（费）票号码：3210532784305338

征收机关：收款国库（银行）：国家金库徐州市中心支库

城市维护建设税（20201001-20201031）：1975.51，教育费附加（20201001-20201031）：846.65，地方教育附加（20201001-20201031）：564.43

江苏银行股份有限公司 徐州鼓楼支行 回单专用章 AW80AYTR9E5Q

打印次数：1（回单打印，注意重复）

打印时间：2020/11/15 16:20:33　　打印机构/柜员：1955

防伪码：20BED4755964CHLK8667E1

图 3-3-1 单据 1

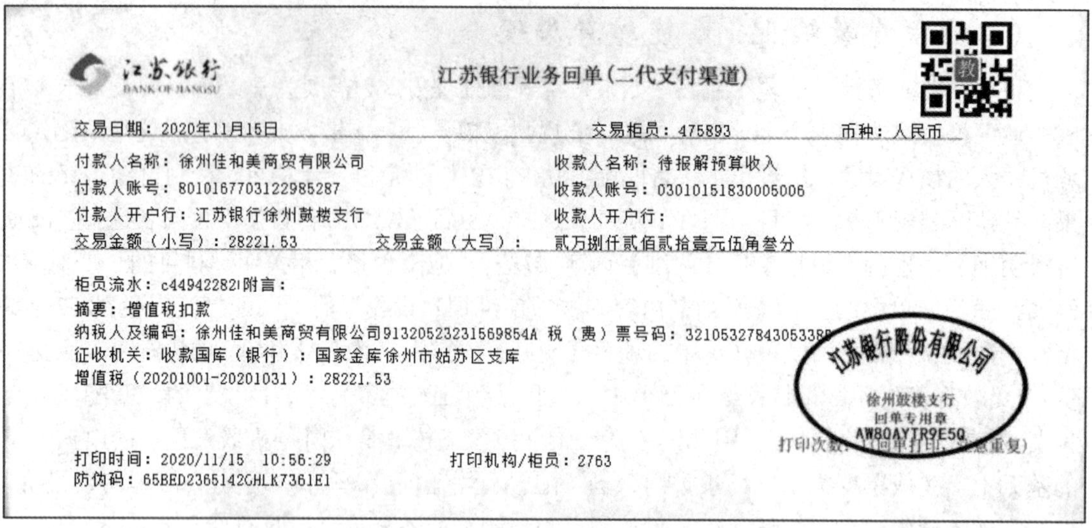

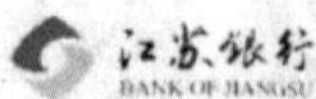

江苏银行业务回单(二代支付渠道)

交易日期：2020年11月15日　　交易柜员：475893　　币种：人民币

付款人名称：徐州佳和美商贸有限公司　　收款人名称：待报解预算收入

付款人账号：8010167703122985287　　收款人账号：03010151830005006

付款人开户行：江苏银行徐州鼓楼支行　　收款人开户行：

交易金额（小写）：28221.53　　交易金额（大写）：贰万捌仟贰佰贰拾壹元伍角叁分

柜员流水：c44942282l附言：

摘要：增值税扣款

纳税人及编码：徐州佳和美商贸有限公司91320523231569854A 税（费）票号码：3210532784305338

征收机关：收款国库（银行）：国家金库徐州市姑苏区支库

增值税（20201001-20201031）：28221.53

江苏银行股份有限公司 徐州鼓楼支行 回单专用章 AW80AYTR9E5Q

打印次数：1（回单打印，注意重复）

打印时间：2020/11/15　10:56:29　　打印机构/柜员：2763

防伪码：65BED2365142GHLK7361E1

图 3-3-2　单据 2

■ 任务目标

根据徐州佳和美商贸有限公司的企业背景、任务情景相关信息，针对 2020 年 11 月发生的税费缴纳业务，在财务机器人云平台完成银行付款回单缴纳税费业务票据建模，并自动生成记账凭证。

要求：账期为 2020 年 11 月，凭证合并方式为不合并，分录合并方式为不合并，启用分录自定义排序并按借贷方进行排序。

■ 任务实施

3-3 任务实施

➢ 步骤 1：票据识别

票据识别具体操作参照"项目一采购业务智能核算任务 1 的任务示范的步骤 1"进行，本任务与前者的区别只在于应将账期选择为"2020-11"，其他操作全部相同。财务机器人识别缴纳税费银行付款回单票据信息具体类别及内容见图 3-3-1，请重点关注付款方名称、摘要、交易日期、金额、含税金额、项目【明细】信息具体名称和内容，这些内容在分录设置、科目匹配时会直接引用。

➢ 步骤 2：票据类别设置

在"首页"菜单，依次单击"业务票据建模"→"票据类别"选项，打开"票据类别"窗口，完成银行付款回单票据类别设置。

（1）单击"新增大类"按钮，在"主类别"文本框中输入"银行票据"，单击"保存"按钮，完成主类别名称命名。

（2）单击"新增细类"按钮，在"类别名称"文本框中输入"银行付款回单"，在"选择票种"下拉列表中选择"银行回单"选项，完成类别名称设置及票种选择。

（3）单击"操作+"按钮，添加设置筛选条件：筛选项为"@付款方名称"，操作符为"等于"，匹配值为"徐州佳和美商贸有限公司"。

（4）单击"保存"按钮，完成银行付款回单票据类别设置，见图 3-3-3。

图 3-3-3　银行付款回单票据类别设置

➢ 步骤 3：场景类别设置

在"首页"菜单，依次单击"业务票据建模"→"场景类别"选项，打开"场景类别"窗口，进行银行付款回单场景类别设置。本任务银行付款回单反映各种税费缴纳业务，场景类别具体设置步骤如下。

（1）单击"新增大类"按钮，在"主类别"文本框中输入"往来场景"，单击"保存"按钮，完成主类别名称命名。

（2）单击"新增细类"按钮，在"类别名称"文本框中输入"支付税费"，在自定义 1 下的"选择票种"下拉列表中选择"银行付款回单→银行回单"，单击"操作+"按钮，添加设置筛选条件：筛选项为"@摘要"，操作符为"包含"，匹配值为"税扣款"。

（3）单击"保存"按钮，完成银行付款回单支付税费场景类别设置，设置结果见图 3-3-4。

图 3-3-4　银行付款回单支付税费场景类别设置

【友情提示】

本任务中筛选条件为什么设置为"@摘要-包含-税扣款"？首先，银行缴纳税费的回单格式不尽相同，财务机器人在识别票据时会将用途、附言、摘要等信息，统一识别为"@摘要"，因此，场景类别的筛选项设置为"@摘要"最为合适；其次，观察本任务税费缴纳的 2 张银行付款回单，“摘要”内容分别为“附加税扣款”和“增值税扣款”，两张票据“摘要”部分的相同内容为“税扣款”，因此，将“税扣款”作为场景类别的匹配值。

➢ **步骤 4：场景配置设置**

在“首页”菜单，依次单击“业务票据建模”→“场景配置”选项，打开“场景配置”窗口，进行支付税费场景配置设置。

（1）单击“新增主场景”按钮，在“主场景”文本框中输入“往来业务”，单击“保存”按钮，完成主场景名称设置。

（2）单击“新增场景”按钮，在“场景名称”文本框中输入“支付税费”，完成场景名称设置。

（3）在“场景类别”下拉列表中选择“往来场景→支付税费”选项，在弹出的“请选择票据类别”对话框中勾选“银行付款回单”选项，单击“确定”按钮，完成场景类别与票据类别配置。

（4）无须进行组合名称命名，单击“保存”按钮，完成支付税费场景配置设置，设置结果见图 3-3-5。

图 3-3-5　支付税费场景配置设置

➢ **步骤 5：凭证模板设置**

在“首页”菜单，依次单击“业务票据建模”→“凭证模板”选项，打开“凭证模板”窗口，单击“支付税费”会计场景后面的“新增模板”按钮，弹出“凭证模板设置”对话框，对支付税费场景凭证模板进行设置。

（1）凭证头设置。“模板名称”为“支付税费”，“记账日期”选择“@交易日期”，“凭证字”选择“记账凭证”，“制单人”为“张秀欣”，“启用状态”选择“启用”，“推送方式”选择“自动推送”。

（2）分录设置。主分录对应银行付款回单，设置结果见图 3-3-6，具体操作步骤如下。

第 1 行设置：“摘要”为“缴纳税费”，“科目来源”选择“科目匹配”，“科目”选择“@项目【明细】”，“方向”选择“借”，“金额取值公式”选择“@金额”。

新增第 2 行设置：单击“操作+”按钮，新增一行，“摘要”为“缴纳税费”，“科目来源”

选择“银行”，“科目”选择“付款人账号”，“方向”选择“贷”，“金额取值公式”选择“@金额”。

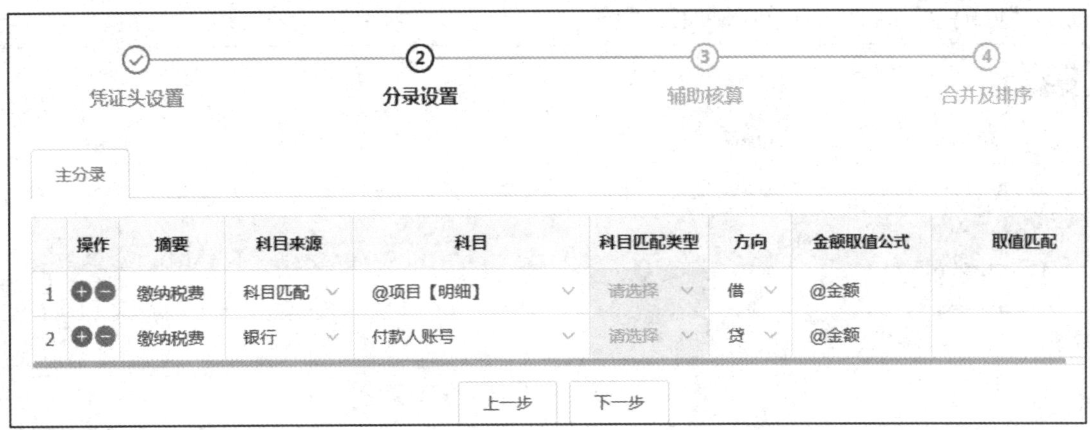

	操作	摘要	科目来源	科目	科目匹配类型	方向	金额取值公式	取值匹配
1		缴纳税费	科目匹配	@项目【明细】	请选择	借	@金额	
2		缴纳税费	银行	付款人账号	请选择	贷	@金额	

图 3-3-6　银行付款回单缴纳税费分录设置

【友情提示】

在上述税费缴纳业务分录模板设置中，对“银行存款-明细科目”的设置，也可以选择“科目来源-科目”来实现，具体见图 3-3-7。

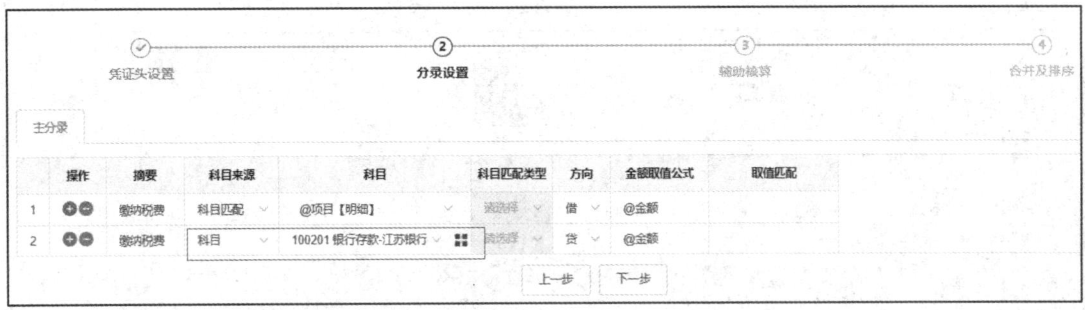

	操作	摘要	科目来源	科目	科目匹配类型	方向	金额取值公式	取值匹配
1		缴纳税费	科目匹配	@项目【明细】	请选择	借	@金额	
2		缴纳税费	科目	100201 银行存款-江苏银行	请选择	贷	@金额	

图 3-3-7　银行付款回单缴纳税费分录设置

（3）辅助核算。分析分录设置中的“科目”及“科目匹配类型”选项可知，不需要任何操作。

（4）合并及排序。操作方法不再赘述。

➢ 步骤 6：科目匹配设置

在“首页”菜单，依次单击“业务票据建模”→“科目匹配”选项，打开“科目匹配”窗口，根据支付税费票据所涉税种进行“应交税费”科目匹配设置。设置结果见图 3-3-8。

单击“新增”按钮，在“科目信息”下拉列表中选择“应交税费-未交增值税”，“匹配值”为“增值税”，“是否启用”选择“启用”。

继续单击“新增”按钮，在“科目信息”下拉列表中选择“应交税费-应交城市维护建设税”，“匹配值”为“城市维护建设税”，“是否启用”选择“启用”。

继续单击“新增”按钮，在“科目信息”下拉列表中选择“应交税费-应交教育费附加”，

“匹配值”为“教育费附加”，“是否启用”选择“启用”。

继续单击“新增”按钮，在“科目信息”下拉列表中选择“应交税费-应交地方教育附加”，“匹配值”为“地方教育附加”，“是否启用”选择“启用”。

＋ 新增

科目名称	科目代码	匹配值	是否启用	操作
应交税费-应交地方教育附加	222106	地方教育附加	启用	修改 删除
应交税费-应交城市维护建设税	222104	城市维护建设税	启用	修改 删除
应交税费-应交教育费附加	222105	教育费附加	启用	修改 删除
应交税费-未交增值税	222102	增值税	启用	修改 删除

图 3-3-8　应交税费科目匹配设置

【友情提示】

在新增科目匹配内容时，科目信息需要填写的内容必须到明细级，例如“应交税费-未交增值税”，匹配值的内容必须与财务机器人识明的“项目【明细】”完全一致的内容，例如与“未交增值税”对应的就是“增值税”。该任务财务机器人票据“项目【明细】”识别结果如图 3-3-9 所示。

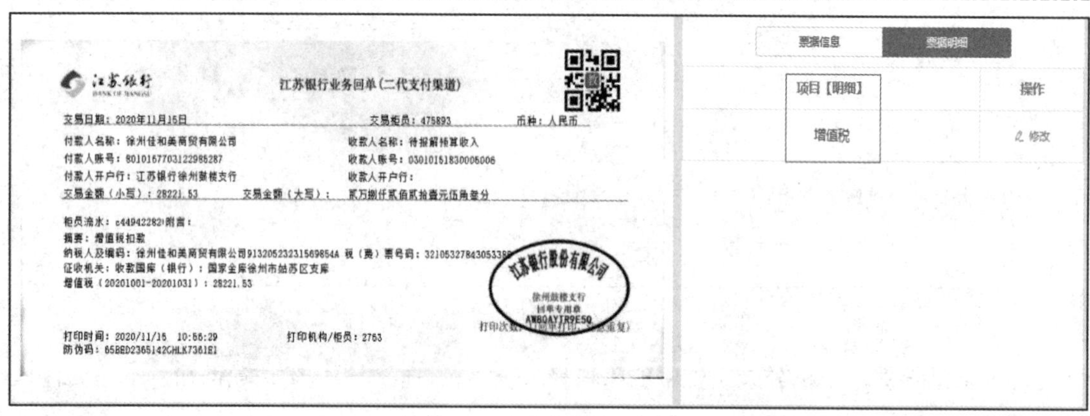

江苏银行业务回单(二代支付渠道)

交易日期：2020年11月15日　交易柜员：475893　币种：人民币

付款人名称：徐州佳和美商贸有限公司　收款人名称：待报解预算收入

付款人账号：8010167703122985287　收款人账号：03010151830006006

付款人开户行：江苏银行徐州鼓楼支行　收款人开户行：

交易金额（小写）：28221.53　交易金额（大写）：贰万捌仟贰佰贰拾壹元伍角叁分

柜员流水：c44942282附言：

摘要：增值税扣款

纳税人及编码：徐州佳和美商贸有限公司91320523231569854A 税（费）票号码：32105327843053

征收机关：收款国库（银行）：国家金库徐州市姑苏区支库

增值税（20201001-20201031）：28221.53

打印时间：2020/11/15　10:56:29　打印机构/柜员：2763

防伪码：65BED2365142CHLK7361E1

（a）

江苏银行业务回单(二代支付渠道)

交易日期：2020年11月15日　交易柜员：803413　币种：人民币

付款人名称：徐州佳和美商贸有限公司　收款人名称：待报解预算收入

付款人账号：8010167703122985287　收款人账号：03010151830006006

付款人开户行：江苏银行徐州鼓楼支行　收款人开户行：

交易金额（小写）：3386.59　交易金额（大写）：叁仟叁佰捌拾陆元伍角玖分

柜员流水：c48970016附言：

摘要：附加税扣款

纳税人及编码：徐州佳和美商贸有限公司91320523231569854A 税（费）票号码：32105327843053

征收机关：收款国库（银行）：国家金库徐州市中心支库

城市维护建设税（20201001-20201031）：1975.51，教育费附加（20201001-20201031）：846.65，地方教育附加（20201001-20201031）：564.43

打印时间：2020/11/15　16:20:33　打印机构/柜员：1955

防伪码：20BED4755964CHLK8667E1

票据信息　票据明细

项目【明细】	操作
教育费附加	修改
城市维护建设税	修改
地方教育附加	修改

（b）

图 3-3-9　票据“项目【明细】”识别结果

➢ **步骤 7：票据审核并生成凭证**

完成票据类别、场景类别、场景配置、凭证模板和科目匹配五个流程的设置后，进行单据审核记账，系统自动生成记账凭证。

三、任务练习（见表 3-3-2）

表 3-3-2　学生练习工作页

<table>
<tr><td>班级</td><td></td><td>姓名</td><td></td><td>组别</td><td></td><td>时间</td><td></td><td>地点</td><td></td></tr>
<tr><td>任务情景</td><td colspan="9">2020 年 4 月，江苏旺丰物流有限公司财务部缴纳完成增值税、附加税、企业所得税和个人所得税的缴纳，并取得相应原始凭证：银行缴税付款凭证 4 张。

国内支付业务付款回单
客户号：282575266　日期：2020年04月15日
付款人账号：536555948745　收款人账号：
付款人名称：江苏旺丰物流有限公司　收款人名称：国家金库平望镇金库
付款人开户行：中国银行苏州何山路分理处　收款人开户行：
金额：CNY2645.56
人民币 贰仟陆佰肆拾伍元伍角陆分
业务种类：实时缴税　业务编码：60717090　凭证号码：2020041529537608
纳税人识别号：91266260986433698C　缴款书交易流水号：294474 税票号码：334213690400231087
纳税人全称：江苏旺丰物流有限公司
征收机关名称：苏州市吴江区税务局
收款国库（银行）名称：国家金库吴江平望镇金库
税（费）种名称　所属日期　实缴金额
教育费附加　2020/03/01-2020/03/31　CNY661.39
城市维护建设税　2020/03/01-2020/03/31　CNY1543.24
地方教育附加　2020/03/01-2020/03/31　CNY440.93
自助打印，请避免重复
交易机构：06421　交易渠道：其他　交易流水号：119034211 经办：
回单编号：202004151034202　回单验证码：343M3BHYC 打印时间：　打印次数：
打印时间：2020-04-15　10:31:40　打印次数：1（自助打印，注意重复）
盖章验证：K27N2TR33UDXMXUW

国内支付业务付款回单
客户号：282575266　日期：2020年04月15日
付款人账号：536555948745　收款人账号：
付款人名称：江苏旺丰物流有限公司　收款人名称：国家金库平望镇金库
付款人开户行：中国银行苏州何山路分理处　收款人开户行：
金额：CNY22046.30
人民币 贰万贰仟零肆拾陆元叁角整
业务种类：实时缴税　业务编码：64166398　凭证号码：2020041545321393
纳税人识别号：91266260986433698C　缴款书交易流水号：347432 税票号码：332056190401646829
纳税人全称：江苏旺丰物流有限公司
征收机关名称：苏州市吴江区税务局
收款国库（银行）名称：国家金库吴江平望镇金库
税（费）种名称　所属日期　实缴金额
增值税　2020/03/01-2020/03/31　CNY22046.30
自助打印，请避免重复
交易机构：06421　交易渠道：其他　交易流水号：122513275 经办：
回单编号：202004151645695　回单验证码：343M3BHYC 打印时间：　打印次数：
打印时间：2020-04-15　10:43:38　打印次数：1（自助打印，注意重复）
盖章验证：K27N2TR33UDXMXUW</td></tr>
</table>

续表

<table>
<tr><td colspan="2">任务情景</td><td>
国内支付业务付款回单
客户号：282575266　　日期：2020年04月25日
付款人账号：536555948745　　收款人账号：
付款人名称：江苏旺丰物流有限公司　　收款人名称：国家金库平望镇金库
付款人开户行：中国银行苏州何山路分理处　　收款人开户行：
金额：CNY570.26
人民币 伍佰柒拾元贰角陆分
业务种类：实时缴税　　业务编号：65823251　　凭证号码：2020042538339266
纳税人识别号：91266260986433698C　　缴款书交易流水号：38339?　税票号码：332056190402659342
纳税人全称：江苏旺丰物流有限公司
征收机关名称：苏州市吴江区税务局
收款国库（银行）名称：国家金库吴江平望镇金库
税（费）种名称　　所属日期　　实缴金额
企业所得税　　2020/01/01-2020/03/31　　CNY570.26
自助打印，请避免重复
交易机构：06421　　交易渠道：其他　　交易流水号：159125570　经办：
回单编号：2020042510332561　　回单验证码：343M3BHYC　打印时间：　　打印次数：
打印时间：2020-04-25　10:44:29　打印次数：1（自助打印，注意重复）
盖章验证：K27N2TR33UDXMXUW

国内支付业务付款回单
客户号：282575266　　日期：2020年04月15日
付款人账号：536555948745　　收款人账号：
付款人名称：江苏旺丰物流有限公司　　收款人名称：国家金库平望镇金库
付款人开户行：中国银行苏州何山路分理处　　收款人开户行：
金额：CNY616.00
人民币 陆佰壹拾陆元整
业务种类：实时缴税　　业务编号：65889212　　凭证号码：2020041538432559
纳税人识别号：91266260986433698C　　缴款书交易流水号：38339?　税票号码：332056190402659355
纳税人全称：江苏旺丰物流有限公司
征收机关名称：苏州市吴江区税务局
收款国库（银行）名称：国家金库吴江平望镇金库
税（费）种名称　　所属日期　　实缴金额
个人所得税　　2020/03/01-2020/03/31　　CNY616.00
自助打印，请避免重复
交易机构：06421　　交易渠道：其他　　交易流水号：167323010　经办：
回单编号：2020041510333143　　回单验证码：242M3BHYC　打印时间：　　打印次数：
打印时间：2020-04-15　10:11:25　打印次数：1（自助打印，注意重复）
盖章验证：K27N2TR33UDXMXUW
</td></tr>
<tr><td colspan="2">任务目标</td><td>根据江苏旺丰物流有限公司的企业背景、任务情景相关信息，针对2020年4月发生的税费缴纳业务，在财务机器人云平台完成银行付款回单税费缴纳业务票据建模，并自动生成记账凭证。
要求：账期为2020年4月，凭证合并方式为不合并，分录合并方式为不合并，启用分录自定义排序并按借贷方进行排序。</td></tr>
<tr><td>任务实施</td><td>步骤1：票据识别</td><td>请确认机器人识别的发票信息与系统设置项目对应关系：
银行付款回单
①票据抬头：________；②付款方名称：________；③收款方名称：________；
④付款方账号：________；⑤收款方账号：________；⑥交易日期：________；
⑦摘要：________⑧金额：________；⑨含税金额：________；⑩账期：________；⑪项目【明细】________。</td></tr>
</table>

续表

<table>
<tr><td rowspan="9">任务实施</td><td>步骤2：票据类别</td><td colspan="2">银行付款回单
①主类别：______；
②类别名称：______；
③自定义1，选择票种：______；
筛选项：______、操作符：______、匹配值：______。</td></tr>
<tr><td>步骤3：场景类别</td><td colspan="2">银行付款回单（支付税费）
①主类别：______；
②类别名称：______；
③自定义1，选择票种：______；
筛选项：______、操作符：______、匹配值：______。</td></tr>
<tr><td>步骤4：场景配置</td><td colspan="2">支付税费（银行付款回单）
①主场景：______；
②场景名称：______；
③场景类别：______，票据类别：______，组合名称：______。</td></tr>
<tr><td rowspan="4">步骤5：凭证模板</td><td rowspan="4">银行付款回单（支付税费）</td><td>1．凭证头设置
①模板名称：______；②记账日期：______；
③凭证字：<u>记账凭证</u>；④制单人：<u>吴小萍</u>；⑤推送方式：<u>自动推送或手动推送</u>。</td></tr>
<tr><td>2．分录设置
第1行：摘要：______，科目来源：______，科目：______，
科目匹配类型：______，方向：______，金额取值公式：______，
取值匹配：______；
第2行：摘要：______，科目来源：______，科目：______，
科目匹配类型：______，方向：______，金额取值公式：______，
取值匹配：______。</td></tr>
<tr><td>3．辅助核算
不需要进行操作。</td></tr>
<tr><td>4．合并排列
凭证合并方式：______，分录合并方式：______，分录自定义排序条件：______。</td></tr>
<tr><td>步骤6：科目匹配</td><td colspan="2">1．科目信息：______，匹配值：______；
2．科目信息：______，匹配值：______；
3．科目信息：______，匹配值：______；
4．科目信息：______，匹配值：______；
5．科目信息：______，匹配值：______；
6．科目信息：______，匹配值：______。</td></tr>
<tr><td>步骤7：审核并生成凭证</td><td colspan="2">注意：如有出现错误的请在此进行记录。</td></tr>
<tr><td colspan="2">学习感悟</td><td colspan="2"></td></tr>
</table>

费用业务智能核算

内容导图

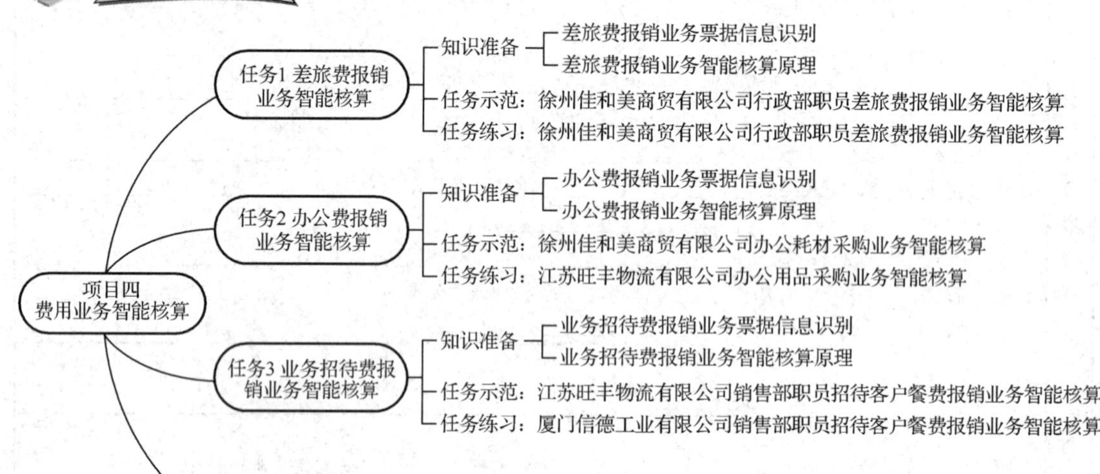

学习目标

知识目标：

1. 熟悉财务机器人识别费用报销业务所涉及的差旅费报销单、通用费用报销单、火车票、行程单、汽车票、的士票等票据的主要信息项目。
2. 掌握差旅费、办公费、业务招待费、租赁费和保险费等费用报销业务的财务机器人票据模型创建原理。

技能目标：

1. 能在财务机器人云平台熟练进行差旅费、办公费、业务招待费、租赁费和保险费等费用报销业务的财务机器人建模操作。
2. 能在财务机器人云平台熟练完成报销差旅费、办公费、业务招待费、租赁费和保险费等费用报销业务的记账审核，对系统提示的记账错误进行查找与修改，直至生成正确的记账凭证。

素养目标：1. 通过对“大智移云物区”新技术的了解，提高学生接受新事物的兴趣，增强民族自信心。
2. 通过票据建模，培养学生精益求精的工匠精神和谨慎细心的工作作风。
3. 通过查找与修改错误，培养学生批判性思维，以及独立思考和分析解决问题的能力。
4. 通过分组合作学习，培养学生协作共进的团队意识和积极主动的职业态度。

任务1 差旅费报销业务智能核算

一、知识准备

差旅费是企业员工因公务外出而产生的交通费、住宿费、餐饮费等各项支出的总称。员工进行差旅费报销时需要按照规定填写差旅费报销单，并附上火车票、行程单、的士票、住宿发票、餐饮发票等原始凭证。财务机器人处理差旅费报销业务时，首先要对每笔报销业务所涉及的原始凭证进行批次定义，即将同一业务的不同票据设为一个批次号；然后在财务机器人平台上，根据原始单据上的票面信息设定规则，财务机器人将同一个批次号的单据与已设置的规则进行关联和匹配，同一批号的业务自动生成一张记账凭证。

（一）差旅费报销业务票据信息识别

1. 差旅费报销单

差旅费报销单是员工进行差旅费报销时按出差次数填写的综合反映差旅费支出及出差补助信息的综合票据。不同单位的差旅费报销单格式不一，财务机器人识别差旅费报销单信息基本相同。以图4-1-6单据5为例，财务机器人识别差旅费报销单信息项目有：①票据抬头：差旅费报销单，②借款金额：2000.00，③经办人：张杏红，④所属部门：行政部，⑤交易日期：2020-08-23，⑥支付方式：银行转账，⑦金额：2179.00，⑧含税金额：2179.00，⑨批次号：A，⑩账期：2020-08。

2. 交通票据

乘坐不同的交通工具将获取不同的交通票据，主要有行程单、火车票、汽车票、的士票等。不同类型的交通票据，票面信息各不相同，但最基本的都有出行时间、起始地点、票价和持票人信息等。

财务机器人识别行程单信息项目与内容有：①票据抬头：航空运输电子客票行程单，②购买方：张可欣，③民航发展基金：50，④燃油附加费：0，⑤发票号码：142547655 2，⑥开票日期：2020-09-17，⑦金额：560.00，⑧含税金额：560.00，⑨批次号：A，⑩账期：2020-09，见图4-1-1。

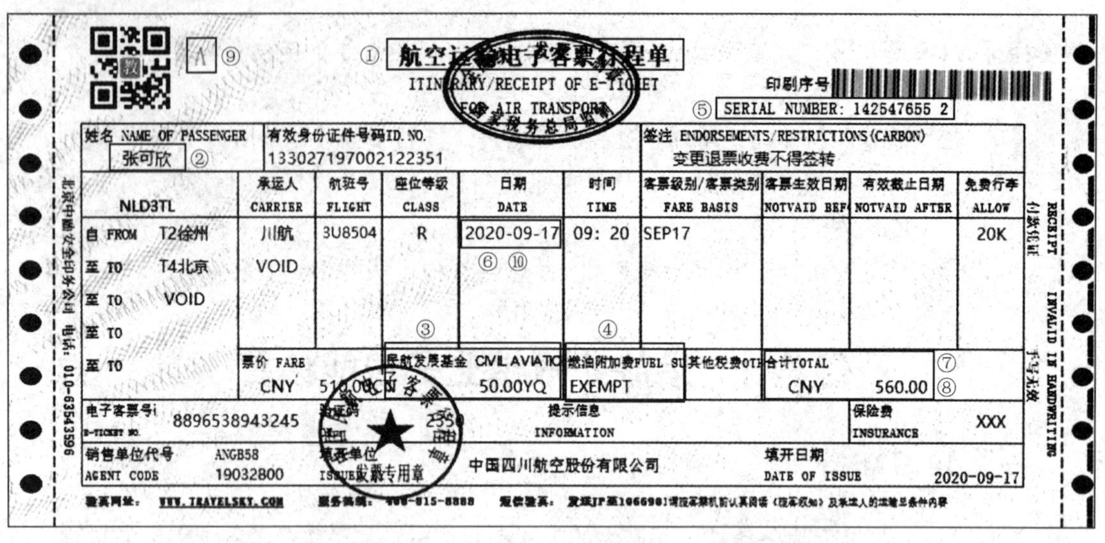

Ⓐ ⑨ ① 航空运输电子客票行程单
ITINERARY/RECEIPT OF E-TICKET
FOR AIR TRANSPORT
印刷序号
⑤ SERIAL NUMBER: 142547655 2

姓名 NAME OF PASSENGER 张可欣 ②
有效身份证件号码ID. NO. 133027197002122351
签注 ENDORSEMENTS/RESTRICTIONS (CARBON) 变更退票收费不得签转

NLD3TL	承运人 CARRIER	航班号 FLIGHT	座位等级 CLASS	日期 DATE	时间 TIME	客票级别/客票类别 FARE BASIS	客票生效日期 NOTVAID BEFORE	有效截止日期 NOTVAID AFTER	免费行李 ALLOW
自 FROM T2徐州	川航	3U8504	R	2020-09-17 ⑥ ⑩	09: 20	SEP17			20K
至 TO T4北京	VOID								
至 TO VOID									
至 TO			③		④				
至 TO	票价 FARE CNY 510.00		民航发展基金 CIVIL AVIATION CN	50.00YQ	燃油附加费 FUEL SURCHARGE EXEMPT	其他税费 OTHER TAXES	合计 TOTAL CNY 560.00 ⑦ ⑧		

电子客票号码 E-TICKET NO. 8896538943245　验证码 CK. 2350　提示信息 INFORMATION　保险费 INSURANCE XXX

销售单位代号 AGENT CODE ANGB58 19032800　填开单位 ISSUED BY 中国四川航空股份有限公司　填开日期 DATE OF ISSUE 2020-09-17

验真网址：WWW.TRAVELSKY.COM　服务热线：400-815-8888

图 4-1-1　财务机器人识别行程单信息项目与内容

以图 4-1-4 单据 3 为例，财务机器人识别火车票信息项目有：①票据抬头：火车票，②购买方：张杏红，③发票号码：K12341，④开票日期：2020-08-22，⑤金额：24.50，⑥含税金额：24.50，⑦批次：A，⑧账期：2020-08。

3. 发票

财务机器人识别报销差旅费所涉发票信息项目与与采购、销售等业务中的处理完全相同，此处不再赘述。

（二）差旅费报销业务智能核算原理

差旅费报销业务财务机器人工作原理也是通过票据类别、场景类别、场景配置和凭证模板四个模块进行建模设置。其特别之处是以批次为单位，将差旅费报销单定义为主票，以主票信息对主分录规则进行设置，再根据其他票据信息对主分录规则进行补充和抵消，最后合并形成记账凭证分录，分录设置原理如下。

1. 主分录：对应差旅费报销单

其分录设置原理见表 4-1-1。

表 4-1-1　差旅费报销单分录设置原理

借贷方向	科目来源	科　目	科目识别原理（科目匹配类型）	金额识别原理（取值公式）
借	科目	管理费用-差旅费	按“所属部门”自动识别科目	按“含税金额”自动识别
借	科目	销售费用-差旅费	按“所属部门”自动识别科目	按“含税金额”自动识别
贷	科目	其他应收款-职员	按“职员”自动识别辅助核算	按“借款金额”自动识别
贷	科目	其他应付款-职员	按“支付方式”自动识别科目 按“职员-@经办人”自动识别辅助核算	按“含税金额-借款金额”差额自动识别
贷	科目	库存现金	按“支付方式”自动识别科目	按“含税金额-借款金额”差额自动识别

2. 辅分录：对应增值税可抵扣票据

主要包括增值税专用发票、火车票、行程单、汽车票。

根据《财政部 国家税务总局 海关总署关于深化增值税改革有关政策的公告》（[2019]39号公告）中关于国内旅客运输服务抵扣的有关规定，对购进国内旅客运输服务，其进项税额可以从销项税额中抵扣。具体规定如下：

（1）取得增值税电子普通发票的，进项税额为发票上注明的税额；

（2）取得注明旅客身份信息的铁路车票的，可根据票面金额，按9%的扣除率计算进项税额：

$$进项税额=票面金额\div(1+9\%)\times9\%$$

（3）取得注明旅客身份信息的公路、水路等其他客票的，可根据票面金额，按3%的扣除率计算进项税额：

$$进项税额=票面金额\div(1+3\%)\times3\%$$

（4）取得注明旅客身份信息的航空运输电子客票行程单的，可根据票价与燃油附加费合计金额，按9%的扣除率计算进项税额：

$$进项税额=（票价+燃油附加费）\div(1+9\%)\times9\%=（含税金额-民航发展基金）\div(1+9\%)\times9\%$$

根据上述政策，结合财务智能核算设置规则，火车票、行程单等增值税可抵扣票据分录设置原理见表4-1-2。

表4-1-2 火车票、行程单等增值税可抵扣票据分录设置原理

借贷方向	科目来源	科 目	科目识别原理（科目匹配类型）	金额识别原理（取值公式）
借	科目	应交税费-应交增值税-进项税额	——	火车票：按设定的取值公式计算识别含税金额/(1+9%)×9%
借	科目	同上	同上	汽车票：按设定的取值公式计算识别含税金额/(1+3%)×3%
借	科目	同上	同上	行程单：按设定的取值公式计算识别（含税金额-民航发展基金）/(1+9%)×9%
贷	科目	管理费用-差旅费	按“所属部门”自动识别	按贷方对应设定的取值公式计算识别
贷	科目	销售费用-差旅费	按“所属部门”自动识别	按贷方对应设定的取值公式计算识别

3. 辅分录：对应增值税不可抵扣票据

如的士票、增值税普通发票和电子普通票等，设置其分录时只需给予相应栏位，不需要设置补充规则。

二、任务示范

■ 任务情景

2020年8月，徐州佳和美商贸有限公司行政部职员张杏红从徐州出发到上海参加会议，并于23日归来进行差旅费报销。财务部收到5张相关报销单据：火车票2张、增值税普通发票2张、差旅费报销单1张，见图4-1-2至图4-1-6。

上海增值税普通发票

6500935936　　　　No 45837913　　6500935936 45837913

发票联

校验码 60320 77690 18543 94213　　　　开票日期：2020年08月23日

购买方	名　　称：徐州佳和美商贸有限公司 纳税人识别号：91320523231569854A 地址、电话：徐州市鼓楼区星河路86号 0516-86966985 开户行及账号：江苏银行徐州鼓楼支行 8010167703122985287	密码区	68<4+<743+/2-836+3+*5342192+ 88+-/908875*03-<18--4/6-00/ *<6*+72*5-439352646+----+*665 8965-215+75326*436/0-5522*/-

货物或应税劳务、服务名称	规格型号	单位	数量	单价	金额	税率	税额
*住宿服务*住宿费		天	4	250	1000.00	3%	30.00
合　　计					¥1000.00		¥30.00
价税合计（大写）	⊗ 壹仟零叁拾圆整				（小写）¥1030.00		

销售方	名　　称：上海凯悦酒店管理有限公司 纳税人识别号：91312382MA1FRG237A 地址、电话：上海市杨浦区国定东路66号 021-87234483 开户行及账号：中国农业银行杨浦支行 1103365872314485043	备注	上海凯悦酒店管理有限公司 91312382MA1FRG237A 发票专用章

收款人：张巧　　复核：吴婷婷　　开票人：谢珍　　销售方：（章）

第二联：发票联　购买方记账凭证

税总函〔2018〕340号浙江东冠华印刷股份有限公司

图 4-1-2　单据 1

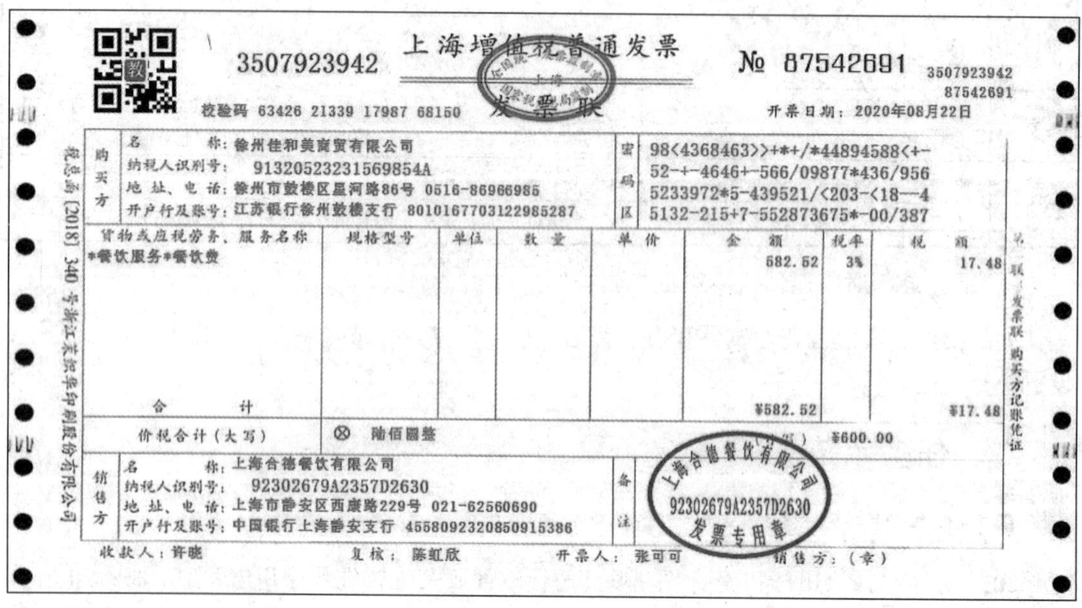

上海增值税普通发票

3507923942　　　　No 87542691　　3507923942 87542691

发票联

校验码 63426 21339 17987 68150　　　　开票日期：2020年08月22日

购买方	名　　称：徐州佳和美商贸有限公司 纳税人识别号：91320523231569854A 地址、电话：徐州市鼓楼区星河路86号 0516-86966985 开户行及账号：江苏银行徐州鼓楼支行 8010167703122985287	密码区	98<4368463>>+*+/*44894588<+- 52-+-4646+-566/09877*436/956 5233972*5-439521/<203-<18--4 5132-215+7-552873675*-00/387

货物或应税劳务、服务名称	规格型号	单位	数量	单价	金额	税率	税额
*餐饮服务*餐饮费					582.52	3%	17.48
合　　计					¥582.52		¥17.48
价税合计（大写）	⊗ 陆佰圆整				（小写）¥600.00		

销售方	名　　称：上海合德餐饮有限公司 纳税人识别号：92302679A2357D2630 地址、电话：上海市静安区西康路229号 021-62560690 开户行及账号：中国银行上海静安支行 4558092320850915386	备注	上海合德餐饮有限公司 92302679A2357D2630 发票专用章

收款人：许晓　　复核：陈虹欣　　开票人：张可可　　销售方：（章）

第二联：发票联　购买方记账凭证

税总函〔2018〕340号浙江东冠华印刷股份有限公司

图 4-1-3　单据 2

③ K12341 A ⑦ ① 候车：二层候车室

上海 站 D3135 徐州 站

⑧ Shanghai Xuzhou

④ 2020 年 08 月 22 日 16:30 开 05 车 09F 号

⑤ ¥24.50 网 二等座

⑥ 限乘当日当次车

3503221990****4672 张杏红 ②

买票请到12306 发货请到95306

中国铁路祝您旅途愉快

34231743054215K075479 上海站售

图 4-1-4 单据 3

K122431 A 候车：二层候车室

徐州 站 D5432 上海 站

Xuzhou Shanghai

2020 年 08 月 18 日 8:45 开 09 车 08A 号

¥24.50 网 二等座

限乘当日当次车

3503221990****4672 张杏红

买票请到12306 发货请到95306

中国铁路祝您旅途愉快

38057743054215K075379 徐州站售

图 4-1-5 单据 4

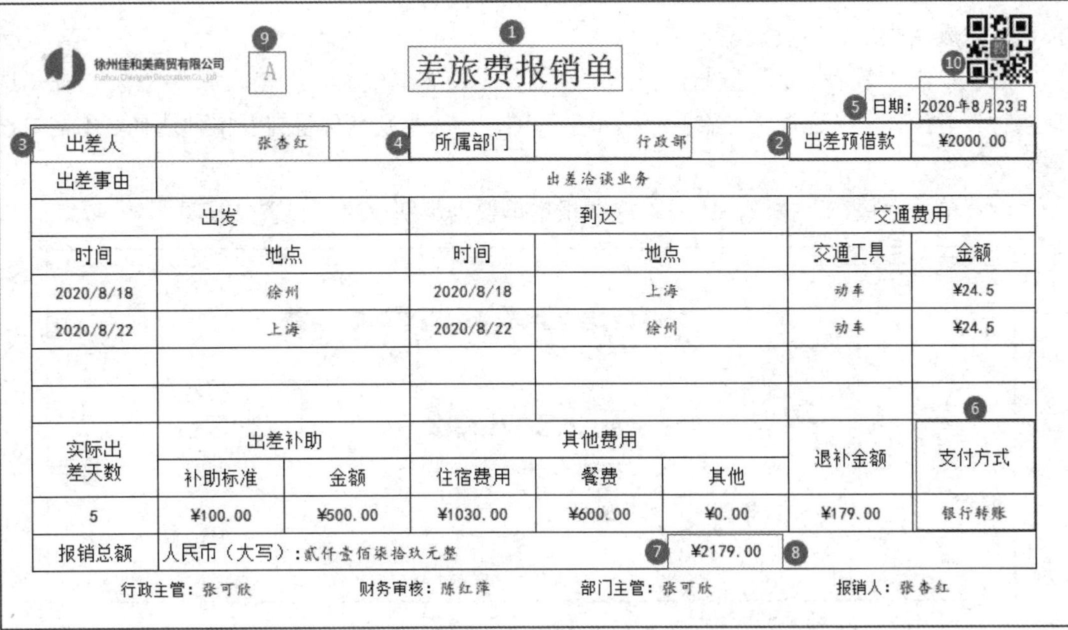

徐州佳和美商贸有限公司 ⑨ A

① 差旅费报销单

⑩ ⑤ 日期：2020年8月23日

③ 出差人	张杏红	④ 所属部门	行政部	② 出差预借款	¥2000.00
出差事由	出差洽谈业务				
出发		到达		交通费用	
时间	地点	时间	地点	交通工具	金额
2020/8/18	徐州	2020/8/18	上海	动车	¥24.5
2020/8/22	上海	2020/8/22	徐州	动车	¥24.5

实际出差天数	出差补助		其他费用			退补金额	⑥ 支付方式
	补助标准	金额	住宿费用	餐费	其他		
5	¥100.00	¥500.00	¥1030.00	¥600.00	¥0.00	¥179.00	银行转账
报销总额	人民币（大写）：贰仟壹佰柒拾玖元整				⑦ ¥2179.00 ⑧		

行政主管：张可欣 财务审核：陈红萍 部门主管：张可欣 报销人：张杏红

图 4-1-6 单据 5

■ 任务目标

根据徐州佳和美商贸有限公司的企业背景、任务情景和业务票据相关信息，针对 2020 年 8 月发生的差旅费报销业务，在财务机器人云平台完成差旅费报销相关业务票据建模并自动生成记账凭证。

要求：凭证合并方式为批次合并，分录合并方式为完全合并，启用分录自定义排序并按借贷方进行排序。

4-1 任务实施

■ 任务实施

根据任务情景，2020 年 8 月徐州佳和美商贸有限公司报销差旅费业务，填制和获取的单据有差旅费报销单、增值税普通发票、火车票。首先将这 5 份票据设为一个批次（A），在此基础上按照要求分别完成采购增值税普通发票、火车票、差旅费报销单的业务票据建模。

➢ 步骤 1：票据识别

在“首页”菜单，依次单击“影像管理”→“影像识别”选项，打开“影像识别”窗口，单击“上传影像”按钮，在“单据识别”选项卡中，依次单击“全选”→“识别”按钮，弹出“账期”对话框，选择账期为“2020-08”，单击“确定”按钮，系统自动进行票据识别。

➢ 步骤 2：票据类别设置

在“首页”菜单，依次单击“业务票据建模”→“票据类别”选项，打开“票据类别”窗口，依次完成差旅费报销单、增值税普通发票以及火车票票据类别设置。

1. 设置差旅费报销单票据类别

（1）单击“新增大类”按钮，在“主类别”文本框中输入“内部票据”，单击“保存”按钮，完成主类别名称设置。

（2）单击“新增细类”按钮，在“类别名称”文本框中输入“差旅费报销单”，在“选择票种”下拉列表中选择“差旅费报销单”选项，完成类别名称设置及票种选择，不需要设置筛选条件。

（3）单击“保存”按钮，完成差旅费报销单票据类别设置，设置结果见图 4-1-7。

图 4-1-7　差旅费报销单票据类别设置

2. 设置采购增值税普通发票票据类别

（1）单击“新增大类”按钮，在“主类别”文本框中输入“采购票据”，单击“保存”按钮，完成主类别名称设置。

（2）单击“新增细类”按钮，在“类别名称”文本框中输入“采购普票”，完成类别名称设置。

（3）在自定义 1 下的“选择票种”下拉列表中选择系统预设的“增值税普通发票”，完成票种选择。

（4）单击“操作+”按钮，添加设置筛选条件 1：筛选项为“@购买方”，操作符为“等于”，匹配值为“徐州佳和美商贸有限公司”。

（5）单击“操作+”按钮，添加设置筛选条件 2：筛选项为“@票据联次”，操作符为“等于”，匹配值为“发票联”。

（6）单击“保存”按钮，完成采购增值税普通发票票据类别设置，设置结果见图 4-1-8。

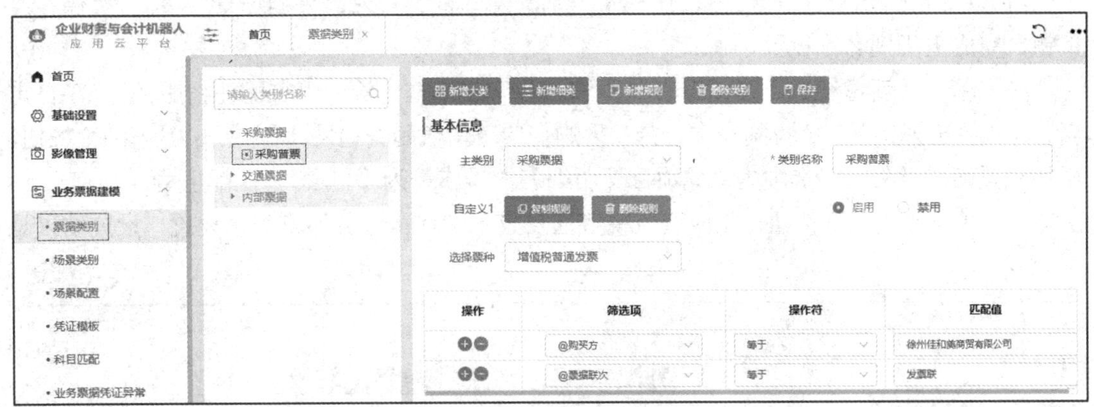

图 4-1-8　采购增值税普通发票票据类别设置

3. 设置火车票票据类别

（1）单击“新增大类”按钮，在“主类别”文本框中输入“交通票据”，单击“保存”按钮，完成主类别名称设置。

（2）单击“新增细类”按钮，在“类别名称”文本框中输入“火车票”，完成类别名称设置。

（3）在自定义 1 下的“选择票种”下拉列表中选择系统预设的“火车票”，完成票种选择，不需要设置筛选条件。

（4）单击“保存”按钮，完成火车票票据类别设置，设置结果见图 4-1-9。

➢ 步骤 3：场景类别设置

在“首页”菜单，依次单击“业务票据建模”→“场景类别”选项，打开“场景类别”窗口，依次进行增值税发票、火车票及差旅费报销单场景类别设置。

图 4-1-9　火车票票据类别设置

1. 设置增值税发票采购住宿服务场景类别

一张增值税普通发票反映了采购住宿服务场景，场景类别具体设置步骤如下。

（1）单击“新增大类”按钮，在“主类别”文本框中输入“采购场景”，单击“保存”按钮，完成主类别名称设置。

（2）单击“新增细类”按钮，在“类别名称”文本框中输入“采购住宿服务”，在自定义 1 下的“选择票种”下拉列表中选择“采购普票→增值税普通发票”，单击“操作+”按钮，添加设置筛选条件：筛选项为“@项目【明细】”，操作符为“包含”，匹配值为“住宿”。

（3）单击“保存”按钮，完成增值税普通发票采购住宿服务场景类别设置，设置结果见图 4-1-10。

图 4-1-10　增值税普通发票采购住宿服务场景类别设置

2. 设置增值税发票采购餐饮服务场景类别

另一张增值税普通发票反映了采购餐饮服务场景，场景类别具体设置步骤如下。

（1）单击“采购场景”按钮，选择“采购场景”为主类别。

（2）单击“新增细类”按钮，在“类别名称”文本框中输入“采购餐饮服务”，在自定义 1 下的“选择票种”下拉列表中选择“采购普票→增值税普通发票”，单击“操作+”按钮，添加设置筛选条件：筛选项为“@项目【明细】”，操作符为“包含”，匹配值为“餐饮”。

（3）单击“保存”按钮，完成增值税普通发票采购餐饮服务场景类别设置，设置结果见图 4-1-11。

图 4-1-11 增值税普通发票采购餐饮服务场景类别设置

3. 设置火车票采购客运服务场景类别

火车票反映了采购客运服务场景，场景类别具体设置步骤如下。

（1）单击“采购场景”按钮，选择“采购场景”为主类别。

（2）单击“新增细类”按钮，在“类别名称”文本框中输入“采购客运服务”，在自定义 1 下的“选择票种”下拉列表中选择“火车票→火车票”，无须进行筛选条件设置。

（3）单击“保存”按钮，完成火车票采购客运服务场景类别设置，设置结果见图 4-1-12。

图 4-1-12 火车票采购客运服务场景类别设置

4. 设置差旅费报销单报销差旅费场景类别

差旅费报销单反映了报销差旅费场景，场景类别具体设置步骤如下。

（1）单击“新增大类”按钮，在“主类别”文本框中输入“报销场景”，单击“保存”按钮，完成主类别名称设置。

（2）单击“新增细类”按钮，在“类别名称”文本框中输入“报销差旅费”，完成类别名称设置。

（3）在自定义 1 下的“选择票种”下拉列表中选择“差旅费报销单→差旅费报销单”，无须进行筛选条件设置。

（4）单击“保存”按钮，完成差旅费报销单报销差旅费场景类别设置，设置结果见图 4-1-13。

图 4-1-13　差旅费报销单报销差旅费场景类别设置

➢ 步骤 4：场景配置设置

在“首页”菜单，依次单击“业务票据建模”→“场景配置”选项，打开“场景配置”窗口，进行报销差旅费场景配置设置。

（1）单击“新增主场景”按钮，在“主场景”文本框中输入“费用业务”，单击“保存”按钮，完成主场景名称设置。

（2）单击“新增场景”按钮，在“场景名称”文本框中输入“报销差旅费”，完成场景名称设置。

（3）在“场景类别”下拉列表中选择“报销场景→报销差旅费”选项，在弹出的“请选择票据类别”对话框中勾选“差旅费报销单”选项，单击“确定”按钮。

（4）继续单击“操作+”按钮，在“场景类别”下拉列表中选择“采购场景→采购住宿服务”选项，在弹出的“请选择票据类别”对话框中勾选“采购普票”选项，单击“确定”按钮。

（5）继续单击“操作+”按钮，在“场景类别”下拉列表中选择“采购场景→采购餐饮服务”选项，在弹出的“请选择票据类别”对话框中勾选“采购普票”选项，单击“确定”按钮。

（6）继续单击“操作+”按钮，在“场景类别”下拉列表中选择“采购场景→采购客运服务”选项，在弹出的“请选择票据类别”对话框中勾选“火车票”选项，单击“确定”按钮。

（7）组合名称设置：选择“差旅费报销单”为主票，在对应行勾选“主票”，对应的“组合名称”为空，其他行次组合均需要进行组合名称命名。其中对应“采购住宿服务”和“采购餐饮服务”行，均以“采购普票”命名，对应“采购客运服务”行，输入“火车票”。

（8）单击“保存”按钮，完成报销差旅费场景配置设置，设置结果见图 4-1-14。

【友情提示】

报销差旅费业务涉及多种票据，且不同票据对应的分录设置模板不同，因此必须进行组合名称命名。在进行组合名称命名时，可按票据类别作为票据对应的组合名称，这样方便判断票据对应的增值税扣除性质，从而进行不同的分录规则设置。如对应增值税普通发票的住宿与餐饮，为增值税不可抵扣性质，就不需要进行分录设置，而火车票应按规定计算抵扣增值税，并进行抵销分录的设置。

图 4-1-14 报销差旅费场景配置设置

➢ 步骤 5：凭证模板设置

在“首页”菜单，依次单击“业务票据建模”→“凭证模板”选项，打开“凭证模板”窗口，单击“报销差旅费”会计场景后面的“新增模板”按钮，弹出“凭证模板设置”对话框，对报销差旅费场景凭证模板进行设置。

（1）凭证头设置。“模板名称”为“报销差旅费”，“记账日期”选择“@交易日期”，“凭证字”选择“记账凭证”，“制单人”为“张秀欣”，“启用状态”选择“启用”，“推送方式”选择“自动推送”。

（2）分录设置。

① 主分录设置。主分录对应差旅费报销单，设置结果见图 4-1-15，具体操作步骤如下。

第 1 行设置：“摘要”为“报销差旅费”，“科目来源”选择“科目”，“科目”选择“管理费用-差旅费”，“方向”选择“借”，“金额取值公式”为“@含税金额”，单击“取值匹配”，在弹出对话框中单击“新增组”按钮，勾选“主票”选项，匹配项选择“@所属部门”，操作符选择“不包含”，匹配值为“销售部”，单击“确定”按钮。

新增第 2 行设置：单击“操作+”按钮，新增一行，“摘要”为“报销差旅费”，“科目来源”选择“科目”，“科目”选择“销售费用-差旅费”，“方向”选择“借”，“金额取值公式”为“@含税金额”，单击“取值匹配”，在弹出对话框中单击“新增组”按钮，勾选“主票”选项，匹配项选择“@所属部门”，操作符选择“包含”，匹配值为“销售部”，单击“确定”按钮。

新增第 3 行设置：单击“操作+”按钮，新增一行，“摘要”为“报销差旅费”，“科目来源”选择“科目”，“科目”选择“其他应收款-职员”，“方向”选择“贷”，“金额取值公式”为“@借款金额”，无须进行取值匹配设置。

新增第 4 行设置：单击“操作+”按钮，新增一行，“摘要”为“报销差旅费”，“科目来源”选择“科目”，“科目”选择“库存现金”，“方向”选择“贷”，“金额取值公式”为“@含税金额-@借款金额”，单击“取值匹配”，在弹出对话框中单击“新增组”按钮，勾选“主票”选项，匹配项选择“@支付方式”，操作符选择“包含”，匹配值为“现金”，单击“确定”按钮。

新增第5行设置：单击“操作+”按钮，新增一行，“摘要”为“报销差旅费”，“科目来源”选择“科目”，“科目”选择“其他应付款-职员”，“方向”选择“贷”，“金额取值公式”为“@含税金额-@借款金额”，单击“取值匹配”，在弹出对话框中单击“新增组”按钮，勾选“主票”选项，匹配项选择“@支付方式”，操作符选择“包含”，匹配值为“银行”，单击“确定”按钮。

图4-1-15　差旅费报销单主分录设置

【友情提示】

徐州佳和美商贸有限公司下设行政部、销售部和财务部，在对上述分录“管理费用-差旅费”科目进行取值匹配设置时，也可以采取“@所属部门包含行政部+@所属部门包含财务部”的方式，见图4-1-16。

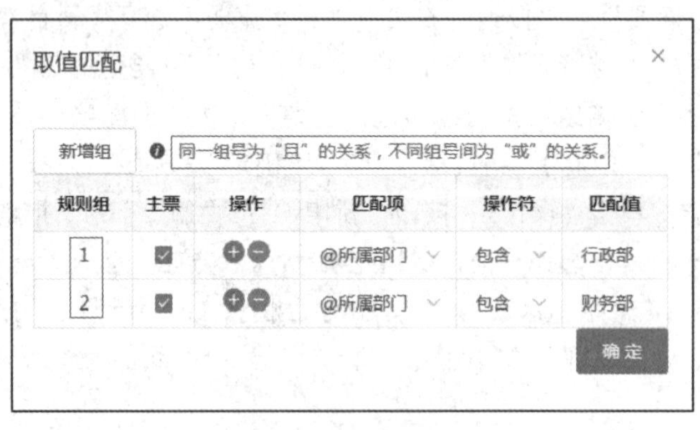

图4-1-16　报销差旅费相关费用科目取值匹配设置

② 增值税不可抵扣票据分录设置。财务机器人报销业务的分录设置采取中间科目进行过渡：即先把“差旅报销单”上的总金额（即含税金额）全部记入“销售费用-差旅费”或“管理费用-差旅费”科目中，然后根据增值税发票、交通票据计算得出可抵扣的增值税税额，冲减“销售费用-差旅费”或“管理费用-差旅费”的含税金额。

本任务增值税不可抵扣票据分别是采购住宿服务、餐饮服务时获取的增值税普通发票。根据增值税法律制度规定，其税额不可抵扣，因此无须进行会计分录设置。

③ 增值税可抵扣票据分录设置。对于可抵扣票据对应的分录设置，借方为“应交税费-应交增值税-进项税额”，贷方为“管理费用-差旅费”和“销售费用-差旅费”。“管理费用-差旅费”和“销售费用-差旅费”的取值匹配设置应与主分录相同科目的取值匹配设置规则一致，金额取值公式为可抵扣的进项税额，从而实现冲减主分录的价税合计金额的目的。

根据增值税法律制度规定，本任务中的火车票属于增值税可抵扣票据，其分录设置见图 4-1-17，具体分录设置如下。

第 1 行设置：“摘要”为“报销差旅费”，“科目来源”选择“科目”，“科目”选择“应交税费-应交增值税-进项税额”，“方向”选择“借”，“金额取值公式”为“@含税金额÷1.09×0.09”。

新增第 2 行设置：单击“操作+”按钮，新增一行，“摘要”为“报销差旅费”，“科目来源”选择“科目”，“科目”选择“管理费用-差旅费”，“方向”选择“贷”，“金额取值公式”为“@含税金额÷1.09×0.09”，单击“取值匹配”，在弹出对话框中单击“新增组”按钮，勾选“主票”选项，匹配项选择“@所属部门”，操作符选择“不包含”，匹配值为“销售部”，单击“确定”按钮。

新增第 3 行设置：单击“操作+”按钮，新增一行，“摘要”为“报销差旅费”，“科目来源”选择“科目”，“科目”选择“销售费用-差旅费”，“方向”选择“贷”，“金额取值公式”为“@含税金额÷1.09×0.09”，单击“取值匹配”，在弹出对话框中单击“新增组”按钮，勾选“主票”选项，匹配项选择“@所属部门”，操作符选择“包含”，匹配值为“销售部”，单击“确定”按钮。

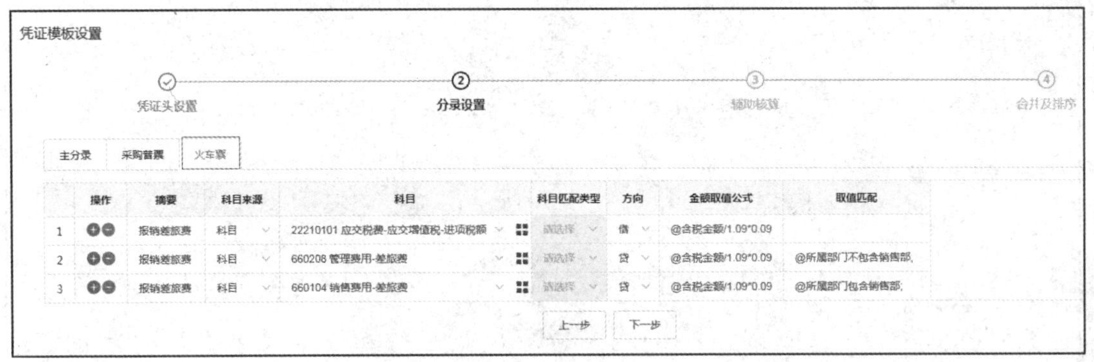

图 4-1-17　增值税可抵扣票据火车票分录设置

（3）辅助核算。分析分录设置中的“科目”及“科目匹配类型”选项可知，本任务需要对其他应收款和其他应付款进行辅助核算设置。两者均按职员进行辅助核算。单击“职员”前的“+”按钮，弹出“取值匹配”对话框，“固定栏位”选择“@经办人”，单击“添加”按钮，操作符选择“等于”，单击“保存”按钮，设置结果见图 4-1-18。

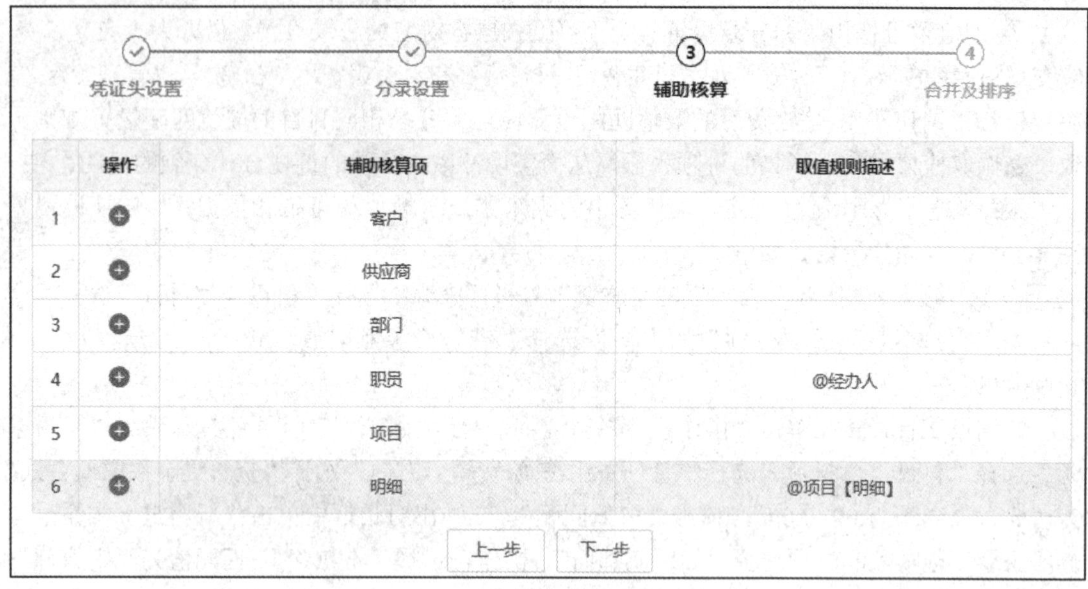

	操作	辅助核算项	取值规则描述
1	⊕	客户	
2	⊕	供应商	
3	⊕	部门	
4	⊕	职员	@经办人
5	⊕	项目	
6	⊕	明细	@项目【明细】

图 4-1-18　其他应收款与其他应付款辅助核算

（4）合并及排序。根据任务要求，“凭证合并方式”选择“批次”，“分录合并方式”选择“完全合并”，“分录自定义排序”选择“启用”，“排序条件”选择“借贷方”，单击“完成”按钮，设置结果见图 4-1-19。

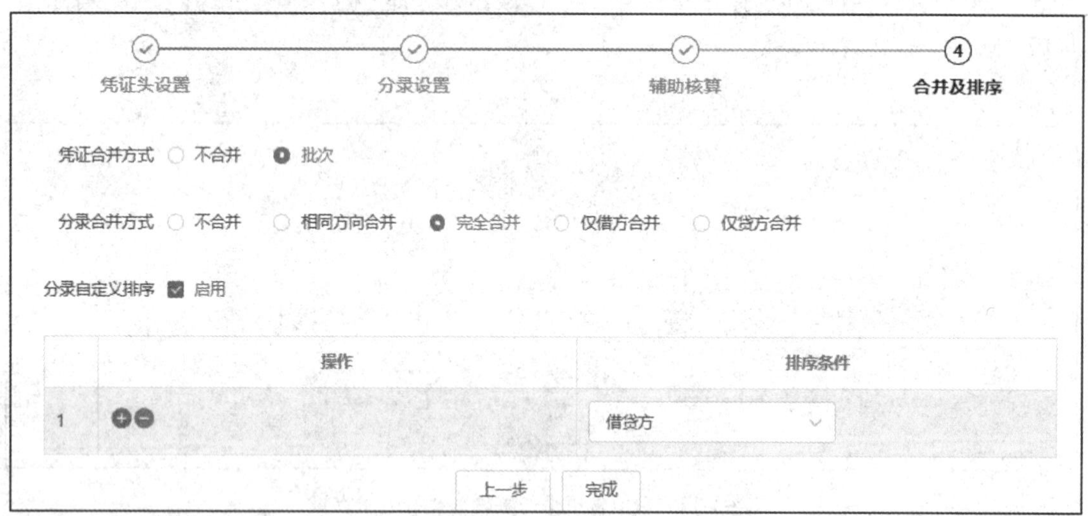

图 4-1-19　合并及排序

➢ **步骤 6：票据审核并生成凭证**

完成票据类别、场景类别、场景配置和凭证模板四个流程的设置后，进行单据审核记账，系统自动生成记账凭证。

三、任务练习（见表 4-1-3）

表 4-1-3　学生练习工作页

班级		姓名		组别		时间		地点	

任务情景

2020 年 9 月，徐州佳和美商贸有限公司行政部职员张可欣和吴红分别前往北京和天津参加会议，并各自于 20 日和 26 日进行差旅费报销。财务部收到的原始凭证有：增值税普通发票 4 张，动车票 2 张，行程单 2 张，差旅费报销单 2 张，的士票 2 张，共 12 张票据。

徐州佳和美商贸有限公司　A

差旅费报销单

日期：2020年9月20日

出差人	张可欣	所属部门	行政部		出差预借款	¥3000.00
出差事由	出差洽谈业务					
出发		到达			交通费用	
时间	地点	时间	地点		交通工具	金额
2020/9/17	徐州	2020/9/17	北京		飞机	¥560.00
2020/9/19	北京	2020/9/19	徐州		飞机	¥560.00
实际出差天数	出差补助		其他费用			退补金额	支付方式
	补助标准	金额	住宿费用	餐费	其他		
3	¥100.00	¥300.00	¥927.00	¥800.00	¥52.50	¥199.50	银行转账
报销总额	人民币（大写）：叁仟壹佰玖拾玖元伍角整			¥3199.50			

行政主管：张可欣　　财务审核：陈红萍　　部门主管：张可欣　　报销人：张可欣

北京增值税普通发票

7500954839　　№ 45838815　　7500954839　45838815

发票联

校验码 64220 77430 18863 94433　　开票日期：2020年09月19日

购买方	名　　称：徐州佳和美商贸有限公司 纳税人识别号：91320523231569854A 地 址、电 话：徐州市鼓楼区垦河路86号 0516-86966985 开户行及账号：江苏银行徐州鼓楼支行 8010167703122985287	密码区	68<4+<743+/2-83686755342192+ 88+-/908854303-<18--4/6-00/ *<6*+72*5-439362146+---+*665 8965-215+72326*436/0-5522*/-

货物或应税劳务、服务名称	规格型号	单位	数量	单价	金额	税率	税额
*住宿服务*住宿费		天	2	450	900.00	3%	27.00
合　　计					¥900.00		¥27.00
价税合计（大写）	⊗ 玖佰贰拾柒圆整				¥927.00		

销售方	名　　称：北京如家酒店管理有限公司 纳税人识别号：92144735316058937C 地 址、电 话：北京市朝阳区建国东路康家沟654号010-30984423 开户行及账号：中国工商银行朝阳支行9107305562730136301	备注	北京如家酒店管理有限公司 92144735316058937C 发票专用章

收款人：张巧　　复核：吴婷婷　　开票人：谢珍　　销售方：（章）

税总函〔2018〕340 号浙江东联华印刷股份有限公司

第二联：发票联　购买方记账凭证

续表

任务情景

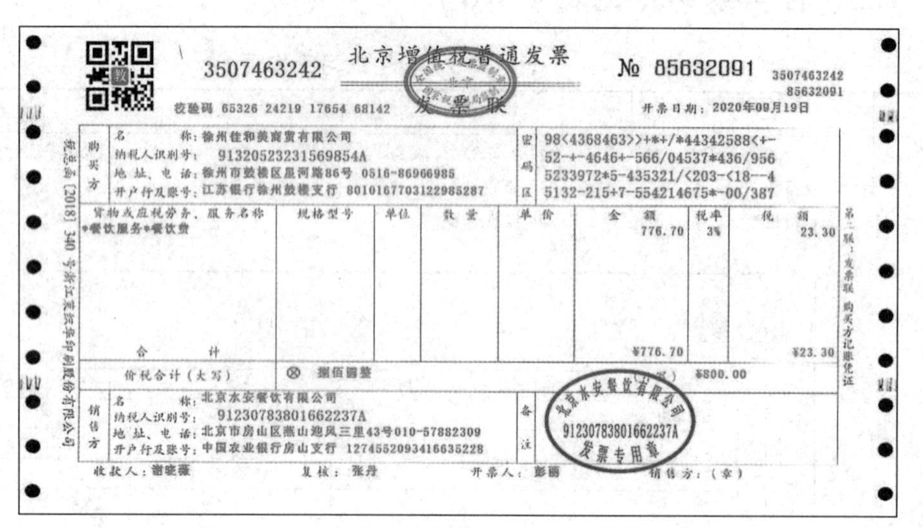

北京增值税普通发票

3507463242　　№ 85632091　　3507463242 85632091

校验码 65326 24219 17654 68142　　发票联　　开票日期：2020年09月19日

购买方	名称：徐州佳和美商贸有限公司 纳税人识别号：91320523231569854A 地址、电话：徐州市鼓楼区昆河路86号 0516-86966985 开户行及账号：江苏银行徐州鼓楼支行 8010167703122985287	密码区	98<4368463>>+*+/*44342588<+- 52-+-4646+-566/04537*436/956 5233972*5-435321/<203-<18--4 5132-215+7-554214675*-00/387

货物或应税劳务、服务名称	规格型号	单位	数量	单价	金额	税率	税额
*餐饮服务*餐饮费					776.70	3%	23.30
合计					¥776.70		¥23.30
价税合计（大写）	⊗捌佰圆整				（小写）¥800.00		

销售方	名称：北京水安餐饮有限公司 纳税人识别号：91230783801662237A 地址、电话：北京市房山区燕山迎风三里43号010-57882309 开户行及账号：中国农业银行房山支行 1274552093416635228	备注	北京水安餐饮有限公司 91230783801662237A 发票专用章

收款人：谢晓薇　　复核：张丹　　开票人：彭丽　　销售方：（章）

第三联：发票联 购买方记账凭证

航空运输电子客票行程单

ITINERARY/RECEIPT OF E-TICKET FOR AIR TRANSPORT

印刷序号 SERIAL NUMBER: 142547655 2

姓名 NAME OF PASSENGER	有效身份证件号码 ID. NO.	签注 ENDORSEMENTS, RESTRICTIONS (CARBON)
张可欣	133027197002122351	变更退票收费不得签转

NLD3TL	承运人 CARRIER	航班号 FLIGHT	座位等级 CLASS	日期 DATE	时间 TIME	客票级别/客票类别 FARE BASIS	客票生效日期 NOTVAID BEF	有效截止日期 NOTVAID AFTER	免费行李 ALLOW
自 FROM T2徐州	川航	3U8504	R	2020-09-17	09: 20	SEP17			20K
至 TO T4北京	VOID								
至 TO VOID									
至 TO									
至 TO									

票价 FARE	民航发展基金 CIVIL AVIATIO	燃油附加费 FUEL SU	其他税费 OTH	合计 TOTAL
CNY 510.00	CN 50.00	YQ EXEMPT		CNY 560.00

电子客票号 E-TICKET NO. 8896538943245　　验证码 2350　　提示信息 INFORMATION　　保险费 INSURANCE XXX

销售单位代号 AGENT CODE ANGB58 19032800　　填开单位 ISSUED BY 中国四川航空股份有限公司　　填开日期 DATE OF ISSUE 2020-09-17

验真网址：WWW.TRAVELSKY.COM　　服务热线：400-815-8888

航空运输电子客票行程单

ITINERARY/RECEIPT OF E-TICKET FOR AIR TRANSPORT

印刷序号 SERIAL NUMBER: 143124665 2

姓名 NAME OF PASSENGER	有效身份证件号码 ID. NO.	签注 ENDORSEMENTS, RESTRICTIONS (CARBON)
张可欣	133027197002122351	变更退票收费不得签转

NLD3TL	承运人 CARRIER	航班号 FLIGHT	座位等级 CLASS	日期 DATE	时间 TIME	客票级别/客票类别 FARE BASIS	客票生效日期 NOTVAID BEF	有效截止日期 NOTVAID AFTER	免费行李 ALLOW
自 FROM T4北京	东航	MU5170	R	2020-09-19	16: 35	SEP19			20K
至 TO T2徐州	VOID								
至 TO VOID									
至 TO									
至 TO									

票价 FARE	民航发展基金 CIVIL AVIATIO	燃油附加费 FUEL SU	其他税费 OTH	合计 TOTAL
CNY 510.00	CN 50.00	YQ EXEMPT		CNY 560.00

电子客票号 E-TICKET NO. 3523538943245　　验证码 2350　　提示信息 INFORMATION　　保险费 INSURANCE XXX

销售单位代号 AGENT CODE ANGB58 13242800　　填开单位 ISSUED BY 中国东方航空股份有限公司　　填开日期 DATE OF ISSUE 2020-09-19

验真网址：WWW.TRAVELSKY.COM　　服务热线：400-815-8888

续表

任务情景

A

北京通用机打发票
出租汽车专用

北京市税务局

代码: 321786562083

号码: 54324208

监督电话: 12328

收款方名称（章）: 9134721002CK5A26521

企业电话: 4396

车号	A-DK120
证号	K584
日期	2020年9月19日
上车	15:20
下车	15:45
单价	3.50元/公里
里程	15.00公里
等候	0:06:09
金额	52.50元

手写无效

含电调费 0.00元　　路桥费 0.00元

卡号 **

税务违章举报电话: **

徐州佳和美商贸有限公司　B

差旅费报销单

日期：2020年9月26日

出差人	吴红		所属部门	行政部		出差预借款	¥1000.00
出差事由	出差洽谈业务						
出发			到达			交通费用	
时间	地点		时间	地点		交通工具	金额
2020/9/24	徐州北		2020/9/24	天津南		动车	¥478.50
2020/9/25	天津南		2020/9/25	徐州北		动车	¥478.50
实际出差天数	出差补助		其他费用			退补金额	支付方式
	补助标准	金额	住宿费用	餐费	其他		
2	¥100.00	¥200.00	¥412.00	¥200.00	¥30.50	¥799.50	银行转账
报销总额	人民币（大写）：壹仟柒佰玖拾玖元伍角整			¥1799.50			

行政主管：张可欣　　财务审核：陈红萍　　部门主管：张可欣　　报销人：吴红

续表

任务情景

天津增值税普通发票

7503244849　　发票联　　№ 33542715　　7503244849　33542715

校验码 64340 67320 18713 94233　　开票日期：2020年09月25日

购买方	
名　　称：	徐州佳和美商贸有限公司
纳税人识别号：	91320523231569854A
地址、电话：	徐州市鼓楼区昰河路86号 0516-86966985
开户行及账号：	江苏银行徐州鼓楼支行 8010167703122985287

密码区：68<4+<743+/2-8368+-95342192+ 88+-/945324303-<18—4/6-00/ *<6*+72*5-434322146+——+*665 8965-215+72326*436/0-5522*/-

货物或应税劳务、服务名称	规格型号	单位	数量	单价	金额	税率	税额
*住宿服务*住宿费		天	1	400	400.00	3%	12.00
合　　计					¥400.00		¥12.00
价税合计（大写）	⊗ 肆佰壹拾贰圆整				（小写）¥412.00		

销售方	
名　　称：	天津七天连锁酒店管理有限公司
纳税人识别号：	91210065522341266W
地址、电话：	天津市南开区白堤路53号 022-23052542
开户行及账号：	中国工商银行天津南开支行 1102722022510478545

备注：（印章：天津七天连锁酒店管理有限公司 91210065522341266W 发票专用章）

收款人：姚艺　　复核：刘明　　开票人：张乐乐　　销售方：（章）

第二联：发票联　购买方记账凭证

税总函[2018] 340号浙江东侨华印刷股份有限公司

天津增值税普通发票

3504326242　　发票联　　№ 85453291　　3504326242　85453291

校验码 69802 78329 17354 65142　　开票日期：2020年09月25日

购买方	
名　　称：	徐州佳和美商贸有限公司
纳税人识别号：	91320523231569854A
地址、电话：	徐州市鼓楼区昰河路86号 0516-86966985
开户行及账号：	江苏银行徐州鼓楼支行 8010167703122985287

密码区：98<4368463>>+*+/*44344288<+- 52-+-4646+-566/02137*436/956 5424972*5-435321/<203-<18—4 5132-215+7-55+-14675*-00/387

货物或应税劳务、服务名称	规格型号	单位	数量	单价	金额	税率	税额
*餐饮服务*餐饮费					194.17	3%	5.83
合　　计					¥194.17		¥5.83
价税合计（大写）	⊗ 贰佰圆整				（小写）¥200.00		

销售方	
名　　称：	天津华玺餐饮管理有限公司
纳税人识别号：	91225963350913401A
地址、电话：	天津市南开区白提路209号 022-65082468
开户行及账号：	中国工商银行天津南开支行 1102330672522447409

备注：（印章：天津华玺餐饮管理有限公司 91225963350913401A 发票专用章）

收款人：许薇薇　　复核：金燕　　开票人：何园园　　销售方：（章）

第二联：发票联　购买方记账凭证

税总函[2018] 340号浙江东侨华印刷股份有限公司

K13231　B　　候车：二层候车室

徐州北 站　D2432 →　**天津南** 站

Xuzhoubei　　Tianjinnan

2020 年 09 月 24 日 9:05 开　　10 车 09A 号

¥24.50　网　二等座

限乘当日当次车

3602121980****6752 吴红

买票请到12306 发货请到95306

中国铁路祝您旅途愉快

38324431054215K075379　苏州北站售

K32131　B　　候车：二层候车室

天津南 站　D3241 →　**徐州北** 站

Tianjinnan　　Xuzhoubei

2020 年 09 月 25 日 16:25 开　　13 车 09A 号

¥24.50　网　二等座

限乘当日当次车

3602121980****6752 吴红

买票请到12306 发货请到95306

中国铁路祝您旅途愉快

39837621054215K075380　天津南站售

续表

<table>
<tr><td colspan="2">任务情景</td><td>B
天津通用机打发票
出租汽车专用
天津市税务局
代码：324362534010
号码：54592208
监督电话：12328
收款方名称（章）：9153285702CK5A26381
企业电话：4396
车号 D-EK420
证号 E624
日期 2020年9月25日
上车 15:45
下车 16:00
手写无效
单价 3.05元/公里
里程 10.00公里
等候 0:06:09
金额 30.50元
含电调费 0.00元 燃油费 0.00元
卡号 **
税务违章举报电话：**</td></tr>
<tr><td colspan="2">任务目标</td><td>根据徐州佳和美商贸有限公司的企业背景、任务情景相关信息，针对 2020 年 9 月发生的差旅费报销业务，在财务机器人云平台完成差旅费报销相关业务票据建模并自动生成记账凭证。
要求：账期为 2020 年 9 月；凭证合并方式为批次合并；分录合并方式为完全合并；启用分录自定义排序并按借贷方进行排序。</td></tr>
<tr><td rowspan="5">任务实施</td><td rowspan="5">步骤1：票据识别</td><td>请确认机器人识别的发票信息与系统设置项目对应关系：
1. 差旅费报销单
①票据抬头：______；②借款金额：______；③经办人：______；④所属部门：______；⑤交易日期：______；⑥支付方式：______；⑦金额：______；⑧含税金额：______；⑨批次号：______；⑩账期：______。</td></tr>
<tr><td>2. 增值税普通发票
①票据抬头：______；②销售方：______；③购买方：______；④发票号码：______；⑤发票代码：______；⑥开票日期：______；⑦票据联次：______；⑧金额：______；⑨税额：______；⑩含税金额：______；⑪账期：______；⑫项目【明细】：______。</td></tr>
<tr><td>3. 火车票
①票据抬头：______；②购买方：______；③发票号码：______；④开票日期：______；⑤金额：______；⑥含税金额：______；⑦批次：______；⑧账期：______。</td></tr>
<tr><td>4. 行程单
①票据抬头：______；②购买方：______；③民航发展基金：______；④燃油附加费：______；⑤发票号码：______；⑥开票日期：______；⑦金额：______；⑧含税金额：______；⑨批次号：______；⑩账期：______。</td></tr>
<tr><td>5. 的士票
①票据抬头：______；②发票号码：______；③开票日期：______；④金额：______；⑤含税金额：______；⑥批次号：______；⑦账期：______。</td></tr>
</table>

续表

<table>
<tr><td rowspan="8">任务实施</td><td rowspan="5">步骤2：票据类别</td><td>1．差旅费报销单
①主类别：______________________；
②类别名称：______________________；
③自定义1，选择票种：__________________；
筛选项：__________、操作符：______、匹配值：____________；
筛选项：__________、操作符：______、匹配值：____________。</td></tr>
<tr><td>2．增值税普通发票
①主类别：______________________；
②类别名称：______________________；
③自定义1，选择票种：__________________；
筛选项：__________、操作符：______、匹配值：____________；
筛选项：__________、操作符：______、匹配值：____________。</td></tr>
<tr><td>3．行程单
①主类别：______________________；
②类别名称：______________________；
③自定义1，选择票种：__________________；
筛选项：__________、操作符：______、匹配值：____________；
筛选项：__________、操作符：______、匹配值：____________。</td></tr>
<tr><td>4．的士票
①主类别：______________________；
②类别名称：______________________；
③自定义1，选择票种：__________________；
筛选项：__________、操作符：______、匹配值：____________；
筛选项：__________、操作符：______、匹配值：____________。</td></tr>
<tr><td>5．火车票
①主类别：______________________；
②类别名称：______________________；
③自定义1，选择票种：__________________；
筛选项：__________、操作符：______、匹配值：____________；
筛选项：__________、操作符：______、匹配值：____________。</td></tr>
<tr><td rowspan="3">步骤3：场景类别</td><td>1．差旅费报销单（报销差旅费）
①主类别：______________________；
②类别名称：______________________；
③自定义1，选择票种：__________________；
筛选项：__________、操作符：______、匹配值：____________。</td></tr>
<tr><td>2．增值税普通发票（采购住宿服务）
①主类别：______________________；
②类别名称：______________________；
③自定义1，选择票种：__________________；
筛选项：__________、操作符：______、匹配值：____________。</td></tr>
<tr><td>3．增值税普通发票（采购餐饮服务）
①主类别：______________________；
②类别名称：______________________；
③自定义1，选择票种：__________________；
筛选项：__________、操作符：______、匹配值：____________。</td></tr>
</table>

续表

<table>
<tr><td rowspan="5">任务实施</td><td>步骤3：场景类别</td><td colspan="3">4．行程单、的士票、火车票（采购客运服务）
①主类别：________；
②类别名称：________；
③自定义1，选择票种：________；
筛选项：________、操作符：________、匹配值：________；
③自定义2，选择票种：________；
筛选项：________、操作符：________、匹配值：________；
③自定义3，选择票种：________；
筛选项：________、操作符：________、匹配值：________；</td></tr>
<tr><td>步骤4：场景配置</td><td colspan="3">报销差旅费
①主场景：________；
②场景名称：________；
③场景类别：________，票据类别：________，组合名称：________。
④场景类别：________，票据类别：________，组合名称：________。
⑤场景类别：________，票据类别：________，组合名称：________。
⑥场景类别：________，票据类别：________，组合名称：________。</td></tr>
<tr><td rowspan="3">步骤5：凭证模板</td><td colspan="2">凭证头设置</td><td>①模板名称：________；②记账日期：________；
③凭证字：记账凭证；④制单人：赵萌；⑤推送方式：自动推送或手动推送。</td></tr>
<tr><td rowspan="2">分录设置</td><td>主分录</td><td>1 差旅费报销单
第1行：摘要：________，科目来源：________，科目：________，
科目匹配类型：________，方向：________，金额取值公式：________，
取值匹配：________；
第2行：摘要：________，科目来源：________，科目：________，
科目匹配类型：________，方向：________，金额取值公式：________，
取值匹配：________；
第3行：摘要：________，科目来源：________，科目：________，
科目匹配类型：________，方向：________，金额取值公式：________，
取值匹配：________；
第4行：摘要：________，科目来源：________，科目：________，
科目匹配类型：________，方向：________，金额取值公式：________，
取值匹配：________；
第5行：摘要：________，科目来源：________，科目：________，
科目匹配类型：________，方向：________，金额取值公式：________，
取值匹配：________。</td></tr>
<tr><td>可抵扣票据</td><td>2 行程单
第1行：摘要：________，科目来源：________，科目：________，
科目匹配类型：________，方向：________，金额取值公式：________，
取值匹配：________；
第2行：摘要：________，科目来源：________，科目：________，
科目匹配类型：________，方向：________，金额取值公式：________，
取值匹配：________；
第3行：摘要：________，科目来源：________，科目：________，
科目匹配类型：________，方向：________，金额取值公式：________，
取值匹配：________。</td></tr>
</table>

续表

<table>
<tr><td rowspan="6">任务实施</td><td rowspan="4">步骤5：凭证模板</td><td rowspan="2">分录设置</td><td>可抵扣票据</td><td>3 火车票
第 1 行：摘要：________，科目来源：______，科目：________，科目匹配类型：________，方向：______，金额取值公式：________，取值匹配：________；
第 2 行：摘要：________，科目来源：______，科目：________，科目匹配类型：________，方向：______，金额取值公式：________，取值匹配：________；
第 3 行：摘要：________，科目来源：______，科目：________，科目匹配类型：________，方向：______，金额取值公式：________，取值匹配：________。</td></tr>
<tr><td>不可抵扣票据</td><td>4 普通发票，5 的士票</td></tr>
<tr><td colspan="2">辅助核算</td><td>（1）对应“其他应收款”：辅助核算项：________，取值规则描述：________；
（2）对应“其他应付款”：辅助核算项：________，取值规则描述：________。</td></tr>
<tr><td colspan="2">合并排列</td><td>凭证合并方式：________，分录合并方式：________，分录自定义排序条件：________。</td></tr>
<tr><td>步骤6：审核并生成凭证</td><td colspan="3">注意：如有出现错误的请在此进行记录。</td></tr>
</table>

<table>
<tr><td>学习感悟</td><td></td></tr>
</table>

任务 2 办公费报销业务智能核算

一、知识准备

（一）办公费报销业务票据信息识别

办公费主要指企业生产和管理部门的办公耗材、电话通信、报纸杂志等项目的费用支出总称。进行办公费报销时需要按照规定填写通用费用报销单，并附上增值税发票等原始单据。

不同单位所采用的通用费用报销单格式各不相同，但财务机器人识别其信息项目相同。以图 4-2-1 单据 1 为例，财务机器人识别通用费用报销单信息项目有：①票据抬头：通用费用报销单；②报销项目：办公费；③经办人：张杏红；④所属部门：行政部；⑤交易日期：2020-04-04；⑥支付方式：银行转账；⑦金额：1359.60；⑧含税金额：1359.60；⑨批次号：A；⑩账期：2020-04。

采购办公用品获取的各类增值税发票，财务机器人的处理原理与采购货物业务完全相同，此处不再赘述。

（二）办公费报销业务智能核算原理

办公费报销业务与差旅费报销业务的智能核算工作原理相似，即首先对每笔办公费报销业务票据进行批次定义，并将通用费用报销单定义为主票，以主票信息对主分录规则进行设置，再根据其他票据信息对主分录规则进行补充和抵消，最后合并形成记账凭证分录。各单据智能核算原理如下。

1. 主分录：对应通用费用报销单

其分录设置原理见表 4-2-1。

表 4-2-1 通用费用报销单报销办公费分录设置原理

借贷方向	科目来源	科　目	科目识别原理（科目匹配类型）	金额识别原理（取值公式）
借	科目	管理费用-办公费	按“所属部门”自动识别科目	按“含税金额”自动识别
借	科目	销售费用-办公费	按“所属部门”自动识别科目	按“含税金额”自动识别
贷	科目	其他应付款-职员	按“支付方式”自动识别科目 按“职员-@经办人”自动识别辅助核算	按“含税金额”自动识别
贷	科目	库存现金	按“支付方式”自动识别科目	按“含税金额”自动识别

2. 辅分录：对应增值税可抵扣票据，如采购办公用品增值税专用发票

其分录设置原理见表 4-2-2。

表 4-2-2 增值税专用发票采购办公用品分录设置原理

借贷方向	科目来源	科　目	科目识别原理（科目匹配类型）	金额识别原理（取值公式）
借	科目	应交税费-应交增值税-进项税额	——	按“税额”自动识别
贷	科目	管理费用-办公费	按“所属部门”自动识别科目	按“税额”自动识别
贷	科目	销售费用-办公费	按“所属部门”自动识别科目	按“税额”自动识别

3. 辅分录：对应增值税不可抵扣票据，如采购办公用品增值税普通发票、增值税电子普通发票等

凡增值税不可抵扣票据，对其进行分录设置时只需要给予相应栏位，不需要设置补充规则。

二、任务示范

■ 任务情景

2020 年 4 月，徐州佳和美商贸有限公司行政部职员张杏红购买办公耗材，并进行相应

的报销。财务部收到增值税电子普通发票 3 张、办公费报销单 3 张，见图 4-2-1 至图 4-2-6。

徐州佳和美商贸有限公司 A ⑨

① 通用费用报销单 ⑩

⑤ 日期：2020年4月4日

报销人	张杏红 ③	所属部门	行政部 ④
报销项目 ②	摘要		金额
办公费	计算器20个、打印纸8箱、文件夹40个		1359.60
合计			1359.60
报销总额	人民币（大写）：壹仟叁佰伍拾玖元陆角整 ⑦⑧	⑥ 支付方式	银行转账

行政主管：张可欣　财务审核：陈红萍　部门主管：张可欣　报销人：张杏红

图 4-2-1　单据 1

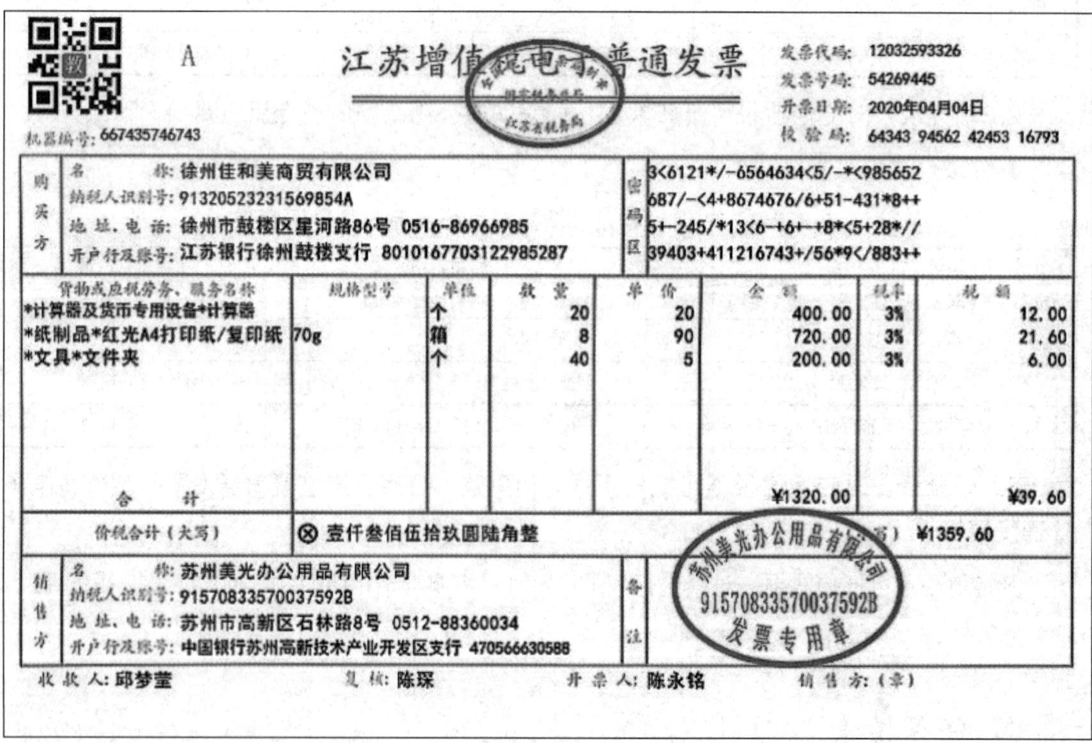

A

江苏增值税电子普通发票

发票代码：12032593326
发票号码：54269445
开票日期：2020年04月04日
校验码：64343 94562 42453 16793

机器编号：667435746743

购买方
名称：徐州佳和美商贸有限公司
纳税人识别号：91320523231569854A
地址、电话：徐州市鼓楼区星河路86号 0516-86966985
开户行及账号：江苏银行徐州鼓楼支行 8010167703122985287

密码区
3<6121*/-6564634<5/-*<985652
687/-<4+8674676/6+51-431*8++
5+-245/*13<6-+6+-+8*<5+28*//
39403+411216743+/56*9</883++

货物或应税劳务、服务名称	规格型号	单位	数量	单价	金额	税率	税额
*计算器及货币专用设备*计算器		个	20	20	400.00	3%	12.00
*纸制品*红光A4打印纸/复印纸	70g	箱	8	90	720.00	3%	21.60
*文具*文件夹		个	40	5	200.00	3%	6.00
合计					¥1320.00		¥39.60
价税合计（大写）	⊗壹仟叁佰伍拾玖圆陆角整				（小写）¥1359.60		

销售方
名称：苏州美光办公用品有限公司
纳税人识别号：91570833570037592B
地址、电话：苏州市高新区石林路8号 0512-88360034
开户行及账号：中国银行苏州高新技术产业开发区支行 470566630588

备注

收款人：邱梦莹　复核：陈琛　开票人：陈永铭　销售方：（章）

图 4-2-2　单据 2

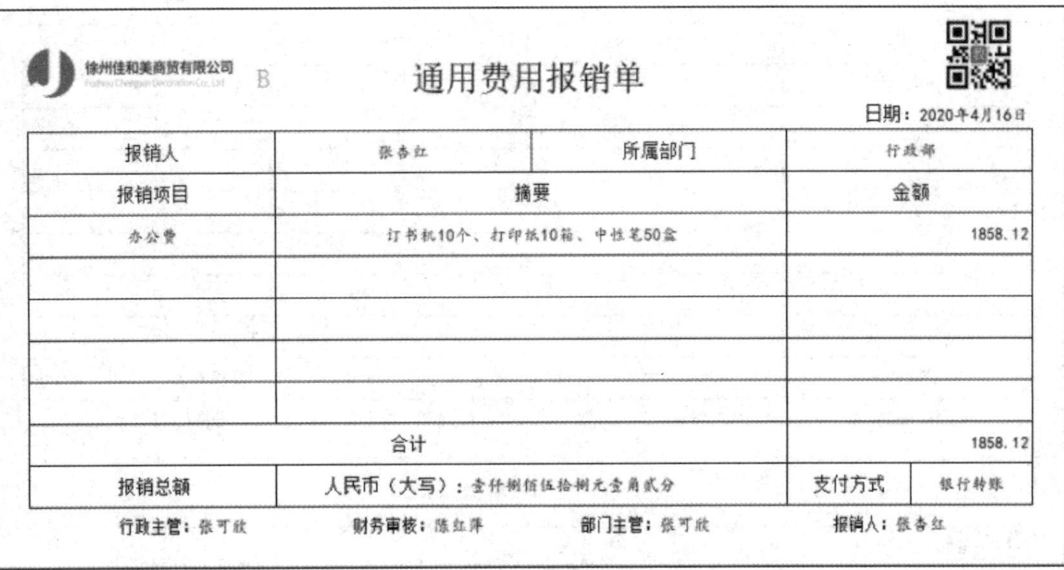

徐州佳和美商贸有限公司 B

通用费用报销单

日期：2020年4月16日

报销人	张杏红	所属部门	行政部
报销项目	摘要		金额
办公费	订书机10个、打印纸10箱、中性笔50盒		1858.12
合计			1858.12
报销总额	人民币（大写）：壹仟捌佰伍拾捌元壹角贰分	支付方式	银行转账

行政主管：张可欣　财务审核：陈红萍　部门主管：张可欣　报销人：张杏红

图 4-2-3　单据 3

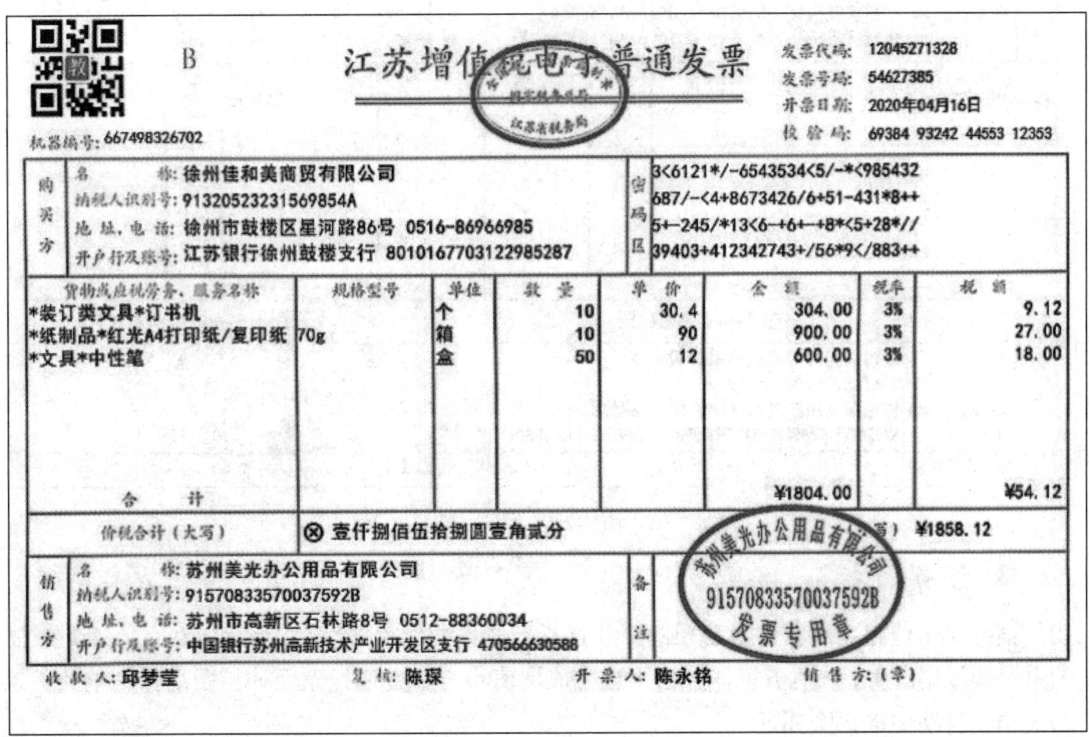

B

江苏增值税电子普通发票

发票代码：12045271328
发票号码：54627385
开票日期：2020年04月16日
校验码：69384 93242 44553 12353

机器编号：667498326702

购买方	名称：徐州佳和美商贸有限公司 纳税人识别号：91320523231569854A 地址、电话：徐州市鼓楼区星河路86号 0516-86966985 开户行及账号：江苏银行徐州鼓楼支行 8010167703122985287	密码区	3<6121*/-6543534<5/-*<985432 687/-<4+8673426/6+51-431*8++ 5+-245/*13<6-+6+-+8*<5+28*// 39403+412342743+/56*9</883++

货物或应税劳务、服务名称	规格型号	单位	数量	单价	金额	税率	税额
*装订类文具*订书机		个	10	30.4	304.00	3%	9.12
*纸制品*红光A4打印纸/复印纸	70g	箱	10	90	900.00	3%	27.00
*文具*中性笔		盒	50	12	600.00	3%	18.00
合计					¥1804.00		¥54.12
价税合计（大写）	⊗壹仟捌佰伍拾捌圆壹角贰分				（小写）¥1858.12		

销售方	名称：苏州美光办公用品有限公司 纳税人识别号：91570833570037592B 地址、电话：苏州市高新区石林路8号 0512-88360034 开户行及账号：中国银行苏州高新技术产业开发区支行 470566630588	备注	

收款人：邱梦莹　复核：陈琛　开票人：陈永铭　销售方：（章）

苏州美光办公用品有限公司 91570833570037592B 发票专用章

图 4-2-4　单据 4

徐州佳和美商贸有限公司　C

通用费用报销单

日期：2020年4月23日

报销人	张杏红	所属部门	行政部
报销项目	摘要		金额
办公费	档案袋100包		721.00
合计			721.00
报销总额	人民币（大写）：柒佰贰拾壹元整	支付方式	银行转账

行政主管：张可欣　　财务审核：陈红萍　　部门主管：张可欣　　报销人：张杏红

图 4-2-5　单据 5

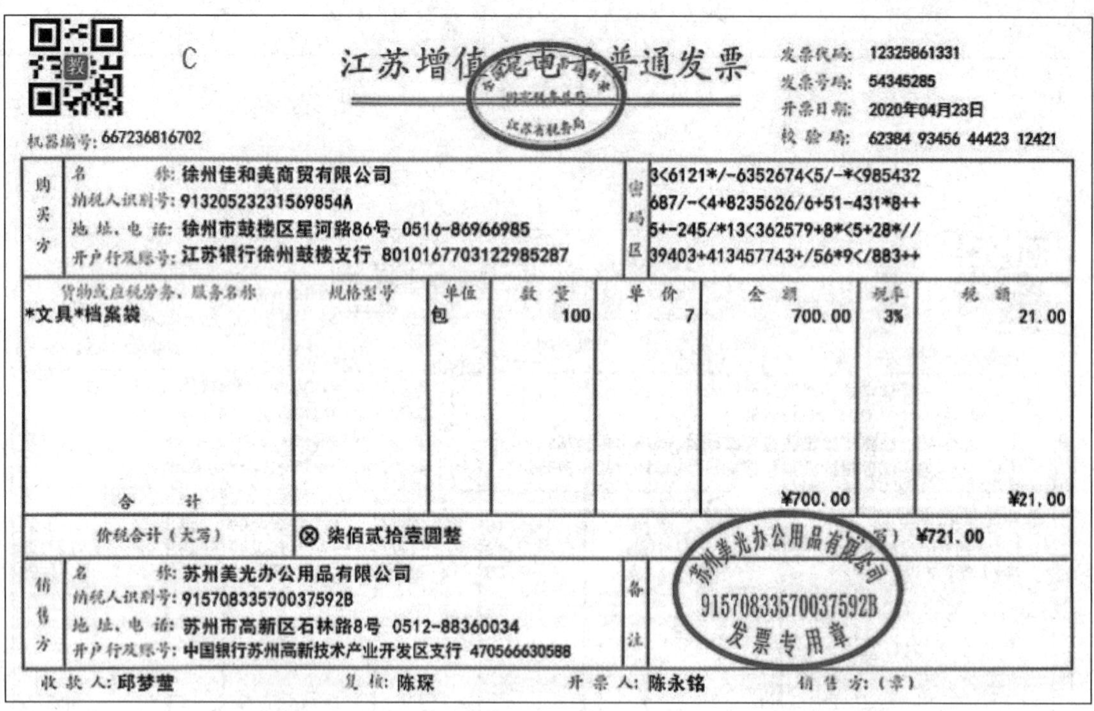

C

江苏增值税电子普通发票

发票代码：12325861331
发票号码：54345285
开票日期：2020年04月23日
校 验 码：62384 93456 44423 12421

机器编号：667236816702

购买方	名　　称：徐州佳和美商贸有限公司 纳税人识别号：91320523231569854A 地 址、电 话：徐州市鼓楼区星河路86号 0516-86966985 开户行及账号：江苏银行徐州鼓楼支行 8010167703122985287	密码区	3<6121*/-6352674<5/-*<985432 687/-<4+8235626/6+51-431*8++ 5+-245/*13<362579+8*<5+28*// 39403+413457743+/56*9</883++

货物或应税劳务、服务名称	规格型号	单位	数量	单价	金额	税率	税额
*文具*档案袋		包	100	7	700.00	3%	21.00
合　　计					¥700.00		¥21.00
价税合计（大写）	⊗柒佰贰拾壹圆整				（小写）¥721.00		

销售方	名　　称：苏州美光办公用品有限公司 纳税人识别号：915708335700375092B 地 址、电 话：苏州市高新区石林路8号 0512-88360034 开户行及账号：中国银行苏州高新技术产业开发区支行 470566630588	备注	苏州美光办公用品有限公司 915708335700375092B 发票专用章

收 款 人：邱梦莹　　复 核：陈琛　　开 票 人：陈永铭　　销 售 方：（章）

图 4-2-6　单据 6

■ 任务目标

根据徐州佳和美商贸有限公司的企业背景、任务情景相关信息，针对 2020 年 4 月发生的办公费报销业务，在财务机器人云平台完成增值税电子普通发票及通用费用报销单业务票据建模并自动生成记账凭证。

要求：凭证合并方式为批次合并，分录合并方式为完全合并，启用分录自定义排序并按借贷方进行排序。

■ 任务实施

4-2 任务实施

根据任务情景，2020 年 4 月徐州佳和美商贸有限公司报销办公费，提供的单据类型为通用费用报销单和增值税电子普通发票，因此，应按照要求分别完成通用费用报销单和采购电子普票的票据建模。

➢ 步骤 1：票据识别

在“首页”菜单，依次单击“影像管理”→“影像识别”选项，打开“影像识别”窗口，单击“上传影像”按钮，在“单据识别”选项卡中，依次单击“全选”→“识别”按钮，弹出“账期”对话框，选择账期为“2020-04”，单击“确定”按钮，系统自动进行票据识别。

➢ 步骤 2：票据类别设置

在“首页”菜单，依次单击“业务票据建模”→“票据类别”选项，打开“票据类别”窗口，依次完成增值税电子普通发票和通用费用报销单票据类别设置。

1. 设置采购增值税电子普通发票票据类别

（1）单击“新增大类”按钮，在“主类别”文本框中输入“采购票据”，单击“保存”按钮，完成主类别名称设置。

（2）单击“新增细类”按钮，在“类别名称”文本框中输入“采购电子普票”，在“选择票种”下拉列表中选择“增值税电子普通发票”选项，完成类别名称设置及票种选择。

（3）单击“操作+”按钮，添加设置筛选条件：筛选项为“@购买方”，操作符为“等于”，匹配值为“徐州佳和美商贸有限公司”。

> **【友情提示】**
>
> 增值税电子普通发票没有联次之分，所以在筛选项设置时与增值税专用发票和增值税普通发票有差异。

（4）单击“保存”按钮，完成采购增值税电子普通发票票据类别设置，设置结果见图 4-2-7。

图 4-2-7 采购增值税电子普通发票票据类别设置

2. 设置通用费用报销单票据类别

（1）单击“新增大类”按钮，在“主类别”文本框中输入“内部票据”，单击“保存”按钮，完成主类别名称设置。

（2）单击“新增细类”按钮，在“类别名称”文本框中输入“通用费用报销单”，在“选择票种”下拉列表中选择“通用费用报销单”选项，完成类别名称设置及票种选择，不需要进行筛选条件设置。

（3）单击“保存”按钮，完成通用费用报销单票据类别设置，设置结果见图 4-2-8。

图 4-2-8　通用费用报销单票据类别设置

➢ 步骤 3：场景类别设置

在“首页”菜单，依次单击“业务票据建模”→“场景类别”选项，打开“场景类别”窗口，依次进行增值税电子普票发票及通用费用报销单场景类别设置。

1. 设置增值税电子普通发票采购办公用品场景类别

本任务增值税电子普通发票反映采购办公用品业务，场景类别具体设置步骤如下。

（1）单击“新增大类”按钮，在“主类别”文本框中输入“采购场景”，单击“保存”按钮，完成主类别名称设置。

（2）单击“新增细类”按钮，在“类别名称”文本框中输入“采购办公用品”，完成类别名称设置。

（3）在自定义 1 下的“选择票种”下拉列表中选择“采购电子普票→增值税电子普通发票”，单击“操作+”按钮，添加设置筛选条件：筛选项为“@销售方”，操作符为“包含”，匹配值为“办公用品”。

（4）单击“保存”按钮，完成采购办公用品增值税电子普通发票场景类别设置，设置结果见图 4-2-9。

【友情提示】

在设置办公用品采购业务场景类别时，采购票据筛选项选择“@销售方”，而不是选择“@项目【明细】”，其原因是办公耗材涉及的办公用品明细种类繁多，若采用“@项目【明细】”进行筛选，规则设置烦琐，而且容易产生冲突，不易区分。基于办公用品的购买一般都有指定的企业，并且都签订购买协议，所以就以销售方作为筛选项选择条件。

图 4-2-9　增值税电子普通发票采购办公用品场景类别设置

2. 设置通用费用报销单报销办公费场景类别

本任务通用费用报销单反映报销办公费业务，场景类别具体设置步骤如下。

（1）单击“新增大类”按钮，在“主类别”文本框中输入“报销场景”，单击“保存”按钮，完成主类别名称设置。

（2）单击“新增细类”按钮，在“类别名称”文本框中输入“报销办公费”，完成类别名称设置。

（3）在自定义 1 下的“选择票种”下拉列表中选择“通用费用报销单→通用费用报销单”选项，单击“操作+”按钮，添加设置筛选条件：筛选项为“@报销项目”，操作符为“包含”，匹配值为“办公费”。

【友情提示】

通用费用报销单除了用于报销办公费，还会用于其他费用报销，因此需要为报销业务设置筛选条件。

（4）单击“保存”按钮，完成通用费用报销单报销办公费场景类别设置，设置结果见图 4-2-10。

图 4-2-10　通用费用报销单报销办公费场景类别设置

➢ 步骤 4：场景配置设置

在“首页”菜单，依次单击“业务票据建模”→“场景配置”选项，打开“场景配置”

窗口，进行报销办公费场景配置设置，具体操作步骤如下。

（1）单击“新增主场景”按钮，在“主场景”文本框中输入“费用业务”，单击“保存”按钮，完成主场景名称设置。

（2）单击“新增场景”按钮，在“场景名称”文本框中输入“报销办公费”，完成场景名称设置。

（3）在“场景类别”下拉列表中选择“报销场景→报销办公费”选项，在弹出的“请选择票据类别”对话框中勾选“通用费用报销单” 选项，单击“确定”按钮。

（4）继续单击“操作+”按钮，在“场景类别”下拉列表中选择“采购场景→采购办公费”选项，在弹出的“请选择票据类别”对话框中勾选“采购电子普票” 选项，单击“确定”按钮。

（5）组合名称设置：选择“通用费用报销单”为主票，在对应行勾选“主票”选项，对应组合名称设为空。其他行次组合均需进行组合名称命名，对应“采购办公用品”组合名称可设为“采购电子普票”。

（6）单击“保存”按钮，完成报销办公费业务场景配置设置，设置结果见图 4-2-11。

图 4-2-11　报销办公费业务场景配置设置

➢ 步骤 5：凭证模板设置

在“首页”菜单，依次单击“业务票据建模”→“凭证模板”选项，打开“凭证模板”窗口，单击“报销办公费”会计场景后面的“新增模板”按钮，弹出“凭证模板设置”对话框，对报销办公费场景凭证模板进行设置。

（1）凭证头设置。“模板名称”为“报销办公费”，“记账日期”选择“@交易日期”，“凭证字”选择“记账凭证”，“制单人”为“张秀欣”，“启用状态”选择“启用”，“推送方式”选择“自动推送”。

（2）分录设置。

① 主分录，对应通用费用报销单。主分录设置结果见图 4-2-12，具体操作步骤如下。

第 1 行设置：“摘要”为“报销办公费”；“科目来源”选择“科目”，“科目”选择“管理费用-办公费”，“方向”选择“借”，“金额取值公式”为“@含税金额”；单击“取值匹配”，在弹出对话框中单击“新增组”按钮，勾选“主票”选项，匹配项选择“@所属部门”，操作符选择“不包含”，匹配值为“销售”，单击“确定”按钮。

新增第 2 行设置：击“操作+”按钮，新增一行，“摘要”为“报销办公费”，“科目来源”选择“科目”，“科目”选择“销售费用-办公费”，“方向”选择“借”，“金额取值公式”为“@含税金额”；单击“取值匹配”，在弹出对话框中单击“新增组”按钮，勾选“主票”选项，匹配项选择“@所属部门”，操作符选择“包含”，匹配值为“销售”，单击“确定”按钮。

新增第 3 行设置：单击“操作+”按钮，新增一行，“摘要”为“报销办公费”，“科目来源”选择“科目”，“科目”选择“库存现金”，“方向”选择“贷”，“金额取值公式”为“@含税金额”；单击“取值匹配”，在弹出对话框中单击“新增组”按钮，勾选“主票”选项，匹配项选择“@支付方式”，操作符选择“包含”，匹配值为“现金”，单击“确定”按钮。

新增 4 行设置：单击“操作+”按钮，新增一行，“摘要”为“报销办公费”，“科目来源”选择“科目”，“科目”选择“其他应付款-职员”，“方向”选择“贷”，“金额取值公式”为“@含税金额”；单击“取值匹配”，在弹出对话框中单击“新增组”按钮，勾选“主票”选项，匹配项选择“@支付方式”，操作符选择“包含”，匹配值为“银行”，单击“确定”按钮。

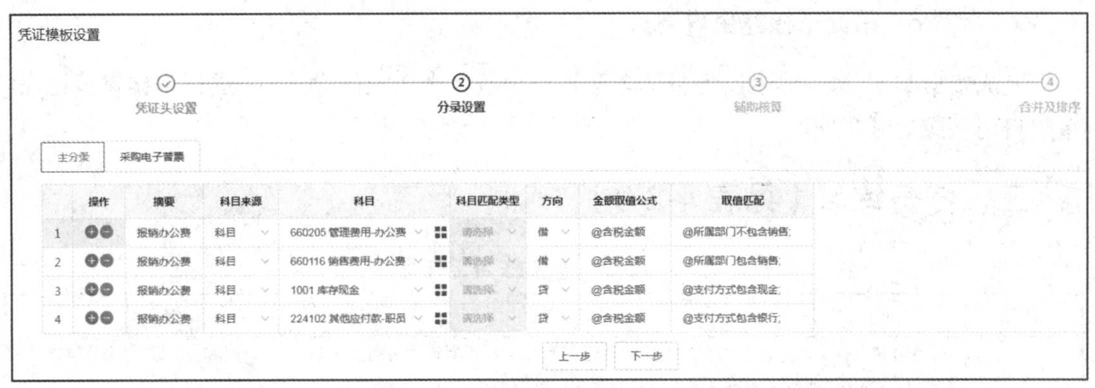

图 4-2-12　通用费用报销单主分录设置

② 采购电子普票分录，对应增值税电子普通发票。智能报销业务的分录设置采取中间科目进行过渡的方式，即先把通用费用报销单上的总金额（即含税金额）记入“销售费用-办公费”或“管理费用-办公费”科目中，然后将增值税专用发票等增值税可抵扣的金额作为进项税额冲减“销售费用-办公费”或“管理费用-办公费”的含税金额。本任务中徐州佳和美商贸有限公司发生的采购办公用品业务票据全部为增值税普通发票，其增值税税额不可抵扣，因此无须进行该组合的会计分录补充设置。

（3）辅助核算。分析分录设置中的“科目”及“科目匹配类型”选项可知，本任务需要对其他应付款进行辅助核算。其他应付款按职员进行辅助核算，单击“职员”前的“+”按钮，弹出“取值匹配”对话框，“固定栏位”选择“@经办人”，单击“添加”按钮，操作符选择“等于”，单击“保存”按钮，设置结果见图 4-2-13。

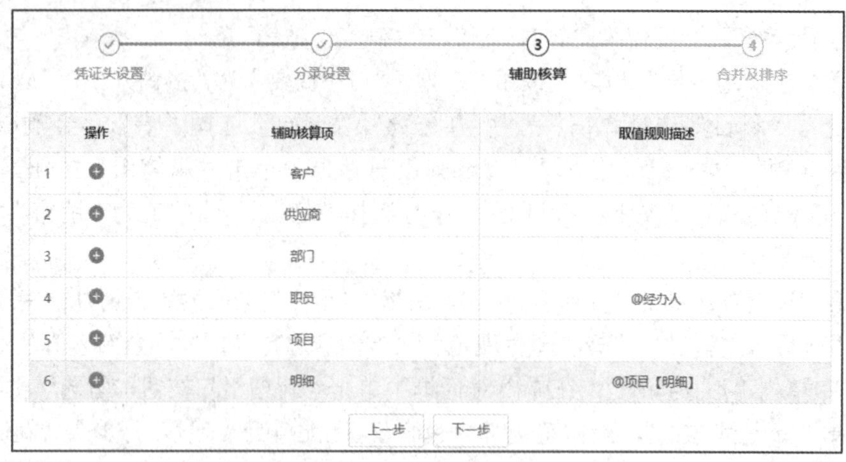

图 4-2-13 辅助核算设置

（4）合并及排序。辅助核算设置完后，单击“下一步”按钮，开始合并及排序设置。根据任务要求，“凭证合并方式”选择“批次”，“分录合并方式”选择“完全合并”，“分录自定义排序”选择“启用”，“排序条件”选择“借贷方”，单击“完成”按钮。

➢ **步骤 6：票据审核并生成凭证**

完成票据类别、场景类别、场景配置和凭证模板四个流程的设置后，进行单据审核记账，系统自动生成记账凭证。

三、任务练习（见表 4-2-3）

表 4-2-3 学生练习工作页

班级		姓名		组别		时间		地点	
任务情景	2020 年 5 月，江苏旺丰物流有限公司行政部职员张炽昕进行办公用品采购，并进行相应的报销。财务部收到的原始凭证有：4 张增值税电子普通发票和 4 张办公费报销单，共 8 张票据。								

江苏旺丰物流有限公司 A

通用费用报销单

日期：2020年5月06日

报销人	张炽昕	所属部门	行政部
报销项目	摘要		金额
办公费	长尾夹5盒，打印纸8箱		803.40
合计			803.40
报销总额	人民币（大写）：捌佰零叁元肆角	支付方式	银行转账

行政主管：王子涛　财务审核：陈亮　部门主管：王子涛　报销人：张炽昕

续表

任务情景

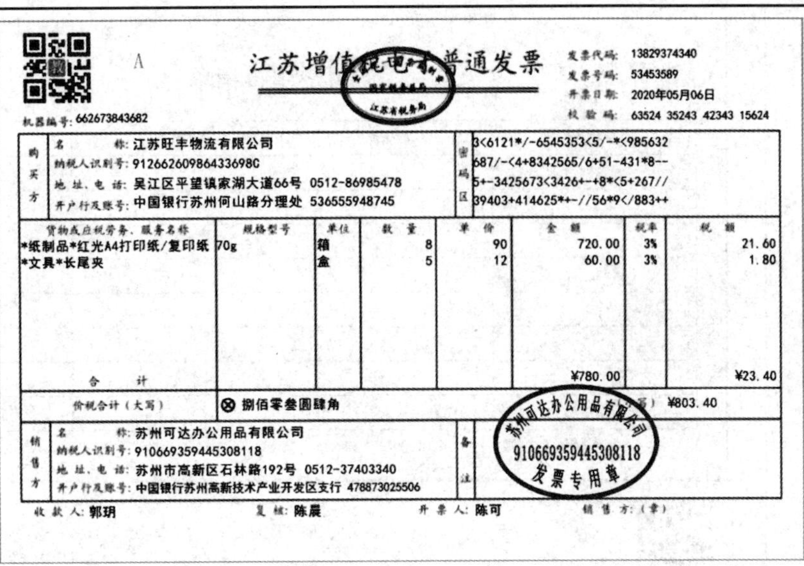

A

江苏增值税电子普通发票

发票代码：13829374340
发票号码：53453589
开票日期：2020年05月06日
校验码：63524 35243 42343 15624
机器编号：662673843682

购买方	名称：江苏旺丰物流有限公司 纳税人识别号：91266260986433698C 地址、电话：吴江区平望镇家湖大道66号 0512-86985478 开户行及账号：中国银行苏州何山路分理处 536555948745	密码区	3<6121*/-6545353<5/-*<985632 687/-<4+8342565/6+51-431*8-- 5+-3425673<3426+-+8*<5+267// 39403+414625*+-//56*9</883++

货物或应税劳务、服务名称	规格型号	单位	数量	单价	金额	税率	税额
*纸制品*红光A4打印纸/复印纸	70g	箱	8	90	720.00	3%	21.60
*文具*长尾夹		盒	5	12	60.00	3%	1.80
合计					¥780.00		¥23.40
价税合计（大写）	⊗捌佰零叁圆肆角				（小写）¥803.40		

销售方	名称：苏州可达办公用品有限公司 纳税人识别号：91066935944530811B 地址、电话：苏州市高新区石林路192号 0512-37403340 开户行及账号：中国银行苏州高新技术产业开发区支行 478873025506	备注	苏州可达办公用品有限公司 91066935944530811B 发票专用章

收款人：郭玥　复核：陈晨　开票人：陈可　销售方：（章）

江苏旺丰物流有限公司 B

通用费用报销单

日期：2020年5月09日

报销人	张炽昕	所属部门	行政部
报销项目	摘要		金额
办公费	计算器3个，印泥2个，打印纸10箱		1003.22
合计			1003.22
报销总额	人民币（大写）：壹仟零叁元贰角贰分	支付方式	银行转账

行政主管：王子涛　财务审核：陈亮　部门主管：王子涛　报销人：张炽昕

B

江苏增值税电子普通发票

发票代码：13248372343
发票号码：53425532
开票日期：2020年05月09日
校验码：34253 43521 43443 15536
机器编号：662653423932

购买方	名称：江苏旺丰物流有限公司 纳税人识别号：91266260986433698C 地址、电话：吴江区平望镇家湖大道66号 0512-86985478 开户行及账号：中国银行苏州何山路分理处 536555948745	密码区	4<6121*/-6453353<5/-*<984525 687/-<4+8536565/6+51-431*8-- 5+-3446373<3426+-+8*<5+267// 39403+416365*+-//56*9</883++

货物或应税劳务、服务名称	规格型号	单位	数量	单价	金额	税率	税额
*计算器及货币专用设备*计算器		个	3	20	60.00	3%	1.80
*文印类用品*晨光印泥		个	2	7	14.00	3%	0.42
*纸制品*红光A4打印纸/复印纸	70g	箱	10	90	900.00	3%	27.00
合计					¥974.00		¥29.22
价税合计（大写）	⊗壹仟零叁圆贰角贰分				（小写）¥1003.22		

销售方	名称：苏州可达办公用品有限公司 纳税人识别号：91066935944530811B 地址、电话：苏州市高新区石林路192号 0512-37403340 开户行及账号：中国银行苏州高新技术产业开发区支行 478873025506	备注	苏州可达办公用品有限公司 91066935944530811B 发票专用章

收款人：郭玥　复核：陈晨　开票人：陈可　销售方：（章）

续表

任务情景

江苏旺丰物流有限公司 Jiangsu Wangfeng Logistics Co., Ltd　C

通用费用报销单

日期：2020年5月13日

报销人	张炽昕	所属部门	行政部
报销项目	摘要		金额
办公费	胶水10个，文件架10个，中性笔10盒		334.75
	合计		334.75
报销总额	人民币（大写）：叁佰叁拾肆元柒角伍分	支付方式	银行转账

行政主管：王子涛　财务审核：陈尧　部门主管：王子涛　报销人：张炽昕

C

江苏增值税电子普通发票

发票代码：14234372343
发票号码：52763832
开票日期：2020年05月13日
校验码：63253 44361 43443 15356

机器编号：662324123842

购买方	名称：江苏旺丰物流有限公司 纳税人识别号：91266260986433698C 地址、电话：吴江区平望镇家湖大道66号 0512-86985478 开户行及账号：中国银行苏州何山路分理处 536555948745	密码区	4<6121*/-6454353<5/-*<935675 687/-<4+8575475/6+51-431*8-- 5+-4567873<3426+-+8*<5+267// 39403+467365*+-//56*9</883++

货物或应税劳务、服务名称	规格型号	单位	数量	单价	金额	税率	税额
*文具*胶水		个	10	4.5	45.00	3%	1.35
*文具*文件架		个	10	16	160.00	3%	4.80
*文具*中性笔		盒	10	12	120.00	3%	3.60
合计					¥325.00		¥9.75
价税合计（大写）	⊗叁佰叁拾肆圆柒角伍分				（小写）¥334.75		

销售方	名称：苏州可达办公用品有限公司 纳税人识别号：910669359445308118 地址、电话：苏州市高新区石林路192号 0512-37403340 开户行及账号：中国银行苏州高新技术产业开发区支行 478873025506	备注	

收款人：郭玥　复核：陈晨　开票人：陈可　销售方：（章）

江苏旺丰物流有限公司 Jiangsu Wangfeng Logistics Co., Ltd　D

通用费用报销单

日期：2020年5月27日

报销人	张炽昕	所属部门	行政部
报销项目	摘要		金额
办公费	订书机5个		128.75
	合计		128.75
报销总额	人民币（大写）：壹佰贰拾捌元柒角伍分	支付方式	银行转账

行政主管：王子涛　财务审核：陈尧　部门主管：王子涛　报销人：张炽昕

续表

<table>
<tr><td colspan="2">任务情景</td><td>D
江苏增值税电子普通发票
发票代码：14224368689
发票号码：52347632
开票日期：2020年05月27日
校验码：66433 34661 43473 15346
机器编号：662325623842
购买方 名称：江苏旺丰物流有限公司
纳税人识别号：91266260986433698C
地址、电话：吴江区平望镇家湖大道66号 0512-86985478
开户行及账号：中国银行苏州何山路分理处 536555948745
密码区 4<6345*/-6568903<5/-*<935655
687/-<4+8345475/6+51567894—
5+*2345673<3426+-+8*<5+267//
39403+247455*+-//56*9</883++
货物或应税劳务、服务名称 | 规格型号 | 单位 | 数量 | 单价 | 金额 | 税率 | 税额
*装订类文具*订书机 | | 个 | 5 | 25 | 125.00 | 3% | 3.75
合计 | | | | | ¥125.00 | | ¥3.75
价税合计（大写） ⊗ 壹佰贰拾捌圆柒角伍分 （小写）¥128.75
销售方 名称：苏州可达办公用品有限公司
纳税人识别号：91066935944530811 8
地址、电话：苏州市高新区石林路192号 0512-37403340
开户行及账号：中国银行苏州高新技术产业开发区支行 478873025506
备注 苏州可达办公用品有限公司 91066935944530811 8 发票专用章
收款人：郭玥 复核：陈晨 开票人：陈可 销售方：（章）</td></tr>
<tr><td colspan="2">任务目标</td><td>根据江苏旺丰物流有限公司的企业背景、任务情景相关信息，针对 2020 年 5 月发生的办公费报销业务，在财务机器人云平台完成通用费用报销单和增值税电子普通发票业务票据建模并自动生成记账凭证。
要求：账期为 2020 年 5 月；凭证合并方式为批次合并；分录合并方式为完全合并；启用分录自定义排序并按借贷方进行排序。</td></tr>
<tr><td rowspan="4">任务实施</td><td rowspan="2">步骤1：票据识别</td><td>请确认机器人识别的发票信息与系统设置项目对应关系：
1．通用费用报销单
①票据抬头：________；②报销项目：________；③经办人：________；
④所属部门：________；⑤交易日期：________；⑥支付方式：________；
⑦金额：________；⑧含税金额：________；⑨批次号：________；⑩账期：________。</td></tr>
<tr><td>2．增值税电子普通发票
①票据抬头：________；②销售方：________；
③购买方：________；④发票号码：________；
⑤发票代码：________；⑥开票日期：________；⑦票据联次：________；
⑧金额：________；⑨税额：________；⑩含税金额：________；⑪账期：________；
⑫项目【明细】：________。</td></tr>
<tr><td rowspan="2">步骤2：票据类别</td><td>1．通用费用报销单
①主类别：________；
②类别名称：________；
③自定义 1，选择票种：________；
筛选项：________、操作符：________、匹配值：________；
筛选项：________、操作符：________、匹配值：________。</td></tr>
<tr><td>2．增值税电子普通发票
①主类别：________；
②类别名称：________；
③自定义 1，选择票种：________；
筛选项：________、操作符：________、匹配值：________；
筛选项：________、操作符：________、匹配值：________。</td></tr>
</table>

续表

<table>
<tr><td rowspan="9">任务实施</td><td rowspan="2">步骤3：场景类别</td><td colspan="3">1. 通用费用报销单（报销办公费）
①主类别：____________________；
②类别名称：____________________；
③自定义1，选择票种：____________________；
筛选项：__________、操作符：________、匹配值：____________。</td></tr>
<tr><td colspan="3">2. 增值税电子普通发票（采购办公用品）
①主类别：____________________；
②类别名称：____________________；
③自定义1，选择票种：____________________；
筛选项：__________、操作符：________、匹配值：____________。</td></tr>
<tr><td>步骤4：场景配置</td><td colspan="3">报销办公费
①主场景：____________________；
②场景名称：____________________；
③场景类别：____________________，票据类别：__________，组合名称：__________。
④场景类别：____________________，票据类别：__________，组合名称：__________。</td></tr>
<tr><td rowspan="5">步骤5：凭证模板</td><td colspan="2">凭证头设置</td><td>①模板名称：________________；②记账日期：________________；
③凭证字：记账凭证；④制单人：张秀欣；⑤推送方式：自动推送或手动推送。</td></tr>
<tr><td rowspan="2">分录设置</td><td>主分录</td><td>通用费用报销单
第1行：摘要：______________，科目来源：______，科目：______________，
科目匹配类型：________，方向：______，金额取值公式：____________________，
取值匹配：________________；
第2行：摘要：______________，科目来源：______，科目：______________，
科目匹配类型：________，方向：______，金额取值公式：____________________，
取值匹配：________________；
第3行：摘要：______________，科目来源：______，科目：______________，
科目匹配类型：________，方向：______，金额取值公式：____________________，
取值匹配：________________；
第4行：摘要：______________，科目来源：______，科目：______________，
科目匹配类型：________，方向：______，金额取值公式：____________________，
取值匹配：________________。</td></tr>
<tr><td>不可抵扣票据</td><td>增值税电子普通发票
增值税普通发票</td></tr>
<tr><td colspan="2">辅助核算</td><td>对应______________会计科目进行辅助核算；
辅助核算项：______________，取值规则描述：__________。</td></tr>
<tr><td colspan="2">合并排列</td><td>凭证合并方式：________，分录合并方式：________，分录自定义排序条件：________。</td></tr>
<tr><td>步骤6：审核并生成凭证</td><td colspan="3">注意：如有出现错误的请在此进行记录。</td></tr>
<tr><td colspan="2">学习感悟</td><td colspan="3"></td></tr>
</table>

任务3 业务招待费报销业务智能核算

一、知识准备

（一）业务招待费报销业务票据信息识别

业务招待费是企业在生产经营过程中为生产经营需要发生的餐饮服务、礼品购买等费用支出项目的总称。报销业务招待费需要按照规定填写业务招待费报销单，并附上增值税发票等原始凭证。

不同单位所采用的业务招待费报销单格式各不相同，但财务机器人识别业务招待费报销单信息基本相同，以图4-3-1单据1为例，财务机器人识别业务招待费报销单信息项目有：①票据抬头：业务招待费报销单，②经办人：吴虹虹，③所属部门：销售部，④交易日期：2020-06-18，⑤摘要：招待客户餐饮支出，⑥支付方式：银行转账，⑦金额：900.00，⑧含税金额：900.00，⑨批次号：A，⑩账期：2020-06。

财务机器人在处理办公费报销业务时识别增值税发票的原理与结果与处理采购货物业务完全相同，此处不再赘述。

（二）业务招待费报销业务智能核算原理

业务招待费报销业务智能核算原理与办公费报销业务相似，即首先需要对每笔办公费报销业务单据进行批次定义，并将通用费用报销单定义为主票，以主票信息对主分录规则进行设置，再根据其他票据信息对主分录规则进行补充和抵消，最后合并形成记账凭证分录。各单据智能核算原理如下。

1. 主分录：对应业务招待费报销单

其分录设置原理见表4-3-1。

表4-3-1 业务招待费报销单分录设置原理

借贷方向	科目来源	科目	科目识别原理（科目匹配类型）	金额识别原理（取值公式）
借	科目	管理费用-业务招待费	按“所属部门”自动识别科目	按“含税金额”自动识别
借	科目	销售费用-业务招待费	按“所属部门”自动识别科目	按“含税金额”自动识别
贷	科目	其他应付款-职员	按“支付方式”自动识别科目；按“职员-@经办人”自动识别辅助核算	按“含税金额”自动识别
贷	科目	库存现金	按“支付方式”自动识别科目	按“含税金额”自动识别

2. 辅分录：对应增值税可抵扣票据，如增值税专用发票

其分录设置原理见表4-3-2。

表4-3-2 增值税专用发票分录设置原理

借贷方向	科目来源	科目	科目识别原理（科目匹配类型）	金额识别原理（取值公式）
借	科目	应交税费-应交增值税-进项税额	——	按“税额”自动识别
贷	科目	管理费用-业务招待费	按“所属部门”自动识别科目	按“税额”自动识别
贷	科目	销售费用-业务招待费	按“所属部门”自动识别科目	按“税额”自动识别

3. 辅分录：对应增值税不可抵扣票据，如增值税普通发票、增值税电子普通发票等

凡增值税不可抵扣票据，设置分录时只需给予相应栏位，不需要设置补充凭证规则。

二、任务示范

■ 任务情景

2020 年 6 月，江苏旺丰物流有限公司销售部职员吴虹虹为招待客户发生餐饮支出，并进行相应的报销。财务部收到增值税普通发票 2 张、业务招待费报销单 2 张，见图 4-3-1 至图 4-3-4。

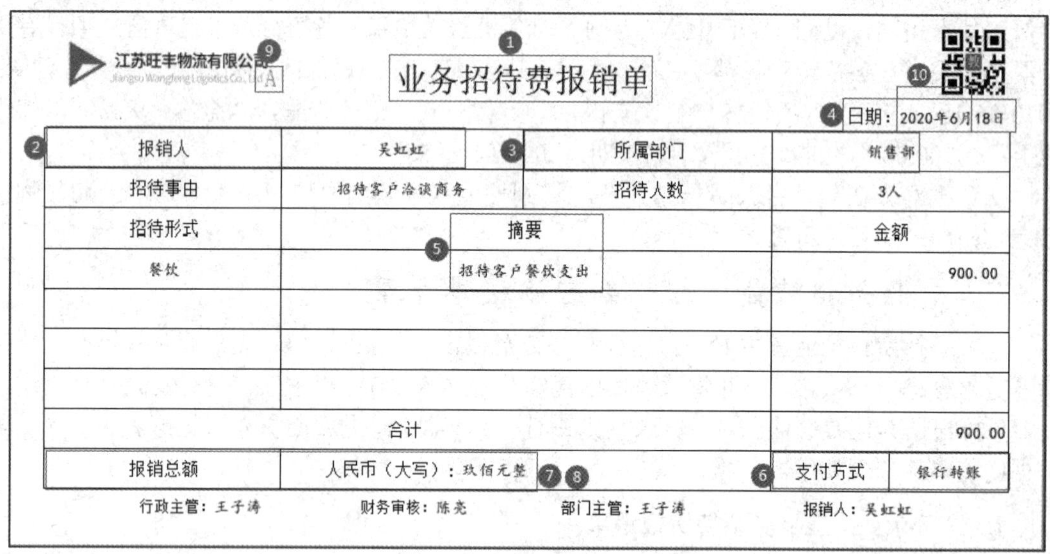

江苏旺丰物流有限公司 Jiangsu Wangfeng Logistics Co., Ltd ⑨ A

① 业务招待费报销单 ⑩

④ 日期：2020年6月18日

② 报销人	吴虹虹	③ 所属部门	销售部
招待事由	招待客户洽谈商务	招待人数	3人
招待形式	⑤ 摘要		金额
餐饮	招待客户餐饮支出		900.00
	合计		900.00
报销总额	人民币（大写）：玖佰元整 ⑦ ⑧	⑥ 支付方式	银行转账

行政主管：王子涛　　财务审核：陈亮　　部门主管：王子涛　　报销人：吴虹虹

图 4-3-1　单据 1

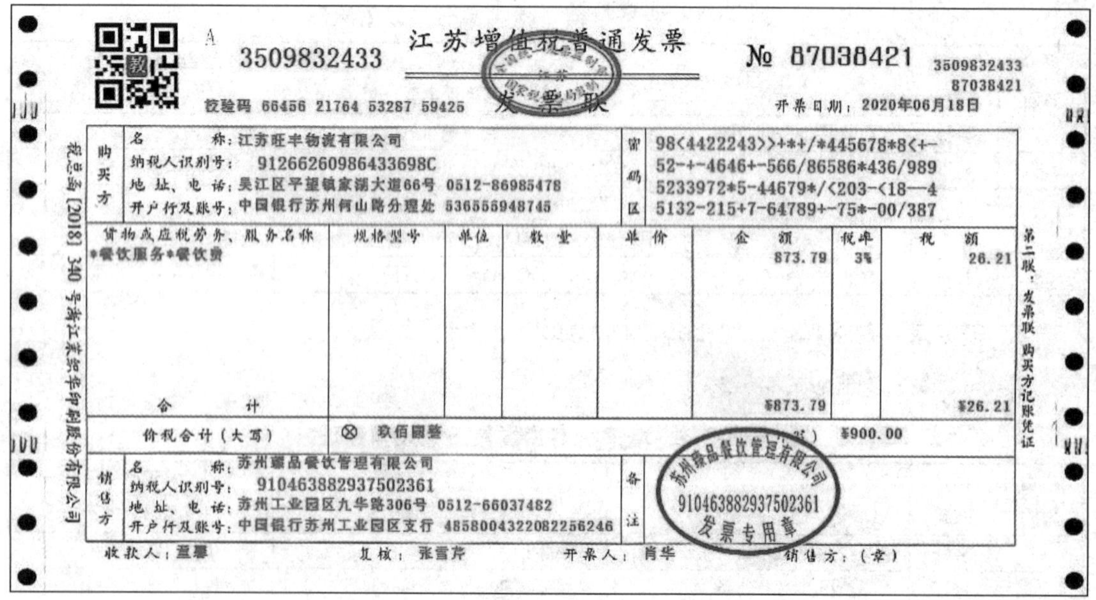

A　3509832433　江苏增值税普通发票　№ 87038421　3509832433 87038421

发票联

校验码 66456 21764 53287 59425　　开票日期：2020年06月18日

购买方	名称：江苏旺丰物流有限公司 纳税人识别号：91266260986433698C 地址、电话：吴江区平望镇家湖大道66号 0512-86985478 开户行及账号：中国银行苏州何山路分理处 536555948745	密码区	98<4422243>>+*+/*445678*8<+- 52-+-4646+-566/86586*436/989 5233972*5-44679*/<203-<18—4 5132-215+7-64789+-75*-00/387

货物或应税劳务、服务名称	规格型号	单位	数量	单价	金额	税率	税额
*餐饮服务*餐饮费					873.79	3%	26.21
合计					¥873.79		¥26.21
价税合计（大写）	⊗ 玖佰圆整			（小写）	¥900.00		

销售方	名称：苏州臻品餐饮管理有限公司 纳税人识别号：910463882937502361 地址、电话：苏州工业园区九华路306号 0512-66037482 开户行及账号：中国银行苏州工业园区支行 4858004322082256246	备注	苏州臻品餐饮管理有限公司 910463882937502361 发票专用章

收款人：[illegible]　　复核：张雪芹　　开票人：肖华　　销售方：（章）

税总函〔2018〕340 号南江京织华印刷股份有限公司

第二联：发票联　购买方记账凭证

图 4-3-2　单据 2

江苏旺丰物流有限公司 Jiangsu Wangfeng Logistics Co., Ltd B

业务招待费报销单

日期：2020年6月29日

报销人	吴虹虹	所属部门	销售部
招待事由	招待客户洽谈商务	招待人数	5人
招待形式	摘要		金额
餐饮	招待客户餐饮支出		1500.00
合计			1500.00
报销总额	人民币（大写）：壹仟伍佰元整	支付方式	银行转账

行政主管：王子涛　　财务审核：陈亮　　部门主管：王子涛　　报销人：吴虹虹

图 4-3-3　单据 3

B　3509832433　**江苏增值税普通发票**　№ 87038566　3509832433 87038566

发票联

校验码 66456 22314 53437 53241　　开票日期：2020年06月29日

购买方	名称：江苏旺丰物流有限公司 纳税人识别号：91266260986433698C 地址、电话：吴江区平望镇家湖大道66号 0512-86985478 开户行及账号：中国银行苏州何山路分理处 536556948746	密码区	98<4422243>>+*+/*44536*08<+- 52-+-4646+-43/456586*436/989 3555972*5-44679*/<203-<18—4 51386*05+7-64789+-75*-00/387

货物或应税劳务、服务名称	规格型号	单位	数量	单价	金额	税率	税额
*餐饮服务*餐饮费					1456.31	3%	43.69
合计					¥1456.31		¥43.69
价税合计（大写）	⊗ 壹仟伍佰圆整				（小写）¥1500.00		

销售方	名称：苏州臻品餐饮管理有限公司 纳税人识别号：910463882937502361 地址、电话：苏州工业园区九华路306号 0512-66037482 开户行及账号：中国银行苏州工业园区支行 4858004322082256246	备注	

收款人：董馨　　复核：张雪芹　　开票人：肖华　　销售方：（章）

第二联：发票联 购买方记账凭证

税总函〔2018〕340号苏州宏伟华印刷股份有限公司

图 4-3-4　单据 4

■ 任务目标

根据江苏旺丰物流有限公司的企业背景、任务情景相关信息，针对 2020 年 6 月发生的业务招待费报销业务，在财务机器人云平台完成业务招待费报销单和增值税普通发票业务票据建模并自动生成记账凭证。

要求：账期为 2020 年 6 月，凭证合并方式为批次合并，分录合并方式为完全合并，启用分录自定义排序并按借贷方进行排序。

■ 任务实施

根据任务情景，2020 年 6 月江苏旺丰物流有限公司报销业务招待费，提供的单据类型为增值税普通发票、业务招待费报销单，因此，应按照要求分别完成采购增值税普通发票与业务招待费报销单票据建模。

➢ 步骤 1：票据识别

在“首页”菜单，依次单击“影像管理”→“影像识别”选项，打开“影像识别”窗口，单击“上传影像”按钮，在“单据识别”选项卡中，依次单击“全选”→“识别”按钮，弹出“账期”对话框，选择账期为“2020-06”，单击“确定”按钮，系统自动进行票据识别。

➢ 步骤 2：票据类别设置

在“首页”菜单，依次单击“业务票据建模”→“票据类别”选项，打开“票据类别”窗口，依次完成增值税普通发票与业务招待费报销单票据类别设置。

1. 设置采购增值税普通发票票据类别

（1）单击“新增大类”按钮，在“主类别”文本框中输入“采购票据”，单击“保存”按钮，完成主类别名称设置。

（2）单击“新增细类”按钮，在“类别名称”文本框中输入“采购普票”，在“选择票种”下拉列表中选择“增值税普通发票”选项，完成类别名称设置及票种选择。

（3）单击“操作+”按钮，添加设置筛选条件 1：筛选项为“@购买方”，操作符为“等于”，匹配值为“江苏旺丰物流有限公司”。

（4）单击“操作+”按钮，添加设置筛选条件 2：筛选项为“@发票联次”，操作符为“等于”，匹配值为“发票联”。

（5）单击“保存”按钮，完成采购增值税普通发票票据类别设置，设置结果见图 4-3-5。

图 4-3-5　采购增值税普通发票票据类别设置

2. 设置业务招待费报销单票据类别

（1）单击“新增大类”按钮，在“主类别”文本框中输入“内部票据”，单击“保存”

按钮，完成主类别名称设置。

（2）单击“新增细类”按钮，在“类别名称”文本框中输入“业务招待费报销单”，在“选择票种”下拉列表中选择“业务招待费报销单”选项，完成类别名称设置及票种选择，无须设置筛选条件。

（3）单击“保存”按钮，完成业务招待费报销单票据类别设置，设置结果见图 4-3-6。

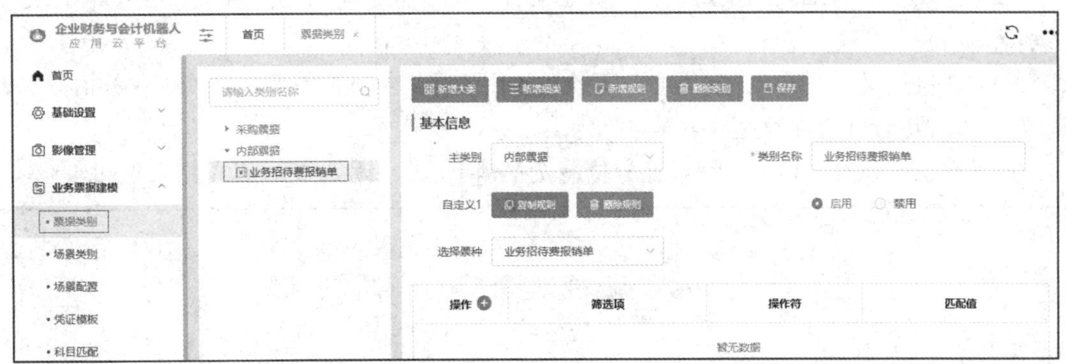

图 4-3-6　业务招待费报销单票据类别设置

➢ 步骤 3：场景类别设置

在“首页”菜单，依次单击“业务票据建模”→“场景类别”选项，打开“场景类别”窗口，依次进行增值税普通发票和业务招待费报销单场景类别设置。

1. 设置增值税普通发票采购餐饮服务场景类别

本任务增值税普通发票反映采购餐饮服务业务，场景类别具体设置步骤如下。

（1）单击“新增大类”按钮，在“主类别”文本框中输入“采购场景”，单击“保存”按钮，完成主类别名称设置。

（2）单击“新增细类”按钮，在“类别名称”文本框中输入“采购餐饮服务”，完成类别名称设置。

（3）在自定义 1 下的“选择票种”栏选择“采购普票→增值税普通发票”，单击“操作+”按钮，添加设置筛选条件：筛选项为“@项目【明细】”，操作符为“包含”，匹配值为“餐饮”。

（4）单击“保存”按钮，完成增值税普通发票采购餐饮服务场景类别设置，设置结果见图 4-3-7。

图 4-3-7　增值税普通票采购餐饮服务场景类别设置

2. 设置业务招待费报销单场景类别

本任务业务招待费报销单反映招待费报销业务，场景类别具体设置步骤如下。

(1) 单击“新增大类”按钮，在“主类别”文本框中输入“报销场景”，单击“保存”按钮，完成主类别名称设置。

(2) 单击“新增细类”按钮，在“类别名称”文本框中输入“报销业务招待费”，完成类别名称设置。

(3) 在自定义 1 下的“选择票种”下拉列表中选择“业务招待费报销单→业务招待费报销单”，无须进行筛选项设置。

(4) 单击“保存”按钮，完成业务招待费报销单场景类别设置，设置结果见图 4-3-8。

图 4-3-8 业务招待费报销单场景类别设置

➢ 步骤 4：场景配置设置

在“首页”菜单，依次单击“业务票据建模”→“场景配置”选项，打开“场景配置”窗口，进行报销业务招待费场景配置设置。

(1) 单击“新增主场景”按钮，在“主场景”文本框中输入“费用业务”，单击“保存”按钮，完成主场景名称设置。

(2) 单击“新增场景”按钮，在“场景名称”文本框中输入“报销业务招待费”，完成场景名称设置。

(3) 在“场景类别”下拉列表中选择“报销场景→报销业务招待费”选项，在弹出的“请选择票据类别”对话框中勾选“业务招待费报销单”选项，单击“确定”按钮。

(4) 继续单击“操作+”按钮，在“场景类别”下拉列表中选择“采购场景→采购餐饮服务”选项，在弹出的“请选择票据类别”对话框中勾选“采购普票”选项，单击“确定”按钮。

(5) 组合名称设置：选择业务招待费报销单为主票，在对应行勾选“主票”选项，组合名称设为空。其他组名均需进行组合名称命名，对应“采购餐饮服务”以“采购普票”命名。

(6) 单击“保存”按钮，完成报销业务招待费场景配置设置，设置结果见图 4-3-9。

图 4-3-9 报销业务招待费场景配置设置

➢ 步骤 5：凭证模板设置

在“首页”菜单，依次单击“业务票据建模”→“凭证模板”选项，单击 “报销业务招待费”会计场景后面的“新增模板”按钮，弹出“凭证模板设置”对话框，对报销业务招待费场景凭证模板进行设置。

（1）凭证头设置。“模板名称”为“报销业务招待费”，“记账日期”选择“@交易日期”，“凭证字”选择 “记账凭证”，“制单人”为“吴小萍”，“启用状态”选择“启用”，“推送方式”选择“自动推送”。

（2）分录设置。

① 主分录，对应业务招待费报销单，分录设置结果见图 4-3-10，具体操作如下。

第 1 行设置：单击“操作+”按钮，“摘要”为“报销业务招待费”，“科目来源”选择“科目”，“科目”选择“管理费用-业务招待费”，“方向”选择“借”，“金额取值公式”为“@含税金额”；单击“取值匹配”，在弹出对话框中单击“新增组”按钮，勾选“主票”选项，“匹配项”选择“@所属部门”，“操作符”选择“不包含”，“匹配值”为“销售”，单击“确定”按钮。

新增第 2 行设置：单击“操作+”按钮，新增一行，“摘要”为“报销业务招待费”，“科目来源”选择“科目”，“科目”选择“销售费用-业务招待费”，“方向”选择“借”，“金额取值公式”为“@含税金额”；单击“取值匹配”，在弹出对话框中单击“新增组”按钮，勾选“主票”选项，“匹配项”选择“@所属部门”，“操作符”选择“包含”，“匹配值”为“销售”，单击“确定”按钮。

新增第 3 行设置：单击“操作+”按钮，新增一行，“摘要”为“报销业务招待费”，“科目来源”选择“科目”，“科目”选择“其他应付款-职员”，“方向”选择“贷”，“金额取值公式”为“@含税金额”；单击“取值匹配”，在弹出对话框中单击“新增组”按钮，勾选“主票”选项，“匹配项”选择“@支付方式”，“操作符”选择“包含”，“匹配值”为“银行”，单击“确定”按钮。

新增第 4 行设置：单击“操作+”按钮，新增一行，“摘要”为“报销业务招待费”，“科目来源”选择“科目”，“科目”选择“库存现金”，“方向”选择“贷”，“金额取值公式”为“@

含税金额”；单击“取值匹配”，在弹出对话框中单击“新增组”按钮，勾选“主票”选项，“匹配项”选择“@支付方式”，“操作符”选择“包含”，“匹配值”为“现金”，单击“确定”按钮。

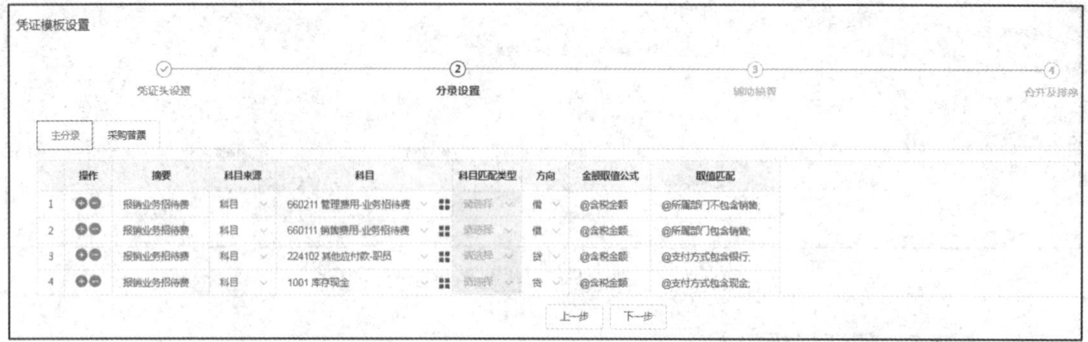

图 4-3-10　业务招待费报销单主分录设置

② 增值税不可抵扣票据分录设置。根据任务情景中业务票据所提供的信息，江苏旺丰物流有限公司的 2020 年 6 月的业务招待费报销业务所获得餐饮服务的增值税发票为增值税普通发票，其税额不可抵扣，因此“采购普票”选项无须进行分录设置。

（3）辅助核算。分析分录设置中的“科目”及“科目匹配类型”选项可知，本任务需要对其他应付款进行辅助核算。其他应付款按职员进行辅助核算，单击“职员”前的“+”按钮，弹出“取值匹配”对话框，“固定栏位”选择“@经办人”，单击“添加”按钮，“操作符”选择“等于”，单击“保存”按钮，设置结果见图 4-3-11。

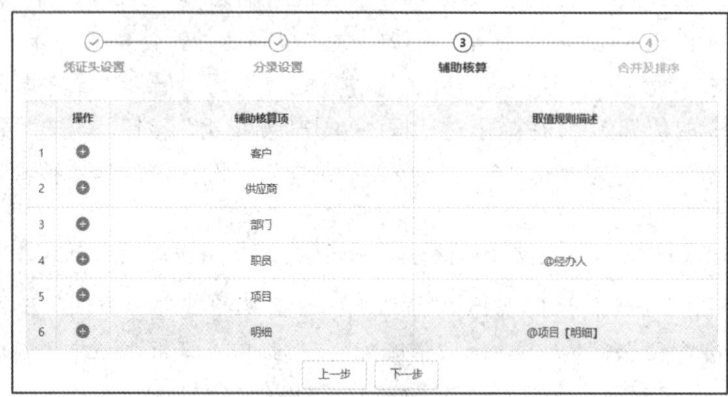

图 4-3-11　辅助核算设置

（4）合并及排序。根据任务要求，“凭证合并方式”选择“批次”，“分录合并方式”选择“完全合并”，“分录自定义排序”选择“启用”，“排序条件”选择“借贷方”，单击“完成”，完成报销业务招待费凭证模板设置。

➢ 步骤 6：票据审核并生成凭证

完成票据类别、场景类别、场景配置和凭证模板四个流程的设置后，进行单据审核记账，系统自动生成记账凭证。

三、任务练习（见表 4-3-3）

表 4-3-3　学生练习工作页

班级		姓名		组别		时间		地点	

任务情景

2020 年 9 月，厦门信德工业有限公司销售部职员许浩立和王程为招待客户发生餐饮支出并进行相应的报销。财务部收到的原始凭证有：3 张增值税普通发票和 3 张业务招待费报销单，共 6 张票据。

厦门信德工业有限公司
Xiamen Xinde Industry Co., Ltd

A　业务招待费报销单

日期：2020年9月10日

报销人	许浩立	所属部门	销售部
招待事由	招待客户洽谈商务	招待人数	4人
招待形式	摘要		金额
餐饮	招待客户餐饮支出		1200.00
合计			¥1200.00
报销总额	人民币（大写）：壹仟贰佰元整	支付方式	银行转账

行政主管：许淮定　财务审核：钟可馨　部门主管：许浩立　报销人：许浩立

A　3500342842　厦门增值税普通发票　№ 83762824　3500342842 83762824

发票联

校验码 66394 21249 17987 59158　开票日期：2020年09月10日

购买方	名　　称：厦门信德工业有限公司 纳税人识别号：91350208045663254D 地 址、电 话：厦门市湖里区高新园创新路42号 0592-82274578 开户行及账号：中国银行厦门分行 621600153698	密码区	98<4234463>>+*+/*4567345+<+- 52*-24566+-566/04356*436/956 5233972*5-4445622/<33-<18--4 5132-215+7-347+95675*-00/387

货物或应税劳务、服务名称	规格型号	单位	数量	单价	金额	税率	税额
*餐饮服务*餐饮费					1165.05	3%	34.95
合　　计					¥1165.05		¥34.95
价税合计（大写）	壹仟贰佰圆整			（小写）	¥1200.00		

销售方	名　　称：厦门恰芯餐饮管理有限公司 纳税人识别号：912047386629650172 地 址、电 话：厦门市集美区石鼓路39号 0592-36843622 开户行及账号：中国工商银行厦门石鼓路支行 110225500465217545378	备注	厦门恰芯餐饮管理有限公司 912047386629650172 发票专用章

收款人：谢辉　复核：张伊　开票人：赵柠　销售方：（章）

税总函〔2018〕340号 北京伊诺尔印务有限公司

第二联：发票联 购买方记账凭证

厦门信德工业有限公司
Xiamen Xinde Industry Co., Ltd

B　业务招待费报销单

日期：2020年9月14日

报销人	王程	所属部门	销售部
招待事由	招待客户洽谈商务	招待人数	4人
招待形式	摘要		金额
餐饮	招待客户餐饮支出		800.00
合计			¥800.00
报销总额	人民币（大写）：捌佰元整	支付方式	银行转账

行政主管：许淮定　财务审核：钟可馨　部门主管：许浩立　报销人：王程

续表

任务情景

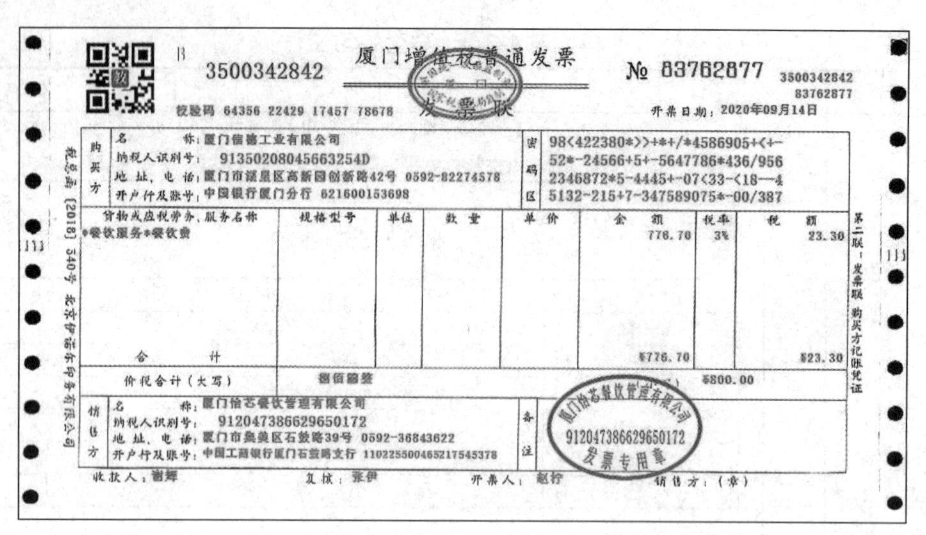

3500342842 **厦门增值税普通发票** № 83762877 3500342842 83762877

发票联

校验码 64356 22429 17457 78678 开票日期：2020年09月14日

购买方	名称：厦门信德工业有限公司 纳税人识别号：91350208045663254D 地址、电话：厦门市湖里区高新园创新路42号 0592-82274578 开户行及账号：中国银行厦门分行 621600153698	密码区	98<422380*>>+*+/*4586905+<+- 52*-24566+5+-5647786*436/956 2346872*5-4445+-07<33-<18--4 5132-215+7-347589075*-00/387

货物或应税劳务、服务名称	规格型号	单位	数量	单价	金额	税率	税额
*餐饮服务*餐饮费					776.70	3%	23.30
合计					¥776.70		¥23.30
价税合计（大写）	捌佰圆整				（小写）¥800.00		

销售方	名称：厦门怡芯餐饮管理有限公司 纳税人识别号：912047386629650172 地址、电话：厦门市集美区石鼓路39号 0592-36843622 开户行及账号：中国工商银行厦门石鼓路支行 110225500465217545378	备注	厦门怡芯餐饮管理有限公司 912047386629650172 发票专用章

收款人：谢辉　复核：张伊　开票人：赵行　销售方：（章）

税总函〔2018〕340号 北京印钞有限公司

第二联：发票联 购买方记账凭证

厦门信德工业有限公司 Xiamen Xinde Industry Co., Ltd

业务招待费报销单

日期：2020年9月27日

报销人	王程	所属部门	销售部
招待事由	招待客户洽谈商务	招待人数	3人
招待形式	摘要		金额
餐饮	招待客户餐饮支出		650.00
合计			¥650.00
报销总额	人民币（大写）：陆佰伍拾元整	支付方式	银行转账

行政主管：许淮定　财务审核：钟可馨　部门主管：许浩立　报销人：王程

3500342842 **厦门增值税普通发票** № 83762932 3500342842 83762932

发票联

校验码 63287 68929 86907 73468 开票日期：2020年09月27日

购买方	名称：厦门信德工业有限公司 纳税人识别号：91350208045663254D 地址、电话：厦门市湖里区高新园创新路42号 0592-82274578 开户行及账号：中国银行厦门分行 621600153698	密码区	98<234600*>>+*+/*4586905+<+- 52*-24566+5+-56+-890-436/956 2897652*5-4445+-07<33-<18--4 5132-215+7-378906575*-00/387

货物或应税劳务、服务名称	规格型号	单位	数量	单价	金额	税率	税额
*餐饮服务*餐饮费					631.07	3%	18.93
合计					¥631.07		¥18.93
价税合计（大写）	陆佰伍拾圆整				（小写）¥650.00		

销售方	名称：厦门怡芯餐饮管理有限公司 纳税人识别号：912047386629650172 地址、电话：厦门市集美区石鼓路39号 0592-36843622 开户行及账号：中国工商银行厦门石鼓路支行 110225500465217545378	备注	厦门怡芯餐饮管理有限公司 912047386629650172 发票专用章

收款人：谢辉　复核：张伊　开票人：赵行　销售方：（章）

税总函〔2018〕340号 北京印钞有限公司

第二联：发票联 购买方记账凭证

续表

<table>
<tr><td colspan="2">任务目标</td><td>根据厦门信德工业有限公司的企业背景、任务情景相关信息，针对 2020 年 9 月发生的业务招待费报销业务，在财务机器人云平台完成业务招待费报销单和增值税普通发票业务票据建模并自动生成记账凭证。
要求：账期为 2020 年 9 月；凭证合并方式为批次合并；分录合并方式为完全合并；启用分录自定义排序并按借贷方进行排序。</td></tr>
<tr><td rowspan="8">任务实施</td><td rowspan="2">步骤1：票据识别</td><td>请确认机器人识别的发票信息与系统设置项目对应关系：
1．业务招待费报销单
①票据抬头：________；②经办人：________；③所属部门：________；
④交易日期：________；⑤摘要：________；⑥支付方式：________；⑦金额：________；
⑧含税金额：________；⑨批次号：________；⑩账期：________。</td></tr>
<tr><td>2．增值税普通发票
①票据抬头：________；②销售方：________；
③购买方：________；④发票号码：________；
⑤发票代码：________；⑥开票日期：________；⑦票据联次：________；
⑧金额：________；⑨税额：________；⑩含税金额：________；⑪账期：________；
⑫项目【明细】：________。</td></tr>
<tr><td rowspan="2">步骤2：票据类别</td><td>1．业务招待费报销单
①主类别：________；
②类别名称：________；
③自定义 1，选择票种：________；
筛选项：________、操作符：________、匹配值：________；
筛选项：________、操作符：________、匹配值：________。</td></tr>
<tr><td>2．增值税普通发票
①主类别：________；
②类别名称：________；
③自定义 1，选择票种：________；
筛选项：________、操作符：________、匹配值：________；
筛选项：________、操作符：________、匹配值：________。</td></tr>
<tr><td rowspan="2">步骤3：场景类别</td><td>1．业务招待费报销单（报销业务招待费）
①主类别：________；
②类别名称：________；
③自定义 1，选择票种：________；
筛选项：________、操作符：________、匹配值：________。</td></tr>
<tr><td>2．增值税普通发票（采购餐饮服务）
①主类别：________；
②类别名称：________；
③自定义 1，选择票种：________；
筛选项：________、操作符：________、匹配值：________。</td></tr>
<tr><td>步骤4：场景配置</td><td>报销业务招待费
①主场景：________；
②场景名称：________；
③场景类别：________，票据类别：________，组合名称：________。
④场景类别：________，票据类别：________，组合名称：________。</td></tr>
</table>

续表

<table>
<tr><td rowspan="6">任务实施</td><td rowspan="5">步骤5：凭证模板</td><td>凭证头设置</td><td colspan="2">①模板名称：________；②记账日期：________；
③凭证字：记账凭证；④制单人：赵萌；⑤推送方式：自动或手动。</td></tr>
<tr><td rowspan="2">分录设置</td><td>主分录</td><td>业务招待费报销单
第1行：摘要：________，科目来源：________，科目：________，科目匹配类型：________，方向：________，金额取值公式：________，取值匹配：________；
第2行：摘要：________，科目来源：________，科目：________，科目匹配类型：________，方向：________，金额取值公式：________，取值匹配：________；
第3行：摘要：________，科目来源：________，科目：________，科目匹配类型：________，方向：________，金额取值公式：________，取值匹配：________；
第4行：摘要：________，科目来源：________，科目：________，科目匹配类型：________，方向：________，金额取值公式：________，取值匹配：________。</td></tr>
<tr><td>不可抵扣</td><td>增值税普通发票</td></tr>
<tr><td>辅助核算</td><td colspan="2">对应________科目辅助核算。
辅助核算项目：________，取值规则描述：________。</td></tr>
<tr><td>合并排列</td><td colspan="2">凭证合并方式：________，分录合并方式：________，分录自定义排序条件：________。</td></tr>
<tr><td>步骤6：审核并生成凭证</td><td colspan="3">注意：如有出现错误的请在此进行记录。</td></tr>
<tr><td colspan="2">学习感悟</td><td colspan="3"></td></tr>
</table>

任务4　租赁费与保险费报销业务智能核算

一、知识准备

企业发生采购租赁服务与保险服务时，通常会获取增值税专用发票、增值税普通发票、增值税电子普票发票等票据，其实质为采购服务业务，因此，在进行租赁费与保险费报销业务智能核算时，应按与采购服务相同的原理进行规则处理。但由于租赁费与保险费通常在多部门或跨期受益，需要进行跨部门或跨期摊销，因此，会计上对相应的费用报销业务通常设置“其他应付款——房租费摊销（或保险费摊销）”科目过渡。具体分录设置原理见表 4-4-1 和表 4-4-2。

1. 采购增值税专用发票分录设置原理（见表 4-4-1）

表 4-4-1 采购增值税专用发票分录设置原理

借贷方向	科目来源	科　目	明细科目识别原理 （科目匹配类型）	金额识别原理 （取值公式）
借	科目	其他应付款-租赁费摊销	——	按“金额”自动识别
借	科目	应交税费-应交增值税-进项税额	——	按“税额”自动识别
贷	科目	应付账款	按“供应商-销售方”自动识别	按“含税金额”自动识别

2. 采购增值税普通发票（含电子普票）分录设置原理（见表 4-4-2）

表 4-2-2 采购增值税普通发票（含电子普票）分录设置原理

借贷方向	科目来源	科目	明细科目识别原理 （科目匹配类型）	金额识别原理 （取值公式）
借	科目	其他应付款-租赁费摊销	——	按“含税金额”自动识别
贷	科目	应付账款	按“供应商-销售方”自动识别	按“含税金额”自动识别

二、任务示范

■ 任务情景

2020 年 8 月，徐州佳和美商贸有限公司发生房屋租赁费用和保险费用支出，财务部收到房租费增值税专用发票 1 张、保险费增值税专用发票 2 张，见图 4-4-1 至图 4-4-3。

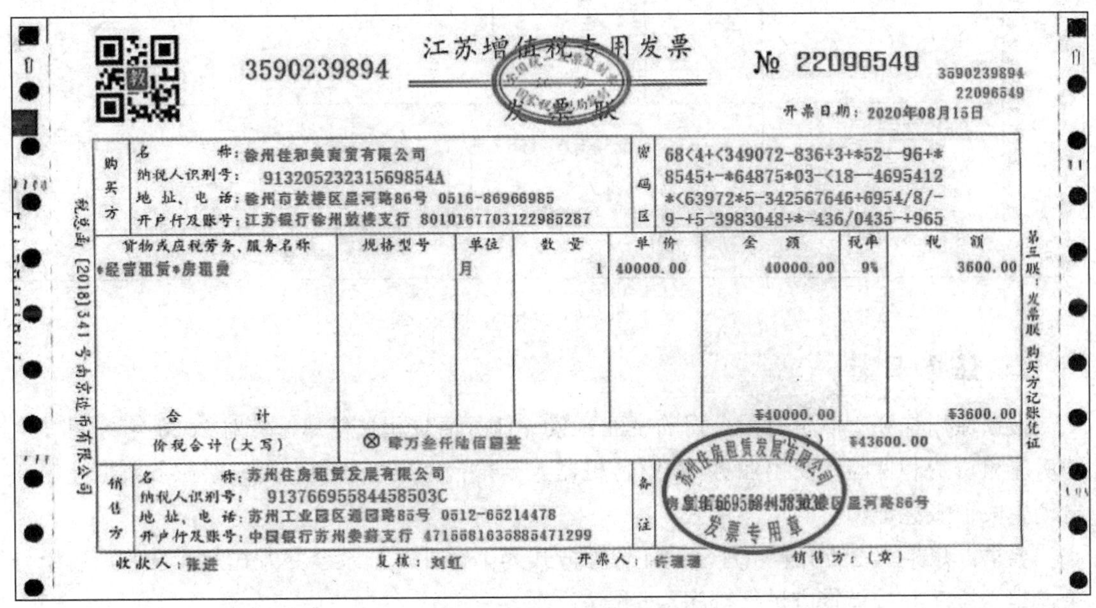

江苏增值税专用发票

3590239894　发票联　№ 22096549

3590239894
22096549
开票日期：2020年08月15日

购买方　名　　称：徐州佳和美商贸有限公司
纳税人识别号：91320523231569854A
地 址、电 话：徐州市鼓楼区星河路86号 0516-86966985
开户行及账号：江苏银行徐州鼓楼支行 8010167703122985287

密码区：
68<4+<349072-836+3+*52—96+*
8545+-*64875*03-<18—4695412
*<63972*5-342567646+6954/8/-
9-+5-3983048+*-436/0435-+965

货物或应税劳务、服务名称	规格型号	单位	数量	单价	金额	税率	税额
*经营租赁*房租费		月	1	40000.00	40000.00	9%	3600.00
合　计					¥40000.00		¥3600.00

价税合计（大写）　⊗ 肆万叁仟陆佰圆整　（小写）¥43600.00

销售方　名　　称：苏州住房租赁发展有限公司
纳税人识别号：91376695584458503C
地 址、电 话：苏州工业园区通园路85号 0512-65214478
开户行及账号：中国银行苏州娄葑支行 4715681635885471299

备注

收款人：张进　复核：刘虹　开票人：许[illegible]　销售方：（章）

第三联：发票联 购买方记账凭证

税总函［2018］341号南京造币有限公司

图 4-4-1 单据 1

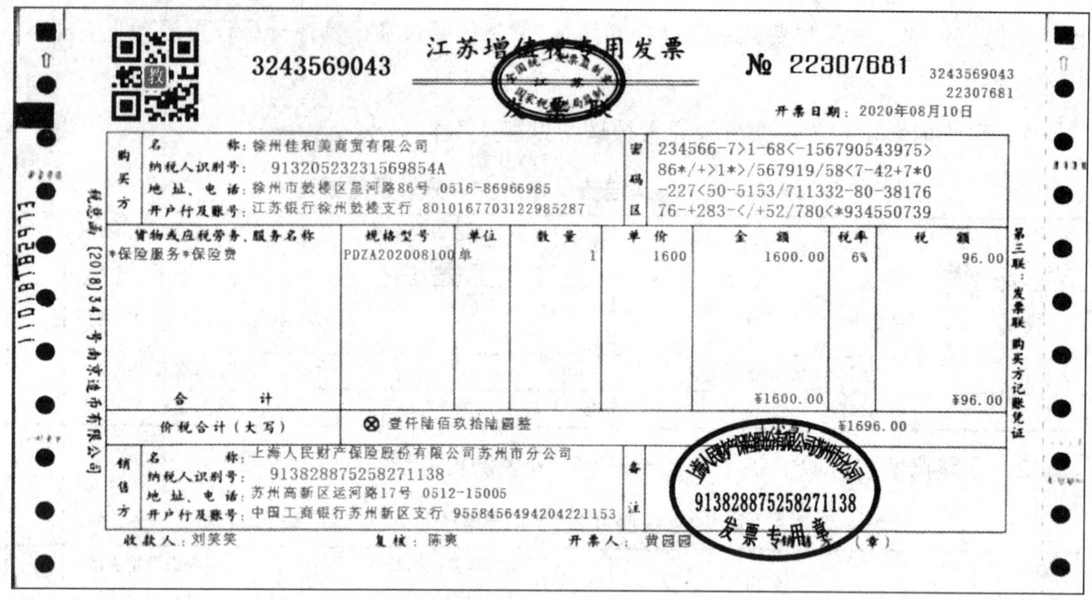

江苏增值税专用发票

3243569043　　№ 22307681　　3243569043 22307681

发票联

开票日期：2020年08月10日

购买方	名　　称：徐州佳和美商贸有限公司 纳税人识别号：91320523231569854A 地 址、电 话：徐州市鼓楼区星河路86号 0516-86966985 开户行及账号：江苏银行徐州鼓楼支行 8010167703122985287	密码区	234566-7>1-68<-156790543975> 86*/+>1*>/567919/58<7-42+7*0 -227<50-5153/711332-80-38176 76-+283-</+52/780<*934550739

货物或应税劳务、服务名称	规格型号	单位	数量	单价	金额	税率	税额
*保险服务*保险费	PDZA202008100	单	1	1600	1600.00	6%	96.00
合　　计					¥1600.00		¥96.00
价税合计（大写）	⊗壹仟陆佰玖拾陆圆整				（小写）¥1696.00		

销售方	名　　称：上海人民财产保险股份有限公司苏州市分公司 纳税人识别号：913828875258271138 地 址、电 话：苏州高新区运河路17号 0512-15005 开户行及账号：中国工商银行苏州新区支行 9558456494204221153	备注	上海人民财产保险股份有限公司苏州市分公司 913828875258271138 发票专用章

收款人：刘笑笑　　复核：陈爽　　开票人：黄园园　　销售方：（章）

税总函[2018]341号南京造币有限公司

第三联：发票联 购买方记账凭证

图 4-4-2　单据 2

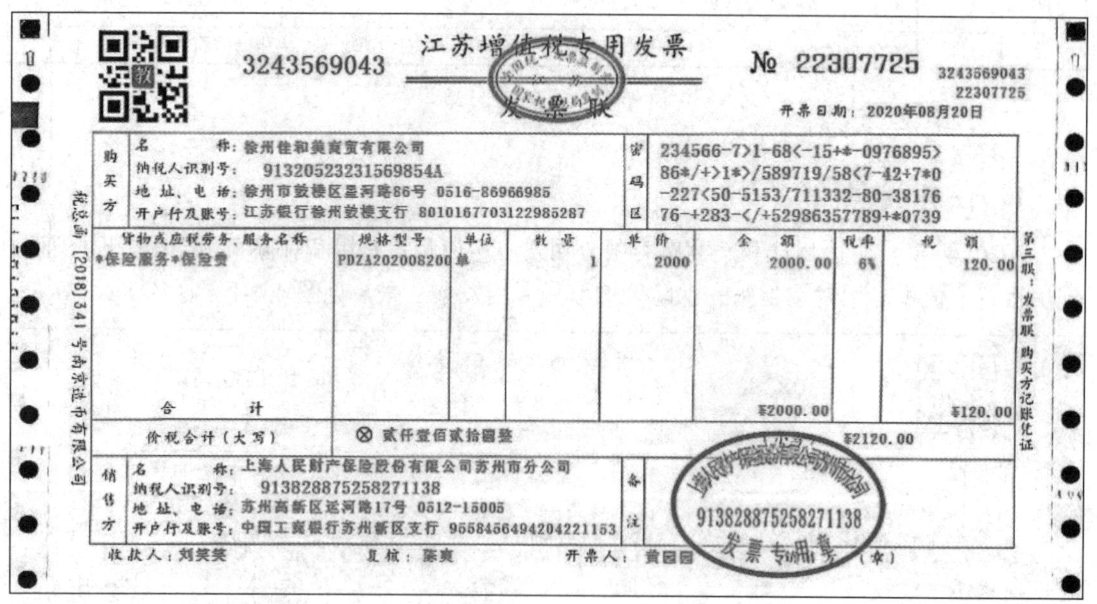

江苏增值税专用发票

3243569043　　№ 22307725　　3243569043 22307725

发票联

开票日期：2020年08月20日

购买方	名　　称：徐州佳和美商贸有限公司 纳税人识别号：91320523231569854A 地 址、电 话：徐州市鼓楼区星河路86号 0516-86966985 开户行及账号：江苏银行徐州鼓楼支行 8010167703122985287	密码区	234566-7>1-68<-15+*-0976895> 86*/+>1*)/589719/58<7-42+7*0 -227<50-5153/711332-80-38176 76-+283-</+52986357789+*0739

货物或应税劳务、服务名称	规格型号	单位	数量	单价	金额	税率	税额
*保险服务*保险费	PDZA202008200	单	1	2000	2000.00	6%	120.00
合　　计					¥2000.00		¥120.00
价税合计（大写）	⊗贰仟壹佰贰拾圆整				（小写）¥2120.00		

销售方	名　　称：上海人民财产保险股份有限公司苏州市分公司 纳税人识别号：913828875258271138 地 址、电 话：苏州高新区运河路17号 0512-15005 开户行及账号：中国工商银行苏州新区支行 9558456494204221153	备注	上海人民财产保险股份有限公司苏州市分公司 913828875258271138 发票专用章

收款人：刘笑笑　　复核：陈爽　　开票人：黄园园　　销售方：（章）

税总函[2018]341号南京造币有限公司

第三联：发票联 购买方记账凭证

图 4-4-3　单据 3

■ 任务目标

根据徐州佳和美商贸有限公司的企业背景、任务情景相关信息，针对 2020 年 8 月发生的房屋租赁费和保险费支出业务，在财务机器人云平台完成增值税专用发票业务票据建模并自动生成记账凭证。

要求：账期为 2020 年 8 月，凭证合并方式为不合并，分录合并方式为不合并，启用分录自定义排序并按借贷方进行排序。

■ 任务实施

4-4 任务实施

根据任务情景，2020 年 8 月徐州佳和美商贸有限公司发生房屋租赁费用和保险费用支出，取得的票据类型为增值税专用发票，因此，应按照要求分别完成采购增值税专用发票业务票据建模。

➢ 步骤 1：票据识别

在“首页”菜单，依次单击“影像管理”→“影像识别”选项，打开“影像识别”窗口，单击“上传影像”按钮，在“单据识别”选项卡中，依次单击“全选”→“识别”按钮，弹出“账期”对话框，选择账期为“2020-08”，单击“确定”按钮，系统自动进行票据识别。

➢ 步骤 2：票据类别设置

在“首页”菜单，依次单击“业务票据建模”→“票据类别”选项，打开“票据类别”窗口，依次完成增值税专用发票票据类别设置。

（1）单击“新增大类”按钮，在“主类别”文本框中输入“采购票据”，单击“保存”按钮，完成主类别名称设置。

（2）单击“新增细类”按钮，在“类别名称”文本框中输入“采购专票”，在“选择票种”下拉列表中选择“增值税专用发票”选项，完成类别名称设置及票种选择。

（3）单击“操作+”按钮，添加设置筛选条件 1：筛选项为“@购买方”，操作符为“等于”，匹配值为“徐州佳和美商贸有限公司”。

（4）单击“操作+”按钮，添加设置筛选条件 2：筛选项为“@发票联次”，操作符为“等于”，匹配值为“发票联”。

（5）单击“保存”按钮，完成采购增值税专用发票票据类别设置，设置结果见图 4-4-4。

图 4-4-4　采购增值税专用发票票据类别设置

➢ 步骤 3：场景类别设置

在“首页”菜单，依次单击“业务票据建模”→“场景类别”选项，打开“场景类别”窗口，依次进行增值税专用发票场景类别设置。

1. 设置增值税专用发票采购房屋租赁服务场景类别

本任务增值税专用发票之一反映采购房屋租赁业务，场景类别具体设置步骤如下。

（1）单击“新增大类”按钮，在“主类别”文本框中输入“采购场景”，单击“保存”按钮，完成主类别名称设置。

（2）单击“新增细类”按钮，在“类别名称”文本框中输入“采购房屋租赁服务”，完成类别名称设置。

（3）在自定义 1 下的“选择票种”栏选择“采购专票→增值税专用发票”，单击“操作+”按钮，添加设置筛选条件：筛选项为“@项目【明细】”，操作符为“等于”，匹配值为“房租”。

（4）单击“保存”按钮，完成增值税专用发票采购房屋租赁服务场景类别设置，设置结果见图 4-4-5。

图 4-4-5 增值税专用发票采购房屋租赁服务场景类别设置

2. 设置增值税专用发票采购保险服务场景类别

本任务增值税专用发票之二反映采购保险服务，场景类别具体设置步骤如下。

（1）单击“采购场景”按钮，选择“采购场景”为主类别。

（2）单击“新增细类”按钮，在“类别名称”文本框中输入“采购保险服务”，完成类别名称设置。

（3）在自定义 1 下的“选择票种”下拉列表中选择“采购专票→增值税专用发票”，单击“操作+”按钮，添加设置筛选条件：筛选项为“@项目【明细】”，操作符为“等于”，匹配值为“保险”。

（4）单击“保存”按钮，完成增值税专用发票采购保险服务场景类别设置，设置结果见图 4-4-6。

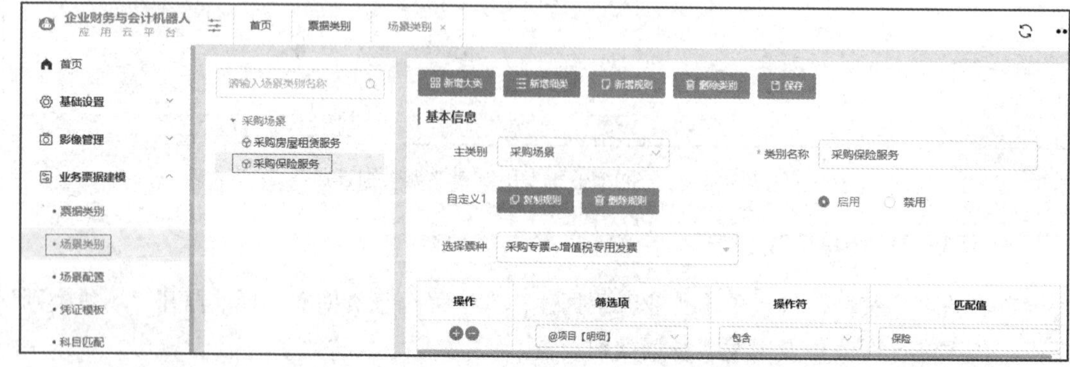

图 4-4-6 增值税专用发票采购保险服务场景类别设置

➢ 步骤 4：场景配置设置

在“首页”菜单，依次单击“业务票据建模”→“场景配置”选项，打开“场景配置”窗口，依次进行采购房屋租赁服务和采购保险服务场景配置设置。

1. 采购房屋租赁服务

（1）单击“新增主场景”按钮，在“主场景”文本框中输入“采购业务”，单击“保存”按钮，完成主场景名称设置。

（2）单击“新增场景”按钮，在“场景名称”文本框中输入“采购房屋租赁服务”，完成场景名称设置。

（3）在“场景类别”下拉列表中选择“采购场景→采购房屋租赁服务”选项，在弹出的“请选择票据类别”对话框中勾选“采购专票”选项，单击“确定”按钮。

（4）无须进行组合名称命名，单击“保存”按钮，完成采购房屋租赁服务场景配置设置，设置结果见图 4-4-7。

图 4-4-7 采购房屋租赁服务场景配置设置

2. 采购保险服务

（1）单击“采购业务”按钮，选择“采购业务”为主场景。

（2）单击“新增场景”按钮，在“场景名称”文本框中输入“采购保险服务”，完成场景名称设置。

（3）在“场景类别”下拉列表中选择“采购场景→采购保险服务”选项，在弹出的“请选择票据类别”对话框中勾选“采购专票”选项，单击“确定”按钮，完成场景类别与票据类别组合配置。

（4）无须进行组合名称命名，单击“保存”按钮，完成采购保险服务场景配置设置，设置结果见图 4-4-8。

➢ 步骤 5：凭证模板设置

在“首页”菜单，依次单击“业务票据建模”→“凭证模板”选项，打开“凭证模板”窗口，依次进行采购房屋租赁服务和采购保险服务场景凭证模板设置。

图 4-4-8　采购保险服务场景配置设置

1. 设置采购房屋租赁服务凭证模板

单击“采购房屋租赁服务”会计场景后面的“新增模板”按钮，弹出“凭证模板设置”对话框，对采购房屋租赁服务场景凭证模板进行设置。

（1）凭证头设置。“模板名称”为“采购房屋租赁服务”，“记账日期”选择“@开票日期”，“凭证字”选择“记账凭证”，“制单人”为“张秀欣”，“启用状态”选择“启用”，“推送方式”选择“自动推送”。

（2）分录设置。主分录对应增值税专用发票，设置结果见图 4-4-9，具体操作步骤如下。

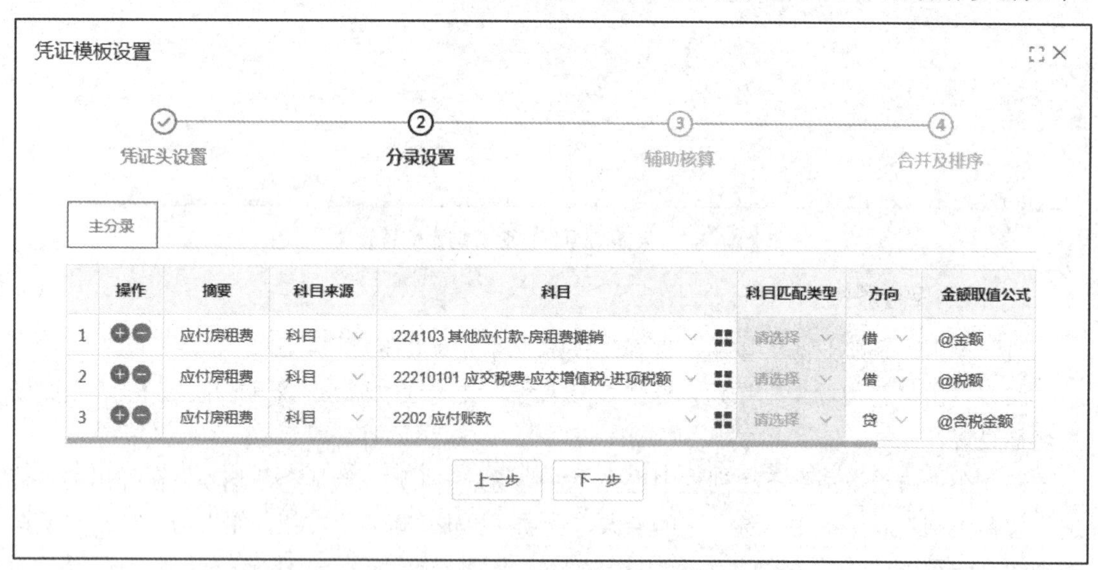

图 4-4-9　增值税专用发票采购房屋租赁服务分录设置

第 1 行设置：“摘要”为“应付房租费”，“科目来源”选择“科目”，“科目”选择“其他应付款-房租费摊销”，“方向”选择“借”，“金额取值公式”为“@金额”。

新增第 2 行设置：单击“操作+”按钮，新增一行，“摘要”为“应付房租费”，“科目来源”选择“科目”，“科目”选择“应交税费-应交增值税-进项税额”，“方向”选择“借”，“金额取值公式”为“@税额”。

新增第 3 行设置：单击“操作+”按钮，新增一行，“摘要”为“应付房租费”，“科目来源”选择“科目”，“科目”选择“应付账款”，“方向”选择“贷”，“金额取值公式”为“@含税金额”。

以上各行均无须进行取值匹配设置。

（3）辅助核算。分析分录设置中的“科目”及“科目匹配类型”选项可知，本任务只须对应付账款进行辅助核算。应付账款应按供应商进行辅助核算。单击“供应商”前的“+”按钮，弹出“取值匹配”对话框，“固定栏位”选择“@销售方”，单击“添加”按钮，“操作符”选择“等于”，单击“保存”按钮，设置结果见图 4-4-10。

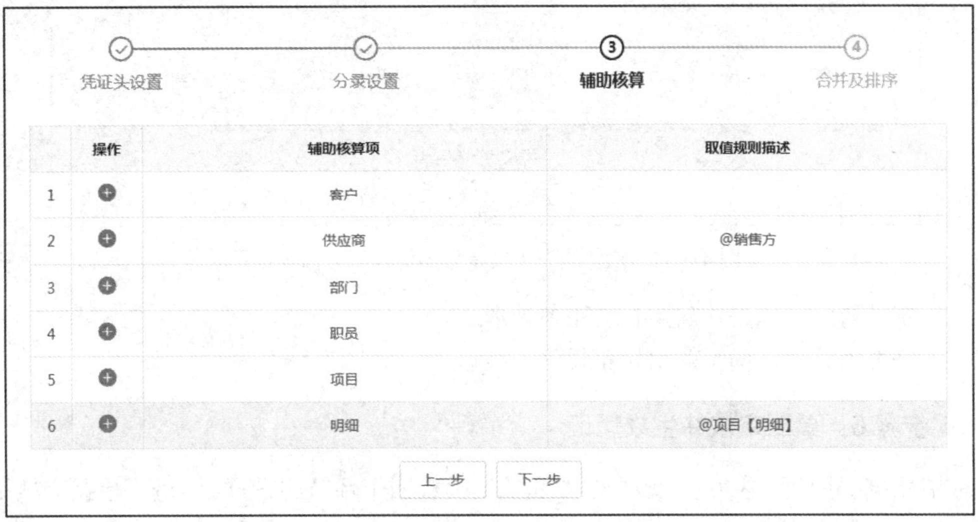

凭证头设置　分录设置　辅助核算　合并及排序

	操作	辅助核算项	取值规则描述
1	+	客户	
2	+	供应商	@销售方
3	+	部门	
4	+	职员	
5	+	项目	
6	+	明细	@项目【明细】

上一步　下一步

图 4-4-10　辅助核算设置

（4）合并及排序。根据任务要求，“凭证合并方式”选择“不合并”，“分录合并方式”选择“不合并”，“分录自定义排序”选择“启用”，“排序条件”选择“借贷方”，单击“完成”按钮。

2. 设置采购保险服务凭证模板

单击“采购保险服务”会计场景后面的“新增模板”按钮，弹出“凭证模板设置”对话框，对采购保险服务场景凭证模板进行设置。

（1）凭证头设置。“模板名称”为“采购保险服务”，“记账日期”选择“@开票日期”，“凭证字”选择“记账凭证”，“制单人”为“张秀欣”，“启用状态”选择“启用”，“推送方式”选择“自动推送”。

（2）分录设置。主分录设置结果见图 4-4-11，具体操作如下。

第 1 行设置：“摘要”为“应付保险费”，“科目来源”选择“科目”，“科目”栏选择“其他应付款-保险费摊销”，“方向”选择“借”，“金额取值公式”选择“@金额”。

新增第 2 行设置：单击“操作+”按钮，新增一行，“摘要”为“应付保险费”，“科目来源”选择“科目”，“科目”选择“应交税费-应交增值税-进项税额”，“方向”选择“借”，“金额取值公式”选择“@税额”。

新增第 3 行设置：单击“操作+”按钮，新增一行，“摘要”为“应付保险费”，“科目来源”选择“科目”，“科目”选择“应付账款”，“方向”选择“贷”，“金额取值公式”选择“@含税金额”。

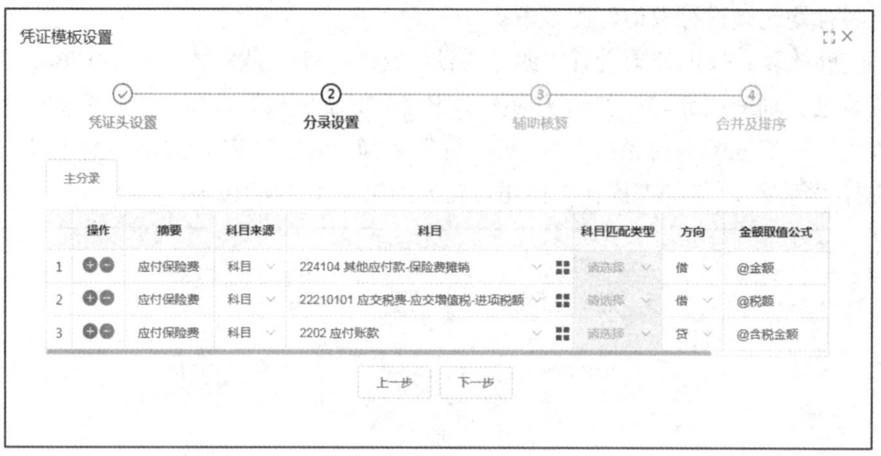

图 4-4-11 增值税专用发票采购保险服务分录设置

（3）辅助核算。同采购房屋租赁服务处理。

（4）合并及排序。同采购房屋租赁服务处理。

➢ 步骤 6：票据审核并生成凭证

完成票据类别、场景类别、场景配置和凭证模板四个环节的设置后，进行单据审核记账，系统自动生成记账凭证。

三、任务练习（见表 4-4-1）

表 4-4-1 学生练习工作页

班级		姓名		组别		时间		地点	
任务情景	2020 年 10 月，江苏旺丰物流有限公司发生房屋租赁费用和保险费用支出。财务部收到的原始凭证有：房租费增值税专用发票 1 张，保险费增值税专用发票 3 张。共 4 张票据。 3590253694 江苏增值税专用发票 № 22086469 3590253694 22086469 发票联 开票日期：2020年10月15日 购买方 名称：江苏旺丰物流有限公司 纳税人识别号：91266260986433698C 地址、电话：吴江区平望镇家园大道66号 0512-86985478 开户行及账号：中国银行苏州何山路分理处 536555948745 密码区 68<4+<342345-836+3+*52—96+* 8545+-*098467+-*<18—4695412 *<63973578942567646+6954/8/- 9-+5-3985768+*-436/0435-+965 货物或应税劳务、服务名称：*经营租赁*房租费 规格型号： 单位：月 数量：1 单价：40000.00 金额：40000.00 税率：9% 税额：3600.00 合计 ¥40000.00 ¥3600.00 价税合计（大写）⊗肆万叁仟陆佰圆整 （小写）¥43600.00 销售方 名称：苏州佳房租赁发展有限公司 纳税人识别号：91376695584458503C 地址、电话：苏州工业园区通园路85号 0512-65214478 开户行及账号：中国银行苏州娄葑支行 4715581635885471299 备注：苏州佳房租赁发展有限公司 91376695584458503C 发票专用章 家园大道66号 收款人：张进 复核：刘红 开票人：许珊珊 销售方：（章） 第三联：发票联 购买方记账凭证 税总函[2018]341号南京造币有限公司									

续表

任务情景

江苏增值税专用发票

3204269458 发票联 № 90435350 3204269458 90435350

开票日期：2020年10月05日

购买方	名称：江苏旺丰物流有限公司 纳税人识别号：91266260986433698C 地址、电话：吴江区平望镇家湿大道66号 0512-86985478 开户行及账号：中国银行苏州何山路分理处 536555948745	密码区	877716-7>1-68<-456<>9063973> 86*/+>1*>/998419/58<7-42+7*0 -227<50-5153/711332-80-38176 76-+223-</3456890-324++-9345

货物或应税劳务、服务名称	规格型号	单位	数量	单价	金额	税率	税额
*保险服务*保险费	PDZA202010052	单	1	2300	2300.00	6%	138.00
合计					¥2300.00		¥138.00
价税合计（大写）	⊗贰仟肆佰叁拾捌圆整				（小写）¥2438.00		

销售方	名称：东兴财产保险股份有限公司苏州中心支公司 纳税人识别号：91371626211045029D 地址、电话：苏州市园环路1328路国际数贸大厦13层1306 0512-11080432 开户行及账号：工行苏州分行营业部 1107815244496709020	备注	91371626211045029D 发票专用章

收款人：刘露 复核：陈冰冰 开票人：黄晶 销售方：（章）

第三联：发票联 购买方记账凭证

税总函[2018]341号南京造币有限公司

江苏增值税专用发票

3204269458 发票联 № 90435532 3204269458 90435532

开票日期：2020年10月14日

购买方	名称：江苏旺丰物流有限公司 纳税人识别号：91266260986433698C 地址、电话：吴江区平望镇家湿大道66号 0512-86985478 开户行及账号：中国银行苏州何山路分理处 536555948745	密码区	873426-7>1-68<-456<>9063973> 86*/+>1*>/993439/58<7-4567*0 -227<50-5153/711332-80-38176 76-+223-</445*+-93424++-9345

货物或应税劳务、服务名称	规格型号	单位	数量	单价	金额	税率	税额
*保险服务*保险费	PDZA202010142	单	1	1400	1400.00	6%	84.00
合计					¥1400.00		¥84.00
价税合计（大写）	⊗壹仟肆佰捌拾肆圆整				（小写）¥1484.00		

销售方	名称：东兴财产保险股份有限公司苏州中心支公司 纳税人识别号：91371626211045029D 地址、电话：苏州市园环路1328路国际数贸大厦13层1306 0512-11080432 开户行及账号：工行苏州分行营业部 1107815244496709020	备注	91371626211045029D 发票专用章

收款人：刘露 复核：陈冰冰 开票人：黄晶 销售方：（章）

第三联：发票联 购买方记账凭证

税总函[2018]341号南京造币有限公司

江苏增值税专用发票

3204269458 发票联 № 90435643 3204269458 90435643

开票日期：2020年10月26日

购买方	名称：江苏旺丰物流有限公司 纳税人识别号：91266260986433698C 地址、电话：吴江区平望镇家湿大道66号 0512-86985478 开户行及账号：中国银行苏州何山路分理处 536555948745	密码区	873426-7>1-68<-456<>4345683> 86*/+>1*>/332567/58<7-4567*0 -227<50-5153/711332-80-38176 76-+223-</44345673424++-9345

货物或应税劳务、服务名称	规格型号	单位	数量	单价	金额	税率	税额
*保险服务*保险费	PDZA202010262	单	1	3500	3500.00	6%	210.00
合计					¥3500.00		¥210.00
价税合计（大写）	⊗叁仟柒佰壹拾圆整				（小写）¥3710.00		

销售方	名称：东兴财产保险股份有限公司苏州中心支公司 纳税人识别号：91371626211045029D 地址、电话：苏州市园环路1328路国际数贸大厦13层1306 0512-11080432 开户行及账号：工行苏州分行营业部 1107815244496709020	备注	91371626211045029D 发票专用章

收款人：刘露 复核：陈冰冰 开票人：黄晶 销售方：（章）

第三联：发票联 购买方记账凭证

税总函[2018]341号南京造币有限公司

续表

<table>
<tr><td colspan="3">任务目标</td><td>根据江苏旺丰物流有限公司提供的企业背景、任务情景相关信息，针对 2020 年 10 月发生的房租费和保险费业务，在财务机器人云平台完成增值税专用发票业务票据建模并自动生成记账凭证。
要求：账期为 2020 年 10 月，凭证合并方式为不合并，分录合并方式为不合并。</td></tr>
<tr><td rowspan="10">任务实施</td><td colspan="2">步骤 1：票据识别</td><td>请确认机器人识别的发票信息与系统设置项目对应关系：发票（增值税专用发票，选择一张票据即可）
①票据抬头：______；②销售方：______；
③购买方：______；④发票号码：______；
⑤发票代码：______；⑥开票日期：______；⑦票据联次：______；
⑧金额：______；⑨税额：______；⑩含税金额：______；⑪账期：______；
⑫项目【明细】：______。</td></tr>
<tr><td colspan="2">步骤 2：票据类别</td><td>增值税专用发票
①主类别：______；
②类别名称：______；
③自定义 1，选择票种：______；
筛选项：______、操作符：______、匹配值：______；
筛选项：______、操作符：______、匹配值：______。</td></tr>
<tr><td colspan="2" rowspan="2">步骤 3：场景类别</td><td>1．增值税专用发票（采购房屋租赁服务）
①主类别：______；
②类别名称：______；
③自定义 1，选择票种：______；
筛选项：______、操作符：______、匹配值：______。</td></tr>
<tr><td>2．增值税专用发票（采购保险服务）
①主类别：______；
②类别名称：______；
③自定义 1，选择票种：______；
筛选项：______、操作符：______、匹配值：______。</td></tr>
<tr><td colspan="2" rowspan="2">步骤 4：场景配置</td><td>报销房租费
①主场景：______；
②场景名称：______；
③场景类别：______，票据类别：______，组合名称：______。</td></tr>
<tr><td>报销保险费
①主场景：______；
②场景名称：______；
③场景类别：______，票据类别：______，组合名称：______。</td></tr>
<tr><td rowspan="4">步骤 5：凭证模板</td><td rowspan="4">采购房屋租赁服务（专票）</td><td>1．凭证头设置
①模板名称：______；②记账日期：______；
③凭证字：记账凭证；④制单人：吴小萍；⑤推送方式：自动推送或手动推送。</td></tr>
<tr><td>2．分录设置
第 1 行：摘要：______，科目来源：______，科目：______，
科目匹配类型：______，方向：______，金额取值公式：______，
取值匹配：______；
第 2 行：摘要：______，科目来源：______，科目：______，
科目匹配类型：______，方向：______，金额取值公式：______，
取值匹配：______。</td></tr>
<tr><td>3．辅助核算
对应“应付账款”：辅助核算项：______，取值规则描述：______；</td></tr>
<tr><td>4．合并排列
凭证合并方式：______，分录合并方式：______，分录自定义排序条件：______。</td></tr>
</table>

续表

<table>
<tr><td rowspan="6">任务实施</td><td rowspan="4">步骤5：凭证模板</td><td rowspan="4">采购保险服务（专票）</td><td>1. 凭证头设置
①模板名称：____________；②记账日期：____________；
③凭证字：记账凭证；④制单人：吴小萍；⑤推送方式：自动推送或手动推送。</td></tr>
<tr><td>2. 分录设置
第1行：摘要：____________，科目来源：______，科目：____________，科目匹配类型：________，方向：______，金额取值公式:____________，取值匹配:____________；
第2行：摘要：____________，科目来源：______，科目：____________，科目匹配类型：________，方向：______，金额取值公式：____________，取值匹配：____________。</td></tr>
<tr><td>3. 辅助核算
对应“应付账款”：辅助核算项：__________，取值规则描述：__________；</td></tr>
<tr><td>4. 合并排列
凭证合并方式：________，分录合并方式：________，分录自定义排序条件：________。</td></tr>
<tr><td>步骤6：审核并生成凭证</td><td colspan="2">注意：如有出现错误的请在此进行记录。</td></tr>
</table>

学习感悟	

期末计提、摊销与结转业务智能核算

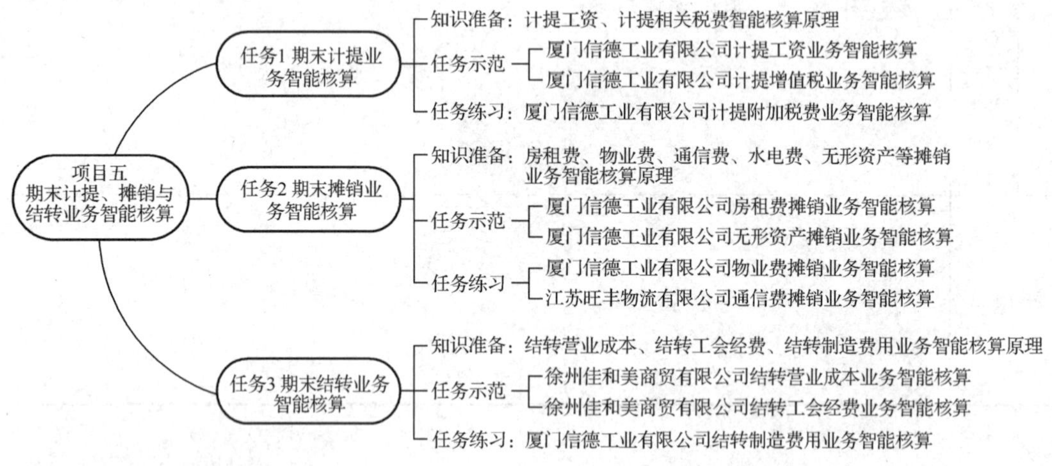

学习目标

知识目标： 1．了解财务机器人对期末计提、摊销与结转业务的智能账务处理规则。

2．掌握期末计提、摊销与结转业务 Excel 数据表的填制方法。

3．掌握期末计提、摊销与结转业务的财务机器人 Excel 数据建模原理。

技能目标： 能在财务机器人云平台熟练完成期末计提、摊销与结转业务的 Excel 数据建模并自动生成记账凭证，对系统提示的记账错误进行查找与修改，直至生成正确的记账凭证。

素养目标： 1．通过对“大智移云物区”新技术的了解，提高学生接受新事物的兴趣，增强民族自信心。

2．通过票据建模，培养学生精益求精的工匠精神和谨慎细心的工作作风。

3．通过查找与修改错误，培养学生批判性思维，以及独立思考和分析解决问题的能力。

4．通过分组合作学习，培养学生协作共进的团队意识和积极主动的职业态度。

任务 1　期末计提业务智能核算

一、知识准备

期末计提业务是指按照权责发生制原则要求对于某些已实际发生但尚未支付的费用在期末依据相关规定或方法进行的费用计算和提取业务活动，主要包括计提工资、计提相关税费、计提固定资产折旧、计提资产减值准备等。财务机器人期末计提业务的共同特点是以“通用计提表”Excel 数据表（计提工资除外）为基础通过模型配置实现智能账务处理。计提工资使用“计提工资”Excel 数据表。本任务只讲述计提工资、计提增值税和附加税费智能核算。

（一）计提工资

根据《企业会计准则第 9 号——职工薪酬》规定，企业支付给职工的工资薪酬包括短期薪酬、离职后福利、辞退福利和其他长期职工福利。本任务的计提工资指涉及短期薪酬以及离职后福利中的工资（含奖金、津贴、补贴）和社会保险费。

一般情况下，职工薪酬在当月月末计提，下月初发放。工资发放按往来业务智能核算规则处理，本任务只讲述期末计提工资的智能核算规则。

期末计提工资就是将企业发生的应支付的各项工资支出，根据受益对象不同分配计入相关成本费用，同时确认一项负债。计提工资编制的会计分录如下：

借：管理费用——工资（行政、财务等管理部门人员工资，包括个人缴纳的社保费）
　　管理费用——社保费（行政、财务等管理部门人员的五险单位缴纳部分）
　　销售费用——工资（专设销售机构人员的工资，包括个人缴纳的社保费）
　　销售费用——社保费（专设销售机构人员的五险单位缴纳部分）
　　制造费用——人工费（生产车间管理人员工资及单位缴纳的社保费）
　　生产成本——基本生产成本——某产品——直接人工（生产车间直接工人的工资及单位缴纳的社保费）
　贷：应付职工薪酬——工资（应发工资）
　　　应付职工薪酬——设定提存计划（单位缴纳的养老保险和失业保险）
　　　应付职工薪酬——工伤保险（单位缴纳部分）
　　　应付职工薪酬——生育保险（单位缴纳部分）
　　　应付职工薪酬——医疗保险（单位缴纳部分）

> 【友情提示】
> 社保费支出包括个人和单位两个部分。其中：社保费支出在上述分录贷方科目中，个人承担的部分全部记入“应付职工薪酬——工资”科目，单位承担的部分分别记入“应付职工薪酬”相关的明细科目。

社保费在上述分录借方科目中金额取值有差异：行政部和专设销售部人员由单位缴纳部分记入管理费用、销售费用“社保费”明细科目，行政部和专设销售部人员由个人缴纳的部分记入管理费用、销售费用“工资”明细科目；生产车间管理部人员全部（指单位与个人）

社保费均记入“制造费用——人工费”明细科目；生产工人全部社保费均记入“生产成本”中对应产品的直接人工明细科目。

（二）计提相关税费

期末计提相关税费包括增值税、消费税、企业所得税、城市维护建设税及教育附加等。这些相关税费的共同特点是一般在当月末计提，次月在规定的时间内缴纳（印花税除外）。缴纳业务按往来业务智能核算规则处理，本任务讲述月末计提税费智能核算规则。

1. 计提增值税

增值税的税额计算和核算方法因纳税人的身份（一般纳税人与小规模纳税人）不同存在差异。

对于增值税一般纳税人，除特殊情形外，一般采用一般计税法计算当月应缴增值税税额，则“当期缴交增值税=当期销项税额－当期进项税额”。与计提增值税相关的会计科目主要有“应交税费——应交增值税”和“应交税费——未交增值税”科目。其中：

“应交增值税”科目核算一般纳税人进项税额、销项税额抵减、已缴税金、转出未缴增值税、减免税款、出口抵减内销产品应纳税额、销项税额、出口退税、进项税额转出、转出多缴增值税等情况。

“未交增值税”科目核算一般纳税人月度终了从“应交增值税”科目转入当月应缴未缴、多缴或从“预交增值税”科目结转的税额，以及当月缴纳以前期间未缴的增值税税额。

当期末计提增值税有应缴未缴增值税时，编制会计分录如下：

借：应交税费——应交增值税——转出未交增值税

　　贷：应交税费——未交增值税

当期末计提增值税有多缴增值税时，编制会计分录如下：

借：应交税费——未交增值税

　　贷：应交税费——应交增值税——转出多交增值税

对于小规模纳税人，采用简易计税办法计算应缴增值税税额，则“当期应缴增值税=当期销售额×征收率”。当期应缴增值税在纳税义务发生时确认，无须在月末计提。

2. 计提附加税费

附加税是以纳税人实际缴纳的增值税和消费税税额为计税依据，并分别与两项税金同时缴纳的城市维护建设税、教育费附加、地方教育附加。其税额计算公式如下：

应纳税额=（实际缴纳的增值税+实际缴纳的消费税）×适用税率

计提附加税费时编制会计分录如下：

借：税金及附加

　　贷：应交税费——应交城市维护建设税

　　　　应交税费——应交教育费附加

　　　　应交税费——应交地方教育附加

二、任务示范

（一）期末计提工资

■ 任务情景

2020 年 7 月 31 日，厦门信德工业有限公司进行工资计提，相关的计提工资明细表与职工社会保险缴费明细表如下表 5-1-1 和表 5-1-2 所示。

表 5-1-1　计提工资明细表

所属单位：厦门信德工业有限公司　　　所属账期：2020 年 7 月　　　编制日期：2020 年 7 月 31 日

单位：元

序号	姓名	职位	所属部门	基本工资	销售提成	奖金	补贴	应付工资	个人缴纳社保	单位缴纳社保	单位总支出
1	许淮定	总经理	行政部	8000.00				8000.00	318.15	891.43	8891.43
2	洪西科	行政人员	行政部	4000.00				4000.00	318.15	891.43	4891.43
3	徐泽涛	仓库管理员	行政部	4500.00				4500.00	318.15	891.43	5391.43
合计				16500.00	0.00	0.00	0.00	16500.00	954.45	2674.29	19174.29
4	王萱萱	出纳/兼票据员	财务部	4000.00				4000.00	318.15	891.43	4891.43
5	赵萌	业务会计	财务部	6000.00				6000.00	318.15	891.43	6891.43
6	钟可馨	审核会计	财务部	5000.00				5000.00	318.15	891.43	5891.43
合计				15000.00	0.00	0.00	0.00	15000.00	954.45	2674.29	17674.29
7	许浩立	销售经理	销售部	6500.00	350.00			6850.00	318.15	891.43	7741.43
8	王程	业务员	销售部	4000.00	250.00			4250.00	318.15	891.43	5141.43
合计				10500.00	600.00	0.00	0.00	11100.00	636.30	1782.86	12882.86
9	孙功星	生产主管	生产管理部	5000.00		1800.00		6800.00	318.15	891.43	7691.43
合计				5000.00	0.00	1800.00	0.00	6800.00	318.15	891.43	7691.43
10	王大全	生产工人	儿童自行车生产车间	3800.00		1100.00		4900.00	318.15	891.43	5791.43
11	陈菁菁	生产工人	儿童自行车生产车间	3800.00		900.00		4700.00	318.15	891.43	5591.43
12	王熙	生产工人	儿童自行车生产车间	3800.00		1400.00		5200.00	318.15	891.43	6091.43
13	张红丽	生产工人	儿童自行车生产车间	3800.00		1700.00		5500.00	318.15	891.43	6391.43
14	张紫	生产工人	儿童自行车生产车间	3800.00		1600.00		5400.00	318.15	891.43	6291.43
合计				19000.00	0.00	6700.00	0.00	25700.00	1590.75	4457.15	30157.15
15	张杏红	生产工人	儿童平衡车生产车间	3800.00		1300.00		5100.00	318.15	891.43	5991.43
16	李琳琳	生产工人	儿童平衡车生产车间	3800.00		1200.00		5000.00	318.15	891.43	5891.43
17	张虹	生产工人	儿童平衡车生产车间	3800.00		1100.00		4900.00	318.15	891.43	5791.43
18	徐群兴	生产工人	儿童平衡车生产车间	3800.00		1200.00		5000.00	318.15	891.43	5891.43
合计				15200.00	0.00	4800.00	0.00	20000.00	1272.60	3565.72	23565.72
总计				81200.00	600.00	13300.00	0.00	95100.00	5726.70	16045.74	111145.74

表 5-1-2　职工社会保险缴费明细表

编制日期：2020 年 7 月 31 日

单位：元

序号	姓名	职位	所属部门	缴费基数	养老保险				失业保险				工伤保险				生育保险				医疗保险				合计	
					单位		个人		单位		个人		单位		个人		单位		个人		单位		个人		单位缴费金额	个人缴费金额
					缴费比例	缴费金额	缴费比例	缴费金额	缴费比例	缴费金额	缴费比例	缴费金额	缴费比例	缴费金额	缴费比例	缴费金额	缴费比例	缴费金额	缴费比例	缴费金额	缴费比例	缴费金额	缴费比例	缴费金额		
1	许淮定	总经理	行政部	3030.00	19.00%	575.70	8.00%	242.40	0.50%	15.15	0.50%	15.15	0.12%	3.64	0.00%	0.00	0.80%	24.24	0.00%	0.00	9.00%	272.70	2.00%	60.60	891.43	318.15
2	洪西科	行政人员	行政部	3030.00	19.00%	575.70	8.00%	242.40	0.50%	15.15	0.50%	15.15	0.12%	3.64	0.00%	0.00	0.80%	24.24	0.00%	0.00	9.00%	272.70	2.00%	60.60	891.43	318.15
3	徐泽涛	仓库管理员	行政部	3030.00	19.00%	575.70	8.00%	242.40	0.50%	15.15	0.50%	15.15	0.12%	3.64	0.00%	0.00	0.80%	24.24	0.00%	0.00	9.00%	272.70	2.00%	60.60	891.43	318.15
合计				9090.00		1727.10		727.20		45.45		45.45		10.92		0.00		72.72		0.00		818.10		181.80	2674.29	954.45
4	王萱萱	出纳/兼票据员	财务部	3030.00	19.00%	575.70	8.00%	242.40	0.50%	15.15	0.50%	15.15	0.12%	3.64	0.00%	0.00	0.80%	24.24	0.00%	0.00	9.00%	272.70	2.00%	60.60	891.43	318.15
5	赵萌	业务会计	财务部	3030.00	19.00%	575.70	8.00%	242.40	0.50%	15.15	0.50%	15.15	0.12%	3.64	0.00%	0.00	0.80%	24.24	0.00%	0.00	9.00%	272.70	2.00%	60.60	891.43	318.15
6	钟可馨	审核会计	财务部	3030.00	19.00%	575.70	8.00%	242.40	0.50%	15.15	0.50%	15.15	0.12%	3.64	0.00%	0.00	0.80%	24.24	0.00%	0.00	9.00%	272.70	2.00%	60.60	891.43	318.15
合计				9090.00		1727.10		727.20		45.45		45.45		10.92		0.00		72.72		0.00		818.10		181.80	2674.29	954.45
7	许浩立	销售经理	销售部	3030.00	19.00%	575.70	8.00%	242.40	0.50%	15.15	0.50%	15.15	0.12%	3.64	0.00%	0.00	0.80%	24.24	0.00%	0.00	9.00%	272.70	2.00%	60.60	891.43	318.15
8	王程	业务员	销售部	3030.00	19.00%	575.70	8.00%	242.40	0.50%	15.15	0.50%	15.15	0.12%	3.64	0.00%	0.00	0.80%	24.24	0.00%	0.00	9.00%	272.70	2.00%	60.60	891.43	318.15
合计				6060.00		1151.40		484.80		30.30		30.30		7.28		0.00		48.48		0.00		545.40		121.20	1782.86	636.30
9	孙功星	生产主管	生产管理部	3030.00	19.00%	575.70	8.00%	242.40	0.50%	15.15	0.50%	15.15	0.12%	3.64	0.00%	0.00	0.80%	24.24	0.00%	0.00	9.00%	272.70	2.00%	60.60	891.43	318.15
合计				3030.00		575.70		242.40		15.15		15.15		3.64		0.00		24.24		0.00		272.70		60.60	891.43	318.15

续表

序号	姓名	职位	所属部门	缴费基数	养老保险				失业保险				工伤保险				生育保险				医疗保险				合计	
					单位		个人		单位		个人		单位		个人		单位		个人		单位		个人		单位缴费金额	个人缴费金额
					缴费比例	缴费金额	缴费比例	缴费金额	缴费比例	缴费金额	缴费比例	缴费金额	缴费比例	缴费金额	缴费比例	缴费金额	缴费比例	缴费金额	缴费比例	缴费金额	缴费比例	缴费金额	缴费比例	缴费金额		
10	王大全	生产工人	儿童自行车生产车间	3030.00	19.00%	575.70	8.00%	242.40	0.50%	15.15	0.50%	15.15	0.12%	3.64	0.00%	0.00	0.80%	24.24	0.00%	0.00	9.00%	272.70	2.00%	60.60	891.43	318.15
11	陈菁菁	生产工人	儿童自行车生产车间	3030.00	19.00%	575.70	8.00%	242.40	0.50%	15.15	0.50%	15.15	0.12%	3.64	0.00%	0.00	0.80%	24.24	0.00%	0.00	9.00%	272.70	2.00%	60.60	891.43	318.15
12	王熙	生产工人	儿童自行车生产车间	3030.00	19.00%	575.70	8.00%	242.40	0.50%	15.15	0.50%	15.15	0.12%	3.64	0.00%	0.00	0.80%	24.24	0.00%	0.00	9.00%	272.70	2.00%	60.60	891.43	318.15
13	张红丽	生产工人	儿童自行车生产车间	3030.00	19.00%	575.70	8.00%	242.40	0.50%	15.15	0.50%	15.15	0.12%	3.64	0.00%	0.00	0.80%	24.24	0.00%	0.00	9.00%	272.70	2.00%	60.60	891.43	318.15
14	张紫	生产工人	儿童自行车生产车间	3030.00	19.00%	575.70	8.00%	242.40	0.50%	15.15	0.50%	15.15	0.12%	3.64	0.00%	0.00	0.80%	24.24	0.00%	0.00	9.00%	272.70	2.00%	60.60	891.43	318.15
合计				15150.00		2878.50		1212.00		75.75		75.75		18.20		0.00		121.20		0.00		1363.50		303.00	4457.15	1590.75
15	张杏红	生产工人	儿童平衡车生产车间	3030.00	19.00%	575.70	8.00%	242.40	0.50%	15.15	0.50%	15.15	0.12%	3.64	0.00%	0.00	0.80%	24.24	0.00%	0.00	9.00%	272.70	2.00%	60.60	891.43	318.15
16	李琳琳	生产工人	儿童平衡车生产车间	3030.00	19.00%	575.70	8.00%	242.40	0.50%	15.15	0.50%	15.15	0.12%	3.64	0.00%	0.00	0.80%	24.24	0.00%	0.00	9.00%	272.70	2.00%	60.60	891.43	318.15
17	张虹	生产工人	儿童平衡车生产车间	3030.00	19.00%	575.70	8.00%	242.40	0.50%	15.15	0.50%	15.15	0.12%	3.64	0.00%	0.00	0.80%	24.24	0.00%	0.00	9.00%	272.70	2.00%	60.60	891.43	318.15
18	徐群兴	生产工人	儿童平衡车生产车间	3030.00	19.00%	575.70	8.00%	242.40	0.50%	15.15	0.50%	15.15	0.12%	3.64	0.00%	0.00	0.80%	24.24	0.00%	0.00	9.00%	272.70	2.00%	60.60	891.43	318.15
合计				12120.00		2302.80		969.60		60.60		60.60		14.56		0.00		96.96		0.00		1090.80		242.40	3565.72	1272.60
总计				54540.00		10362.60		4363.20		272.70		272.70		65.52		0.00		436.32		0.00		4908.60		1090.80	16045.74	5726.70

■ 任务目标

根据厦门信德工业有限公司的企业背景、任务情景相关信息，在财务机器人云平台“Excel 数据建模”菜单依次完成下列任务：①下载并填制“计提工资汇总表”Excel 数据表；②完成模型配置；③导入“计提工资汇总表”Excel 数据表并自动生成记账凭证。

要求：账期为 2020 年 7 月；上传文件名称为“计提工资汇总表”。

■ 任务实施

在财务机器人云平台“Excel 数据建模”菜单，按下列流程操作完成计提工资业务建模并自动生成记账凭证。

➢ 步骤 1：下载并填制“计提工资汇总表”Excel 数据表

（1）依次单击“Excel 数据建模”→“模板下载”选项，下载“计提工资汇总表”Excel 数据表，见图 5-1-1。

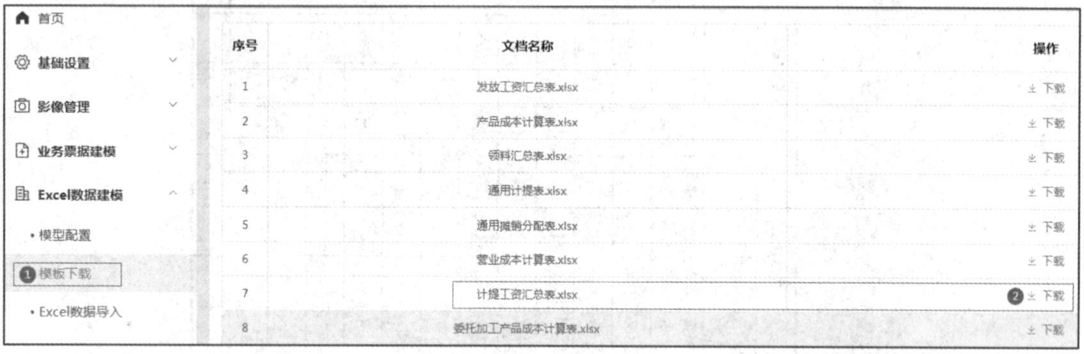

首页
基础设置
影像管理
业务票据建模
Excel数据建模
• 模型配置
❶ 模板下载
• Excel数据导入

序号	文档名称	操作
1	发放工资汇总表.xlsx	下载
2	产品成本计算表.xlsx	下载
3	领料汇总表.xlsx	下载
4	通用计提表.xlsx	下载
5	通用摊销分配表.xlsx	下载
6	营业成本计算表.xlsx	下载
7	计提工资汇总表.xlsx	❷ 下载
8	委托加工产品成本计算表.xlsx	下载

图 5-1-1　下载“计提工资汇总表”Excel 数据表

（2）从其他资料中导出“计提工资明细表”“职工社会保险缴费明细表”Excel 数据表，见表 5-1-1 和表 5-1-2。

（3）根据其他资料提供的数据填制“计提工资汇总表”Excel 数据表，结果见图 5-1-2。

计提工资汇总表

❶所属单位：厦门信德工业有限公司　❷所属账期：2020年7月　❸编制日期：2020年7月31日

序号	❹所属部门	❺基本工资	❻销售提成	❼奖金	❽补贴	❾应付工资	❿养老保险（单位）	⓫失业保险（单位）	⓬工伤保险（单位）	⓭生育保险（单位）	⓮医疗保险（单位）	⓯五险合计
1	行政部	16500.00				16500.00	1727.10	45.45	10.92	72.72	818.10	2674.29
2	财务部	15000.00				15000.00	1727.10	45.45	10.92	72.72	818.10	2674.29
3	销售部	10500.00	600.00			11100.00	1151.40	30.30	7.28	48.48	545.40	1782.86
4	生产管理部	5000.00		1800.00		6800.00	575.70	15.15	3.64	24.24	272.70	891.43
5	儿童自行车生产车间	19000.00		6700.00		25700.00	2878.50	75.75	18.20	121.20	1363.50	4457.15
6	儿童平衡车生产车间	15200.00		4800.00		20000.00	2302.80	60.60	14.56	96.96	1090.80	3565.72
7												
——	合计	81200.00	600.00	13300.00	0.00	95100.00	10362.60	272.70	65.52	436.32		16045.74

⓰制单：赵萌

图 5-1-2　填制“计提工资汇总表”Excel 数据表

①所属单位：填写企业全称，如“厦门信德工业有限公司”。

②所属账期：填写对应账期，格式如“2020 年 7 月”。

③编制日期：一般填写账期最后一天，格式如“2020 年 7 月 31 日”。

④所属部门：可选填项，根据企业具体涉及的部门选择正确的所属部门，如行政部、销售部、财务部等。

⑤基本工资、⑥销售提成、⑦奖金、⑧补贴、⑨应付工资：分别根据计提工资明细表（表 5-1-1）对应部门合计数填写。

⑩养老保险（单位）、⑪失业保险（单位）、⑫工伤保险（单位）、⑬生育保险（单位）、⑭医疗保险（单位）：分别根据职工社会保险缴费明细表（表 5-1-2）各部门各项社保费单位缴费合计数填写。

⑮五险合计：对应所属部门社保费单位缴费金额合计填写。

⑯合计=第⑤至第⑮各项金额之和。

⑰制单：对应企业的业务会计。

【友情提示】

上述项目中，必填项目有：所属单位、所属账期、编制日期、所属部门、应付工资、养老保险（单位）、失业保险（单位）、工伤保险（单位）、生育保险（单位）、医疗保险（单位）、五险合计、合计（应付工资、各单位缴纳社保费、五险合计）。

（4）重命名 Excel 数据表。将填制完成的 Excel 数据表以“计提工资汇总表”名称保存。这一步非常重要，填制完成的数据表的名称必须是指定名称“计提工资汇总表”，否则财务机器人将不能识别。

【友情提示】

期末计提业务智能核算的数据基础是填制事先建立的财务机器人凭证模型，该模型必须是平台提供的 Excel 数据表，该数据表的格式也直接决定后续模型配置项目的填写和选择。

➢ 步骤 2：模型配置

模型配置是指在财务机器人云平台设置模型为系统能从 Excel 数据表中自动提取相关数据并自动生成凭证做好准备。

依次单击“Excel 数据建模”→“模型配置”选项，在打开的窗口中单击“新增”按钮，执行如下操作。

（1）凭证头设置。在“模板名称”框输入“计提工资”，“文档类型”选择“计提工资汇总表”，“推送方式”选择“自动推送”，其他填写项保持默认设置。设置结果见图 5-1-3。

图 5-1-3 凭证头设置

（2）分录设置。借贷方科目设置及对应金额取值与计提工资汇总表格式密切相关，计提工资分录设置原理见表 5-1-3，分录设置结果见图 5-1-4。

表 5-1-3 计提工资分录设置原理

借贷方向	模板匹配原理	科目	金额取值原理（“计提工资汇总表”Excel 数据表）
借	根据“文档类型”匹配模型	管理费用-工资	“应付工资”列与“行政部”“财务部”行交汇处的值的合计
借		管理费用-社保费	“五险合计”列与“行政部”“财务部”行交汇处的值的合计
借		销售费用-工资	“应付工资”列与“销售部”行交汇处的值
借		销售费用-社保费	“五险合计”列与“销售部”行交汇处的值
借		制造费用-人工费	“生产管理部”行与“应付工资”“五险合计”列交汇处的值的合计
借		生产成本-基本生产成本-儿童自行车-直接人工	“儿童自行车生产车间”行与“应付工资”“五险合计”列交汇处的值的合计
借		生产成本-基本生产成本-儿童平衡车-直接人工	“儿童平衡车生产车间”行与“应付工资”“五险合计”列交汇处的值的合计
贷		应付职工薪酬-工资	“合计”行与“应付工资”列交汇处的值
贷		应付职工薪酬-设定提存计划（养老、失业保险）	“合计”行与“养老保险（单位）”“失业保险（单位）”列交汇处的值的合计
贷		应付职工薪酬-工伤保险	“合计”行与“工伤保险（单位）”列交汇处的值
贷		应付职工薪酬-生育保险	“合计”行与“生育保险（单位）”列交汇处的值
贷		应付职工薪酬-医疗保险	“合计”行与“医疗保险（单位）”列交汇处的值

凭证头设置 分录设置 合并及排序

操作	摘要	科目	明细设置	方向	金额取值
	@模板名称	660201 管理费用-工资		借	应付工资 / 行政部、财务部
	@模板名称	660202 管理费用-社保费		借	五险合计 / 行政部、财务部
	@模板名称	660101 销售费用-工资		借	应付工资 / 销售部
	@模板名称	660102 销售费用-社保费		借	五险合计 / 销售部
	@模板名称	510104 制造费用-人工费		借	生产管理部 / 应付工资、五险合计
	@模板名称	5001010102 生产成本-基本生产成本-儿童自行车-直接人工		借	儿童自行车生产车间 / 应付工资、五险合计
	@模板名称	5001010202 生产成本-基本生产成本-儿童平衡车-直接人工		借	儿童平衡车生产车间 / 应付工资、五险合计
	@模板名称	221101 应付职工薪酬-工资		贷	合计 / 应付工资
	@模板名称	221102 应付职工薪酬-设定提存计划（养老、失业保险）		贷	合计 / 养老保险（单位）、失业保险（单位）
	@模板名称	221103 应付职工薪酬-工伤保险		贷	合计 / 工伤保险（单位）
	@模板名称	221104 应付职工薪酬-生育保险		贷	合计 / 生育保险（单位）
	@模板名称	221105 应付职工薪酬-医疗保险		贷	合计 / 医疗保险（单位）

图 5-1-4 计提工资分录设置

（3）合并及排序设置。设置结果见图 5-1-5。

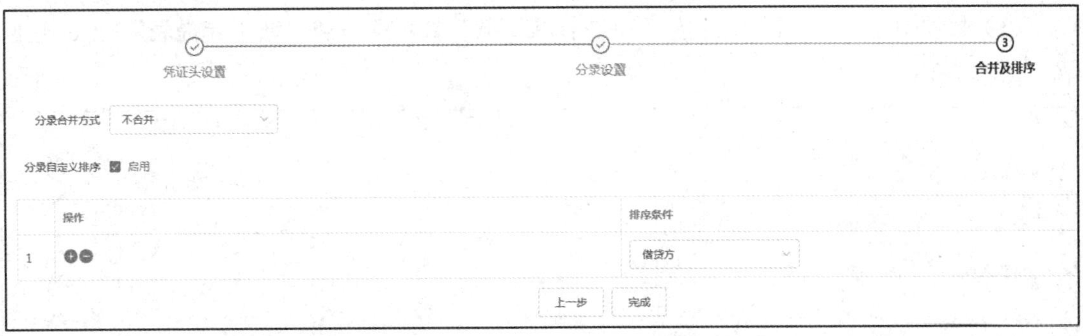

图 5-1-5　合并及排序设置

> **【友情提示】**
> 在“企业财务与会计机器人应用”1+X 初级证书考试中，模型配置无须自己设置，只须在“模型配置”菜单选项下单击“复制教师模板”按钮，即可自动获取。

➢ 步骤 3：导入“计提工资汇总表”Excel 数据表并自动生成记账凭证

单击“Excel 数据导入”按钮，上传填制完成的“计提工资汇总表”Excel 数据表，系统自动生成记账凭证。

> **【友情提示】**
> 凭证模板配置一旦完成，以后每个会计期末计提工资时只须填写和上传当期计提工资汇总表即可由财务机器人自动生成相应记账凭证。

（二）期末计提增值税

■ 任务情景

厦门信德工业有限公司为增值税一般纳税人，2020 年 4 月 30 日计提当月应缴增值税。已知当月增值税销项税额为 65852.32 元、进项税额为 42355.11 元。

■ 任务目标

根据厦门信德工业有限公司的企业背景、任务情景相关信息，在财务机器人云平台“Excel 数据建模”菜单依次完成下列任务：①下载并填制“通用计提表”Excel 数据表；②完成模型配置；③导入“计提增值税”Excel 数据表并自动生成记账凭证。

要求：账期为 2020 年 4 月；上传文件名称为“计提增值税”；计提金额保留两位小数（提示：需要时可使用 ROUND 函数，后续相同操作不再提示）。

■ 任务实施

在财务机器人云平台“Excel 数据建模”菜单，按下列流程操作完成计提增值税业务建模并自动生成记账凭证。

➢ 步骤 1：下载并填制“通用计提表”Excel 数据表

（1）依次单击“Excel 数据建模”→“模板下载”选项，下载“通用计提表”Excel 数据表，见图 5-1-6。

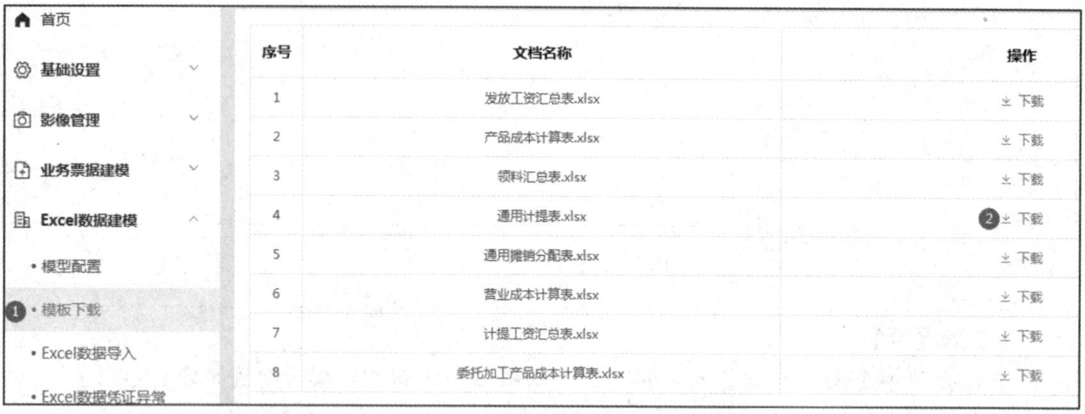

首页
基础设置
影像管理
业务票据建模
Excel数据建模
• 模型配置
1 • 模板下载
• Excel数据导入
• Excel数据凭证异常
序号
文档名称
操作
1 发放工资汇总表.xlsx 下载
2 产品成本计算表.xlsx 下载
3 领料汇总表.xlsx 下载
4 通用计提表.xlsx 2 下载
5 通用摊销分配表.xlsx 下载
6 营业成本计算表.xlsx 下载
7 计提工资汇总表.xlsx 下载
8 委托加工产品成本计算表.xlsx 下载

图 5-1-6　下载“通用计提表”Excel 数据表

（2）填制“通用计提表”Excel 数据表，填制结果见图 5-1-7。

本期应计提增值税=65852.32（本期销项税额）-42355.11（本期进项税额）=23497.21（元）。

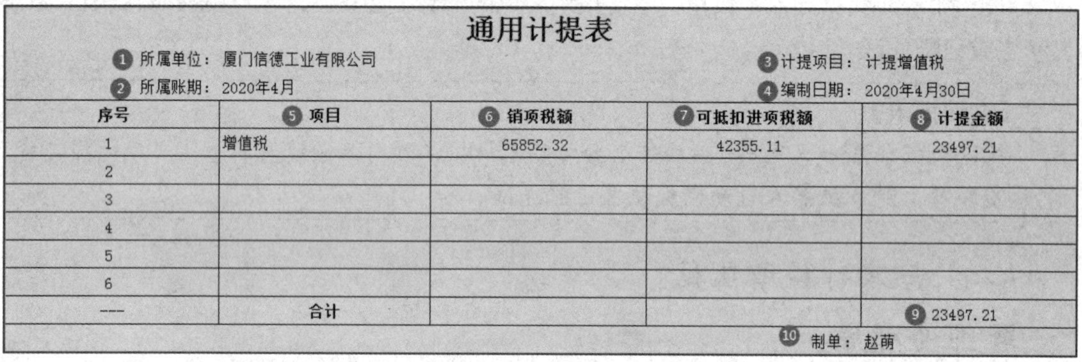

通用计提表

① 所属单位：厦门信德工业有限公司　　③ 计提项目：计提增值税

② 所属账期：2020年4月　　④ 编制日期：2020年4月30日

序号	⑤ 项目	⑥ 销项税额	⑦ 可抵扣进项税额	⑧ 计提金额
1	增值税	65852.32	42355.11	23497.21
2				
3				
4				
5				
6				
---	合计			⑨ 23497.21

⑩ 制单：赵萌

图 5-1-7　填制“通用计提表”Excel 数据表

【友情提示】

通用计提表适用多个计提项目，选择对应的计提项目，则表单会显示该计提项目所适用的格式。其中所属单位、所属账期、计提项目、编制日期、项目、计提金额、合计（计提金额）为必填项。

① 所属单位：填写对应企业全称，如“厦门信德工业有限公司”。

② 所属账期：填写对应账期，格式如“2020 年 4 月”。

③ 计提项目：选择题目需要的计提项目，如计提增值税。

④ 编制日期：一般填写账期最后一天，如“2020 年 4 月 30 日”。

⑤ 项目：计提项目选择完后，“项目”栏应根据具体的计提项目匹配适用的项目，直接选择即可。

⑥ 销项税额：企业当期销项税额，通常为已知条件。

⑦ 可抵扣进项税额：企业当期可抵扣进项税额，是扣减或加上其他项目的净值，如进项税额转出、增值税留抵税额等。

⑧ 计提金额：项目对应的计提金额，如企业当期应计提的增值税额，其计提金额=销项税额-可抵扣进项税额。

⑨ 合计（计提金额）：计提金额合计数。

⑩ 制单：对应企业的业务会计。

（3）重命名 Excel 数据表。将填制完成的 Excel 数据表重命名或另存为“计提增值税”。

【友情提示】

填制完成的表格需要重新命名，不能使用原命名“通用计提表”。使用“通用计提表”上传，后续若使用相同命名上传其他税费的计提表单，则会导致原先上传形成的凭证被覆盖。

➢ 步骤 2：模型配置

依次单击“Excel 数据建模”→“模型配置”选项，在打开的窗口中单击“新增”按钮，执行如下操作。。

（1）凭证头设置。“文档类型”选择“通用计提表”，“计提项目”选择“计提增值税”，在“模板名称”框中输入“计提增值税”（提示：模板名称建议与计提项目名称相一致），其他填写项保持默认设置。设置结果见图 5-1-8。

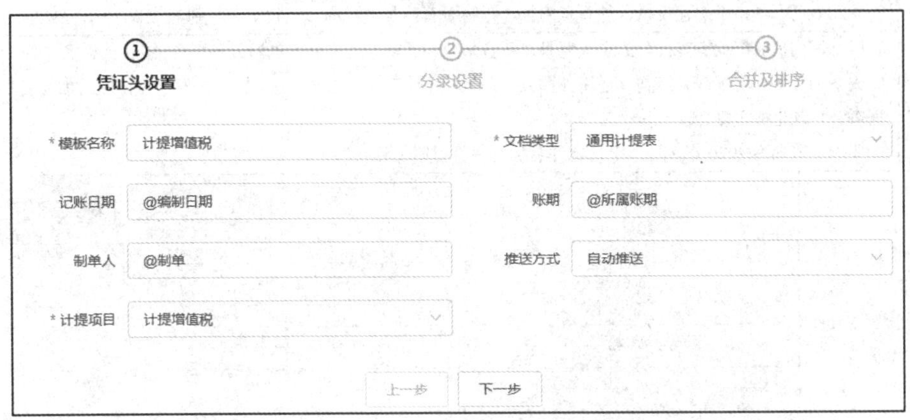

图 5-1-8 凭证头设置

（2）分录设置。计提增值税分录设置原理见表 5-1-4。分录设置结果见图 5-1-9。

表 5-1-4 计提增值税分录设置原理

借贷方向	科目	金额取值原理（“计提增值税”Excel 数据表）
借	应交税费-应交增值税-转出未交增值税	“增值税”行与“计提金额”列交汇处的值
贷	应交税费-未交增值税	“计提金额”列与“合计”行交汇处的值

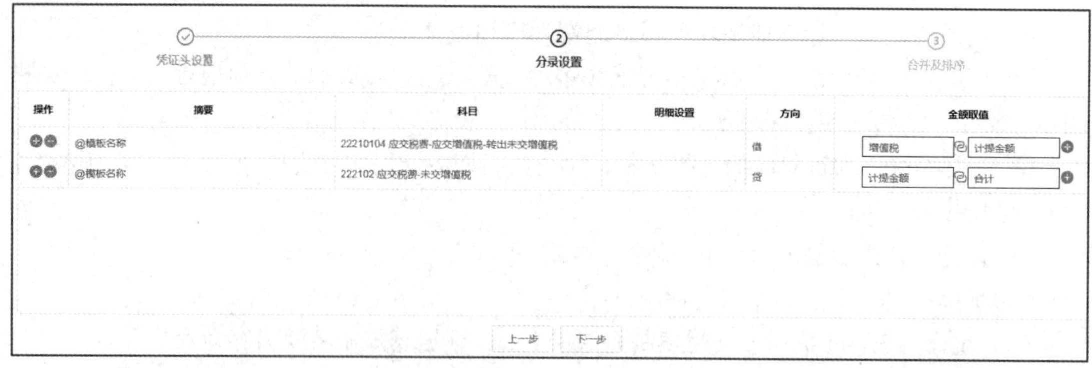

图 5-1-9　分录设置

（3）合关及排序设置。操作方法不再赘述。。

➢ **步骤 3：导入“计提增值税”Excel 数据表并自动生成记账凭证**

单击“Excel 数据导入”按钮，上传填制完成的“计提增值税”Excel 数据表，系统自动生成记账凭证。

三、任务练习（见表 5-1-5）

表 5-1-5　学生练习工作页

<table>
<tr><td>班级</td><td colspan="2"></td><td>姓名</td><td></td><td>组别</td><td></td><td>时间</td><td></td><td>地点</td><td></td></tr>
<tr><td>任务情景</td><td colspan="10">厦门信德工业有限公司为增值税一般纳税人，2020 年 7 月 31 日计提附加税费。已知：本期计提的未缴增值税 36582.20 元，城市维护建设税、教育费附加、地方教育附加的税率（征收率）分别为 7%、3%、2%。</td></tr>
<tr><td>任务目标</td><td colspan="10">根据厦门信德工业有限公司的企业背景、任务情景相关信息，在财务机器人云平台“Excel 数据建模”菜单依次完成下列任务：①下载并填制“通用计提表”Excel 数据表；②完成模型配置；③导入“计提附加税费”Excel 数据表并自动生成记账凭证。
要求：账期为 2020 年 7 月；上传文件名称为“计提附加税费”。</td></tr>
<tr><td rowspan="7">任务实施</td><td colspan="2">步骤 1：下载并填制“通用计提表”Excel 数据表</td><td colspan="8">通用计提表
所属单位：　　计提项目：计提附加税费
所属账期：　　编制日期：
<table><tr><td>序号</td><td>项目</td><td>基数</td><td>计提比例</td><td>计提金额</td></tr><tr><td>1</td><td></td><td></td><td></td><td></td></tr><tr><td>2</td><td></td><td></td><td></td><td></td></tr><tr><td>3</td><td></td><td></td><td></td><td></td></tr><tr><td>4</td><td></td><td></td><td></td><td></td></tr><tr><td>5</td><td></td><td></td><td></td><td></td></tr><tr><td>6</td><td></td><td></td><td></td><td></td></tr><tr><td>----</td><td>合计</td><td></td><td></td><td></td></tr></table>制单：</td></tr>
<tr><td rowspan="6">步骤 2：模型配置</td><td>凭证头设置</td><td colspan="8">①模板名称：＿＿＿＿＿＿＿＿；②文档类型：＿＿＿＿＿＿＿＿；③记账日期：@编制日期；④账期：@所属账期；⑤制单人：@制单；⑥推送方式：自动推送或手动推送；⑦计提项目：＿＿＿＿＿＿＿＿＿＿。</td></tr>
<tr><td rowspan="5">分录设置</td><td>摘要</td><td colspan="3">科目</td><td>借或贷</td><td colspan="3">金额</td></tr>
<tr><td></td><td colspan="3"></td><td></td><td colspan="3"></td></tr>
<tr><td></td><td colspan="3"></td><td></td><td colspan="3"></td></tr>
<tr><td></td><td colspan="3"></td><td></td><td colspan="3"></td></tr>
<tr><td></td><td colspan="3"></td><td></td><td colspan="3"></td></tr>
</table>

续表

<table>
<tr><td rowspan="2">任务实施</td><td>步骤2：模型配置</td><td>合并及排序</td><td>分录合并方式：不合并，分录自定义排序：启用，排序条件：借贷方。</td></tr>
<tr><td colspan="2">步骤3：导入“计提附加税费”Excel数据表并生成记账凭证</td><td></td></tr>
<tr><td>学习感悟</td><td colspan="3"></td></tr>
</table>

任务2　期末摊销业务智能核算

一、知识准备

期末摊销业务主要包括房租费摊销、物业费摊销、通信费摊销、水电费摊销、无形资产摊销等。对于企业发生的房租费、物业费、通信费、水电费等支出业务，有可能同时有三种不同类型的业务，一是根据增值税发票确认的应付款业务，二是银行付款回单反映的实际支付款项业务，三是期末根据受益部门进行摊销的业务。其中前两者分别按采购服务和往来业务通过业务票据建模进行智能账务处理，第三种类型期末摊销则通过Excel建模进行智能账务处理。

（一）房租费相关业务智能核算

以房租费为例，不同类型票据智能账务处理如下。

1. 取得增值税发票时确认应付款

从服务提供方获取增值税发票后，应对采购房屋租赁服务进行智能核算。

对于一般纳税人取得增值税专用发票的，编制会计分录如下：

借：其他应付款——房租费摊销

　　应交税费——应交增值税——进项税额

　　贷：应付账款——供应商

取得增值税普通发票或增值税电子普通发票的，增值税不得抵扣，编制会计分录如下：

借：其他应付款——房租费摊销

　　贷：应付账款——供应商

与财务会计处理不同之处是增设了会计科目“其他应付款——房租费摊销”进行过渡。

2. 实际支付房租费

通过银行转账方式支付房租费，从银行获取银行付款回单，应作为往来业务进行智能核算，编制分录如下：

借：应付账款——供应商

　　贷：银行存款

3. 房租费摊销

期末应选择 Excel 数据建模进行房租费摊销智能核算，编制会计分录如下：

借：销售费用（专属销售部）

　　管理费用（行政部、财务部等）

　　制造费用（生产用房）

　　贷：其他应付款——房租费摊销

本任务学习上述第 3 种情形的智能账务处理方法。物业费、通信费、水电费相关业务与上述房租费基本相同，不再赘述。

（二）无形资产摊销业务智能核算

无形资产是指企业拥有或者控制的没有实物形态的可辨认非货币性资产，主要包括专利权、非专利技术、商标权、著作权、土地使用权、特许权等。根据企业会计准则 6 号有关规定，企业应当于取得无形资产时判断其使用寿命并进行摊销，使用寿命不确定的无形资产不应摊销。

摊销无形资产应当自无形资产可供使用时起，至不再作为无形资产确认时止。

企业选择的无形资产摊销方法，应当反映与该项无形资产有关的经济利益的预期实现方式。无法可靠确定预期实现方式的，应当采用直线法摊销。

无形资产的摊销金额一般应当计入当期损益，其他会计准则另有规定的除外。企业行政管理用的无形资产，摊销金额计入管理费用；出租的无形资产，摊销金额计入其他业务成本；某项无形资产包含的经济利益通过所生产的产品或其他资产实现的，摊销金额计入相关资产成本。编制无形资产摊销会计分录如下：

借：管理费用

　　其他业务成本

　　生产成本

　　制造费用

　　贷：累计摊销

限于篇幅，本任务只介绍房租费摊销与无形资产摊销业务智能核算原理。

二、任务示范

（一）房租费摊销

■ 任务情景

2020 年 7 月，厦门信德工业有限公司财务部取得一张增值税专用发票（见图 5-2-1），该发票项目为公司本年度 7—12 月份的房租费支出，相关支出应由行政部、财务部、销售部和基本生产车间共同承担，分配比例分别为 5%、10%、15%、70%，摊销日期为 2020 年 7 月 31 日。

厦门增值税专用发票

3562532138　　№ 89654223　　3562532138　89654223

开票日期：2020年07月28日

购买方		密码区
名　　称：厦门信德工业有限公司 纳税人识别号：91350208045663254D 地 址、电 话：厦门市湖里区高新园创新路42号 0592-82274578 开户行及账号：中国银行厦门分行 621600153698		68<4+<743+/2-836+3+*52—96+* 855414098875*03-<18—4695412 *<63972*5-439352646+6954/8/- 9-+5-215+73876*436/0----+965

货物或应税劳务、服务名称	规格型号	单位	数量	单价	金额	税率	税额
*经营租赁*房租费		月	6	8000.00	48000.00	9%	4320.00
合　　计					¥48000.00		¥4320.00
价税合计（大写）	伍万贰仟叁佰贰拾圆整			（小写）	¥52320.00		

销售方	备注
名　　称：厦门每天房屋租赁有限公司 纳税人识别号：91350235966884499L 地 址、电 话：厦门市仙岳路352号 0592-69632555 开户行及账号：中国工商银行厦门仙岳支行 110007636995354455652	厦门市湖里区高新园创新路42号

收款人：陈宏　　复核：谢丹丹　　开票人：张明霞　　销售方：（章）

复印件

第三联：发票联　购买方记账凭证

图 5-2-1　增值税专用发票复印件

■ 任务目标

根据厦门信德工业有限公司的企业背景、任务情景相关信息，在财务机器人云平台“Excel 数据建模”菜单依次完成下列任务：①下载并填制“通用摊销分配表”Excel 数据表；②完成模型配置；③导入“摊销房租费”Excel 数据表并自动生成记账凭证。

要求：账期为 2020 年 7 月；上传文件名称为“摊销房租费”。

■ 任务实施

在财务机器人云平台“Excel 数据建模”菜单，按下列流程操作完成摊销房租费业务 Excel 数据建模并自动生成记账凭证。

➢ 步骤 1：下载并填制“通用摊销分配表”Excel 数据表

（1）依次单击“Excel 数据建模”→“模板下载”选项，下载“通用摊销分配表”Excel 数据表，见图 5-2-2。

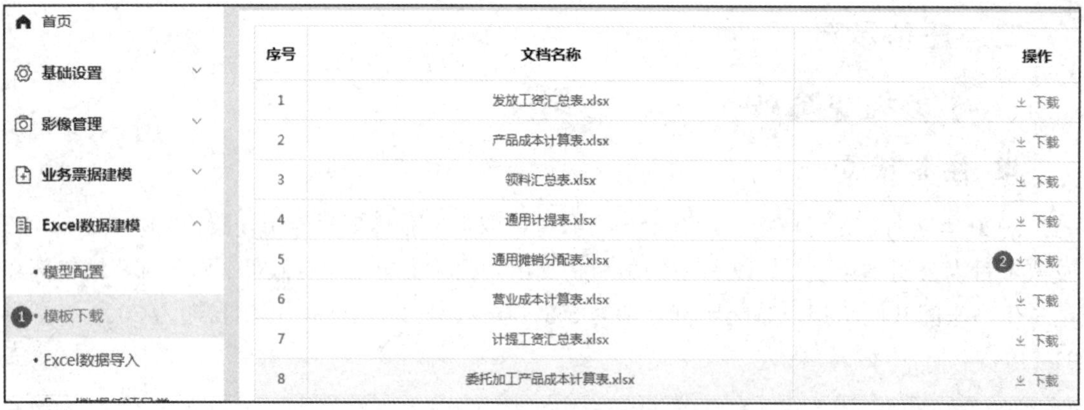

序号	文档名称	操作
1	发放工资汇总表.xlsx	下载
2	产品成本计算表.xlsx	下载
3	领料汇总表.xlsx	下载
4	通用计提表.xlsx	下载
5	通用摊销分配表.xlsx	②下载
6	营业成本计算表.xlsx	下载
7	计提工资汇总表.xlsx	下载
8	委托加工产品成本计算表.xlsx	下载

图 5-2-2　下载“通用摊销分配表”Excel 数据表

（2）填制“通用摊销分配表”Excel 数据表，见图 5-2-3。

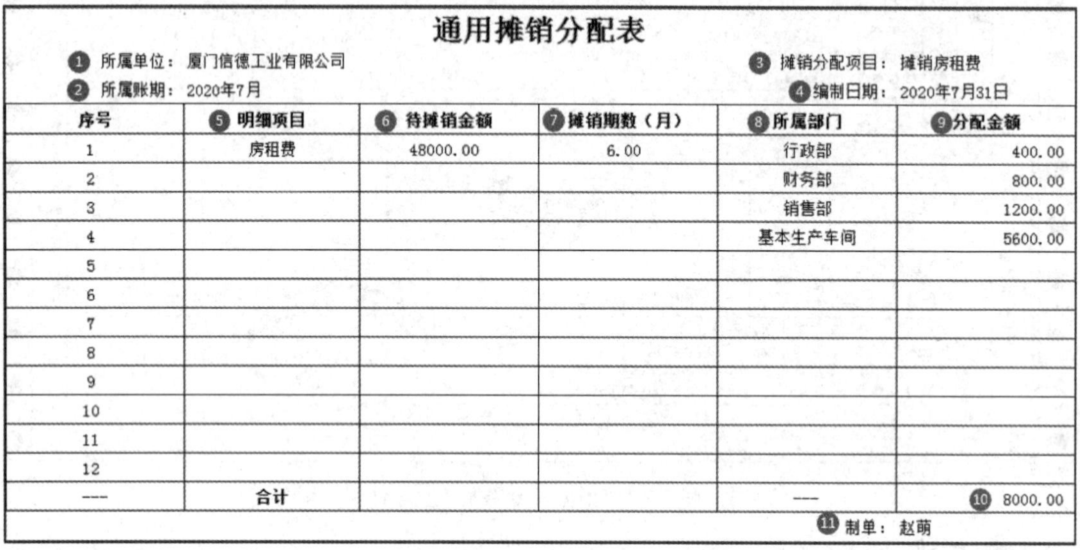

通用摊销分配表

①所属单位：厦门信德工业有限公司　　③摊销分配项目：摊销房租费

②所属账期：2020年7月　　④编制日期：2020年7月31日

序号	⑤明细项目	⑥待摊销金额	⑦摊销期数（月）	⑧所属部门	⑨分配金额
1	房租费	48000.00	6.00	行政部	400.00
2				财务部	800.00
3				销售部	1200.00
4				基本生产车间	5600.00
5					
6					
7					
8					
9					
10					
11					
12					
---	合计			---	⑩8000.00

⑪制单：赵萌

图 5-2-3　填制“通用摊销分配表”Excel 数据表

房租费摊销分配金额计算：

7 月份应摊销房租费总金额=48000÷6=8000（元），其中：

行政部应分摊房租费金额=8000×5%=400（元）

财务部应分摊房租费金额=8000×10%=800（元）

销售部应分摊房租费金额=8000×15%=1200（元）

基本生产车间应分摊房租费金额=8000×70%=5600（元）

填制“通用摊销分配表——摊销房租费”表单，具体项目如下：

【友情提示】

选择对应的摊销分配项目，则表单会显示该摊销分配项目所适用的格式。其中所属单位、所属账期、摊销分配项目、编制日期、所属部门、分配金额、合计（分配金额）为必填项。

① 所属单位：填写对应企业全称，如“厦门信德工业有限公司”。

② 所属账期：填写对应账期，格式如“2020 年 7 月”。

③ 摊销分配项目：选择题目需要的摊销分配项目，如摊销房租费等。

④ 编制日期：一般填写账期的最后一天，格式如“2020 年 7 月 31 日”。

⑤ 明细项目：摊销分配项目选择完后，明细项目会根据具体的摊销分配项目匹配适用的明细项目，直接选择即可。

⑥ 待摊销金额：明细项目对应的待摊销金额总计。

⑦ 摊销期数（月）：根据题目提示的需要摊销的期数（月数）。

⑧ 所属部门：根据题目提示的受益部门。

⑨ 分配金额：各部门应分配的金额。

⑩ 合计（分配金额）：分配金额合计数。

⑪ 制单：对应企业的业务会计，即为生成该摊销表记账凭证的会计。

（3）重命名 Excel 数据表。将填制完成的 Excel 数据表重命名或另存为“摊销房租费”。

➢ 步骤 2：模型配置

依次单击“Excel 数据建模”→“模型配置”选项，在打开的窗口中单击“新增”按钮，执行如下操作。

（1）凭证头设置。“文档类型”选择“通用摊销分配表”，“摊销分配项目”选择“摊销房租费”，在“模板名称”中输入“摊销房租费”（提示：模板名称建议与摊销分配项目名称相一致），其他填写项保持默认设置。设置结果见图 5-2-4。

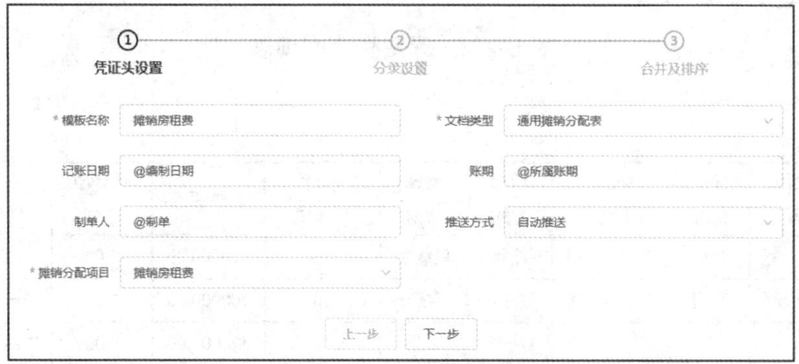

图 5-2-4　凭证头设置

（2）分录设置。摊销房租费分录设置原理见表 5-2-1。分录设置结果见图 5-2-5。

表 5-2-1　摊销房租费分录设置原理

借贷方向	模板匹配原理	科目	金额取值原理（“摊销房租费”Excel 数据表）
借	根据“摊销分配项目”匹配模型	制造费用-房租费	“分配金额”列与“基本生产车间”行交汇处的值
借		销售费用-房租费	“分配金额”列与“销售部”行交汇处的值
借		管理费用-房租费	“分配金额”列与“行政部”“采购部”“仓管部”各行交汇处的值的合计
贷		其他应付款-房租费摊销	“合计”行与“分配金额”列交汇处的值

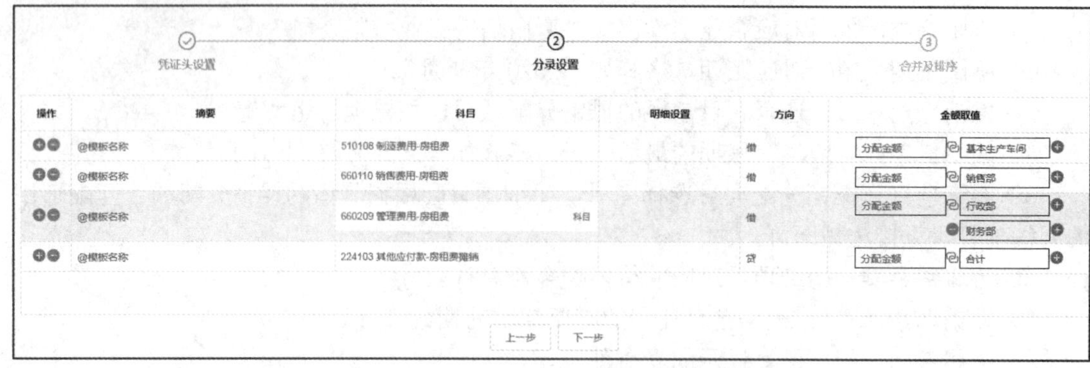

图 5-2-5　房租费摊销分录设置

（3）合并与排序设置。操作方法不再赘述。

➢ **步骤 3：导入“摊销房租费”Excel 数据表并自动生成记账凭证**

单击“Excel 数据导入”按钮，上传填制完成的“摊销房租费”Excel 数据表，系统自动生成记账凭证。

（二）无形资产摊销

■ 任务情景

2020 年 4 月 30 日，厦门信德工业有限公司进行无形资产摊销，摊销方法为直线法，无形资产明细资料见表 5-2-2。

表 5-2-2　无形资产明细表

单位：厦门信德工业有限公司　　　　日期：2020 年 4 月 30 日

单位：元

项目	使用部门	使用情况	入账日期	增加方式	摊销方法	预计使用年限	原值	预计净残值	当月摊销	累计摊销
ERP 软件	财务部	在用	2017/11/18	外购	直线法	10	120000.00	0.00	1000.00	30000.00
设计软件	销售部	在用	2017/11/18	外购	直线法	10	200000.00	0.00	1666.67	50000.10
合计							320000.00	0.00	2666.67	80000.10

■ 任务目标

根据厦门信德工业有限公司的企业背景、任务情景相关信息，在财务机器人云平台“Excel 数据建模”菜单依次完成下列任务：①下载并填制“通用摊销分配表”Excel 数据表；②完成模型配置；③导入“无形资产摊销”Excel 数据表并自动生成记账凭证。

要求：账期为 2020 年 4 月；上传文件名称为“无形资产摊销”。

■ 任务实施

在财务机器人云平台“Excel 数据建模”菜单，按下列流程操作完成无形资产摊销业务 Excel 数据建模并自动生成记账凭证。

➢ 步骤 1：下载并填制“通用摊销分配表”Excel 数据表

（1）依次单击“Excel 数据建模”→“模板下载”选项，下载“通用摊销分配表”Excel 数据表。

（2）从其他资料中导出无形资产明细表，见表 5-2-2，计算并填制通用摊销分配表，见图 5-2-6。

通用摊销分配表

❶ 所属单位：厦门信德工业有限公司　❸ 摊销分配项目：无形资产摊销

❷ 所属账期：2020年4月　❹ 编制日期：2020年4月30日

序号	❺明细项目	❻待摊销金额	❼摊销期数（月）	❽所属部门	❾分配金额
1	ERP系统	120000.00	120.00	财务部	1000.00
2	设计软件	200000.00	120.00	销售部	1666.67
3					
4					
5					
6					
7					
8					
9					
10					
11					
12					
---	合计			---	❿ 2666.67

⓫ 制单：赵萌

图 5-2-6　通用摊销分配表（无形资产摊销）

（3）重命名 Excel 数据表。将填制完成的 Excel 数据表重命名或另存为“无形资产摊销”。

➢ 步骤 2：模型配置

依次单击“Excel 数据建模”→“模型配置”选项，在打开的窗口中单击“新增”按钮，执行如下操作。

（1）凭证头设置。“文档类型”选择“通用摊销分配表”，“摊销分配项目”选择“无形资产摊销”，在“模板名称”框中输入“无形资产摊销”，其他填写项保持默认设置。设置结果见图 5-2-7。

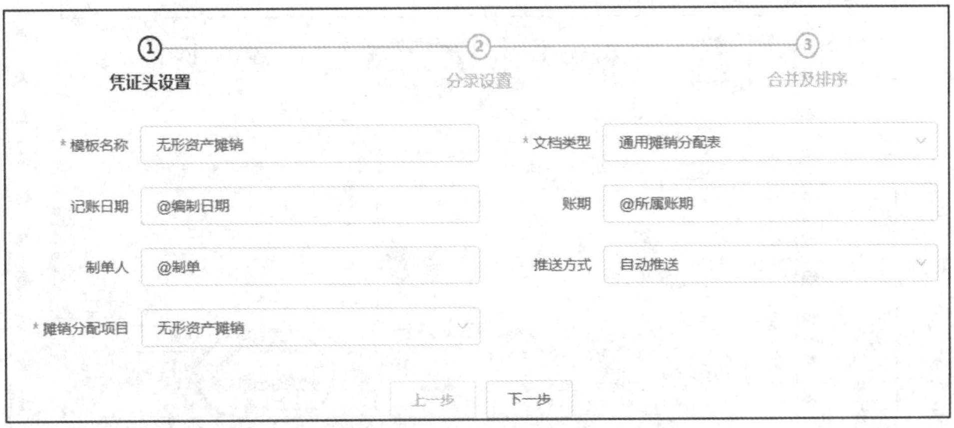

① 凭证头设置　② 分录设置　③ 合并及排序

字段	值	字段	值
* 模板名称	无形资产摊销	* 文档类型	通用摊销分配表
记账日期	@编制日期	账期	@所属账期
制单人	@制单	推送方式	自动推送
* 摊销分配项目	无形资产摊销		

上一步　下一步

图 5-2-7　凭证头设置

（2）分录设置。无形资产摊销分录设置原理见表 5-2-3。分录设置见图 5-2-8。

表 5-2-3　无形资产摊销分录设置原理

借贷方向	模板匹配原理	科　目	金额取值原理（“无形资产摊销” Excel 数据表）
借	根据“摊销分配项目”匹配模型	管理费用-无形资产摊销	“分配金额”列与“财务部”行交汇处的值
借		销售费用-无形资产摊销	“分配金额”列与“销售部”行交汇处的值
贷		累计摊销	“分配金额”列与“合计”行交汇处的值

凭证头设置　分录设置　合并及排序

操作	摘要	科目	明细设置	方向	金额取值
	@模板名称	660212 管理费用-无形资产摊销		借	分配金额 财务部
	@模板名称	660112 销售费用-无形资产摊销		借	分配金额 销售部
	@模板名称	1702 累计摊销		贷	分配金额 合计

上一步　下一步

图 5-2-8　无形资产摊销分录设置

（3）合并及排序设置。操作方法不再赘述。

➢ 步骤 3：导入“无形资产摊销”Excel 数据表并自动生成记账凭证

单击“Excel 数据导入”按钮，上传填制完成的“无形资产摊销”Excel 数据表，系统自动生成记账凭证。

三、任务练习（见表 5-2-4、表 5-2-5）

表 5-2-4　学生练习工作页

班级		姓名		组别		时间		地点	
任务情景	2020 年 7 月，厦门信德工业有限公司财务部取得一张增值税专用发票，该发票项目为公司本年度 7-12 月份的物业费支出，由行政部、财务部、销售部和基本生产车间进行摊销分配，摊销日期为 2020 年 7 月 31 日，分配比例为 5%、10%、15%、70%。								

厦门增值税专用发票

3244833226　№ 35549312　3244833226　35549312

开票日期：2020年07月28日

购买方　名　称：厦门信德工业有限公司
纳税人识别号：91350208045663254D
地址、电话：厦门市湖里区高新园创新路42号 0592-82274578
开户行及账号：中国银行厦门分行 621600153698

密码区：61-1-*6<324152+69<1479-378--
/3<94-01/44-/4+5102>321-/8/-
37934-87-31/5>44+73<8++74090
*28+-/7<>33-34/32--*7+9*3+13

货物或应税劳务、服务名称	规格型号	单位	数量	单价	金额	税率	税额
*企业管理服务*物业费		月	6	1200.00	7200.00	6%	432.00
合　计					¥7200.00		¥432.00

价税合计（大写）　柒仟陆佰叁拾贰圆整　（小写）¥7632.00

销售方　名　称：厦门安居物业服务有限公司
纳税人识别号：91350265123856958A
地址、电话：厦门市高新园创新路36号 0592-84521367
开户行及账号：工行厦门分行营业部1102722022596521036

备注：厦门安居物业服务有限公司 91350265123856958A 发票专用章　高新园创新路42号

收款人：王琳琳　复核：容昆　开票人：洪璐　销售方：（章）

复印件

第三联：发票联　购买方记账凭证

续表

<table>
<tr><td colspan="3">任务目标</td><td>根据厦门信德工业有限公司的企业背景、任务情景相关信息，在财务机器人云平台“Excel 数据建模”菜单依次完成下列任务：①下载并填制“通用摊销分配表”Excel 数据表；②完成模型配置；③导入“摊销物业费”Excel 数据表并自动生成记账凭证。
要求：账期为 2020 年 7 月；上传文件名称为“摊销物业费”。</td></tr>
<tr><td rowspan="5">任务实施</td><td colspan="2">步骤 1：下载并填制“通用摊销分配表”Excel 数据表</td><td>
<table>
<tr><td colspan="6">通用摊销分配表</td></tr>
<tr><td colspan="3">所属单位：</td><td colspan="3">摊销分配项目：摊销物业费</td></tr>
<tr><td colspan="3">所属账期：</td><td colspan="3">编制日期：</td></tr>
<tr><td>序号</td><td>明细项目</td><td>待摊销金额</td><td>摊销期数（月）</td><td>所属部门</td><td>分配金额</td></tr>
<tr><td>1</td><td></td><td></td><td></td><td></td><td></td></tr>
<tr><td>2</td><td></td><td></td><td></td><td></td><td></td></tr>
<tr><td>3</td><td></td><td></td><td></td><td></td><td></td></tr>
<tr><td>4</td><td></td><td></td><td></td><td></td><td></td></tr>
<tr><td>5</td><td></td><td></td><td></td><td></td><td></td></tr>
<tr><td>6</td><td></td><td></td><td></td><td></td><td></td></tr>
<tr><td>7</td><td></td><td></td><td></td><td></td><td></td></tr>
<tr><td>8</td><td></td><td></td><td></td><td></td><td></td></tr>
<tr><td>9</td><td></td><td></td><td></td><td></td><td></td></tr>
<tr><td>10</td><td></td><td></td><td></td><td></td><td></td></tr>
<tr><td>11</td><td></td><td></td><td></td><td></td><td></td></tr>
<tr><td>12</td><td></td><td></td><td></td><td></td><td></td></tr>
<tr><td>13</td><td></td><td></td><td></td><td></td><td></td></tr>
<tr><td>----</td><td>合计</td><td></td><td></td><td>----</td><td></td></tr>
<tr><td colspan="6">制单：</td></tr>
</table>
</td></tr>
<tr><td rowspan="3">步骤 2：模型配置</td><td>凭证头设置</td><td>①模板名称：________；②文档类型：________；③记账日期：@编制日期；④账期：@所属账期；⑤制单人：@制单；⑥推送方式：自动推送或手动推送；⑦摊销分配项目：________。</td></tr>
<tr><td>分录设置</td><td>
<table>
<tr><td>摘要</td><td>科目</td><td>方向</td><td>金额</td></tr>
<tr><td></td><td></td><td></td><td></td></tr>
<tr><td></td><td></td><td></td><td></td></tr>
<tr><td></td><td></td><td></td><td></td></tr>
<tr><td></td><td></td><td></td><td></td></tr>
</table>
</td></tr>
<tr><td>合并及排序</td><td>分录合并方式：不合并，分录自定义排序：启用，排序条件：借贷方。</td></tr>
<tr><td colspan="2">步骤 3：导入“摊销物业费”Excel 数据表并生成记账凭证</td><td></td></tr>
<tr><td colspan="3">学习感悟</td><td></td></tr>
</table>

表 5-2-5　学生练习工作页

<table>
<tr><td>班级</td><td></td><td>姓名</td><td></td><td>组别</td><td></td><td>时间</td><td></td><td>地点</td><td></td></tr>
<tr><td colspan="2">任务
情景</td><td colspan="8">2020 年 8 月，江苏旺丰物流有限公司取得一张增值税发票，该发票项目为通信费支出，由行政部、财务部、销售部、运输部进行分摊，摊销日期为 2020 年 8 月 31 日，分配比例为 20%、30%、10%、40%。
<table>
<tr><td colspan="9">5221373321　江苏增值税专用发票　№ 22532415　5221373321　22532415
发票联
开票日期：2020年08月28日</td></tr>
<tr><td>购买方</td><td colspan="5">名　　称：江苏旺丰物流有限公司
纳税人识别号：91266260986433698C
地 址、电 话：吴江区平望镇家瑞大道66号 0512-86985478
开户行及账号：中国银行苏州何山路分理处 536555948745</td><td>密码区</td><td colspan="2">98<4332232>>+*+/*4453+*6457-
52-+-4646+-566/03246*436/956
5234272*5-439234/<203-<18--4
5232-215+7-552134675*-008905</td></tr>
<tr><td>货物或应税劳务、服务名称</td><td>规格型号</td><td>单位</td><td>数量</td><td>单价</td><td>金额</td><td>税率</td><td>税额</td><td></td></tr>
<tr><td>*电信服务*基础电信服务</td><td></td><td>月</td><td>1</td><td>1800.00</td><td>1800.00</td><td>9%</td><td>162.00</td><td></td></tr>
<tr><td>合　　计</td><td></td><td></td><td></td><td></td><td>¥1800.00</td><td></td><td>¥162.00</td><td></td></tr>
<tr><td>价税合计（大写）</td><td colspan="4">⊗壹仟玖佰陆拾贰圆整</td><td colspan="4">（小写）¥1962.00</td></tr>
<tr><td>销售方</td><td colspan="5">名　　称：中国电信股份有限公司苏州分公司
纳税人识别号：91456652144588623X
地 址、电 话：苏州工业园区九华路22号 0512-83362554
开户行及账号：中国银行苏州工业园区支行 4858580063352215252</td><td>备注</td><td colspan="2">中国电信股份有限公司苏州分公司 91456652144588623X 发票专用章</td></tr>
<tr><td colspan="9">收款人：张鹏　复核：贺军　开票人：王晓玲　销售方：（章）</td></tr>
</table>
第三联：发票联　购买方记账凭证
复印件</td></tr>
<tr><td colspan="2">任务
目标</td><td colspan="8">根据江苏旺丰物流有限公司的企业背景、任务情景相关信息，在财务机器人云平台“Excel 数据建模”菜单依次完成下列任务：①下载并填制“通用摊销分配表”Excel 数据表；②完成模型配置；③导入“分摊通信费”Excel 数据表并自动生成记账凭证。
要求：账期为 2020 年 8 月；上传文件名称为“分摊通信费”。</td></tr>
<tr><td rowspan="4">任
务
实
施</td><td colspan="2">步骤 1：下载并填制“通用摊销分配表”Excel 数据表</td><td colspan="7">通用摊销分配表
所属单位：　　摊销分配项目：分摊通信费
所属账期：　　编制日期：
<table>
<tr><th>序号</th><th>明细项目</th><th>待分配金额</th><th>分配标准</th><th>所属部门</th><th>分配金额</th></tr>
<tr><td>1</td><td></td><td></td><td></td><td></td><td></td></tr>
<tr><td>2</td><td></td><td></td><td></td><td></td><td></td></tr>
<tr><td>3</td><td></td><td></td><td></td><td></td><td></td></tr>
<tr><td>4</td><td></td><td></td><td></td><td></td><td></td></tr>
<tr><td>5</td><td></td><td></td><td></td><td></td><td></td></tr>
<tr><td>6</td><td></td><td></td><td></td><td></td><td></td></tr>
<tr><td>7</td><td></td><td></td><td></td><td></td><td></td></tr>
<tr><td>8</td><td></td><td></td><td></td><td></td><td></td></tr>
<tr><td>9</td><td></td><td></td><td></td><td></td><td></td></tr>
<tr><td>10</td><td></td><td></td><td></td><td></td><td></td></tr>
<tr><td>11</td><td></td><td></td><td></td><td></td><td></td></tr>
<tr><td>12</td><td></td><td></td><td></td><td></td><td></td></tr>
<tr><td>13</td><td></td><td></td><td></td><td></td><td></td></tr>
<tr><td>---</td><td>合计</td><td></td><td></td><td>---</td><td></td></tr>
</table>
制单：</td></tr>
<tr><td rowspan="3">步骤 2：模型配置</td><td>凭证头设置</td><td colspan="7">①模板名称：________；②文档类型：________；③记账日期：@编制日期；④账期：@所属账期；⑤制单人：@制单；⑥推送方式：自动推送或手动推送；⑦计提项目：________。</td></tr>
<tr><td>分录设置</td><td colspan="7">
<table>
<tr><th>摘要</th><th>科目</th><th>方向</th><th>金额</th></tr>
<tr><td></td><td></td><td></td><td></td></tr>
<tr><td></td><td></td><td></td><td></td></tr>
<tr><td></td><td></td><td></td><td></td></tr>
<tr><td></td><td></td><td></td><td></td></tr>
</table></td></tr>
<tr><td>合并及排序</td><td colspan="7">分录合并方式：不合并，分录自定义排序：启用，排序条件：借贷方。</td></tr>
</table>

续表

任务实施	步骤3：导入“分摊通信费”Excel数据表并生成记账凭证	
学习感悟		

任务3 期末结转业务智能核算

一、知识准备

期末结转业务是指月末结账时将某一账户的发生额和余额转移至另一个账户中的会计业务总称。常见的期末结转业务有结转工会经费、结转福利费、结转职工教育经费、结转制造费用、结转营业成本等。财务机器人处理期末结转业务的特点是选择“通用摊销分配表”Excel数据表（结转营业成本选择用“营业成本计算表”），通过模型配置实现智能核算处理。限于篇幅本任务以结转营业成本和结转工会经费智能核算为例讲述具体操作。

（一）结转营业成本

营业成本是指企业为生产产品、提供服务等发生的可归属于产品成本、服务成本等的费用，包括主营业务成本和其他业务成本。

企业一般在月末，将已销售商品、已提供服务的成本转入营业成本，从而实现成本与收入的配比。存货成本核算方法有实际成本核算和计划成本核算两种。实际成本核算法下，发出或结存存货的计价方法有先进先出法、移动加权平均法、月末一次加权平均法和个别计价法。计划成本核算法下，需要对期末存货或发出存货成本进行调整。

企业结转已销售商品或提供服务成本，是在填制“营业成本计算表”Excel数据表的基础上，通过Excel数据建模实现智能核算。编制会计分录如下：

借：主营业务成本——产品或服务项目

　　贷：库存商品——存货名称

　　　　合同履约成本等科目

（二）结转工会经费

工会经费是指工会依法取得并开展正常活动所需的费用。按《中华人民共和国工会法》，工会经费的主要来源是工会会员缴纳的会费和按每月全部职工工资总额的2%向工会拨交的经费。期末结转工会经费，是在填制“通用摊销分配表”Excel数据表的基础上，通过Excel数据建模实现智能核算。编制会计分录如下：

借：管理费用
　　销售费用
　　制造费用
　　生产成本
　　贷：应付职工薪酬——工会经费

（三）结转制造费用

制造费用是指计入产品成本的间接费用，包括企业生产部门（如生产车间）发生的水电费、固定资产折旧、无形资产摊销、管理人员的职工薪酬、劳动保护费、国家规定的有关环保费用、季节性和修理期间的停工损失、直接用于产品生产但没有专设成本项目的生产费用，以及用于组织和管理生产的费用。

制造费用常见的分配方法有生产工人工时比例法、生产工人工资比例法、机器工时比例法和年度计划分配率法。企业具体采用哪种分配方法，由企业自行决定，分配方法一经确定不得随意变更，如需变更应当在会计报表附注中予以说明。

生产工人工时比例法以产品的实际生产工时和定额工时为分配标准进行分配。其分配步骤为三步：第一，确定分配标准，即产品的生产工时；第二，计算分配率，制造费用分配率=制造费用总额/各种产品生产工时总和；第三，计算某种产品应分配的制造费用。某种产品应分配的制造费用=该产品生产工时×制造费用分配率。

生产工人工资比例法是以产品成本中直接工资为标准来分配制造费用的一种方法。其分配步骤为三步：第一，确定分配标准，即为生产工人工资；第二，计算分配率，制造费用分配率=制造费用总额/各种产品生产工人工资总额；第三，计算某产品应分配的制造费用。某种产品应分配的制造费用=该产品生产工人工资×制造费用分配率。

机器工时比例法按照各种产品生产所用的机器设备运转时间进行制造费用分配。其分配步骤为三步：第一，确定分配标准，即为机器工时；第二，计算分配率，制造费用分配率=制造费用总额/各种产品机器运转时间总额；第三，计算某产品应分配的制造费用。某种产品应分配的制造费用=该产品机器运转时数×制造费用分配率。

年度计划分配率法是按照各产品的定额工时和年度计划分配率分配制造费用，各月实际发生的制造费用与按年度计划分配率分配的制造费用差异平时不调整，待到年末才进行调整。其分配步骤为二步：第一，制造费用年度计划分配率=年度制造费用计划总额/年度各种产品计划产量的定额工时之和；第二，某种产品应分配的制造费用=该月该种产品实际产量的定额工时数×制造费用年度计划分配率。

期末结转制造费用是在编制“通用摊销分配表”Excel 数据表的基础上，通过 Excel 数据建模实现智能核算。编制会计分录如下：

借：生产成本——基本生产成本——**产品
　　贷：制造费用

二、任务示范

（一）结转营业成本

■ 任务情景

2020 年 11 月，徐州佳和美商贸有限公司对本月所销售的产品成本进行计算。存货成本核算采用月末一次加权平均法，加权平均单价保留 2 位小数。存货进销存基础资料见表 5-3-1。

表 5-3-1　进销存汇总表

所属单位：徐州佳和美商贸有限公司　　所属账期：2020 年 11 月　　编制日期：2020 年 11 月 30 日

数量单位：份　　金额单位：元

产品	期初结存		本期购进		本期销售	本期退货	期末结存
	数量/件	金额	数量/件	金额	数量/件	数量/件	数量
华夫饼	86	2648.80	350	10885.00	325	1	112
开口松子	136	9479.20	320	22368.00	382	0	74
手撕面包	131	2736.59	220	4624.40	269	0	82
全麦吐司	102	1831.92	200	3596.00	206	0	96
每日坚果礼盒	185	12890.80	380	26543.00	368	0	197
开心果	105	6247.50	235	14100.00	264	1	77
腰果	123	7318.50	200	12020.00	204	0	119
蒸蛋糕	108	3261.60	180	5418.00	195	0	93
海苔肉松吐司	98	3723.02	120	4560.00	135	0	83
夏威夷果	86	3956.86	220	10124.40	213	0	93
巴旦木	101	4643.98	230	10580.00	204	2	129
水果派面包	88	2210.56	100	2513.00	118	1	71
合计	1349	60949.33	2755	127331.80	2883	5	1226

■ 任务目标

根据徐州佳和美商贸有限公司的企业背景、任务情景相关信息，在财务机器人云平台“Excel 数据建模”菜单依次完成下列任务：①下载并填制“营业成本计算表”Excel 数据表；②完成模型配置；③导入“营业成本计算表”Excel 数据表并自动生成记账凭证。

要求：账期为 2020 年 11 月；上传文件名称为“结转营业成本”。

■ 任务实施

在财务机器人云平台“Excel 数据建模”菜单，按下列流程操作完成结转营业成本 Excel 数据建模并自动生成记账凭证。

➢ 步骤 1：下载并填制“营业成本计算表”Excel 数据表

（1）依次单击“Excel 数据建模”→“模板下载”选项，下载“营业成本计算表”Excel 数据表，见图 5-3-1。

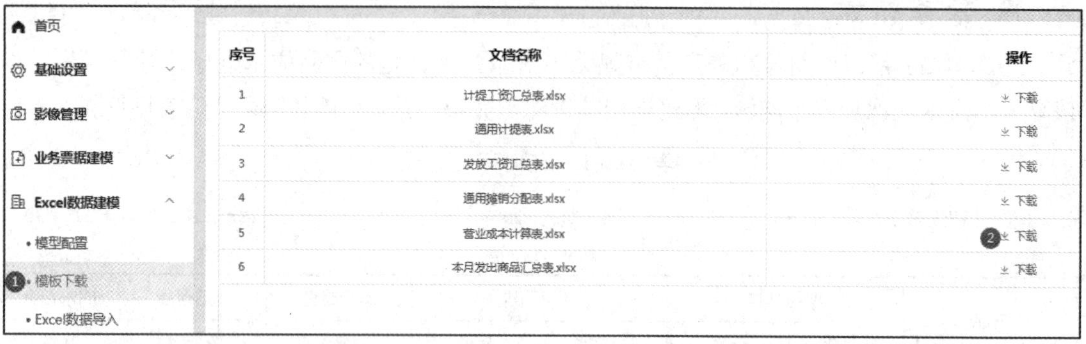

首页
基础设置
影像管理
业务票据建模
Excel数据建模
• 模型配置
❶ • 模板下载
• Excel数据导入

序号	文档名称	操作
1	计提工资汇总表.xlsx	下载
2	通用计提表.xlsx	下载
3	发放工资汇总表.xlsx	下载
4	通用摊销分配表.xlsx	下载
5	营业成本计算表.xlsx	❷ 下载
6	本月发出商品汇总表.xlsx	下载

图 5-3-1　下载“营业成本计算表”Excel 数据表

（2）从其他相关资料中导出进销存汇总表数据，见表 5-3-1。

（3）填制“营业成本计算表”Excel 数据表，见图 5-3-2。

相关数据计算原理，以产品华夫饼为例：

华夫饼月末一次加权平均单价=（2648.8+10885）÷（86+350）=31.04（元）；

华夫饼营业成本=31.04×（325−1）=10056.96（元）。

其他产品营业成本计算方法同华夫饼。

营业成本计算表

❶ 所属单位：徐州佳和美商贸有限公司　❷ 所属账期：2020年11月　❸ 编制日期：2020年11月30日

序号	❹产品明细	❺本月发出数量	❻本月退货数量	❼数量合计	❽单位成本	❾成本总额
1	华夫饼	325.00	1.00	324.00	31.04	10056.96
2	开口松子	382.00	0.00	382.00	69.84	26678.88
3	手撕面包	269.00	0.00	269.00	20.97	5640.93
4	全麦吐司	206.00	0.00	206.00	17.97	3701.82
5	每日坚果礼盒	368.00	0.00	368.00	69.79	25682.72
6	开心果	264.00	1.00	263.00	59.85	15740.55
7	腰果	204.00	0.00	204.00	59.87	12213.48
8	蒸蛋糕	195.00	0.00	195.00	30.14	5877.30
9	海苔肉松吐司	135.00	0.00	135.00	38.00	5130.00
10	夏威夷果	213.00	0.00	213.00	46.02	9802.26
11	巴旦木	204.00	2.00	202.00	45.99	9289.98
12	水果派面包	118.00	1.00	117.00	25.13	2940.21
---	❿ 合计	2883.00	5.00	2878.00	---	132755.09

⓫ 制单：张秀欣

图 5-3-2　填制“营业成本计算表”Excel 数据表

① 所属单位：填写对应企业全称，如“徐州佳和美商贸有限公司”。

② 所属账期：填写对应账期，格式如“2020 年 11 月”。

③ 编制日期：一般填写账期最后一天，格式如“2020 年 11 月 30 日”。

④ 产品明细：可选填，根据对应企业相关产品选择明细。

⑤ 本月发出数量：本月销售产品发出数量。

⑥ 本月退货数量：本月销售产品退货数量。

⑦ 数量合计：本月实际销售产品数量，即⑤本月发出数量-⑥本月退货数量。

⑧ 单位成本：根据企业适用的成本核算方法，计算相关产品单位成本。比如先进先出法、月末一次加权平均法等。

⑨ 成本总额：本月销售产品成本总额，即⑦数量合计*⑧单位成本。

⑩ 合计：对应⑤本月发出数量、⑥本月退货数量、⑦数量合计、⑨成本总额合计数。

⑪ 制单：对应企业的业务会计，即为生成该结转表记账凭证的会计。

【友情提示】

其中所属单位、所属账期、编制日期、产品明细、成本总额、合计（成本总额）为必填项。产品明细填制顺序无要求，对应的本月发出数量、本月退货数量、数量合计、单位成本、成本总额需要与产品明细匹配。

（4）重命名 Excel 数据表。将填制完成的 Excel 数据表以“营业成本计算表” 名称保存。

➢ 步骤 2：模型配置

依次单击“Excel 数据建模”→“模型配置”选项，在打开的窗口中单击“新增”按钮，执行如下操作。

（1）凭证头设置。在“模板名称”框中输入“结转营业成本”，“文档类型”选择“营业成本计算表”，“推送方式”选择“自动推送”，其他填写项保持默认设置。设置结果见图 5-3-3。

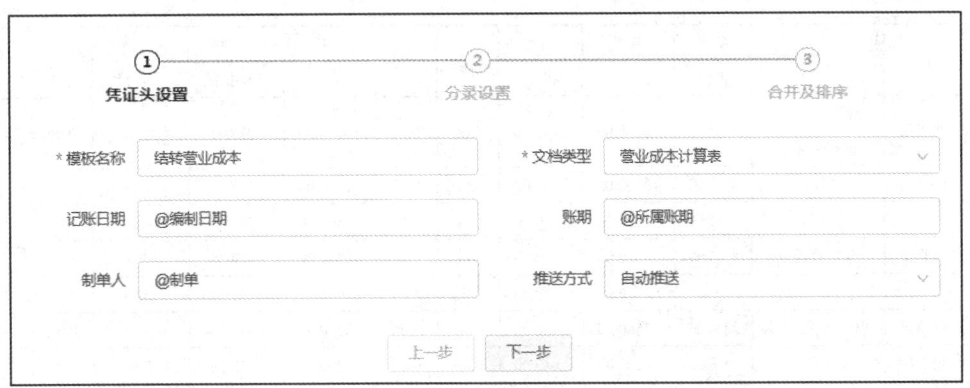

图 5-3-3　凭证头设置

（2）分录设置。结转营业成本分录设置原理见表 5-3-2。分录设置结果见图 5-3-4。

表 5-3-2　结转营业成本分录设置原理

借贷方向	模板匹配原理	科　　目	明细设置	金额取值原理（“营业成本计算表”Excel 数据表）
借	根据“文档类型”匹配模型	主营业务成本	取值坐标 b4-b15	对应“成本总额”列的数值
贷		库存商品	取值坐标 b4-b15	对应“成本总额”列的数值

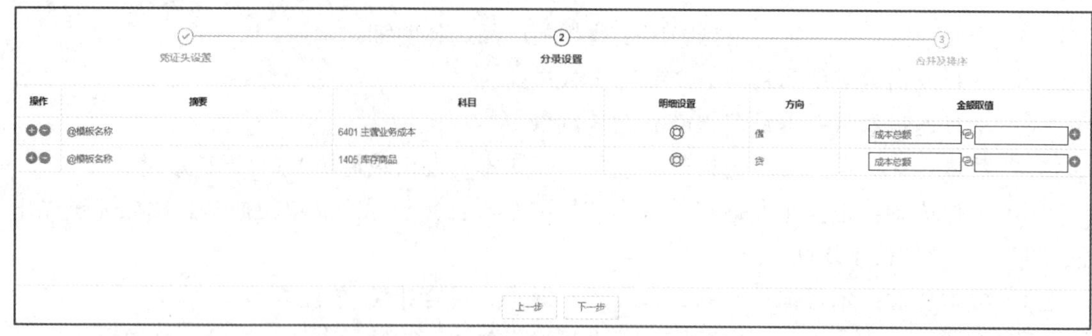

图 5-3-4　结转营业成本分录设置

（3）合并与排序设置。操作方法不再赘述。

➢ **步骤 3：导入“营业成本计算表”Excel 数据表并自动生成记账凭证**

单击“Excel 数据导入”按钮，上传填制完成的“营业成本计算表”Excel 数据表，系统自动生成记账凭证。

（二）结转工会经费

■ 任务情景

2020 年 5 月 31 日，徐州佳和美商贸有限公司进行工会经费结转，所结转的工会经费为应付工资金额的 2%。计提工会经费相关基础资料见表 5-3-3。

表 5-3-3　工资发放明细表

所属单位：徐州佳和美商贸有限公司　　所属账期：2020 年 5 月　　单位：元　　编制日期：2020 年 5 月 10 日

单位：元

序号	姓名	职位	所属部门	基本工资	销售提成	奖金	补贴	应付工资	个人医社保扣款	缴纳个人所得税	其他扣款	实发工资
1	张可欣	总经理/兼综合管理部经理	行政部	6500.00	0.00	0.00	0.00	6500.00	323.15	35.31	0.00	6141.54
2	张杏红	行政助理	行政部	3500.00	0.00	0.00	0.00	3500.00	323.15	0.00	0.00	3176.85
3	吴红	采购员	行政部	3500.00	0.00	0.00	0.00	3500.00	323.15	0.00	0.00	3176.85
4	周长宁	仓库管理员	行政部	3500.00	0.00	0.00	0.00	3500.00	323.15	0.00	0.00	3176.85
部门合计				17000.00	0.00	0.00	0.00	17000.00	1292.60	35.31	0.00	15672.09
5	许珍莉	出纳/兼票据员	财务部	3500.00	0.00	0.00	0.00	3500.00	323.15	0.00	0.00	3176.85
6	张秀欣	业务会计	财务部	4200.00	0.00	0.00	0.00	4200.00	323.15	0.00	0.00	3876.85
7	陈红萍	审核会计	财务部	4000.00	0.00	0.00	0.00	4000.00	323.15	0.00	0.00	3676.85
部门合计				11700.00	0.00	0.00	0.00	11700.00	969.45	0.00	0.00	10730.55
8	王品洪	销售部经理	销售部	5000.00	1580.00	0.00	0.00	6580.00	323.15	37.71	0.00	6219.14
9	周星光	销售员	销售部	3000.00	1300.00	0.00	0.00	4300.00	323.15	0.00	0.00	3976.85
10	许欢心	销售员	销售部	3000.00	1102.00	0.00	0.00	4102.00	323.15	0.00	0.00	3778.85
11	赵新鸿	司机	销售部	4000.00	0.00	0.00	0.00	4000.00	323.15	0.00	0.00	3676.85
部门合计				15000.00	3982.00	0.00	0.00	18982.00	1292.60	37.71	0.00	17651.69
总计				43700.00	3982.00	0.00	0.00	47682.00	3554.65	73.02	0.00	44054.33
制单：张绣品												

■ 任务目标

根据徐州佳和美商贸有限公司的企业背景、任务情景相关信息，在财务机器人云平台“Excel 数据建模”菜单依次完成下列任务：①下载并填制“通用摊销分配表”Excel 数据表；②完成模型配置；③导入“结转工会经费”Excel 数据表并自动生成记账凭证。

要求：账期为 2020 年 5 月；上传文件名称为“结转工会经费”。

■ 任务实施

在财务机器人云平台“Excel 数据建模”菜单，按下列流程完成结转工会经费业务 Excel 数据建模并自动生成记账凭证。

➢ 步骤 1：下载并填制“通用摊销分配表”Excel 数据表

（1）依次单击“Excel 数据建模”→“模板下载”选项，下载“通用摊销分配表”Excel 数据表。

（2）从其他相关资料中导出工资发放明细表，见表 5-3-3。

（3）填制“通用摊销分配表”Excel 数据表，见图 5-3-5。

结转工会经费计算原理如下：

本期应结转的工会经费=应付工资总额×2%=47682×2%=953.64（元）

行政部应结转的工会经费=行政部工资总额×2%=17000×2%=340.00（元）

财务部应结转的工会经费=财务部工资总额×2%=11700×2%=234.00（元）

销售部应结转的工会经费=销售部工资总额×2%=18982*2%=379.64（元）

通用摊销分配表

①所属单位：徐州佳和美商贸有限公司　　③摊销分配项目：结转工会经费

②所属账期：2020年5月　　④编制日期：2020年5月31日

序号	⑤明细项目	⑥工资总额	⑦计算比例	⑧所属部门	⑨分配金额
1	工会经费	47682.00	0.02	行政部	340.00
2				财务部	234.00
3				销售部	379.64
4					
5					
6					
7					
8					
9					
10					
11					
12					
---	合计			---	⑩953.64

⑪制单：张秀欣

图 5-3-5　填制“通用摊销分配表”Excel 数据表

“通用摊销分配表”具体项目填列：

① 所属单位：对应企业全称，如“徐州佳和美商贸有限公司”。

② 所属账期：填写对应账期，格式如“2020 年 5 月”。

③ 摊销分配项目：选择题目需要的摊销分配项目，如结转工会经费。

④ 编制日期：一般填写账期的最后一天，格式如“2020 年 5 月 31 日”。

⑤ 明细项目：摊销分配项目选择完后，明细项目会根据具体的摊销分配项目匹配适用的明细项目，直接选择即可。

⑥ 工资总额：本期发放的工资总额，即工资发放明细表中应付工资总额。

⑦ 计算比例：工会经费缴纳比例，即 2%。

⑧ 所属部门：根据题目提示的需要分配的部门。

⑨ 分配金额：各部门应分配的金额。

⑩ 合计（分配金额）：分配金额合计数。

⑪ 制单：对应企业的业务会计。

（4）重命名 Excel 数据表。将填制完成的 Excel 数据表重命名或另存为“结转工会经费”。

➢ 步骤 2：模型配置

依次单击“Excel 数据建模”→“模型配置”选项，在打开的窗口中单击“新增”按钮，执行如下操作。

（1）凭证头设置。“文档类型”选择“通用摊销分配表”，“摊销分配项目”选择“结转工会经费”，在“模板名称”框中输入“结转工会经费”，其他填写项保持默认设置。设置结果见图 5-3-6。

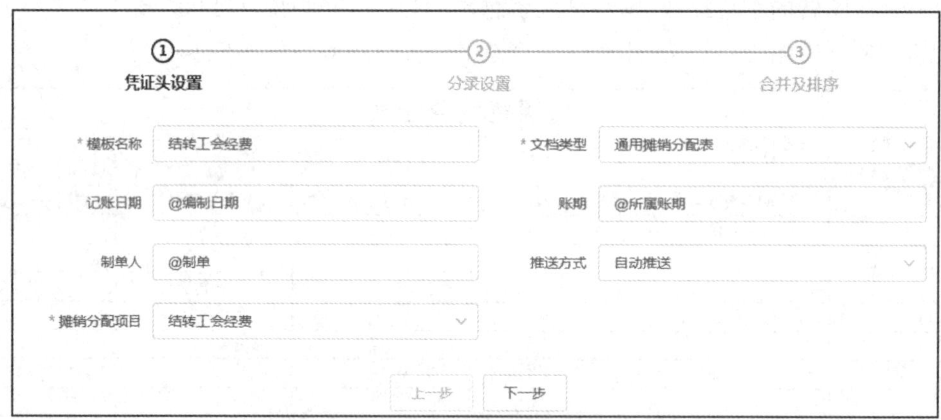

图 5-3-6 凭证头设置

（2）分录设置。结转工会经费分录设置原理见表 5-3-4。分录设置结果见图 5-3-7。

表 5-3-4 结转工会经费分录设置原理

借贷方向	模板匹配原理	科　目	金额取值原理 （“结转工会经费”Excel 数据表）
借	根据“摊销分配项目”匹配模型	销售费用-工会经费	“分配金额”列与“销售部”行交汇处的值
借		管理费用-工会经费	“分配金额”列与“行政部”“财务部”行交汇处的值的合计
贷		应付职工薪酬-工会经费	“分配金额”列与“合计”行交汇处的值

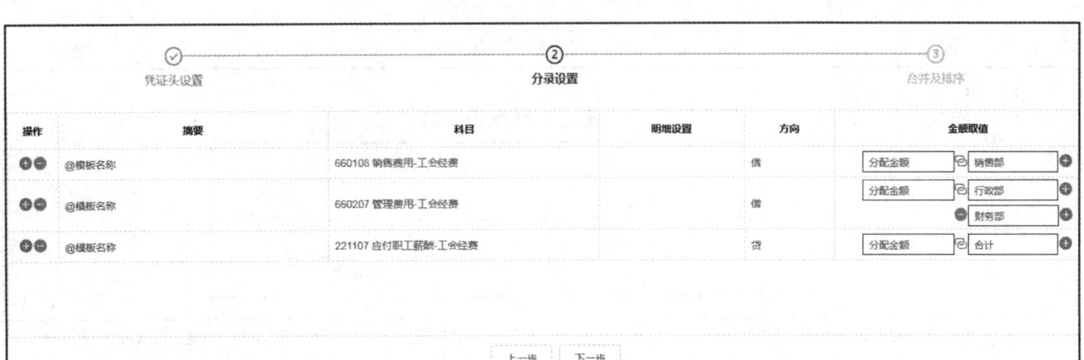

图 5-3-7 结转工会经费分录设置

（3）合并与排序设置。操作方法不再赘述。

➢ **步骤 3：导入“结转工会经费”Excel 数据表并自动生成记账凭证**

单击“Excel 数据导入”按钮，上传填制完成的“结转工会经费”Excel 数据表，系统自动生成记账凭证。

三、任务练习（见表 5-3-5）

表 5-3-5 学生练习工作页

班级		姓名		组别		时间		地点	

任务情景：

2020 年 10 月 31 日，厦门信德工业有限公司对儿童自行车和儿童平衡车两种产品进行制造费用结转，制造费用采用工时比例法进行分配，制造费用分配率保留两位小数，儿童平衡车制造费用采用倒挤计算。

表 1 科目余额表（节选）

单位：元

会计科目名称		期初余额		本期发生额		期末余额	
一级	明细	借方	贷方	借方	贷方	借方	贷方
制造费用				47229.61		47229.61	
	材料费			10235.29		10235.29	
	水电费			6635.23		6635.23	
	折旧费			9658.10		9658.10	
	人工费			7748.36		7748.36	
	福利费			2000.00		2000.00	
	工会经费			1121.20		1121.20	
	办公费			356.00		356.00	
	房租费			7630.00		7630.00	
	职工教育经费			0.00		0.00	
	无形资产摊销			666.67		666.67	
	物业费			846.20		846.20	
	通信费			332.56		332.56	

续表

<table>
<tr><td colspan="3">任务情景</td><td colspan="4">

表 2 产品工时统计表

产品名称	生产工时/小时
儿童自行车	2100
儿童平衡车	2300
合计	4400

</td></tr>
<tr><td colspan="3">任务目标</td><td colspan="4">根根据厦门信德工业有限公司提供的企业背景、任务情景相关信息，在财务机器人云平台“Excel 数据建模”菜单依次完成下列任务：①下载并填制“通用摊销分配表”Excel 数据表；②完成模型配置；③导入“结转制造费用”Excel 数据表并自动生成记账凭证。
要求：账期为 2020 年 10 月；上传文件名称为“结转制造费用”。</td></tr>
<tr><td rowspan="9">任务实施</td><td colspan="2">步骤 1：下载并填制“通用摊销分配表”Excel 数据表</td><td colspan="4">

通用摊销分配表

所属单位： 摊销分配项目：结转制造费用
所属账期： 编制日期：

序号	明细项目	待分配金额	分配标准	分配产品	分配金额
1					
2					
3					
4					
5					
6					
7					
8					
9					
10					
11					
12					
13					
---	合计			---	

制单：

</td></tr>
<tr><td rowspan="7">步骤 2：模型配置</td><td>凭证头设置</td><td colspan="4">①模板名称：________________；②文档类型：________________；③记账日期：@编制日期；④账期：@所属账期；⑤制单人：@制单；⑥推送方式：自动推送或手动推送；⑦摊销项目：________________________。</td></tr>
<tr><td rowspan="5">分录设置</td><td>摘要</td><td>科目</td><td>方向</td><td>金额</td></tr>
<tr><td></td><td></td><td></td><td></td></tr>
<tr><td></td><td></td><td></td><td></td></tr>
<tr><td></td><td></td><td></td><td></td></tr>
<tr><td></td><td></td><td></td><td></td></tr>
<tr><td>合并及排序</td><td colspan="4">分录合并方式：不合并，分录自定义排序：启用，排序条件：借贷方。</td></tr>
<tr><td colspan="2">步骤 3：导入“结转制造费用”Excel 数据表并生成记账凭证</td><td colspan="4"></td></tr>
<tr><td colspan="3">学习感悟</td><td colspan="4"></td></tr>
</table>

模块二 综合业务智能核算

学习目标

本模块以一家中型商贸企业为案例背景，依托（厦门科云）智慧财务云平台，以分岗合作形式完成指定企业连续三个会计期间的全部经济业务智能核算，全面考核学生智能财务核算专业技能掌握情况，实现与真实工作情景的完全对接，为学生就业后更快适应工作奠定基础。

企业背景

企业名称：苏州美乐食品有限公司

统一社会信用代码：913205232315567109

地址电话：苏州市百家巷 131 号 0512-86964501

法定代表人：陈东辰

银行基本账户：江苏银行苏州城中支行 8010167703122986755

银行一般账户：中国农业银行白塔支行 539671951023125

增值税一般纳税人，增值税税率 13%，城市维护建设税税率 7%，教育费附加征收率 3%，地方教育附加征收率 2%。进项税额抵扣方式：当月收到的增值税专用发票抵扣联当月全部认证，当月认证的进项税额全额申报抵扣。企业所得税税率 25%，符合小微企业税收优惠政策，适用《小企业会计准则》。

岗位分工与职责

岗位 1 票据会计（许文丽）：主要负责票据收集整理、票据扫描。

岗位 2 业务会计（张绣品）：主要负责业务建模。

岗位 3 审核会计（陈莘莘）：主要负责凭证审核、结账、报表审核。

【德技并修】成功实现数字化转型的行业案例

首期（4 月份）经济业务智能核算

2019 年 4 月，苏州美乐食品有限公司首次使用财务机器人进行智能财务核算。本月共有 167 张业务票据，请根据提供的苏州美乐食品有限公司企业背景、任务情景相关信息，针对其 4 月发生的全部经济业务，在财务机器人云平台完成自动生成记账凭证和财务报表的智能核算。

任务 1　新增账套并进行基础设置

6-1 操作示范

登录智慧财务云平台，弹出“登录”窗口，“岗位”选择“管理员【admin】”，输入密码，单击“登录”按钮，进入系统。在“首页”菜单依次单击“基础设置”→“账套管理”选项，打开“账套管理”窗口，单击“新增账套”按钮，“账套名称”为“苏州美乐食品有限公司”，“会计准则”为“小企业会计准则”，“起始时间”选择“2019 年 4 月”，系统将自动生成会计科目、币别、辅助核算、科目期初、凭证字的相关信息，如需要修改可以在相关栏目进行。

首次建账还需进行人员管理，具体操作：在“首页”菜单依次单击“基础设置”→“人员管理”选项，在打开的“人员管理”窗口单击“新增”按钮，弹出“新增人员”对话框，根据企业背景资料填写相关内容：“人员姓名”为“许文丽”，“岗位名称”为“票据会计”，“登录密码”为“123456”，“操作权限”为学习方便建议在相关权限前全部勾“全选”，单击“确定”按钮，设置结果见图 6-1-1。以相同的方式分别新增业务会计岗和审核会计岗人员设置，此处不再赘述。

【友情提示】

票据会计（许文丽）必需的权限为票据收集整理、票据扫描；业务会计（张绣品）必需的权限为业务建模；审核会计（陈莘莘）必需的权限为凭证审核、结账、报表审核，其他权限可自由选择是否赋予。

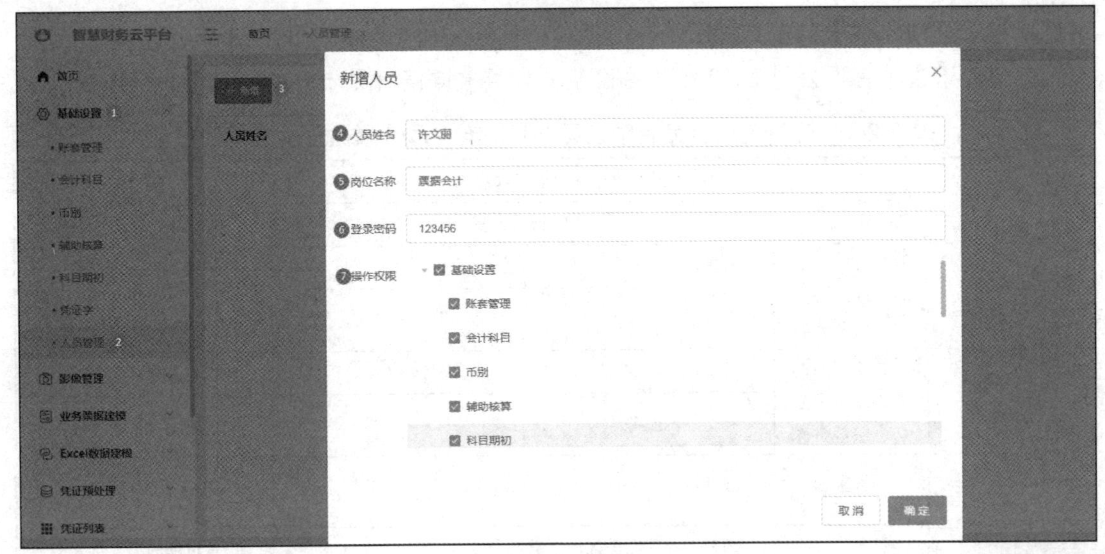

图 6-1-1　新增人员管理设置

6-2 操作示范

任务 2　票据整理

在模拟实训时，对平台提供的该公司 4 月份的 167 张业务票据进行分类整理，为后续高效建模奠定基础。具体操作步骤如下。

1. 票据导入

在“首页”菜单依次单击“影像管理”→“影像整理”选项，打开“影像整理”窗口，单击“影像导入”按钮，系统自动导入票据，在“未分组影像”窗口显示有 167 张票据。

2. 票据分类

第一步：在“组别”窗口的“管理”选项下单击“新增组别”选项，在弹出窗口输入名称为“1 银行付款回单（手续费）”，排序为“1”，单击“保存”按钮，第 1 个文件夹创建成功。

已设置的文件夹如果其名称需要修改，在“组别”窗口的“管理”选项下单击“修改组别”选项，在弹出窗口根据需要进行操作即可。如果已创建的文件夹需要删除，在“组别”窗口的“管理”选项下单击“删除组别”选项即可。如果需要修改或删除的文件夹已被传送至影像扫描，这时首先需要在“组别”窗口的“管理”选项下单击“撤销传送”选项，再进行上述修改或删除操作。

第二步：在“组别”窗口选择预设的文件夹“1 银行付款回单（手续费）”。

第三步：在“未分组影像”窗口中，逐一勾选摘要为“手续费”的银行付款回单，单击“移入分组”按钮，接着单击“保存”按钮，所选票据移入“1 银行付款回单（手续费）”文件夹。其他票据整理依次类推，不再赘述。

这里注意，如果因选择错误需要从已分类组别中移出票据时，要先选择对应组别文件夹，再选择相应票据，依次单击“移出”→“保存”按钮，所选票据即回到未分组窗口。

苏州美乐食品有限公司 2019 年 4 月份票据分类关键信息见表 6-2-1。

表 6-2-1　苏州美乐食品有限公司 2019 年 4 月份票据分类关键信息

票据大类	机器人识别票据关键信息项目		建议票据类别名称
	关键项目	关键信息	
采购发票（18 张）	项目【明细】货物或应税劳务、服务名称	具体商品名称	采购发票（商品）
		管理费	采购发票（管理费）
销售发票（48 张）	项目【明细】货物或应税劳务、服务名称	具体商品名称	销售发票（商品）
		展览展示服务	销售发票（展示服务）
入库单（20 张）	物资类别	商品	入库单（商品）
银行付款单（49 张）	摘要	摘要内容共性关键词“货款”	银行付款回单（货款）
		手续费	银行付款回单（手续费）
		出差借款	银行付款回单（出差借款）
		批量代发工资	银行付款回单（代发工资）
		增值税扣款、附加税扣款、印花税扣款、个人所得税扣款、企业所得税扣款、汇算清缴企业所得税扣款 注：以上 6 项摘要内容共性关键词为“税扣款”	银行付款回单（税扣款）
		社保费扣款、工会经费扣款 注：以上 2 项摘要内容共性关键词为“费扣款”	银行付款回单（费扣款）
		报销款	银行付款回单（报销款）
银行收款单（23 张）	摘要	摘要内容共性关键词“货款”	银行收款回单（货款）
		向股东借款	银行收款回单（股东借款）
借款单（1 张）	—	—	借款单
通用费用报销单（1 张）	报销项目	福利费	报销福利费
组合报销单（7 张）	报销项目等	批号 B，通用费用报销单 采购发票（办公用品）	报销办公费
	报销项目等	批号 A，差旅费报销单 火车票、的士票（客运服务） 采购发票（普票）（住宿服务）	报销差旅费

3. 票据传送

在“组别”窗口选择需要传送的文件夹，在“管理”选项下单击“传送至影像扫描”按钮，再单击“确定”按钮，系统自动完成选定文件夹的传送任务。其他文件夹依次进行相同操作，直至完成全部文件夹票据的传送任务。

如果传送的文件夹有误，可在“组别”窗口的“管理”选项下单击“撤销传送”选项。

任务 3　影像扫描

6-3 操作示范

第一步：在“首页”菜单依次单击“影像管理”→“影像扫描”选项，打开“影像扫描”窗口。

第二步：在“组别”下拉列表中选择需要扫描的文件夹，如“1 银行付款单（手续费）”，此时“影像识别”选项下出现标有“未识别”字样的票据，勾选“全选”，选中全部票据，单击“识别”按钮，系统进行自动识别，各票据出现“已识别”字样，即完成该文件夹票据的影像扫描任务。

其他类别依次类推。

【友情提示】

上述任务 1 至任务 3 必须按顺序依次执行操作。后续的任务 4 至任务 21 为业务票据建模，先后顺序没有特别规定，可以根据各自的习惯进行。

任务 4　采购业务（管理服务）智能核算

6-4 操作示范

该公司 4 月份反映采购业务（管理服务）的票据有 2 张，全部为增值税专用发票。票据会计已将其归入“17 采购发票（管理费）”文件夹。请进行业务票据建模，建模要求：凭证合并方式为不合并，分录合并方式为不合并。具体操作步骤如下。

➢ 步骤 1：票据类别设置

本月采购管理服务获取的票据均为增值税专用发票。因此，“主类别”设为“采购票据”，“类别名称”设为“采购专票”，同时按“@购买方——等于——苏州美乐食品有限公司”，以及“@票据联次——等于——发票联”设置筛选条件，设置结果见图 6-4-1。

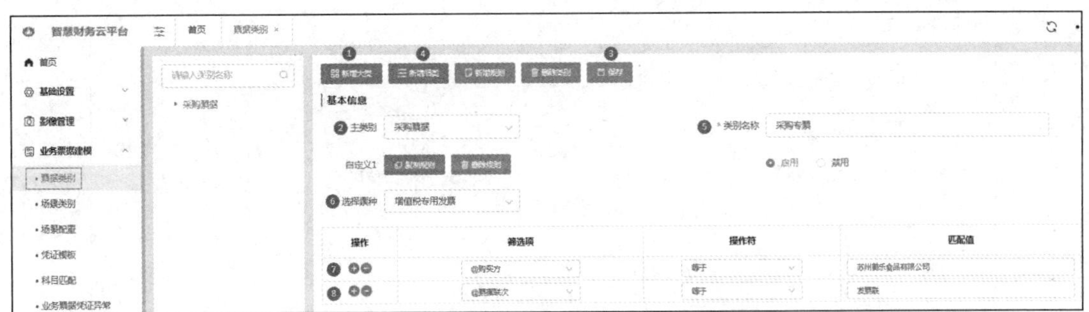

图 6-4-1　票据类别设置

➢ 步骤 2：场景类别设置

查看增值税专用发票，“货物或应税劳务、服务名称”栏内容均为“企业管理服务*管理费”。因此，“主类别”设为“采购场景”，“类别名称”设为“采购管理服务”，筛选条件设置为“@项目【明细】——包含——管理费”，设置结果见图 6-4-2。

图 6-4-2　场景类别设置

➢ 步骤 3：场景配置设置

“主场景”设为“采购业务”，“场景名称”设为“采购管理服务”，依次选取场景类别和票据类别，并进行组合名称设置，设置结果见图 6-4-3。

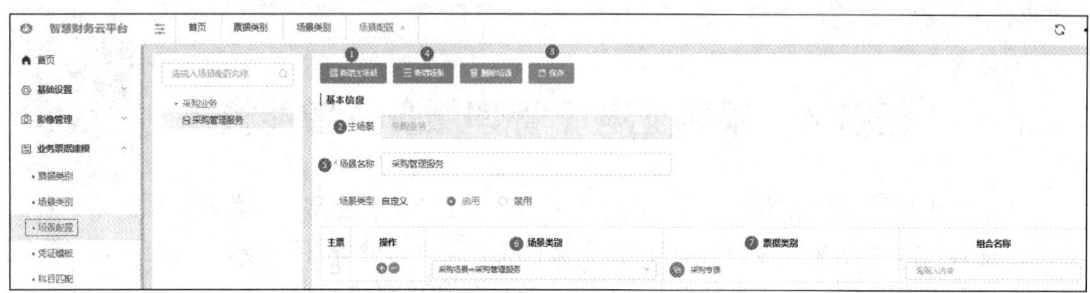

图 6-4-3　场景配置设置

➢ 步骤 4：凭证模板设置

（1）凭证头设置。注意记账日期设置要与票据导入系统时识别的时间相一致，本任务选择“@开票日期”，设置结果见图 6-4-4。

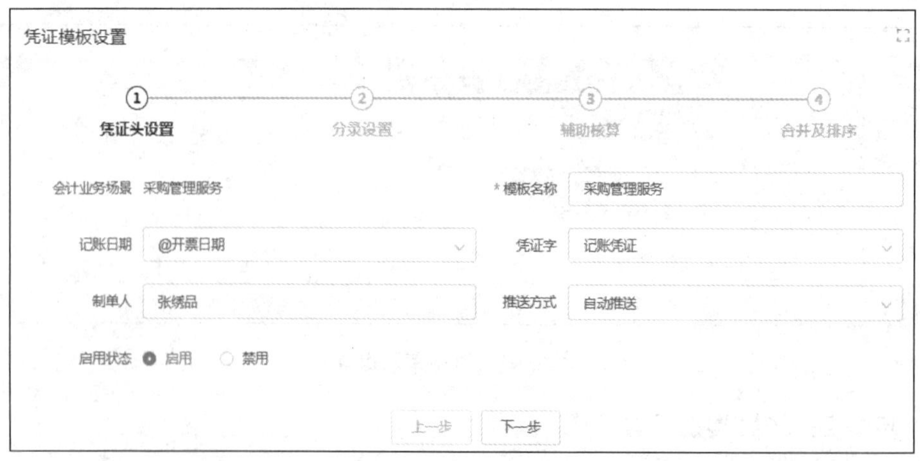

图 6-4-4　凭证头设置

（2）分录设置及辅助核算。具体分录设置原理：

借：管理费用——服务费（@金额）

应交税费——应交增值税——进项税额（@税额）

贷：应付账款（@含税金额）（按“供应商——@销售方”辅助核算）

为后续查看生成记账凭证方便建议摘要为“采购+”字样。分录及辅助核算设置结果见图 6-4-5 和图 6-4-6。

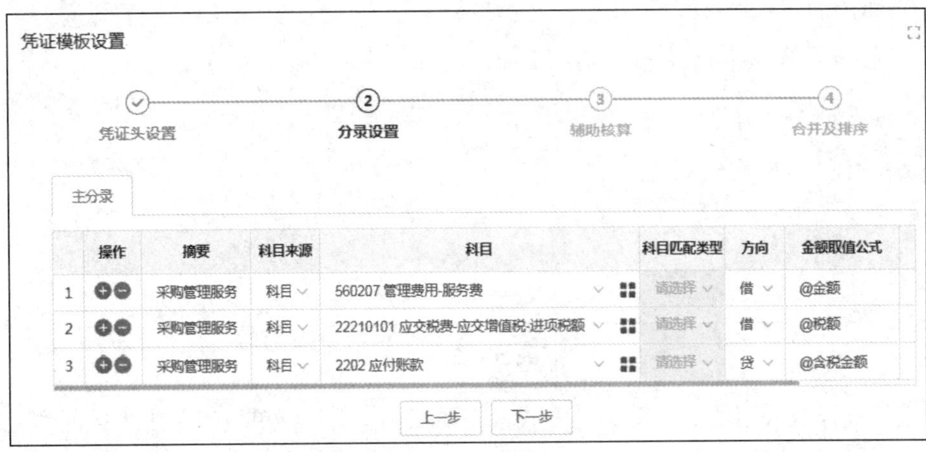

	操作	摘要	科目来源	科目	科目匹配类型	方向	金额取值公式
1		采购管理服务	科目	560207 管理费用-服务费	请选择	借	@金额
2		采购管理服务	科目	22210101 应交税费-应交增值税-进项税额	请选择	借	@税额
3		采购管理服务	科目	2202 应付账款	请选择	贷	@含税金额

图 6-4-5　分录设置

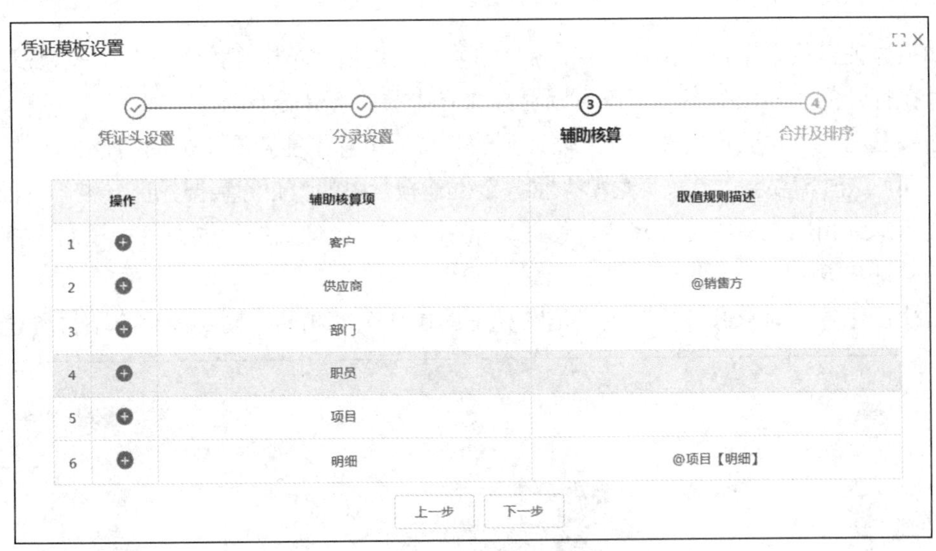

	操作	辅助核算项	取值规则描述
1		客户	
2		供应商	@销售方
3		部门	
4		职员	
5		项目	
6		明细	@项目【明细】

图 6-4-6　辅助核算

（3）合并及排序。凭证合并方式为不合并，分录合并方式为不合并，设置结果见图 6-4-7。

➢ 步骤 5：影像审核及生成记账凭证

在“首页”菜单依次单击“影像管理”→“影像扫描”选项，打开“影像扫描”窗口。

在“组别”下拉列表中选择需要审核的文件夹（本任务为“17 采购发票（管理费）”文件夹）并单击，弹出相关票据窗口，单击“影像审核”按钮，勾选“全选”，未审核的票据将被选中，再单击“审核并记账”按钮，弹出提示窗口，单击“确定”按钮，系统自动生成记账凭证。

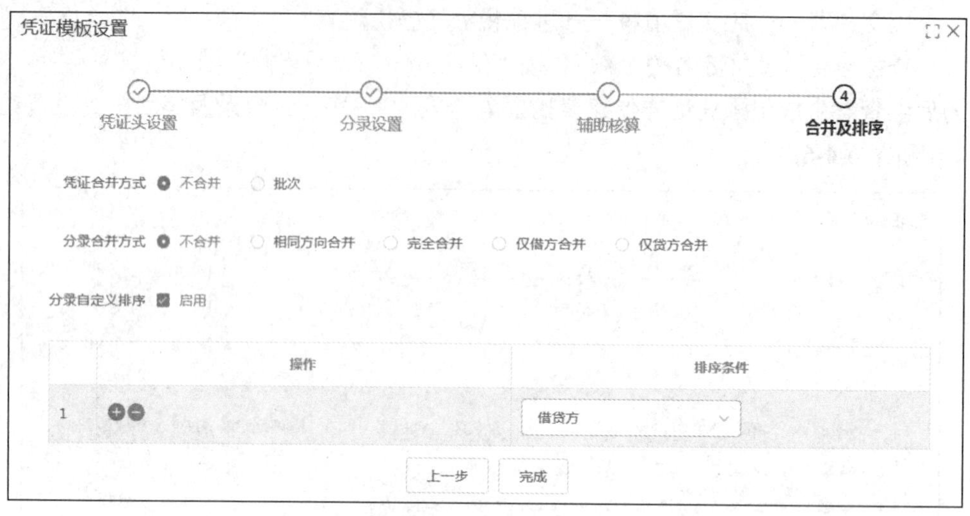

图 6-4-7　合并及排序

如果凭证模板采用的是手动推送方式，需要在“首页”菜单依次单击“凭证预处理”→“业务票据凭证”选项，在打开的“业务票据凭证”窗口查看系统已生成的分录，并选择推送至“凭证列表”选项。

如果凭证模板采用自动推送方式，在“首页”菜单依次单击“凭证列表”→“凭证列表”选项，在打开的“凭证列表”窗口可以直接查看生成的会计分录。

如果在上述“凭证预处理”或“凭证列表”窗口中都不能查看生成的会计分录，说明建模有错误。这时需要到“首页”菜单“业务票据建模”中的“业务票据凭证异常”界面查看，根据提示，到相应的模块进行修改，修改完成后再到“影像扫描”界面进行重新审核记账。设置结果见图 6-4-8。

后续各任务中的影像审核及生成记账凭证的操作全部相同，同类内容将不再赘述。

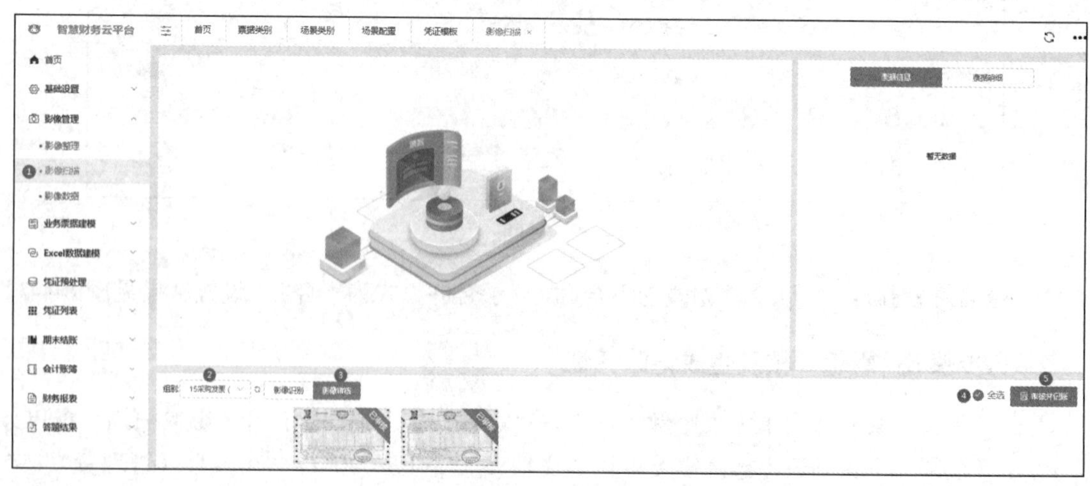

图 6-4-8　影像审核并记账

任务 5 采购业务（商品）智能核算

6-5 操作示范

该公司 4 月份反映采购业务（采购商品）的票据共有 16 张，所涉票据有增值税专用发票和增值税普通发票两类。票据会计已将其归入“16 采购发票（商品）”文件夹。请进行业务票据建模，建模要求：凭证合并方式为不合并，分录合并方式为不合并。具体操作步骤如下。

➢ 步骤 1：票据类别设置

本月份采购商品取得票据有增值税专用发票和增值税普通发票两类。其中增值税专用发票票据类别设置已在本项目任务 4 中完成，系统已存在，不需要重复设置。因此，本任务只须对增值税普通发票进行票据类别设置，设置结果见图 6-5-1。

图 6-5-1 票据类别设置

➢ 步骤 2：场景类别设置

“主类别”设为“采购场景”，“类别名称”设为“采购商品”。在筛选条件设置时，由于采购商品发票“货物或应税劳务、服务名称”栏记录的商品具体名称种类繁多，如果选用“@项目【明细】——包含——具体商品名称”，不仅工作量大、烦琐，且容易出现错误，因此，在进行综合业务筛选条件设置时，“操作符”选择“不包含”，即按“@项目【明细】——不包含——管理费”来实现，设置结果见图 6-5-2。

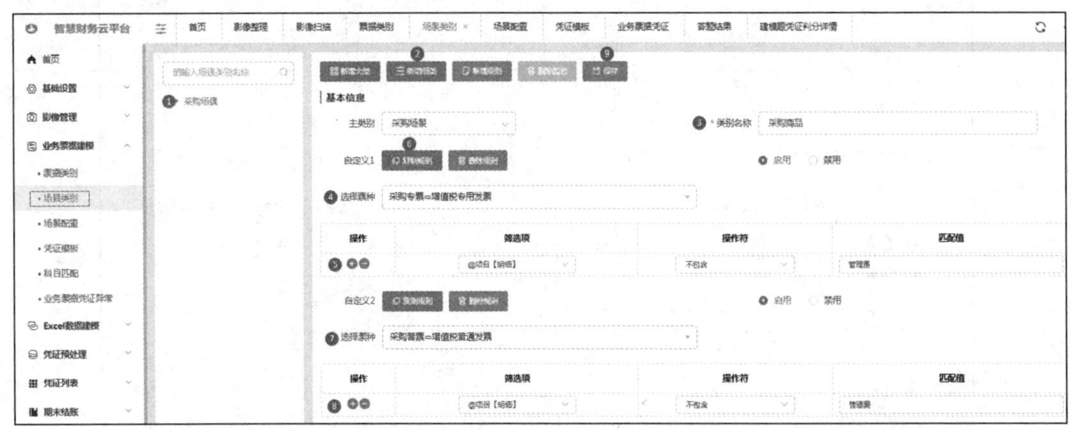

图 6-5-2 场景类别设置

想一想：上述采购商品场景类别设置与采购管理服务场景类别设置之间有什么联系？

➢ 步骤 3：场景配置设置

“主场景”设为“采购业务”，“场景名称”设为“采购商品”。由于在同一场景下有两类票据，且采购增值税专用发票与采购增值税普通发票最终分录不同，因此，在进行场景配置设置时需要进行组合名称设置。建议将采购专票作为主业务票据，其对应的组合名称栏设为空，将采购普票对应的组合名称栏设为“采购普票”，设置结果见图 6-5-3。

图 6-5-3　场景配置设置

➢ 步骤 4：凭证模板设置

本任务凭证头、合并及排序设置不再赘述，分录设置与辅助核算分析如下。

主分录对应增值税专用发票，分录设置原理：

借：在途物资（@金额）（按“明细——@项目【明细】”辅助核算）

　　应交税费——应交增值税——进项税额（@税额）

　　贷：应付账款（@含税金额）（按“供应商——@销售方”辅助核算）

采购普票对应增值税普通发票与增值税电子普通发票，分录设置原理：

借：在途物资（@含税金额）（按“明细——@项目【明细】”辅助核算）

　　贷：应付账款（@含税金额）（按“供应商——@销售方”辅助核算）

分录设置结果见图 6-5-4 和图 6-5-5。

图 6-5-4　主分录设置

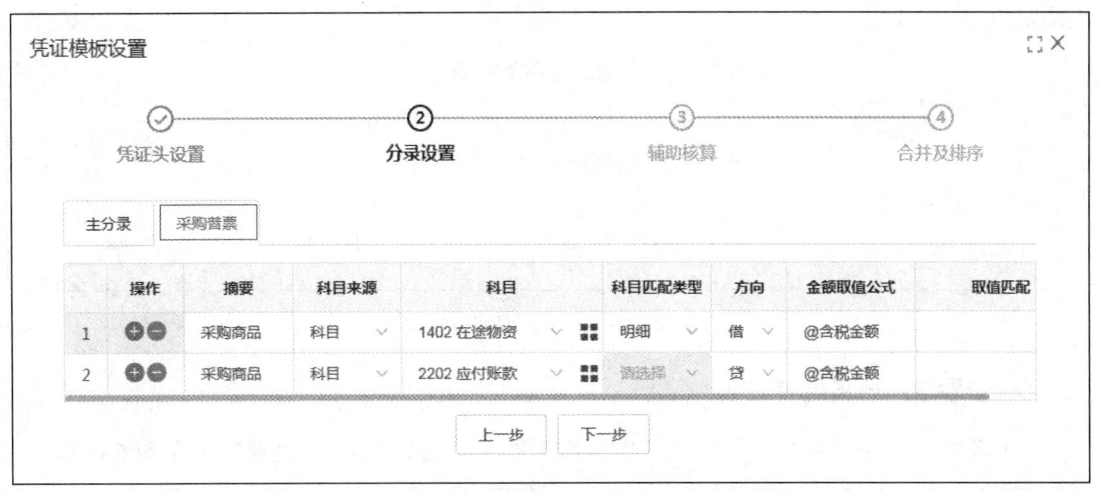

图 6-5-5　采购普票分录设置

➢ 步骤 5：影像审核及生成记账凭证

依次单击“影像管理”→“影像扫描”选项，打开“影像扫描”窗口，在“组别”下拉列表中单击“16 采购发票（商品）”文件夹，对票据进行影像审核，系统将自动生成记账凭证。其他流程与本项目任务 4 的相同，此处不再赘述。

任务 6　入库业务（商品）智能核算

6-6 操作示范

该公司 4 月份反映商品入库业务的票据共有 20 张，所涉票据全部为入库单。票据会计已将其归入“13 入库单（商品）”文件夹。请进行业务票据建模，建模要求：凭证合并方式为不合并，分录合并方式为不合并。具体操作步骤如下。

➢ 步骤 1：票据类别设置

“主类别”设为“内部票据”，“类别名称”设为“入库单”，设置结果见图 6-6-1。

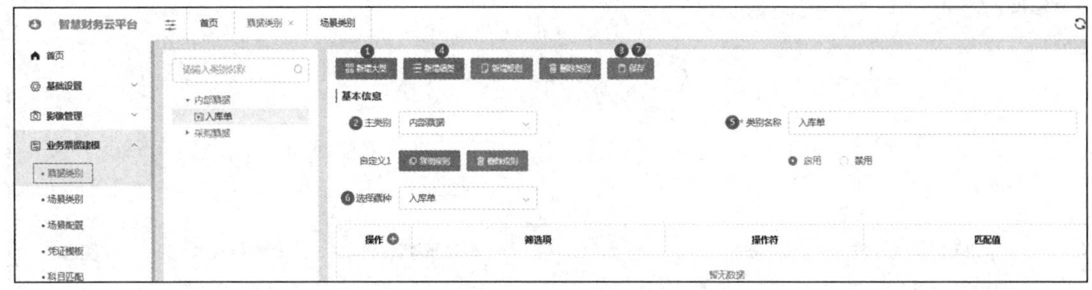

图 6-6-1　票据类别设置

➢ 步骤 2：场景类别设置

“主类别”设为“采购场景”，“类别名称”设为“商品入库”，设置结果见图 6-6-2。

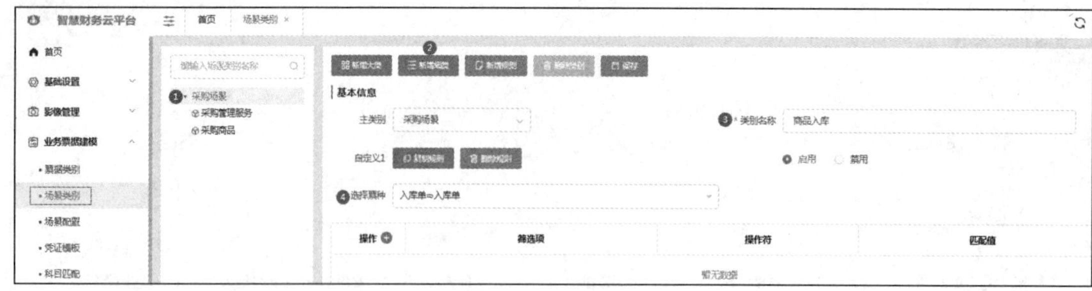

图 6-6-2　场景类别设置

➢ 步骤 3：场景配置设置

“主场景”设为“采购业务”，“场景名称”设为“商品入库”，设置结果见图 6-6-3。

图 6-6-3　场景配置设置

➢ 步骤 4：凭证模板设置

设置凭证头时，记账日期应选择“@交易日期”。

商品入库单分录设置原理：

借：库存商品（@金额或@含税金额）（按“明细——@项目【明细】”辅助核算）

　　贷：在途物资（@金额或@含税金额）（按“明细——@项目【明细】”辅助核算）

分录设置结果见图 6-6-4，凭证模板其他项目设置不再赘述。

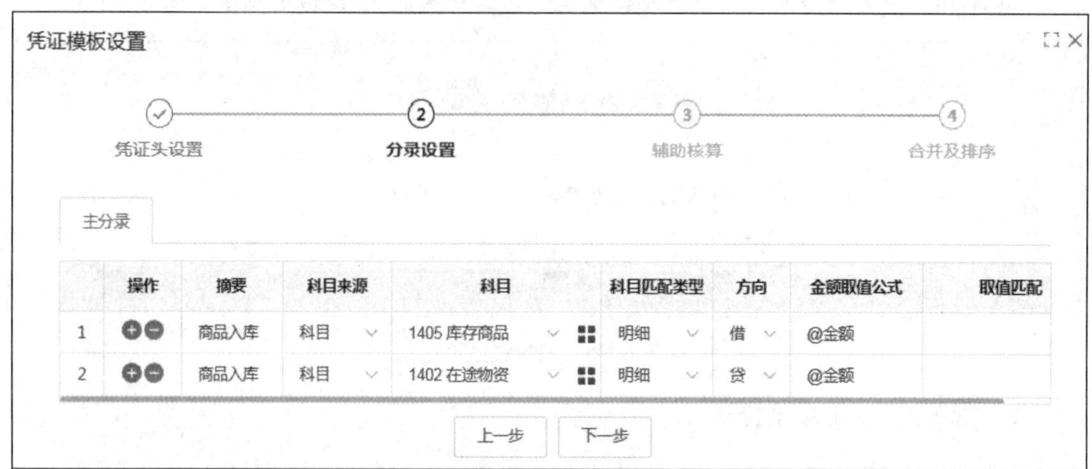

图 6-6-4　分录设置

> ➢ **步骤5：影像审核及生成记账凭证**

依次单击“影像管理”→“影像扫描”选项，打开“影像扫描”窗口，在“组别”下拉列表中单击“13 入库单”文件夹，对票据进行影像审核，系统将自动生成记账凭证。

任务7　销售业务（会展服务）智能核算

6-7 操作示范

该公司4月份反映销售业务（会展服务）的票据共有2张，所涉票据全部为增值税专用发票。票据会计已将其归入“12 销售发票（展示服务）”文件夹。请进行业务票据建模，建模要求：凭证合并方式为不合并，分录合并方式为不合并。具体操作步骤如下。

➢ **步骤1：票据类别设置**

为了与采购业务票据相区别，对于销售业务取得或开具的票据，单独设立主类别并将其设为“销售票据”。本月涉及的销售票据全部为增值税专用发票，“类别名称”设为“销售专票”，设置结果见图6-7-1。

图6-7-1　票据类别设置

➢ **步骤2：场景类别设置**

增值税专用发票“货物或应税劳务、服务名称”栏反映的内容为“*会展服务*展览展示服务”。“主类别”设为“销售场景”，“类别名称”设为“销售会展服务”，筛选条件设为“@项目【明细】——包含——展示服务”，设置结果见图6-7-2。

图6-7-2　场景类别设置

➢ 步骤 3：场景配置设置

“主场景”设为“销售业务”，“场景类别”设为“销售会展服务”，设置结果见图 6-7-3。

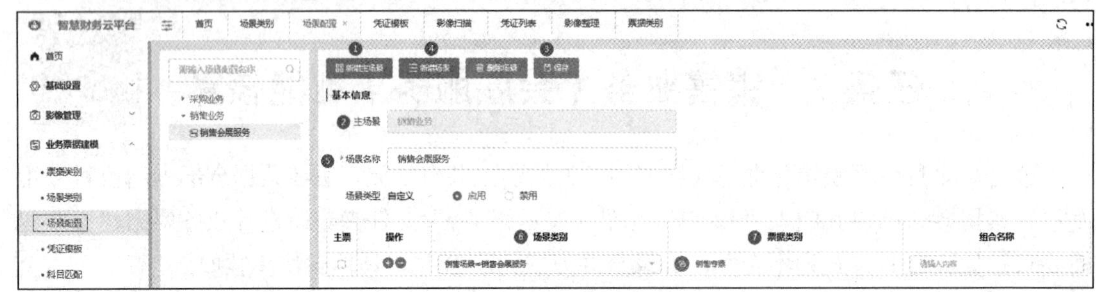

图 6-7-3　场景配置设置

➢ 步骤 4：凭证模板设置

销售货物增值税专用发票分录设置原理：

借：应收账款（@含税金额）（按“客户——@购买方”辅助核算）

　　贷：其他业务收入——销售服务收入（@金额）

　　　　应交税费——应交增值税——销项税额（@税额）

分录及辅助核算设置结果见图 6-7-4 和图 6-7-5，凭证模板其他项目设置不再赘述。

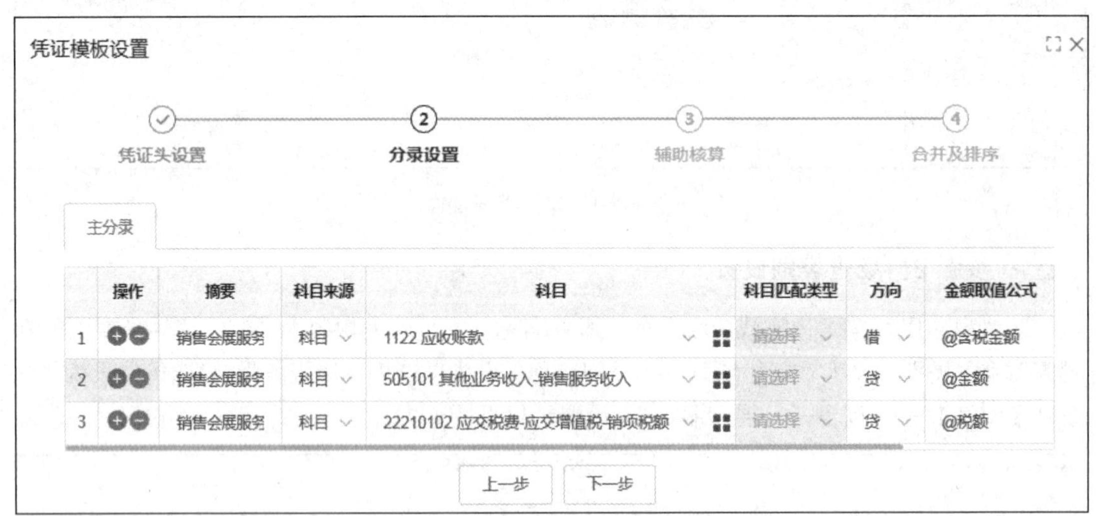

图 6-7-4　分录设置

➢ 步骤 5：影像审核及生成记账凭证

依次单击“影像管理”→“影像扫描”选项，打开“影像扫描”窗口，在“组别”下拉列表中单击“12 销售发票（展示服务）”文件夹，对票据进行影像审核，系统将自动生成记账凭证。

图 6-7-5 辅助核算

任务 8 销售业务（商品）智能核算

6-8 操作示范

该公司 4 月份反映销售业务（商品）的票据共有 46 张，所涉票据有增值税专用发票和增值税普通发票。票据会计已将其归入“10 销售发票（商品）”“11 销售发票（商品）”两个文件夹。请进行业务票据建模，建模要求：凭证合并方式为不合并，分录合并方式为不合并。具体操作步骤如下。

➢ 步骤 1：票据类别设置

销售增值税专用发票的票据类别设置已在本项目任务 7 中予以设置，不需要重复，本任务只须对增值税普通发票进行补充设置，设置结果见图 6-8-1。

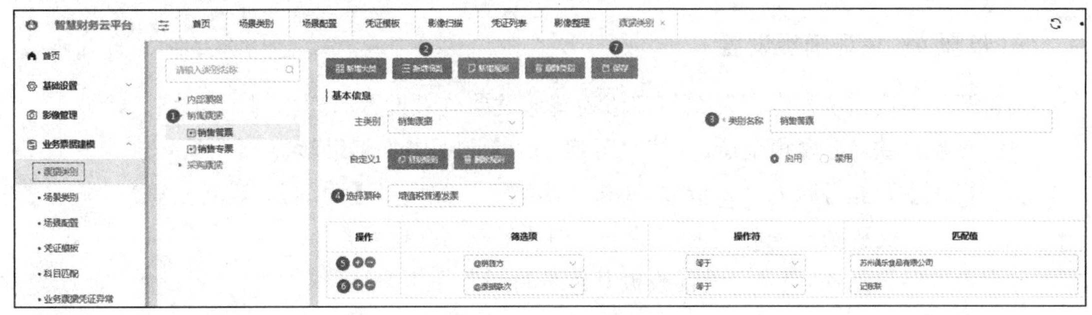

图 6-8-1 票据类别设置

➢ 步骤 2：场景类别设置

“主类别”设为“销售场景”，“类别名称”设为“销售商品”。由于销售发票“货物或应税劳务、服务名称”栏记录的商品具体名称种类繁多，“筛选条件”设为“@项目【明细】——不包含——展示服务”，设置结果见图 6-8-2。

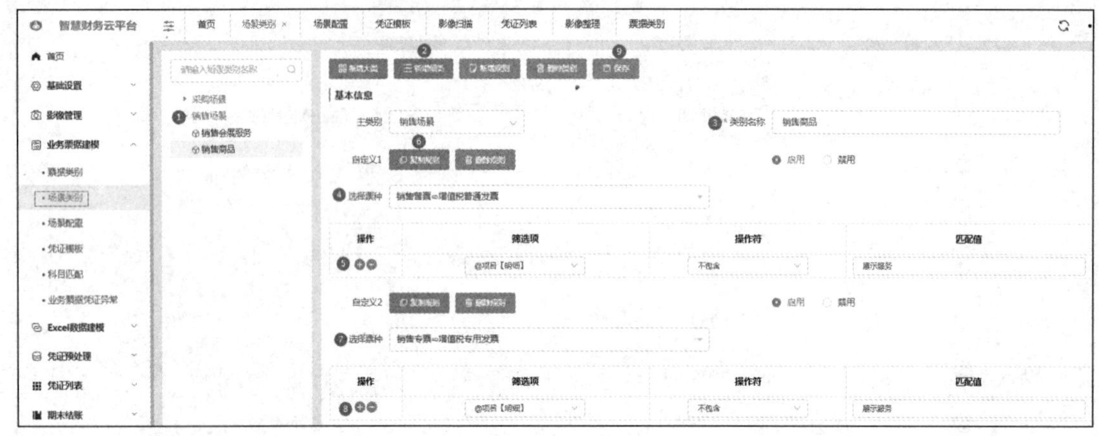

图 6-8-2　场景类别设置

> 步骤 3：场景配置设置

销售商品业务虽然取得了增值税专用发票和增值税普通发票，但两者税务处理相同，都应作为主营业务收入入账，并计算缴纳的增值税，因此，进行场景配置时不需要进行组合名称设置。“主场景”设为“销售业务”，见图 6-8-3。

图 6-8-3　场景配置设置

> 步骤 4：凭证模板设置

销售商品对应增值税专用发票与增值税普通发票分录设置原理相同，均为：

借：应收账款（@含税金额）（按“客户——@购买方”辅助核算）

　　贷：主营业务收入（@金额）（按“明细——@项目【明细】”辅助核算）

　　　　应交税费——应交增值税——销项税额（@税额）

分录设置结果见图 6-8-4，凭证模板其他项目设置不再赘述。

> 步骤 5：影像审核及生成记账凭证

依次单击“影像管理”→“影像扫描”选项，打开“影像扫描”窗口，在“组别”下拉列表中单击“10 销售发票（商品）”“11 销售发票（商品）”文件夹，对票据进行影像审核，系统将自动生成记账凭证。

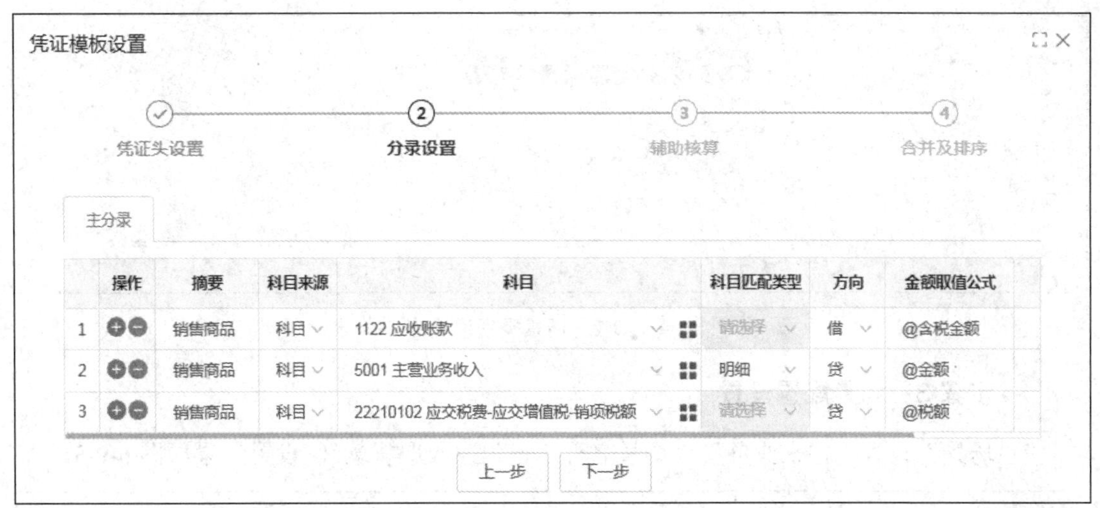

图 6-8-4 分录设置

任务 9 往来业务（收取货款）智能核算

6-9 操作示范

该公司 4 月份反映往来业务（收取货款）的票据共有 22 张，所涉票据全部为银行收款回单。票据会计已将其归入“9 银行收款回单（货款）”文件夹。请进行业务票据建模，建模要求：凭证合并方式为不合并，分录合并方式为不合并。具体操作步骤如下。

➢ 步骤 1：票据类别设置

4 月份收取货款的银行收款回单，“主类别”设为“银行票据”，“类别名称”设为“银行收款回单”，筛选条件选择“@收款方名称——等于——苏州美乐食品有限公司”，设置结果见图 6-9-1。

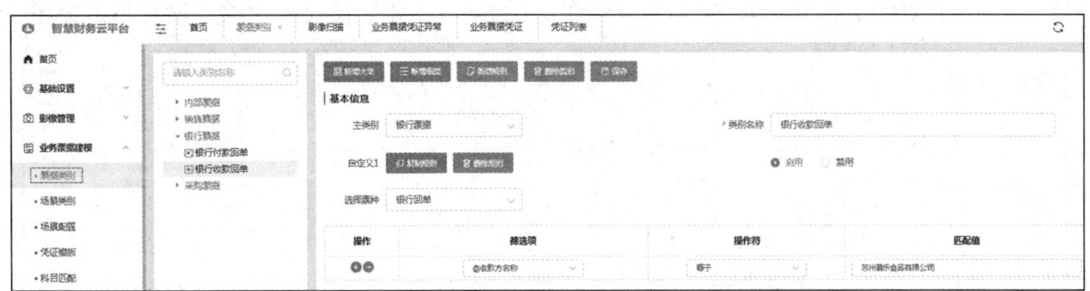

图 6-9-1 票据类别设置

➢ 步骤 2：场景类别设置

由于该文件夹中的银行收款回单摘要栏反映的共同信息都包括“货款”，“主类别”设为“往来场景”，“类别名称”设为“收取货款”，筛选条件设为“@摘要——包含——货款”，设置结果见图 6-9-2。

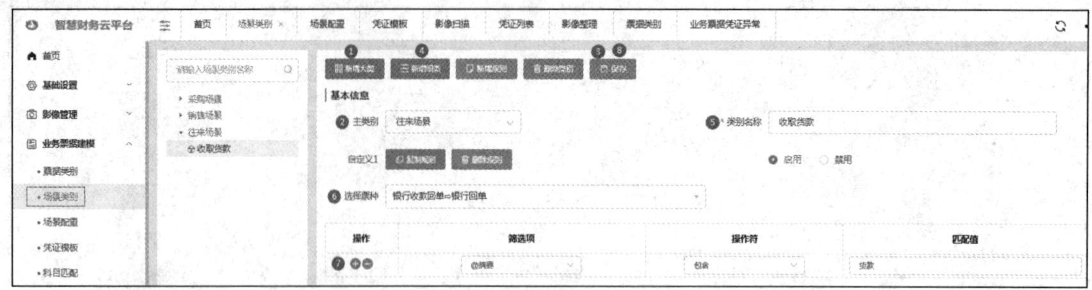

图 6-9-2 场景类别设置

➢ 步骤 3：场景配置设置

“主场景”设为“往来业务”，“场景名称”设为“收取货款”，设置结果如图 6-9-3。

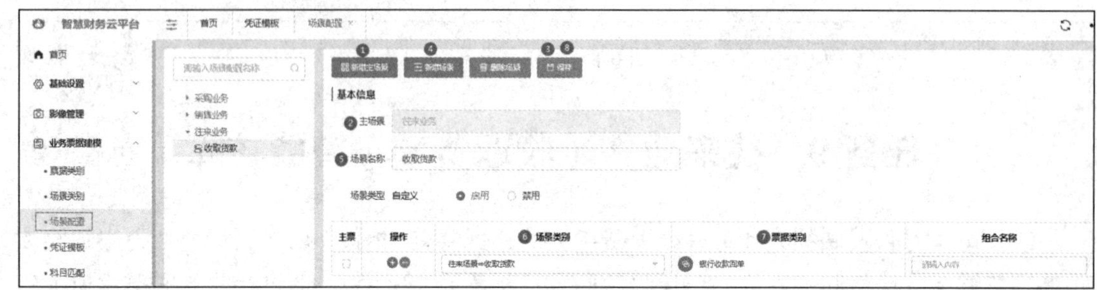

图 6-9-3 场景配置设置

➢ 步骤 4：凭证模板设置

收取货款银行收款回单分录设置原理：

借：银行存款（@金额或@含税金额）（按开户银行明细核算）

贷：应收账款（@金额或@含税金额）（按“客户——@付款方名称”辅助核算）

分录设置结果见图 6-9-4，辅助核算结果见图 6-9-5，凭证模板其他项目设置不再赘述。

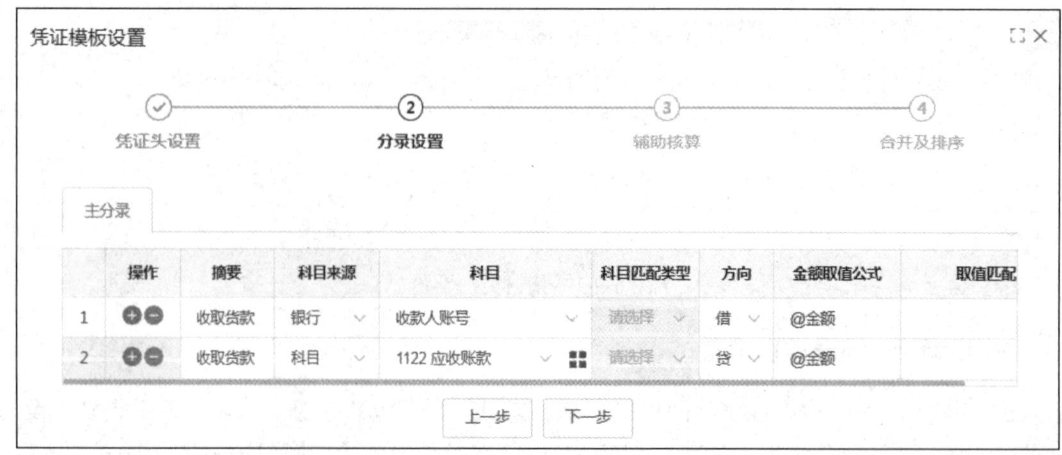

	操作	摘要	科目来源	科目	科目匹配类型	方向	金额取值公式	取值匹配
1		收取货款	银行	收款人账号	请选择	借	@金额	
2		收取货款	科目	1122 应收账款	请选择	贷	@金额	

图 6-9-4 分录设置

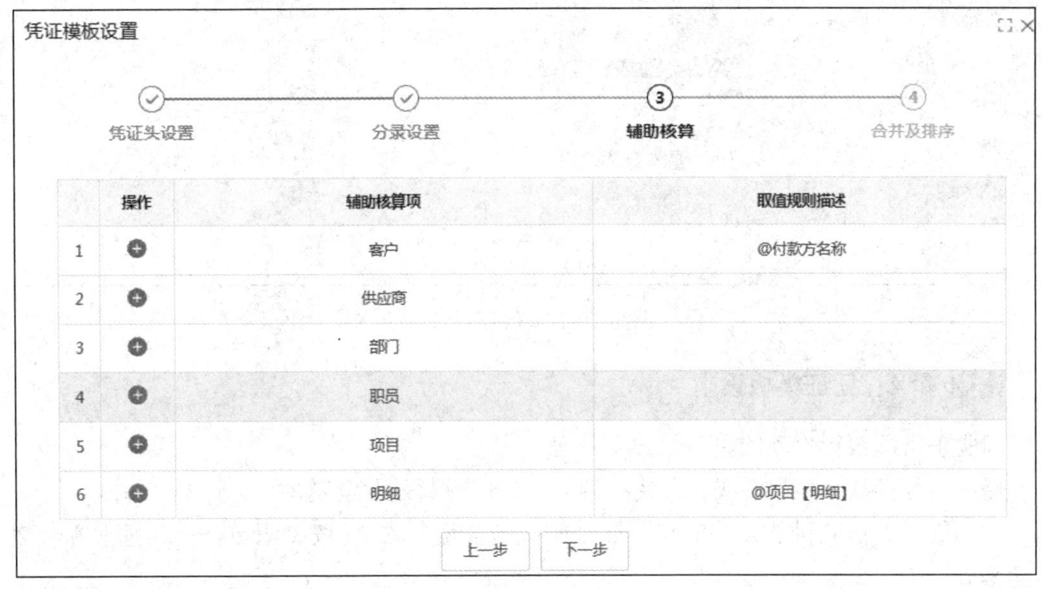

	操作	辅助核算项	取值规则描述
1	⊕	客户	@付款方名称
2	⊕	供应商	
3	⊕	部门	
4	⊕	职员	
5	⊕	项目	
6	⊕	明细	@项目【明细】

图 6-9-5　辅助核算

➢ **步骤 5：影像审核及生成记账凭证**

依次单击“影像管理”→“影像扫描”选项，打开“影像扫描”窗口，在“组别”下拉列表中单击“9 银行收款单（货款）”文件夹，对票据进行影像审核，系统将自动生成记账凭证。

任务 10　往来业务（向股东借款）智能核算

6-10 操作示范

该公司 4 月份反映往来业务（向股东借款）的票据共有 1 张，所涉票据为银行收款回单。票据会计已将其归入“8 银行收款回单（向股东借款）”文件夹。请进行业务票据建模，建模要求：凭证合并方式为不合并，分录合并方式为不合并。具体操作步骤如下。

➢ **步骤 1：票据类别设置**

向股东借款银行收款回单票据类别与收取货款银行收款回单票据类别相同，不需要重复设置。

➢ **步骤 2：场景类别设置**

银行收款回单摘要栏反映“向股东借款”，“主类别”设为“往来场景”，“类别名称”设为“收取股东借款”，筛选条件设为“@摘要——包含——股东借款”，设置结果见图 6-10-1。

➢ **步骤 3：场景配置设置**

“主场景”设为“往来业务”，“场景名称”设为“收取股东借款”，不需要进行组合名称设置。

图 6-10-1　场景类别设置

➢ 步骤 4：凭证模板设置

向股东借款银行收款回单分录设置原理：

借：银行存款（@金额或@含税金额）（按开户银行明细核算）

　　贷：其他应付款——职员（@金额或@含税金额）（按“职员——@付款方名称”辅助核算）

分录及辅助核算设置结果见图 6-10-2 和图 6-10-3，凭证模板其他项目设置不再赘述。

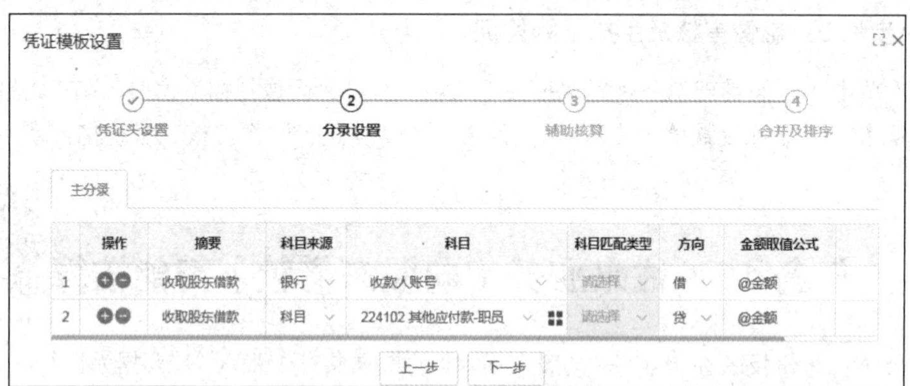

	操作	摘要	科目来源	科目	科目匹配类型	方向	金额取值公式
1		收取股东借款	银行	收款人账号	请选择	借	@金额
2		收取股东借款	科目	224102 其他应付款-职员	请选择	贷	@金额

图 6-10-2　分录设置

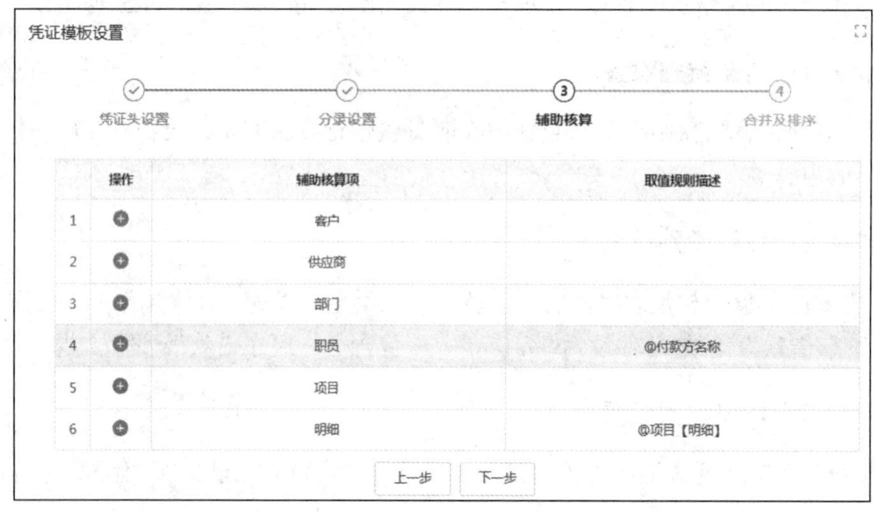

	操作	辅助核算项	取值规则描述
1		客户	
2		供应商	
3		部门	
4		职员	@付款方名称
5		项目	
6		明细	@项目【明细】

图 6-10-3　辅助核算

➢ **步骤 5：影像审核及生成记账凭证**

依次单击“影像管理”→“影像扫描”选项，打开“影像扫描”窗口，在“组别”下拉列表中单击“8 银行收款单（向股东借款）”文件夹，对票据进行影像审核，系统将自动生成记账凭证。

任务 11 往来业务（支付手续费）智能核算

6-11 操作示范

该公司 4 月份反映往来业务（支付手续费）的票据共有 19 张，所涉票据为银行付款回单。票据会计已将其归入“1 银行付款回单（手续费）”文件夹。请进行业务票据建模，建模要求：凭证合并方式为不合并，分录合并方式为不合并。具体操作步骤如下。

➢ **步骤 1：票据类别设置**

“主类别”设为“银行票据”，“类别名称”设为“银行付款回单”，筛选条件设置为“@付款方名称——等于——苏州美乐食品有限公司”，设置结果见图 6-11-1。

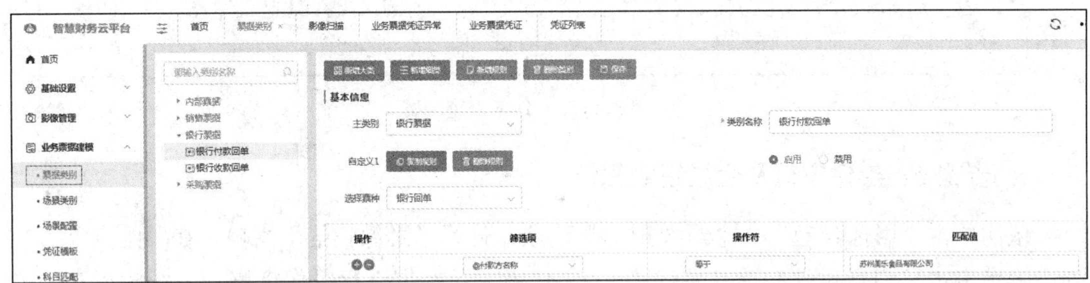

图 6-11-1 票据类别设置

➢ **步骤 2：场景类别设置**

银行付款回单摘要栏信息为“手续费”，“主类别”设为“往来场景”，“类别名称”设为“支付手续费”，筛选条件设置为“@摘要——包含——手续费”，设置结果见图 6-11-2。

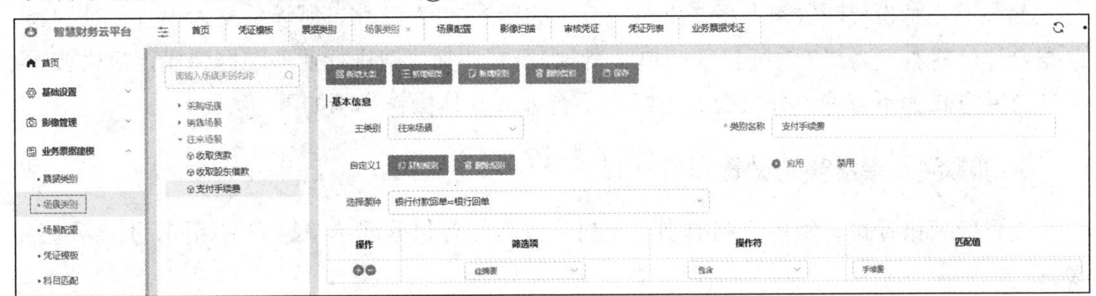

图 6-11-2 场景类别设置

➢ **步骤 3：场景配置设置**

“主场景”设为“往来业务”，“场景名称”设为“支付手续费”，不需要进行组合名称设置。

➢ 步骤 4：凭证模板设置

支付手续费银行付款回单分录设置原理：

借：财务费用——手续费（@金额或@含税金额）

　　贷：银行存款（@金额或@含税金额）（按开户银行明细核算）

分录设置结果见图 6-11-3，凭证模板其他项目设置不再赘述。

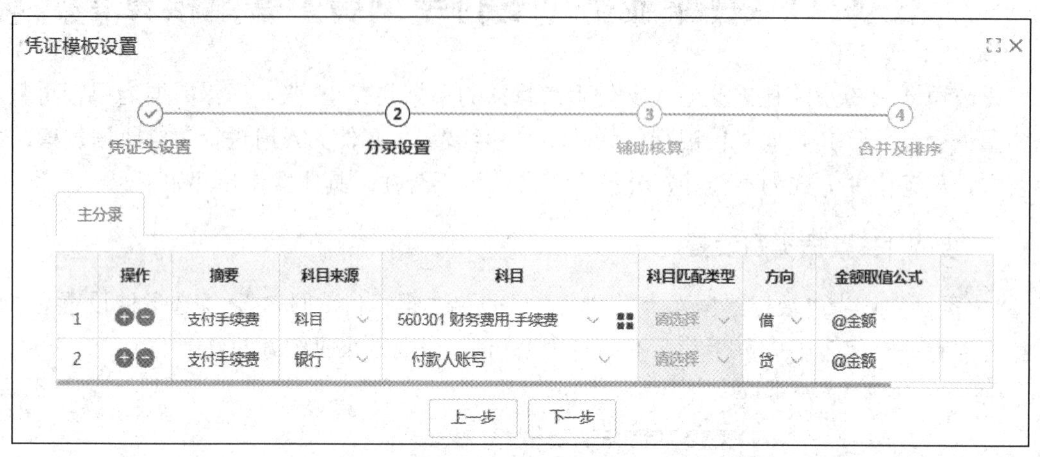

图 6-11-3　分录设置

➢ 步骤 5：影像审核及生成记账凭证

依次单击“影像管理”→“影像扫描”选项，打开“影像扫描”窗口，在“组别”下拉列表中单击“1 银行付款回单（手续费）”文件夹，对票据进行影像审核，系统将自动生成记账凭证。

任务 12　往来业务（支付货款）智能核算

6-12 操作示范

该公司 4 月份反映往来业务（支付货款）的票据共有 19 张，所涉票据为银行付款回单。票据会计已将其归入“7 银行付款回单（货款）”文件夹。请进行业务票据建模，建模要求：凭证合并方式为不合并，分录合并方式为不合并。具体操作步骤如下。

➢ 步骤 1：票据类别设置

支付货款银行付款回单票据类别与支付手续费银行付款回单票据类别相同，不需要重复设置。

➢ 步骤 2：场景类别设置

支付货款银行付款回单的关键信息为摘要内容中的关键词“货款”，“主类别”设为“往来场景”，“类别名称”设为“支付货款”，筛选条件设为“@摘要——包含——货款”，设置结果见图 6-12-1。

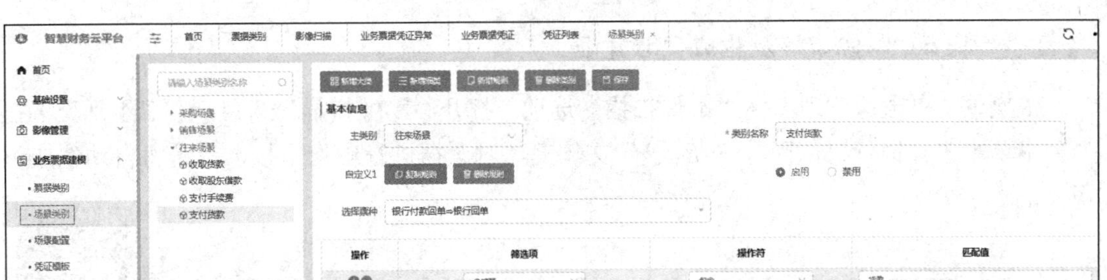
图 6-12-1 场景类别设置

➤ 步骤 3：场景配置设置

“主场景”设为“往来业务”，“场景名称”设为“支付货款”，不需要进行组合名称设置。

➤ 步骤 4：凭证模板设置

支付货款银行付款回单分录设置原理：

借：应付账款（@金额或@含税金额）（按“供应商——@收款方名称”辅助核算）

　　贷：银行存款（@金额或@含税金额）（按开户银行明细核算）

分录及辅助核算设置结果见图 6-12-2 和图 6-12-3，凭证模板其他项目设置不再赘述。

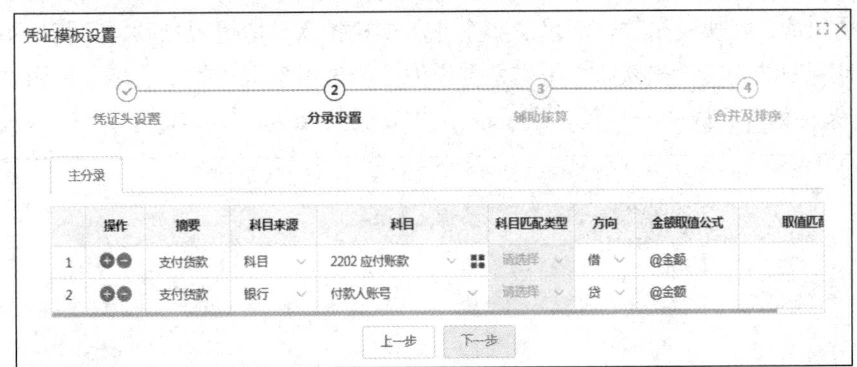
图 6-12-2 分录设置

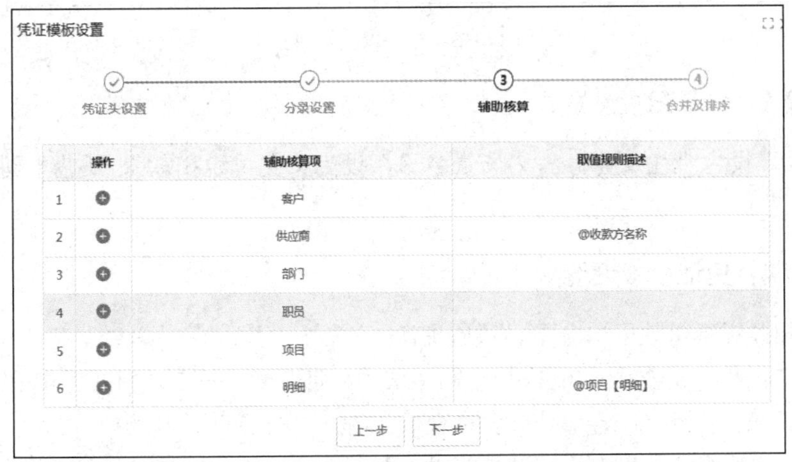
图 6-12-3 辅助核算

➢ 步骤 5：影像审核及生成记账凭证

依次单击“影像管理”→“影像扫描”选项，打开“影像扫描”窗口，在“组别”下拉列表中单击“7 银行付款回单（货款）”文件夹，对票据进行影像审核，系统将自动生成记账凭证。

任务 13　往来业务（支付税扣款）智能核算

6-13 操作示范

该公司 4 月份反映往来业务（支付税扣款）的票据共有 6 张，所涉票据为银行付款回单。票据会计已将其归入“6 银行付款回单（税扣款）”文件夹。请进行业务票据建模，建模要求：凭证合并方式为不合并，分录合并方式为不合并。具体操作步骤如下。

➢ 步骤 1：票据类别设置

支付税扣款银行付款回单票据类别与支付手续费银行付款回单相同，不需要重复设置。

➢ 步骤 2：场景类别设置

支付税扣款银行付款回单的关键信息为摘要的具体内容，本任务包括个人所得税扣款、企业所得税扣款、附加税扣款、汇算清缴企业所得税扣款、增值税扣款、印花税扣款，它们的共同信息可归纳为“税扣款”，“主类别”设为“往来场景”，“类别名称”设为“支付税扣款”，筛选条件为“@摘要——包含——税扣款”，设置结果见图 6-13-1。

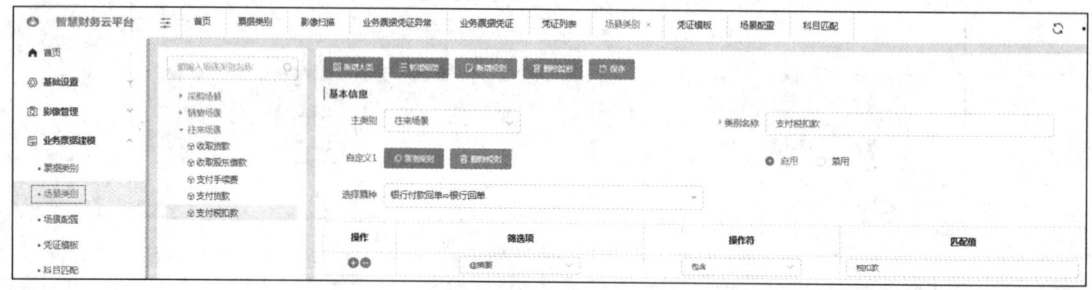

图 6-13-1　场景类别设置

➢ 步骤 3：场景配置设置

“主场景”设为“往来业务”，“场景名称”设为“支付税扣款”，不需要进行组合名称设置。

➢ 步骤 4：凭证模板设置

支付税扣款银行付款回单分录设置原理：

借：应交税费（@金额或@含税金额）（按“科目匹配——@项目【明细】”辅助核算）

　　贷：银行存款（@金额或@含税金额）（按开户银行明细核算）

在对借方“应交税费”进行辅助核算时，由于涉及的税种比较多，分录设置时科目来源可选择“科目匹配”，对应的科目选择“@项目【明细】”，设置结果见图 6-13-2，凭证模板其他项目设置不再赘述。

图 6-13-2　分录设置

➢ 步骤 5：科目匹配设置

在凭证模板设置借方科目时，因为选择了“科目匹配——@项目【明细】”来自动识别借方具体科目，因此必须完成科目匹配设置，凭证模板设置任务才算全部完成。在进行科目匹配设置时，应根据缴纳税费的具体内容，先在“科目名称”栏填制正确的会计科目，再在“匹配值”列，根据财务机器人识别到的“项目【明细】”内容，填写正确的匹配值。具体结果见图 6-13-3。

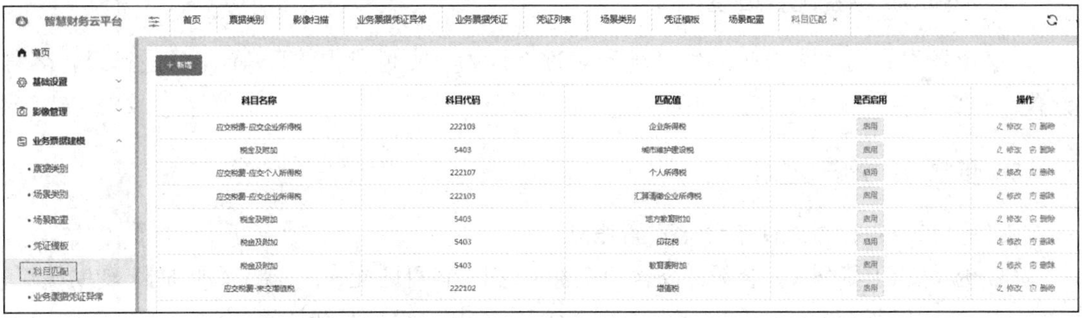

科目名称	科目代码	匹配值	是否启用	操作
应交税费-应交企业所得税	222103	企业所得税	启用	修改 删除
税金及附加	5403	城市维护建设税	启用	修改 删除
应交税费-应交个人所得税	222107	个人所得税	启用	修改 删除
应交税费-应交企业所得税	222103	汇算清缴企业所得税	启用	修改 删除
税金及附加	5403	地方教育附加	启用	修改 删除
税金及附加	5403	印花税	启用	修改 删除
税金及附加	5403	教育费附加	启用	修改 删除
应交税费-未交增值税	222102	增值税	启用	修改 删除

图 6-13-3　科目匹配设置

➢ 步骤 6：影像审核及生成记账凭证

依次单击“影像管理”→“影像扫描”选项，打开“影像扫描”窗口，在“组别”下拉列表中单击“6 银行付款回单（税扣款）”文件夹，对票据进行影像审核，系统将自动生成记账凭证。

任务 14　往来业务（支付费扣款）智能核算

6-14 操作示范

该公司 4 月份反映往来业务（支付费扣款）的票据共有 2 张，所涉票据为银行付款回单。票据会计已将其归入“5 银行付款回单（费扣款）”文件夹。请进行业务票据建模，建模要求：凭证合并方式为不合并，分录合并方式为不合并。具体操作步骤如下。

➢ **步骤 1：票据类别设置**

支付费扣款银行付款回单票据类别与支付手续费银行付款回单票据类别相同，不需要重复设置。

➢ **步骤 2：场景类别设置**

支付费扣款银行付款回单关键信息为摘要的具体内容，本任务中支付费扣款包括工会经费扣款、社保费扣款，它们的共同信息是“费扣款”，“主类别”设为“往来场景”，“类别名称”设为“支付费扣款”，筛选条件为“@摘要——包含——费扣款”，设置结果见图 6-14-1。

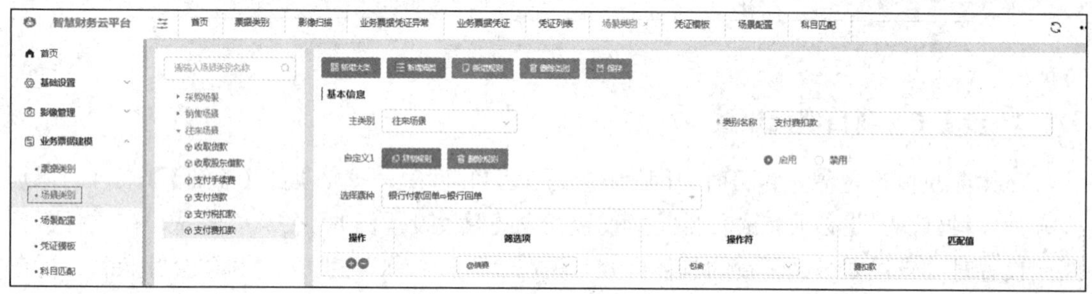

图 6-14-1　场景类别设置

➢ **步骤 3：场景配置设置**

“主场景”设为“往来业务”，“场景名称”设为“支付费扣款”，不需要进行组合名称设置。

➢ **步骤 4：凭证模板设置**

支付费扣款银行付款回单分录设置原理：

借：应付职工薪酬（@金额或@含税金额）（按“科目匹配——项目【明细】”辅助核算）

　　贷：银行存款（@金额或@含税金额）（按开户银行明细核算）

由于支付费扣款的项目类型多样，因此设置借方科目时采用了科目匹配功能，具体设置原理与支付税扣款的相同。

➢ **步骤 5：科目匹配设置**

在进行科目匹配设置时，应根据缴纳的各项费扣款具体内容，先在“科目名称”栏填制正确的会计科目，再在“匹配值”列，根据财务机器人识别到的“项目【明细】”内容，填写正确的匹配值。具体选择如下：“应付职工薪酬——工会经费”对应匹配值为“工会经费”，“应付职工薪酬——设定提存计划”对应匹配值为“养老保险”“失业保险”，“应付职工薪酬——工伤保险”对应匹配值为“工伤保险”，“应付职工薪酬——生育保险”对应匹配值为“生育保险”，“应付职工薪酬——医疗保险”对应匹配值为“医疗保险”，“应付职工薪酬——补充大病医疗保险”对应匹配值为“补充大病医疗保险”。

➢ **步骤 6：影像审核及生成记账凭证**

依次单击“影像管理”→“影像扫描”选项，打开“影像扫描”窗口，在“组别”下拉列表中单击“5 银行付款回单（费扣款）”文件夹，对票据进行影像审核，系统将自动生成记账凭证。

任务 15　往来业务（代发工资）智能核算

6-15 操作示范

该公司 4 月份反映往来业务（代发工资）的票据 1 张，所涉票据为银行付款回单。票据会计已将其归入“4 银行付款回单（代发工资）”文件夹。请进行业务票据建模，建模要求：凭证合并方式为不合并，分录合并方式为不合并。具体操作步骤如下。

➢ **步骤 1：票据类别设置**

代发工资银行付款回单票据类别与已设置的银行付款回单据类别相同，不需要重复设置。

➢ **步骤 2：场景类别设置**

代发工资银行付款回单关键信息为摘要的“代发工资”，“主类别”设为“往来场景”，“类别名称”设为“银行代发工资”，筛选条件为“@摘要——包含——代发工资”，设置结果见图 6-15-1。

图 6-15-1　场景类别设置

➢ **步骤 3：场景配置设置**

“主场景”设为“往来业务”，“场景名称”设为“银行代发工资”，不需要进行组合名称设置。

➢ **步骤 4：凭证模板设置**

代发工资银行付款回单分录设置原理：

借：应付职工薪酬——工资（@金额或@含税金额）

　　贷：银行存款（@金额或@含税金额）（按开户银行明细核算）

凭证模板分录设置见图 6-15-2，凭证模板其他项目设置不再赘述。

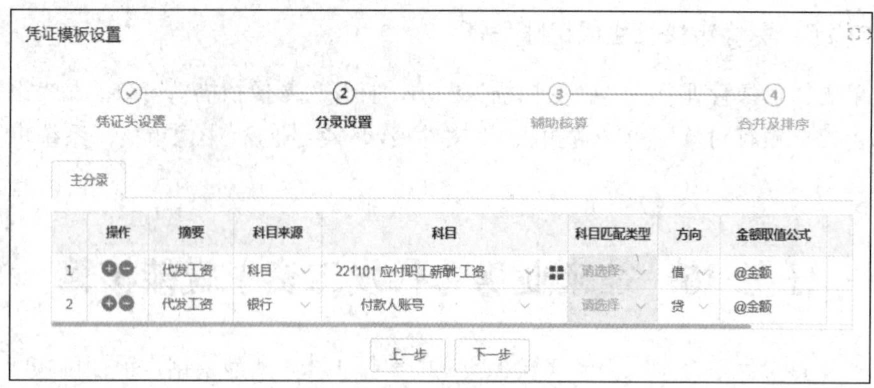

图 6-15-2　分录设置

➢ 步骤 5：影像审核及生成记账凭证

依次单击“影像管理”→“影像扫描”选项，打开“影像扫描”窗口，在“组别”下拉列表中单击“4 银行付款回单（代发工资）”文件夹，对票据进行影像审核，系统将自动生成记账凭证。

任务 16　往来业务（支付出差借款）智能核算

6-16 操作示范

该公司 4 月反映往来业务（支付出差借款）的票据 1 张，所涉票据为银行付款回单。票据会计已将其归入“3 银行付款回单（出差借款）”文件夹。请进行业务票据建模，建模要求：凭证合并方式为不合并，分录合并方式为不合并。具体操作步骤如下。

➢ 步骤 1：票据类别设置

支付出差借款银行付款回单票据类别与其他银行付款回单票据类别相同，不需要重复设置。

➢ 步骤 2：场景类别设置

支付出差借款银行付款回单关键信息为摘要的“出差借款”,“主类别”设为“往来场景”,“类别名称”设为“支付出差借款”，筛选条件为“@摘要——包含——出差借款”，设置结果见图 6-16-1。

图 6-16-1　场景类别设置

➢ 步骤 3：场景配置设置

“主场景”设为“往来业务”，“场景名称”设为“支付出差借款”，不需要进行组合名称设置。

➢ 步骤 4：凭证模板设置

支付出差借款银行付款回单分录设置原理：

借：其他应付款——职员（@金额或@含税金额）（按“职员——@收款人名称”辅助核算）

贷：银行存款（@金额或@含税金额）（按开户银行明细核算）

分录设置结果见图 6-16-2，凭证模板其他项目设置不再赘述。

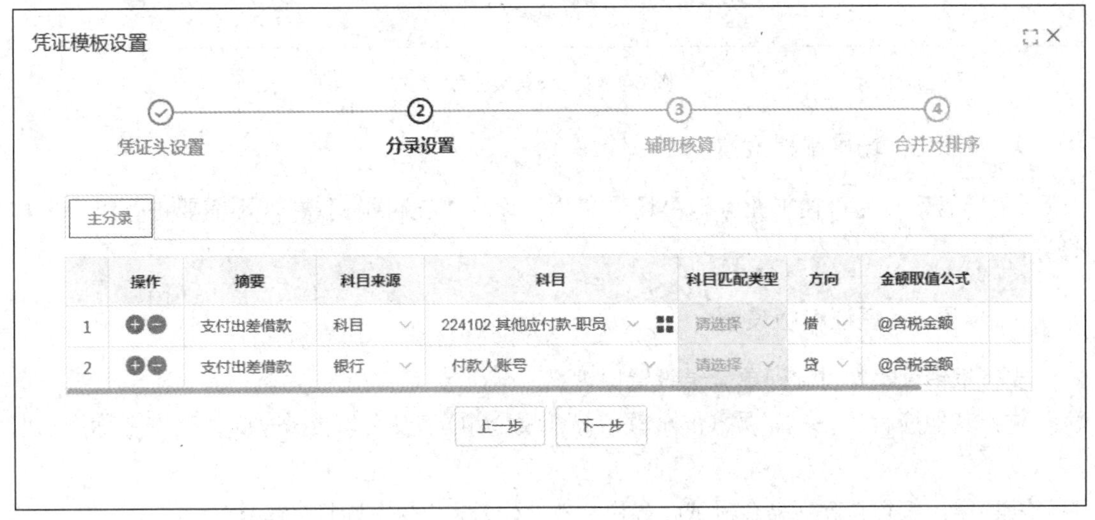

图 6-16-2　分录设置

➢ 步骤 5：影像审核及生成记账凭证

依次单击“影像管理”→“影像扫描”选项，打开“影像扫描”窗口，在“组别”下拉列表中单击“3 银行付款回单（出差借款）”文件夹，对票据进行影像审核，系统将自动生成记账凭证。

任务 17　往来业务（支付报销款）智能核算

6-17 操作示范

该公司 4 月份反映往来业务（支付报销款）的票据 1 张，所涉票据为银行付款回单。票据会计已将其归入“2 银行付款回单（报销款）”文件夹。请进行业务票据建模，建模要求：凭证合并方式为不合并，分录合并方式为不合并。具体操作步骤如下。

➢ 步骤 1：票据类别设置

支付报销款银行付款回单票据类别与其他银行付款回单票据类别相同，不需要重复设置。

➢ 步骤 2：场景类别设置

支付报销款银行付款回单关键信息为摘要的“报销款”，“主类别”设为“往来场景”，“类别名称”设为“支付报销款”，筛选条件为“@摘要”——包含——“报销款”，设置结果见图 6-17-1。

图 6-17-1 场景类别设置

➢ 步骤 3：场景配置设置

“主场景”设为“往来业务”，“场景名称”设为“支付报销款”，不需要进行组合名称设置。

➢ 步骤 4：凭证模板设置

支付报销款银行付款回单分录设置原理：

借：其他应付款——职员（@金额或@含税金额）（按“职员——@收款方名称”辅助核算）

  贷：银行存款（@金额或@含税金额）（按开户银行明细核算）

分录设置结果见图 6-17-2，凭证模板其他项目设置不再赘述。

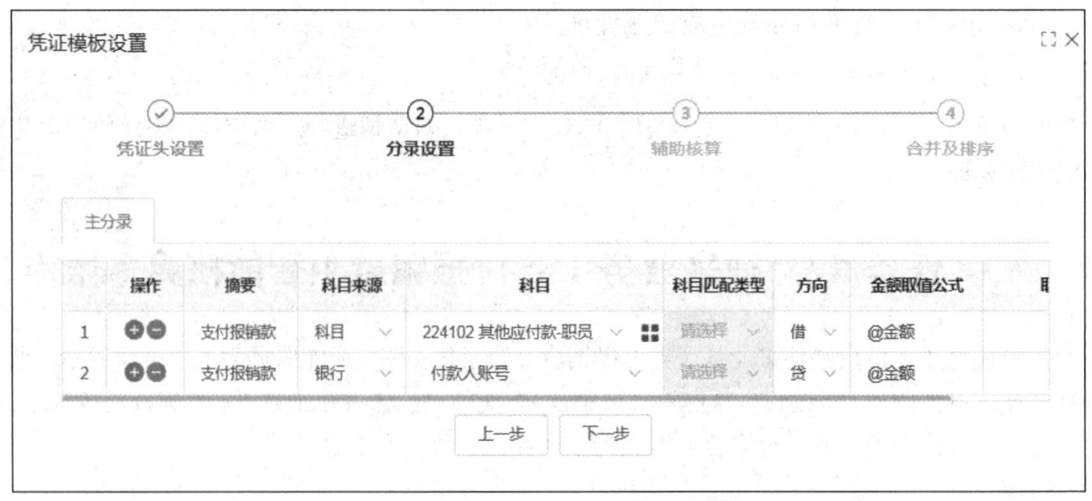

	操作	摘要	科目来源	科目	科目匹配类型	方向	金额取值公式
1	⊕⊖	支付报销款	科目	224102 其他应付款-职员	请选择	借	@金额
2	⊕⊖	支付报销款	银行	付款人账号	请选择	贷	@金额

图 6-17-2 分录设置

> 步骤 5：影像审核及生成记账凭证

依次单击“影像管理”→“影像扫描”选项，打开“影像扫描”窗口，在“组别”下拉列表中单击“2 银行付款回单（报销款）”文件夹，对票据进行影像审核，系统将自动生成记账凭证。

任务 18　往来业务（申请借款）智能核算

6-18 操作示范

该公司 4 月份反映往来业务（员工借款）的票据 1 张，所涉票据为借款单。票据会计已将其归入“15 借款单”文件夹。请进行业务票据建模，建模要求：凭证合并方式为不合并，分录合并方式为不合并。具体操作步骤如下。

> 步骤 1：票据类别设置

借款单在本任务首次出现，它是企业内部自设票据，“主类别”设为“内部票据”，“类别名称”设为“借款单”，无须设置筛选条件。

> 步骤 2：场景类别设置

员工出差借款，借款单的关键信息为借款事由，在财务机器人系统识别为“用途”，“主类别”设为“往来场景”，为了与支付出差借款相区别，“类别名称”设为“申请出差借款”，筛选条件为“@用途——包含——出差借款”，设置结果见图 6-18-1。

图 6-18-1　场景类别设置

> 步骤 3：场景配置设置

员工出差借款场景配置时为单一票据，不需要进行组合名称设置。

> 步骤 4：凭证模板设置

借款单对应分录设置原理：

借：其他应收款——职员（@金额或@含税金额）（按“职员——@借款人”辅助核算）

　　贷：其他应付款——职员（@金额或@含税金额）（按“职员——@借款人”辅助核算）

分录设置结果见图 2-54，凭证模板其他项目设置不再赘述。

图 6-18-2　分录设置

➢ 步骤 5：影像审核及生成记账凭证

依次单击“影像管理”→“影像扫描”选项，打开“影像扫描”窗口，在“组别”下拉列表中单击“15 借款单”文件夹，对票据进行影像审核，系统将自动生成记账凭证。

任务 19　费用业务（报销福利费）智能核算

6-19 操作示范

该公司 4 月份反映费用业务（报销福利费）的票据 1 张，所涉票据为通用费用报销单。票据会计已将其归入“14 报销福利费”文件夹。请进行业务票据建模，建模要求：凭证合并方式为不合并，分录合并方式为不合并。具体操作步骤如下。

➢ 步骤 1：票据类别设置

通用费用报销单在本任务首次出现，是企业内部设置的票据，“主类别”设为“内部票据”，“类别名称”设为“通用费用报销单”，不需要筛选条件设置。

➢ 步骤 2：场景类别设置

通用费用报销单关键信息为“报销项目——福利费”，“主类别”设为“报销场景”，“类别名称”设为“报销福利费”，筛选条件为“@报销项目——包含——福利费”，设置结果见图 6-19-1。

图 6-19-1　场景类别设置

➢ **步骤3：场景配置设置**

“主场景”设为“费用业务”，“场景类别”设为“报销福利费”，不需要进行组合名称设置。

➢ **步骤4：凭证模板设置**

报销福利费通用费用报销单对应分录设置原理：

借：应付职工薪酬——职工福利（@金额或@含税金额）

　　贷：库存现金（@金额或@含税金额）

　　　　其他应付款——职员（@金额或@含税金额）（按“@职员——@经办人”辅助核算）

上述贷方会计科目通过支付方式取值匹配来确定，分录设置见图6-19-2，辅助核算设置见图6-19-3，凭证模板其他项目设置不再赘述。

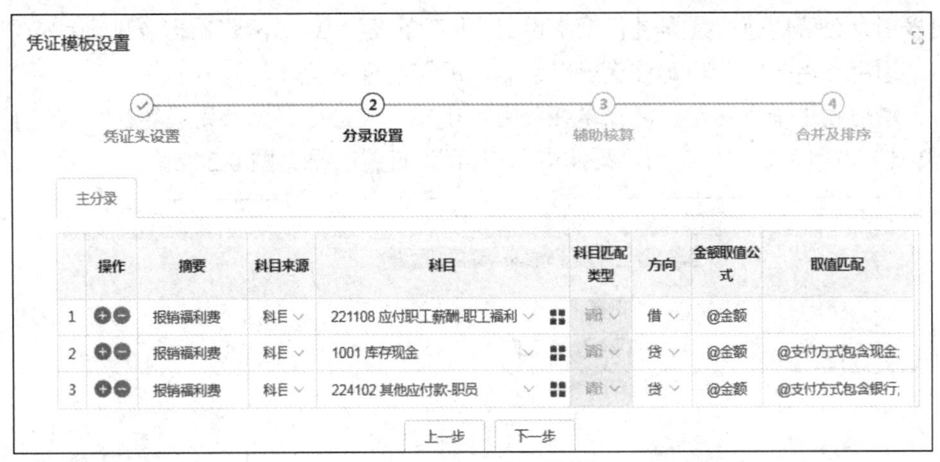

	操作	摘要	科目来源	科目	科目匹配类型	方向	金额取值公式	取值匹配
1		报销福利费	科目	221108 应付职工薪酬-职工福利		借	@金额	
2		报销福利费	科目	1001 库存现金		贷	@金额	@支付方式包含现金;
3		报销福利费	科目	224102 其他应付款-职员		贷	@金额	@支付方式包含银行;

图6-19-2　分录设置

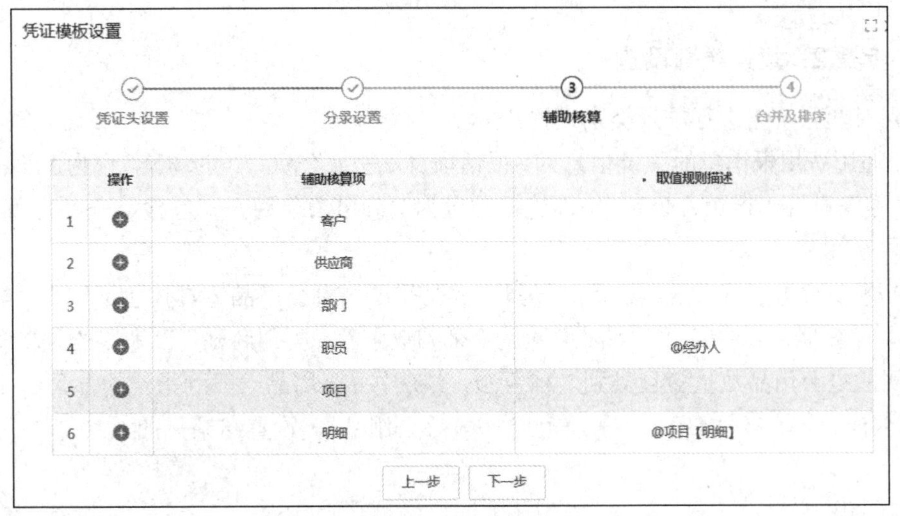

	操作	辅助核算项	取值规则描述
1		客户	
2		供应商	
3		部门	
4		职员	@经办人
5		项目	
6		明细	@项目【明细】

图6-19-3　辅助核算

➢ **步骤 5：影像审核及生成记账凭证**

依次单击“影像管理”→“影像扫描”选项，打开“影像扫描”窗口，在“组别”下拉列表中单击“14 报销福利费”文件夹，对票据进行影像审核，系统将自动生成记账凭证。

任务 20 费用业务（报销办公费）智能核算

6-20 操作示范

该公司 4 月份反映费用业务（报销办公费）的票据 2 张，所涉票据为通用费用报销单和增值税电子普通发票。票据会计已将其归入“18 报销办公费”文件夹。请进行业务票据建模，建模要求：凭证合并方式为批次，分录合并方式为完全合并。具体操作步骤如下。

➢ **步骤 1：票据类别设置**

对报销办公费所获取票据进行批次设置，本任务设为 B。对两张票据分别进行类别设置。

（1）通用费用报销单，非首次出现票据，不需要重复设置。

（2）增值税电子普通发票，在本任务首次出现，应进行票据类别设置，“主类别”设为“采购票据”，“类别名称”设为“采购电子普票”，设置结果见图 6-20-1。

图 6-20-1 票据类别设置

➢ **步骤 2：场景类别设置**

分别对两张票据进行场景类别设置。

（1）通用费用报销单的关键信息为“报销项目——办公费”，“主场景”设为“报销场景”，“类别名称”设为“报销办公费”，筛选条件设为“@报销项目——包含——办公费”，设置结果见图 6-20-2。

（2）增值税电子普通发票，反映场景内容是采购了办公用品，具体包括红光 A4 打印纸/复印纸、计算器、文件架。“主场景”设为“采购场景”，“类别名称”设为“采购办公用品”。由于购买的办公用品数量多且类别名称复杂，实务中办公用品一般到指定的办公用品商店采购，筛选条件设置为“@销售方——包含——办公用品”，设置结果见图 6-20-3。

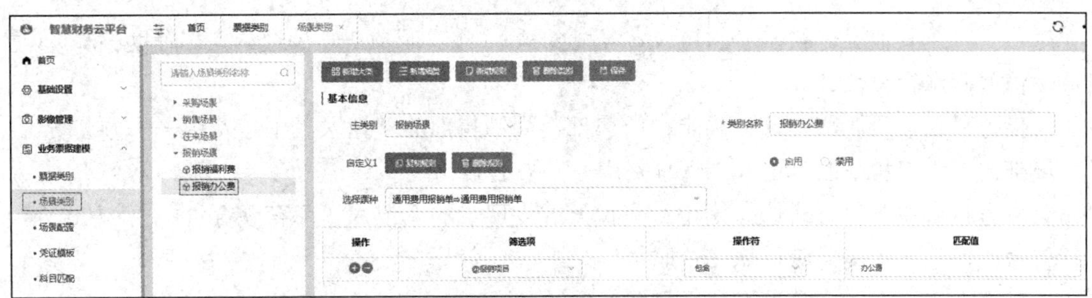

图 6-20-2　场景类别设置

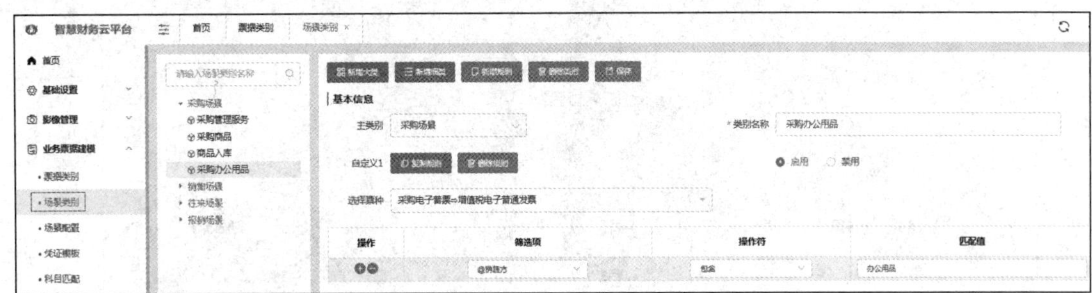

图 6-20-3　场景类别设置

➢ 步骤 3：场景配置设置

实务中，报销办公费时的通用费用报销单是主票，而增值税电子普票发票是附票。因此，在进行场景配置设置时，要以“通用费用报销单”为主票（注意勾选）进行设置，将“采购电子普票”为辅票，同时需要进行组合名称设置，设置结果见图 6-20-4。

图 6-20-4　场景配置设置

➢ 步骤 4：凭证模板设置

（1）分录设置及辅助核算。

① 与通用费用报销单数据相对应，根据谁受益谁承担费用的原则，一般的会计分录设置原理：

借：管理费用——办公费（@含税金额）（通过取值匹配选择科目）

　　销售费用——办公费（@含税金额）（通过取值匹配选择科目）

　　贷：库存现金（@含税金额）（通过取值匹配选择科目）

其他应付款——职员（@含税金额）（按“职员——@经办人”辅助核算）（通过取值匹配选择科目）

借方科目按所属部门选择确定：所属部门为销售部的，记入“销售费用——办公费”；所属部门不为销售部的，记入“管理费用——办公费”。

贷方科目按支付方式选择确定：支付方式为现金的，记入“库存现金”；支付方式为银行转账的，记入“其他应付款——职员”。

根据上述原则，分录设置结果见图 6-20-5。

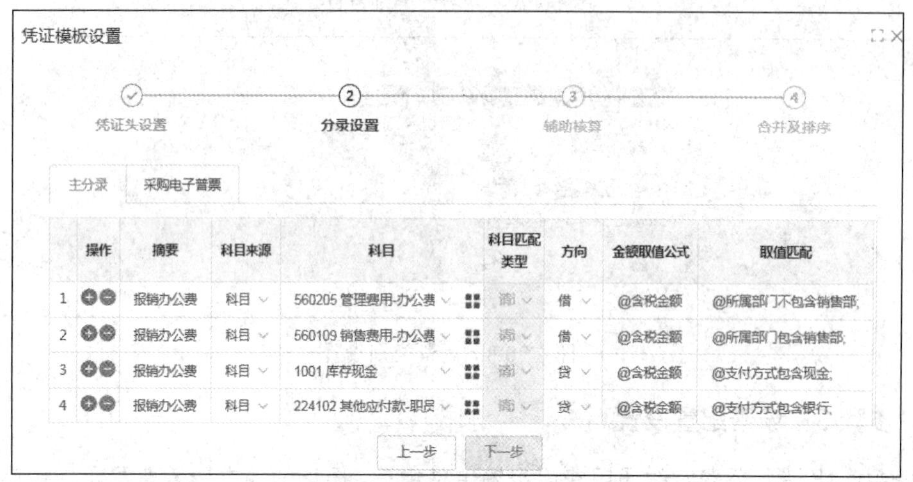

图 6-20-5　分录设置

② 采购电子普票，根据增值税相关法律规定，其支付的税额不得进行抵扣，因此不需要进行抵销分录设置。

（2）合并及排序。在报销办公费业务中，对相关的票据进行了批次定义（B），其目的就是要进行凭证与分录的合并，具体条件：凭证合并方式为批次，分录合并方式为完全合并，设置结果见图 6-20-6。

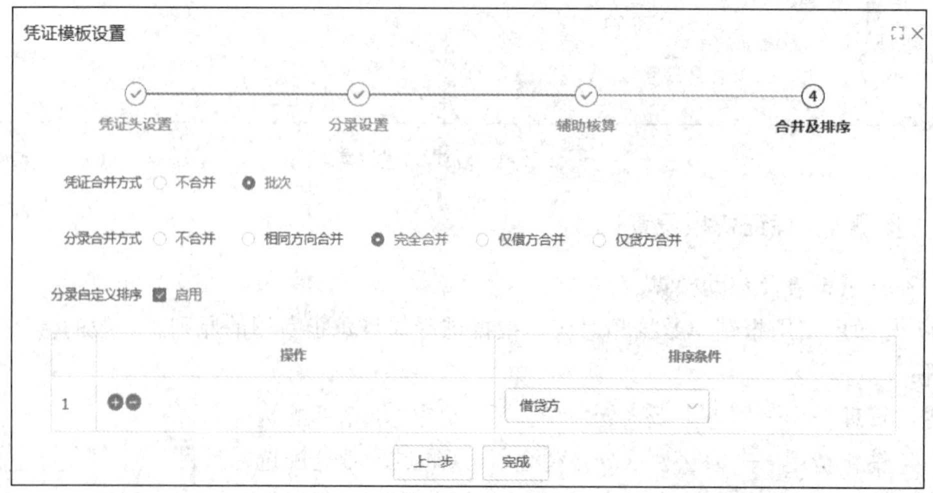

图 6-20-6　合并及排序

> ➢ **步骤 5：影像审核及生成记账凭证**

依次单击“影像管理”→“影像扫描”选项，打开“影像扫描”窗口，在“组别”下拉列表中单击“18 报销办公费”文件夹，对票据进行影像审核，系统将自动生成记账凭证。

任务 21　费用业务（报销差旅费）智能核算

6-21 操作示范

该公司 4 月份反映费用业务（报销差旅费）的票据 5 张，所涉票据为差旅费报销单、火车票和的士票、增值税普通发票。票据会计已将其归入“19 报销差旅费”文件夹。请进行业务票据建模，建模要求：凭证合并方式为批次合并，分录合并方式为完全合并。具体操作步骤如下。

➢ **步骤 1：票据类别设置**

本任务报销差旅费的票据有如下几种。

（1）差旅费报销单。该票据为首次出现，且属于企业内部票据，在主类别“内部票据”下增设“差旅费报销单”。

（2）交通票据，包括火车票、的士票。此类票据为首次出现，增设主类别“交通票据”，并在其下分别设置“火车票”“的士票”。

（3）增值税普通发票。该票据在前面任务中作为采购票据已进行了设置，不需要重复设置。

➢ **步骤 2：场景类别设置**

（1）差旅费报销单。“主类别”设为“报销场景”，“类别名称”设为“报销差旅费”。因为票据抬头就可以反映出经济内容是报销差旅费，不需要进行筛选条件设置。

（2）火车票和的士票。作为采购交通服务的专用票据，“主类别”设为“采购场景”，“类别名称”设为“采购交通服务”，不需要进行筛选条件设置，设置结果见图 6-21-1。

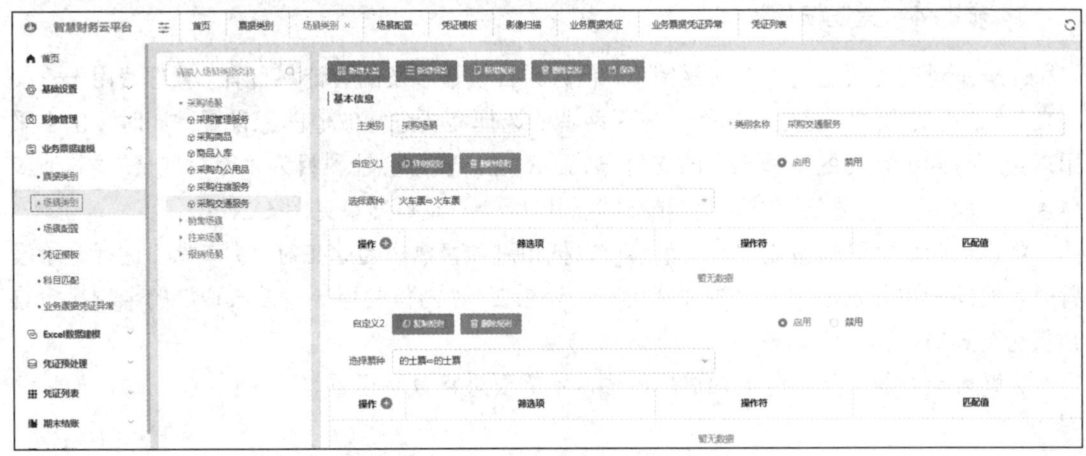

图 6-21-1　场景类别设置

（3）增值税普通发票。该票据是采购住宿服务的原始凭证，“主类别”设为“采购场景”，“类别名称”设为“采购住宿服务”，筛选条件为“@项目【明细】——包含——住宿费”，设置结果如图 6-21-2。

图 6-21-2　场景类别设置

➢ 步骤 3：场景配置设置

“主场景”设为“费用业务”，“场景名称”设为“报销差旅费”，将“差旅费报销单”设为主票，其组合命名为空；其他票据类别对应的组合名称，直接按票据类别名称为组合名称，设置结果见图 6-21-3。

图 6-21-3　场景配置设置

➢ 步骤 4：凭证模板设置

主分录对应的票据为差旅费报销单，借方科目设置涉及的会计科目有“管理费用——差旅费”“销售费用——差旅费”等，对于两者的选择需要进行取值匹配设置；同时，由于采用现金支付和银行转账两种不同的支付方式，对应的贷方会计科目为“库存现金”“其他应付款——职员”，也需要通过取值匹配设置加以区分，设置结果见图 6-21-4。

根据当前增值税政策规定，火车票可以抵扣进项税额，因此在对“火车票”进行分录设置时，要冲减主分录多记入“管理费用——差旅费”“销售费用——差旅费”的金额，设置结果见图 6-21-5。

采购普票及的士票不能抵扣进项税额，不需要进行分录设置。

图 6-21-4　差旅费报销单主分录设置

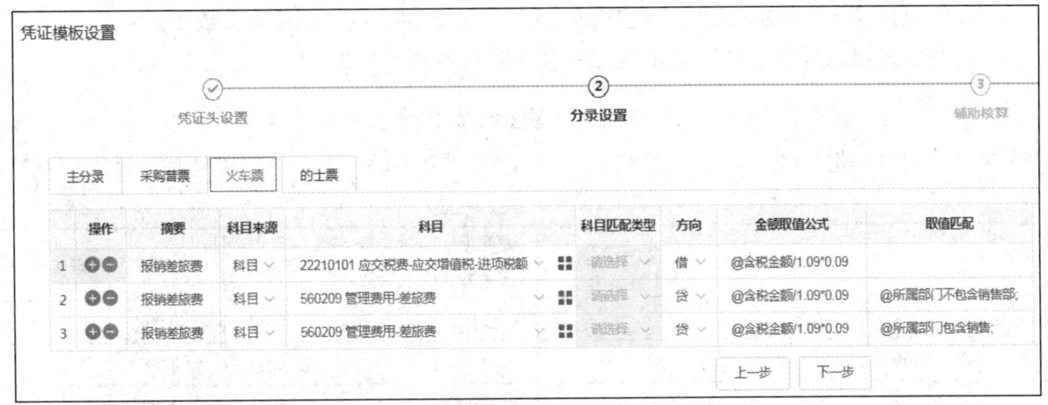

图 6-21-5　可抵扣票据火车票分录设置

➢ 步骤 5：影像审核及生成记账凭证

依次单击“影像管理”→“影像扫描”选项，打开“影像扫描”窗口，在“组别”下拉列表中单击“19 报销差旅费”文件夹，对票据进行影像审核，系统将自动生成记账凭证。

【特别提示】

任务 22 至任务 32 为 Excel 数据建模。

Excel 数据建模常规操作步骤如下：（1）依据计提、分摊、结转的业务性质下载 Excel 数据表，根据相关资料及财务制度规定填制 Excel 数据表，并按规定文件名对数据表文件重命名；（2）根据 Excel 数据表数据关系完成模型配置；（3）完成 Excel 数据导入，自动生成记账凭证。

任务 22　期末结转营业成本智能核算

根据“商品进销存明细表”等相关信息资料填制“营业成本计算表”Excel 数据表，完成结转营业成本 Excel 数据建模，导入数据表文件，系统自动生成记账凭证。建模要求：凭证合并方式为完全合并，上传数据表文件名为“4 月结转营业成本计算表”。

➤ 步骤 1：下载并填制 Excel 数据表

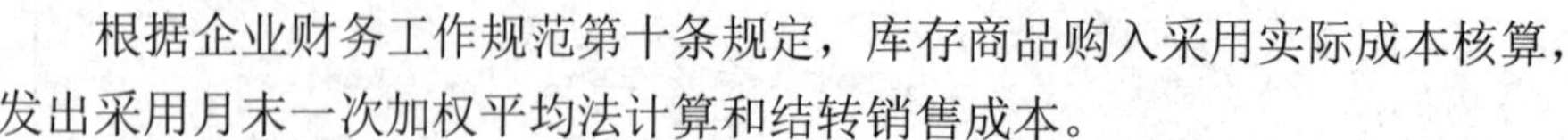

6-22 操作示范 1

根据企业财务工作规范第十条规定，库存商品购入采用实际成本核算，发出采用月末一次加权平均法计算和结转销售成本。

下载“进销存明细表”Excel 数据表，获取 4 月份各库存商品的期初数量、本期入库数量合计以及本期出库数量合计。同时下载 4 月 30 日结转营业成本前的科目余额表，从中筛选出 4 月份各库存商品的期初金额合计和本期入库金额合计。

根据上述资料，采用月末一次加权平均法计算各库存商品的单位成本和 4 月份销售的各商品的营业成本，完成营业成本计算表（见表 6-22-1）的填制，以“4 月结转营业成本计算表”命名保存文件。

注：单位成本=（期初金额+本期增加金额）/（期初数量+本期增加数量）

发出商品成本=（本月发出数量−本月退货数量）×单位成本

表 6-22-1　营业成本计算表

所属单位：苏州美乐食品有限公司　　所属账期：2019 年 4 月　单位：元　　编制日期：2019 年 4 月 30 日

数量单位：件　　金额单位：元

序号	产品明细	本月发出数量	本月退货数量	数量合计	单位成本	成本总额
1	41.8 度 君坊	0.00		0.00	0.00	0.00
2	北京二锅头	0.00		0.00	0.00	0.00
3	海之蓝	0.00		0.00	0.00	0.00
4	梦之蓝 3	0.00		0.00	0.00	0.00
5	梦之蓝 6	0.00		0.00	0.00	0.00
6	天之蓝	0.00		0.00	0.00	0.00
7	三得利啤酒 7.5 度 330*6*4 特爽罐啤	0.00		0.00	34.96	0.00
8	三得利啤酒 7.5 度 500*4*6 超纯罐啤	0.00		0.00	44.25	0.00
9	光明牌 400g 高钙维生素 E 调制奶粉	330.00		330.00	21.68	7154.40
10	光明牌 400g 全脂奶粉	443.00		443.00	20.80	9214.40
11	光明牌 800g 高钙多维调制奶粉	392.00		392.00	57.52	22547.84
12	500ml 乌龙茶无糖/低糖	1029.00		1029.00	30.20	31075.80
13	娃哈哈桂圆八宝粥	300.00		300.00	28.37	8511.00
14	香飘飘麦香/草莓/香芋/原味奶茶 80g	0.00		0.00	70.80	0.00
15	1L 红茶/绿茶	7.00		7.00	21.24	148.68
16	200g 钙多多/锌多多	240.00		240.00	26.67	6400.80
17	200g 爽歪歪	8.00		8.00	33.98	271.84
18	220gAD 钙奶	336.00		336.00	27.66	9293.76

续表

序号	产品明细	本月发出数量	月退货数量	数量合计	单位成本	单位成本
19	2L 红茶/绿茶	10.00		10.00	26.11	261.10
20	350ml 苏打水	15.00		15.00	38.23	573.45
21	380ml 农夫山泉饮用水	4222.00		4222.00	18.85	79584.70
22	445ml 水溶 c 柠檬/西柚/青桔	1260.00		1260.00	40.93	51571.80
23	450g 营养快线	133.00		133.00	43.14	5737.62
24	480ml 三得利利趣拿铁	384.00		384.00	30.13	11569.92
25	480ml 三得利美式咖啡	0.00		0.00	45.38	0.00
26	4 升农夫山泉饮用水	100.00		100.00	26.12	2612.00
27	500g 营养快线	163.00		163.00	39.60	6454.80
28	500ml 茶派	375.00		375.00	70.40	26400.00
29	500ml 可乐	50.00		50.00	40.35	2017.50
30	500ml 农夫果园橙/菠萝/番茄	91.00		91.00	61.25	5573.75
31	500ml 苏打水	141.00		141.00	31.26	4407.66
32	500ml 维他命水	145.00		145.00	59.99	8698.55
33	500ml 雪碧	14.00		14.00	43.33	606.62
34	530mlC 柠檬/西柚/蜜桃/驱动	129.00		129.00	25.37	3272.73
35	535ml 农夫山泉饮用水	568.00		568.00	34.23	19442.64
36	550ml 尖叫纤维/多肽	71.00		71.00	56.02	3977.42
37	550ml 农夫山泉饮用水	748.00		748.00	20.26	15154.48
38	550ml 沁柠水/沁桃水	921.00		921.00	28.48	26230.08
39	596ml 娃哈哈纯净水	123.00		123.00	18.33	2254.59
40	600ml 脉动（青柠/仙人掌/水蜜桃）	201.00		201.00	38.93	7824.93
41	洞庭山天然矿泉水	448.00		448.00	9.29	4161.92
42	可乐塑料瓶 300ml	110.00		110.00	15.10	1661.00
43	可乐塑料瓶 500ml	108.00		108.00	46.25	4995.00
44	美汁源果粒橙 420ML	62.00		62.00	26.05	1615.10
45	魔力维他命	187.00		187.00	30.08	5624.96
46	统一 450ml 煎奶奶茶	55.00		55.00	40.71	2239.05
47	统一 450ml 鲜橙多	88.00		88.00	33.63	2959.44
48	统一 570ml 爱夸水	0.00		0.00	55.66	0.00
49	统一雅哈冰/意式经典咖啡	36.00		36.00	59.23	2132.28
50	香飘飘果汁茶金桔柠檬/泰式青柠/桃桃红柚	39.00		39.00	53.10	2070.90
51	雪碧塑料瓶 500ml	228.00		228.00	46.95	10704.60
52	雪碧易拉罐 330ml	278.00		278.00	37.63	10461.14
53	雪菲力盐汽水	251.00		251.00	27.43	6884.93

续表

序号	产品明细	本月发出数量	月退货数量	数量合计	单位成本	单位成本
54	呦呦奶茶	1.00		1.00	33.33	33.33
55	汇源青柚水	110.00		110.00	28.53	3138.30
	合计	——	——	——	——	437526.81

制单：张绣品

➢ **步骤 2：模型配置**

6-22 操作示范 2

根据“4 月结转营业成本计算表”Excel 数据表，确定金额取值。凭证模板凭证头设置结果见图 6-22-1，分录设置结果见图 6-22-2，凭证模板其他项目设置不再赘述。

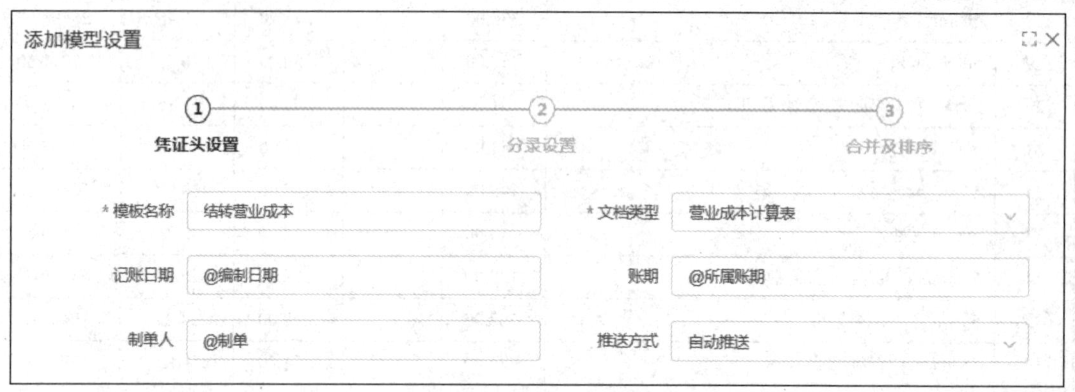

图 6-22-1　凭证头设置

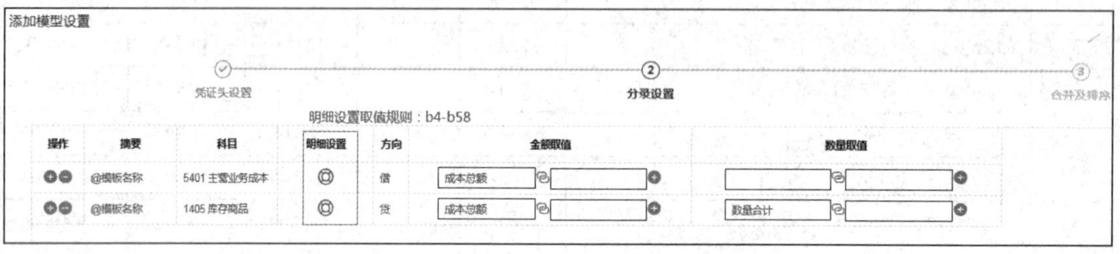

图 6-22-2　分录设置

➢ **步骤 3：Excel 数据导入**

上传“4 月结转营业成本计算表”Excel 数据表，系统自动生成记账凭证。

任务 23　期末结转发放工资智能核算

根据工资社保明细表等相关信息填制“发放工资汇总表”Excel 数据表，完成结转发放工资 Excel 数据建模，导入数据表文件，系统自动生成记账凭证。建模要求：凭证合并方式为完全合并，上传数据表文件名为“4 月发放工资汇总表”。

6-23 操作示范 1

➢ 步骤 1：下载并填制 Excel 数据表

本任务处理的是发放工资薪酬时代扣代缴的由个人承担的养老保险、医疗保险、失业保险、补充大病医疗保险及应缴纳的个人所得税。

从“工资社保明细表”可知，发放工资代扣个人社保及个人所得税金额=2666.40（养老保险）+166.65（失业保险）+666.60（医疗保险）+55.00（补充大病医疗保险）+62.50（个人所得税）=3617.15（元）。

下载“发放工资汇总表”Excel 数据表，并根据已知财务数据进行填制，填制结果见表 6-23-1，并以“4 月发放工资汇总表”命名保存文件。

表 6-23-1　发放工资汇总表

所属单位：苏州美乐食品有限公司　　所属账期：2019 年 4 月　　编制日期：2019 年 4 月 30 日

单位：元

序号	所属部门	应付工资	养老保险（个人）	失业保险（个人）	医疗保险（个人）	补充大病（个人）	缴纳个人所得税	实发工资
1	行政部	13500.00	727.20	45.45	181.80	15.00	35.30	12495.25
2	财务部	15200.00	969.60	60.60	242.40	20.00	0.00	13907.40
3	销售部	18551.00	969.60	60.60	242.40	20.00	27.20	17231.20
	合计	47251.00	2666.40	166.65	666.60	55.00	62.50	43633.85

制单：张绣品

➢ 步骤 2：模型配置

6-23 操作示范 2

根据企业财务工作规范第三条规定，发放工资代扣的个人社保及个人所得税从“应付职工薪酬——工资”明细科目转入“应付职工薪酬——设定提存计划、医疗保险、补充大病医疗保险”及“应交税费——应交个人所得税”明细科目。根据“4 月发放工资汇总表”Excel 数据表，确定金额取值。凭证模板凭证头设置结果见图 6-23-1，分录设置结果见图 6-23-2，凭证模板其他项目设置不再赘述。

图 6-23-1　凭证头设置

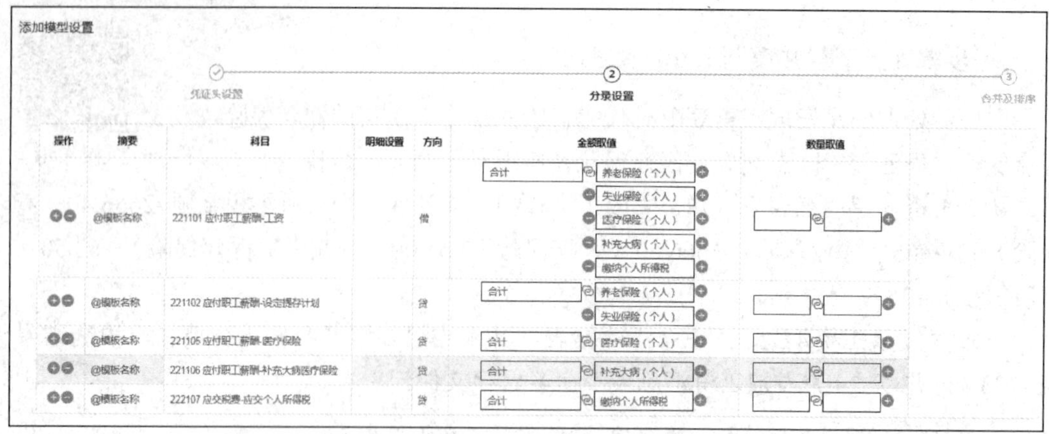

图 6-23-2　分录设置

➢ **步骤 3：Excel 数据导入**

上传“4 月发放工资汇总表”Excel 数据表，系统自动生成记账凭证。

任务 24　期末计提工资智能核算

根据工资社保明细表等相关信息填制“计提工资汇总表”Excel 数据表，完成计提工资 Excel 数据建模，导入数据表文件，系统自动生成记账凭证。建模要求：凭证合并方式为完全合并，上传数据表文件名为“4 月计提工资汇总表”。

6-24 操作示范 1

➢ **步骤 1：下载并填制 Excel 数据表**

本任务处理的是应发放给个人的应付工资和单位负担的社保费两部分的合计数，其金额合计 57487.73= 47682.00（应付工资）+ 6332.70（单位交养老保险）+166.65（单位交失业保险）+40.04（单位交工伤保险）+266.64（单位交生育保险）+2999.70（单位交医疗保险）。

下载“计提工资汇总表”Excel 数据表，根据已知财务数据完成数据表填制，并以“4 月计提工资汇总表”命名保存文件，结果见表 6-24-1。

表 6-24-1　计提工资汇总表

所属单位：苏州美乐食品有限公司　　所属账期：2019 年 4 月　单位：元　　编制日期：2019 年 4 月 30 日

单位：元

序号	所属部门	基本工资	销售提成	奖金	补贴	应付工资	养老保险（单位）	失业保险（单位）	工伤保险（单位）	生育保险（单位）	医疗保险（单位）	补充大病（单位）	保险合计
	行政部	13500.00	0.00			13500.00	1727.10	45.45	10.92	72.72	818.10		2674.29
	财务部	15200.00	0.00			15200.00	2302.80	60.60	14.56	96.96	1090.80		3565.72
	销售部	15000.00	3982.00			18982.00	2302.80	60.60	14.56	96.96	1090.80		3565.72
	合计	43700.00	3982.00	0.00	0.00	47682.00	6332.70	166.65	40.04	266.64	2999.70	0.00	9805.73

制单：张绣品

➢ 步骤 2：模型配置

根据企业财务工作规范第三条规定，社保费单位缴纳部分和个人缴纳部分全部记入“应付职工薪酬”科目。根据“4 月计提工资汇总表”Excel 数据表，确定金额取值。凭证模板凭证头设置结果见图 6-24-1，分录设置结果见图 6-24-2，凭证模板其他项目设置不再赘述。

6-24 操作示范 2

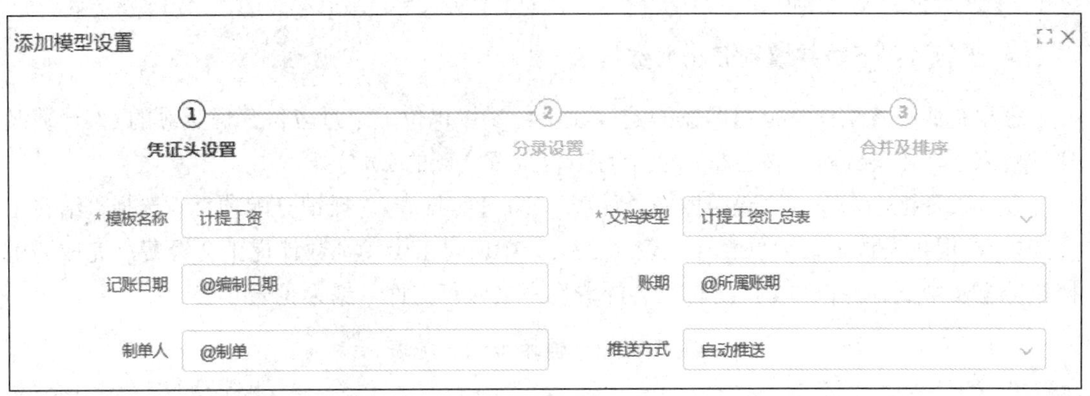

图 6-24-1　凭证头设置

添加模型设置

凭证头设置　② 分录设置

操作	摘要	科目	明细设置	方向	金额取值	数量取值
	@模板名称	560201 管理费用-工资		借	应付工资 / 行政部、财务部	
	@模板名称	560202 管理费用-社保费		借	保险合计 / 行政部、财务部	
	@模板名称	560101 销售费用-工资		借	应付工资 / 销售部	
	@模板名称	560102 销售费用-社保费		借	保险合计 / 销售部	
	@模板名称	221101 应付职工薪酬-工资		贷	合计 / 应付工资	
	@模板名称	221102 应付职工薪酬-设...		贷	合计 / 养老保险（单...、失业保险（单...	
	@模板名称	221103 应付职工薪酬-工...		贷	合计 / 工伤保险（单...	
	@模板名称	221104 应付职工薪酬-生...		贷	合计 / 生育保险（单...	
	@模板名称	221105 应付职工薪酬-医...		贷	合计 / 医疗保险（单...	
	@模板名称	221106 应付职工薪酬-补...		贷	合计 / 补充大病（单...	

图 6-24-2　分录设置

➢ 步骤 3：Excel 数据导入

上传“4 月计提工资汇总表”Excel 数据表，系统自动生成记账凭证。

任务 25　期末结转工会经费智能核算

根据基础信息提供的相关数据填制“通用摊销分配表”Excel 数据表，并以“4 月结转工会经费”命名保存文件，导入数据表文件，系统自动生成记账凭证。建模要求：凭证合并方式为完全合并，上传数据表文件名为“4 月结转工会经费”。

➢ 步骤 1：下载并填制 Excel 数据表

根据企业财务工作规范第四条规定，工会经费以单位上个月应付工资金额的 2%计算缴费，月末结转工会经费，按各部门上个月应付工资金额的 2%分摊。

发放工资汇总表下载“通用摊销分配表”Excel 数据表，“摊销分配项目”选择“结转工会经费”，根据发放工资汇总表（见表 6-23-1）中应付工资为基数计提工会经费，完成通用摊销分配表填制，并以“4 月结转工会经费”命名保存文件，结果见表 6-25-1。

表 6-25-1　通用摊销分配表

所属单位：苏州美乐食品有限公司　　　　摊销分配项目：结转工会经费

所属账期：2019 年 4 月　　　　编制日期：2019 年 4 月 30 日　　　　单位：元

序　号	明 细 项 目	工 资 总 额	计 算 比 例	所 属 部 门	分 配 金 额
1	工会经费	13500.00	0.02	行政部	270.00
2		15200.00	0.02	财务部	304.00
3		18551.00	0.02	销售部	371.02
4					
——	合计	47251.00		——	945.02

制单：张绣品

➢ 步骤 2：模型配置

6-25 操作示范

根据“4 月结转工会经费”Excel 数据表，确定金额取值，凭证模板凭证头设置见图 6-25-1，分录设置见图 6-25-2。

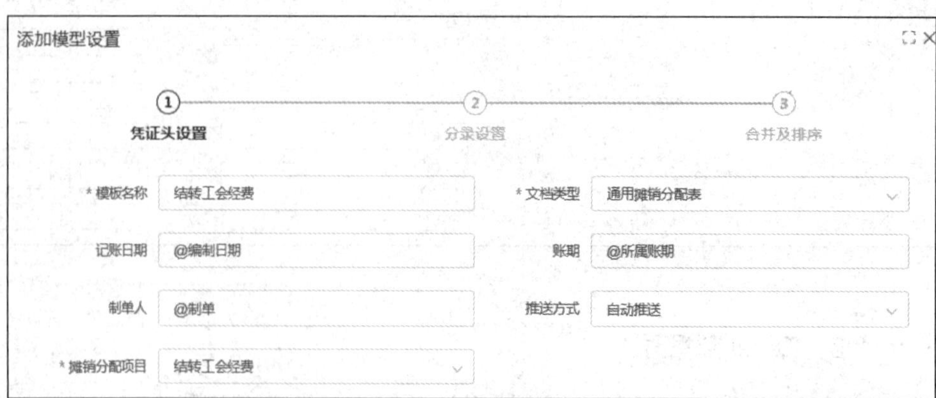

图 6-25-1　凭证头设置

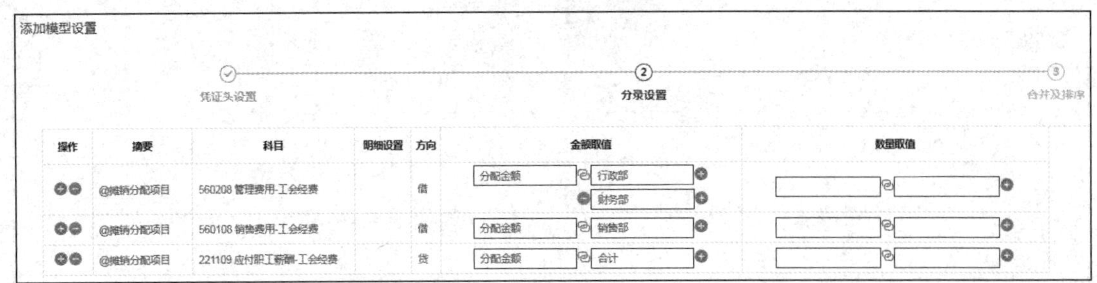

图 6-25-2　分录设置

➢ 步骤 3：Excel 数据导入

上传“4 月结转工会经费”Excel 数据表，系统自动生成记账凭证。

任务 26　期末结转福利费智能核算

根据基础信息提供的相关数据填制“通用摊销分配表”Excel 数据表，完成结转福利费 Excel 数据建模，导入数据表文件，系统自动生成记账凭证。建模要求：凭证合并方式为完全合并，上传数据表文件名为“4 月结转福利费”。

➢ 步骤 1：下载并填制 Excel 数据表

根据企业财务工作规范第六条规定，职工福利费按部门人数每人 100 元进行分配，其中行政部 3 人、财务部 4 人、销售部 4 人。

下载“通用摊销分配表”Excel 数据表，“摊销分配项目”选择“结转福利费”，完成通用摊销分配表填制后，并以“4 月结转福利费”命名保存文件，结果见表 6-26-1。

表 6-26-1　通用摊销分配表

所属单位：苏州美乐食品有限公司　　　　销分配项目：结转福利费

所属账期：2019 年 4 月　　　　编制日期：2019 年 4 月 30 日　　　　单位：元

序　号	明 细 项 目	待分配金额	分 配 标 准	所 属 部 门	分 配 金 额
1	福利费	3.00	100.00	行政部	300.00
2		4.00	100.00	财务部	400.00
3		4.00	100.00	销售部	400.00
4					
——	合计			——	1100.00

制单：张绣品

➢ 步骤 2：模型配置

6-26 操作示范

根据“4 月结转福利费”Excel 数据表，确定金额取值，凭证模板凭证头设置见图 6-26-1，分录设置见图 6-26-2。

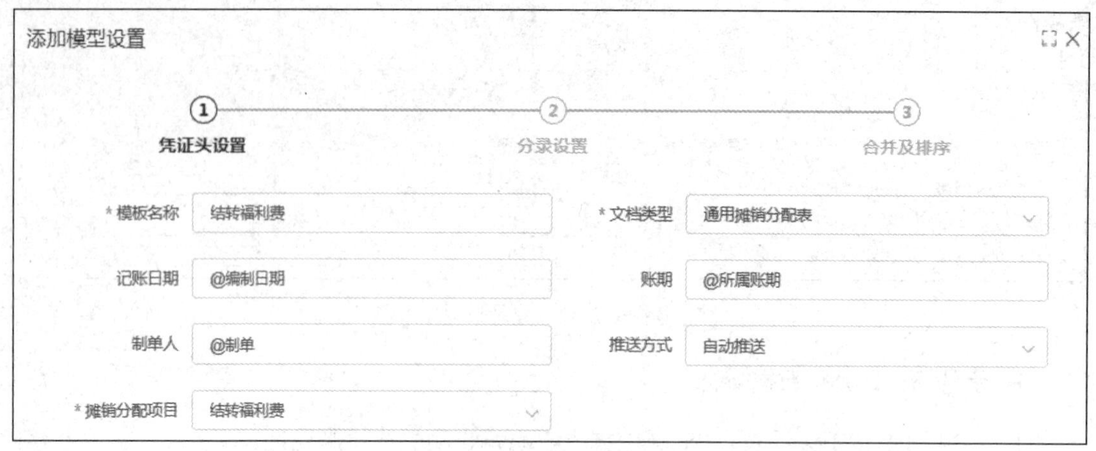

图 6-26-1　凭证头设置

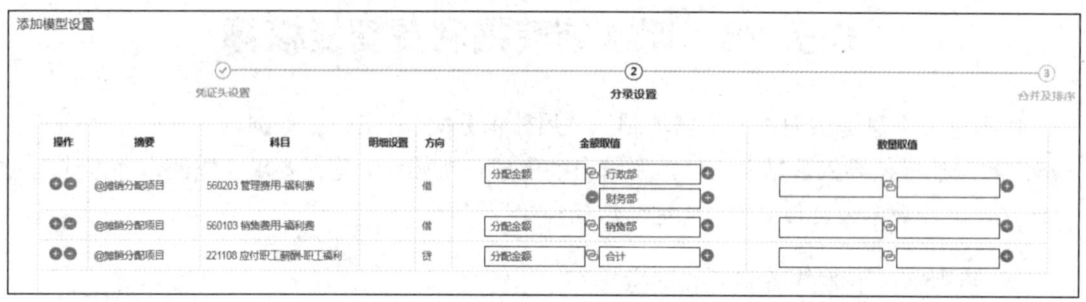

图 6-26-2　分录设置

➢ **步骤 3：Excel 数据导入**

上传“4 月结转福利费”Excel 数据表，系统自动生成记账凭证。

任务 27　期末摊销房租费智能核算

根据基础信息提供的相关数据填制“通用摊销分配表”Excel 数据表，完成摊销房租费 Excel 数据建模，导入数据表文件，系统自动生成记账凭证。建模要求：凭证合并方式为完全合并，上传数据表文件名为“4 月摊销房租费”。

➢ **步骤 1：下载并填制 Excel 数据表**

根据企业财务工作规范第八条规定，4 月初剩余房租费合计 17145 元，分摊期 9 个月。

4 月份应分摊房租金额=17145÷9=1905 元，并按行政部 30%、财务部 30%、销售部 40% 的比例分摊。

下载“通用摊销分配表”Excel 数据表，“摊销分配项目”选择“摊销房租费”，填制完成后以“4 月摊销房租费”命名保存文件，结果见表 6-27-1。

注意：填制通用摊销分配表时，因存在四舍五入，销售部分摊金额按倒挤计算。

表 6-27-1　通用摊销分配表

所属单位：苏州美乐食品有限公司　　　　　　　　　　　　　　　　　　　摊销分配项目：摊销房租费

所属账期：2019 年 4 月　　　　　　　编制日期：2019 年 4 月 30 日　　　　　　　　　　　单位：元

序　号	明 细 项 目	待摊销金额	摊销期数（月）	所 属 部 门	分 配 金 额
1	房租费		0.30	行政部	571.50
2			0.30	财务部	571.50
3			0.40	销售部	762.00
4					
——	合计	1905.00	1.00	——	1905.00

制单：张绣品

➤ 步骤 2：模型配置

6-27 操作示范

根据企业财务工作规范第八条规定，采购房租费时，借记“其他应付款——房租费摊销”科目，贷记“应付账款”科目；月末摊销房租费时，按部门借记相关成本费用科目，贷记“其他应付款——房租费摊销”科目。

根据“摊销房租费”Excel 数据表，确定金额取值，凭证模板凭证头设置见图 6-27-1，分录设置见图 6-27-2。

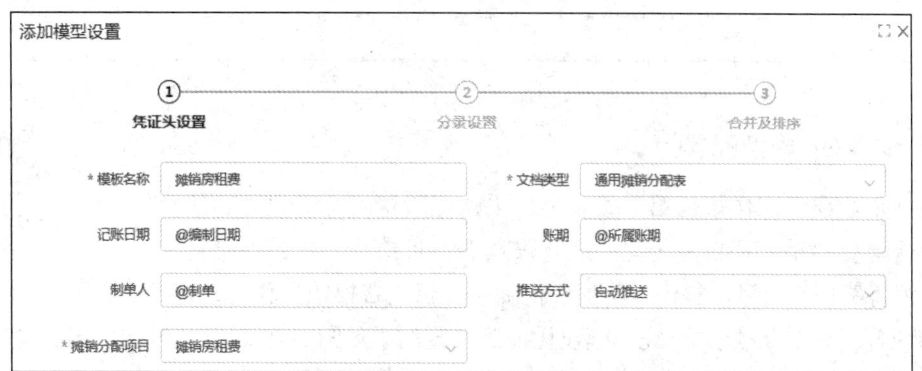

图 6-27-1　凭证头设置

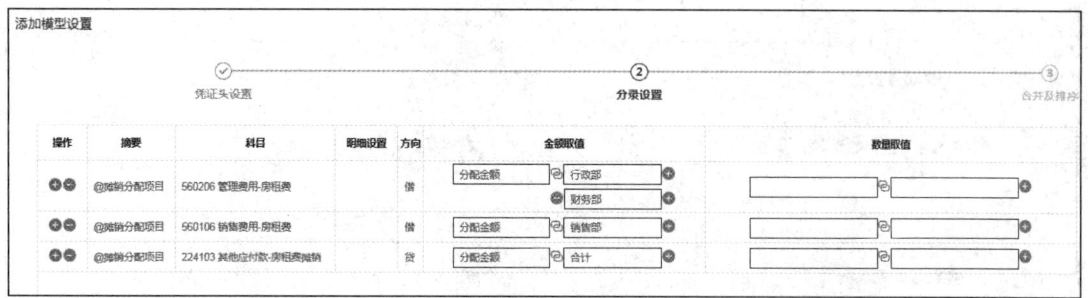

图 6-27-2　分录设置

➤ 步骤 3：Excel 数据导入

上传“4 月摊销房租费”Excel 数据表，系统自动生成记账凭证。

任务 28　期末摊销保险费智能核算

根据基础信息提供的相关数据填制“通用摊销分配表”Excel 数据表，完成摊销保险费 Excel 数据建模，导入数据表文件，系统自动生成记账凭证。建模要求：凭证合并方式为完全合并，上传数据表文件名为“4 月摊销保险费”。

➢ 步骤 1：下载并填制 Excel 数据表

根据企业财务工作规范第七条规定，公司 4—7 月每月摊销 1017.5 元。下载“通用摊销分配表”Excel 数据表，“摊销分配项目”选择“摊销保险费”，填制完成后以“4 月摊销保险费”命名保存文件，结果见表 6-28-1。

表 6-28-1　通用摊销分配表

所属单位：苏州美乐食品有限公司　　摊销分配项目：摊销保险费

所属账期：2019 年 4 月　　编制日期：2019 年 4 月 30 日　　单位：元

序　号	明 细 项 目	待摊销金额	摊销期数（月）	所 属 部 门	分 配 金 额
1	保险费	1017.50	1.00	销售部	1017.50
2					
——	合计			——	1017.50

制单：张绣品

➢ 步骤 2：模型配置

6-28 操作示范

根据企业财务工作规范第七条规定，采购保险费时，借记“其他应付款——保险费摊销”科目，贷记“应付账款”科目；月末摊销保险费时，借记“销售费用”科目，贷记“其他应付款——保险费摊销”科目。根据“4 月摊销保险费”Excel 数据表，确定金额取值，凭证模板凭证头设置结果见图 6-28-1，分录设置结果见图 6-28-2。

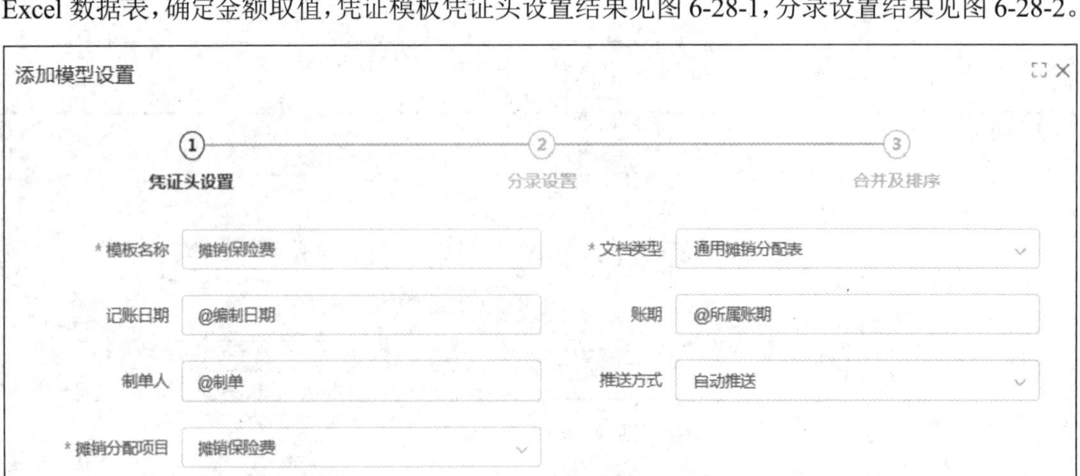

图 6-28-1　凭证头设置

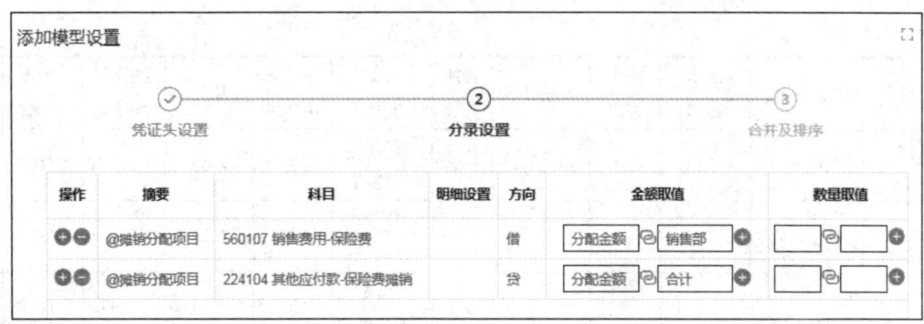

图 6-28-2　分录设置

➢ **步骤 3：Excel 数据导入**

上传“4 月摊销保险费”Excel 数据表，系统自动生成记账凭证。

任务 29　期末计提固定资产折旧智能核算

根据基础信息提供的相关数据填制“通用计提表”Excel 数据表，完成计提固定资产折旧 Excel 数据建模，导入数据表文件，系统自动生成记账凭证。建模要求：凭证合并方式为完全合并，上传数据表文件名为“4 月计提固定资产折旧”。

➢ **步骤 1：下载并填制 Excel 数据表**

从 4 月固定资产明细表（见表 6-29-1）获取 4 月固定资产折旧信息，合计折旧额 5539.03 元，其中月折旧额分别为：财务部 699.3 元，行政部 965.84 元，销售部 3873.89 元。

表 6-29-1　4 月 固定资产明细表

年限单位：年　　金额单位：元

编号	大类	资产名称	所属部门	使用情况	入账日期	增加方式	折旧方式	预计使用年限	原值	预计净残值	月折旧额	累计折旧
1	电子设备类	电脑	财务部	在用	2018/6/12	外购	年限平均法	3	4800.00	240.00	126.67	1266.70
2	电子设备类	电脑	财务部	在用	2017/11/6	外购	年限平均法	3	4500.00	225.00	118.75	2018.75
3	电子设备类	电脑	财务部	在用	2017/5/11	外购	年限平均法	3	5000.00	250.00	131.94	3034.62
4	电子设备类	打印机	财务部	在用	2018/5/8	外购	年限平均法	3	6000.00	300.00	158.33	1741.63
5	电子设备类	针式打印机	财务部	在用	2018/5/8	外购	年限平均法	3	6200.00	310.00	163.61	1799.71
小计									26500.00	1325.00	699.30	9861.41
6	电子设备类	电脑	行政部	在用	2018/6/12	外购	年限平均法	3	4800.00	240.00	126.67	1266.70
7	电子设备类	电脑	行政部	在用	2018/12/5	外购	年限平均法	3	5000.00	250.00	131.94	527.76

续表

编号	大类	资产名称	所属部门	使用情况	入账日期	增加方式	折旧方式	预计使用年限	原值	预计净残值	月折旧额	累计折旧
8	电子设备类	电脑	行政部	在用	2017/11/6	外购	年限平均法	3	4500.00	225.00	118.75	2018.75
9	电子设备类	空调	行政部	在用	2017/3/15	外购	年限平均法	3	5000.00	250.00	131.94	3298.50
10	电子设备类	多功能打印机	行政部	在用	2018/2/13	外购	年限平均法	3	6500.00	325.00	171.53	2401.42
11	办公、生产用具类	办公桌	行政部	在用	2017/10/11	外购	年限平均法	5	5000.00	250.00	79.17	1425.06
12	办公、生产用具类	办公桌	行政部	在用	2017/10/11	外购	年限平均法	5	5000.00	250.00	79.17	1425.06
13	办公、生产用具类	手推叉车	行政部	在用	2016/5/8	外购	年限平均法	5	8000.00	400.00	126.67	4433.45
小计									43800.00	2190.00	965.84	16796.70
14	电子设备类	电脑	销售部	在用	2018/12/5	外购	年限平均法	3	5000.00	250.00	131.94	527.76
15	电子设备类	电脑	销售部	在用	2017/10/11	外购	年限平均法	3	4800.00	240.00	126.67	2280.06
16	电子设备类	电脑	销售部	在用	2017/10/11	外购	年限平均法	3	5500.00	275.00	145.14	2612.52
17	电子设备类	电脑	销售部	在用	2017/6/20	外购	年限平均法	3	5300.00	265.00	139.86	3076.92
18	电子设备类	电脑	销售部	在用	2017/6/20	外购	年限平均法	3	4200.00	210.00	110.83	2438.26
19	电子设备类	多功能打印机	销售部	在用	2018/2/13	外购	年限平均法	3	6500.00	325.00	171.53	2401.42
20	办公、生产用具类	办公桌	销售部	在用	2017/10/11	外购	年限平均法	5	5000.00	250.00	79.17	1425.06
21	交通工具类	面包车	销售部	在用	2016/10/11	外购	年限平均法	4	150000.00	7500.00	2968.75	89062.50
小计									186300.00	9315.00	3873.89	103824.50
合计									256600.00	12830.00	5539.03	130482.61

下载“通用计提表”Excel 数据表，“计提项目”选择“计提固定资产折旧”，根据 4 月固定资产明细表信息填写该表， 填制完成后以“4 月计提固定资产折旧”命名保存文件，结果见表 6-29-2。

表 6-29-2 通用计提表

所属单位：苏州美乐食品有限公司　　计提项目：计提固定资产折旧

所属账期：2019 年 4 月　　编制日期：2019 年 4 月 30 日

单位：元

序　号	项　目	本月折旧金额	累计折旧金额	计 提 金 额
1	财务部			699.30

续表

序　号	项　目	本月折旧金额	累计折旧金额	计 提 金 额
2	行政部			965.84
3	销售部			3873.89
4				
——	合计			5539.03

制单：张绣品

6-29 操作示范

➢ 步骤 2：模型配置

根据“4 月计提固定资产折旧”Excel 数据表，确定金额取值，凭证模板凭证头设置结果见图 6-29-1，分录设置结果见图 6-29-2。

添加模型设置

① 凭证头设置　② 分录设置　③ 合并及排序

* 模板名称	计提固定资产折旧	* 文档类型	通用计提表
记账日期	@编制日期	账期	@所属账期
制单人	@制单	推送方式	自动推送
* 计提项目	计提固定资产折旧		

图 6-29-1　凭证头设置

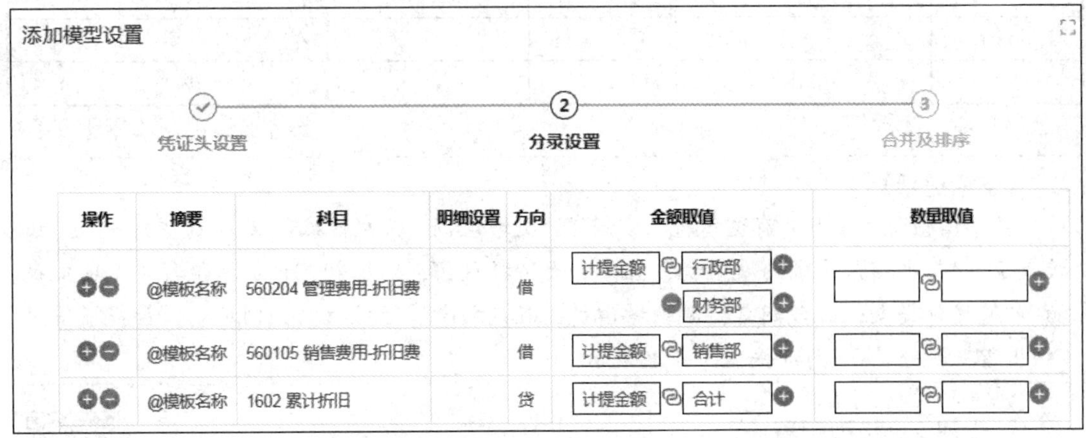

图 6-29-2　分录设置

➢ 步骤 3：Excel 数据导入

上传“4 月计提固定资产折旧”Excel 数据表，系统自动生成记账凭证。

任务 30 期末计提增值税智能核算

根据基础信息提供的相关数据填制“通用计提表”Excel 数据表，完成 Excel 数据建模，导入数据表文件，系统自动生成记账凭证。建模要求：凭证合并方式为完全合并，上传数据表文件名为“4 月计提计提增值税（无留抵税额）”。

➢ 步骤 1：下载并填制 Excel 数据表

在完成与增值税相关的所有经济业务处理后，查看系统科目余额表，获知 4 月份“应交税费——应交增值税——销项税额”本期贷方发生额为 67852.45 元、“应交税费——应交增值税——进项税额”本期借方发生额为 48358.80 元，“应交税费——未交增值税”期初余额在贷方，即 4 月初增值税留抵税额为 0。

根据一般计税法下增值税计税原理，当期应缴增值税增额=67852.45（当期销项税额）−48358.8（当期进项税额）−0（上期留抵税额）=19493.65（元）。当月应缴增值税计算结果为正数，说明 4 月份有应缴未缴增值税，应将余额转入“应交税费——未交增值税”科目。

下载“通用计提表”Excel 数据表，“计提项目”选择“计提增值税（无留抵税额）”，填制完成后以“4 月计提增值税（无留抵税额）”命名保存文件，结果见表 6-30-1。

表 6-30-1 通用计提表

所属单位：苏州美乐食品有限公司　　　　计提项目：计提增值税（无留抵税额）

所属账期：2019 年 4 月　　　　编制日期：2019 年 4 月 30 日

单位：元

序　号	项　目	销 项 税 额	可抵扣进项税额	计 提 金 额
1	增值税	67852.45	48358.80	19493.65
2				
——	合计			19493.65

制单：张绣品

【友情提示】

关于增值税，若当期有留抵税，填制“计提增值税（转入留抵税额）”通用计提表（正数表示）；若当期需要缴纳增值税，且期初无留抵税额，则填制“计提增值税（无留抵税额）”通用计提表；若当期需要缴纳增值税，且期初尚有留抵税额，则填制“计提增值税（转出留抵税额）”通用计提表（正数表示）。

➢ 步骤 2：模型配置

6-30 操作示范

根据“4 月计提增值税（无留抵税额）”Excel 数据表，确定金额取值，凭证模板凭证头设置结果见图 6-30-1，分录设置结果见图 6-30-2。

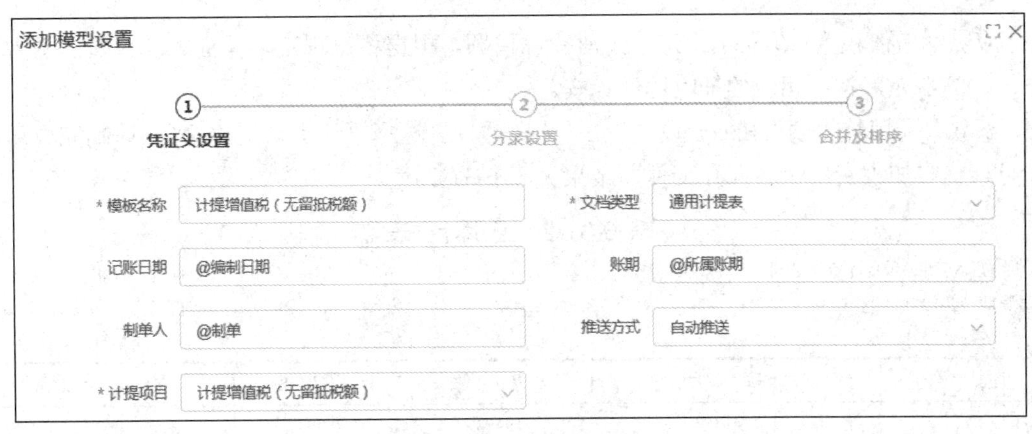

图 6-30-1 凭证头设置

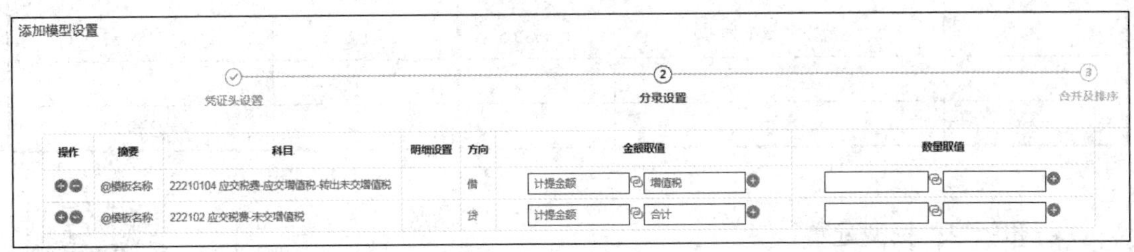

图 6-30-2 分录设置

➢ 步骤 3：Excel 数据导入

上传“4 月计提增值税（无留抵税额）”Excel 数据表，系统自动生成记账凭证。

任务 31 期末计提附加税费智能核算

根据基础信息提供的相关数据填制“通用计提表”Excel 数据表，完成计提附加税费 Excel 数据建模，导入数据表文件，系统自动生成记账凭证。建模要求：凭证合并方式为完全合并，上传数据表文件名为“4 月计提附加税费”。附加税费计算法见表 6-31-1。

表 6-31-1 附加税费计算方法

要　素	城市维护建设税	教育费附加	地方教育附加
征收比率	7%	3%	2%
开征范围	实际缴纳增值税，消费税的单位和个人		
计征依据	以实际缴纳的增值税，消费税税额为计征依据		
缴费期限	与增值税，消费税同时缴纳		
计算方式	应纳城市维护建设税=（实际缴纳的增值税+消费税税额）*7%	应纳教育费附加=（实际缴纳的增值税+消费税税额）*3%	应纳地方教育附加=（实际缴纳的增值税+消费税税额）*2%

➢ 步骤 1：下载并填制 Excel 数据表

查看系统自生成的“应交税费——应交增值税——转出未交增值税”科目，可知 4 月份实际应缴纳增值税为 19493.65 元，无消费税税额。根据税法规定，计提附加税费的基数就是 19493.65 元，按照相应的征收比率计提。

下载“通用计提表”Excel 数据表，“计提项目”选择“计提附加税费”，填制完成后以“4 月计提附加税费”命名保存文件，结果见表 6-31-2。

表 6-31-2　通用计提表

所属单位：苏州美乐食品有限公司　　　　计提项目：计提附加税费

所属账期：2019 年 4 月　　　　编制日期：2019 年 4 月 30 日

单位：元

序　　号	项　　目	基　　数	计 提 比 例	计 提 金 额
1	城市维护建设税	19493.65	0.07	1364.56
2	教育费附加	19493.65	0.03	584.81
3	地方教育附加	19493.65	0.02	389.87
4				
——	合计			2339.24

制单：张绣品

➢ 步骤 2：模型配置

6-31 操作示范

根据“4 月计提附加税费”Excel 数据表，确定金额取值，凭证模板凭证头设置结果见图 6-31-1，分录设置结果见图 6-31-2。

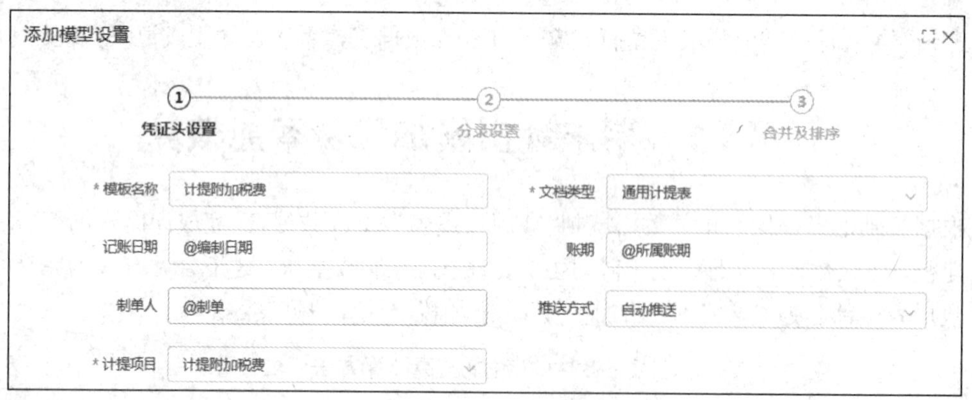

图 6-31-1　凭证头设置

添加模型设置

凭证头设置　② 分录设置　③ 合并及排序

操作	摘要	科目	明细设置	方向	金额取值		数量取值	
⊕⊖	@模板名称	5403 税金及附加		借	计提金额	合计		
⊕⊖	@模板名称	222104 应交税费-应交城市维护建设税		贷	计提金额	城市维护建设税		
⊕⊖	@模板名称	222105 应交税费-应交教育费附加		贷	计提金额	教育费附加		
⊕⊖	@模板名称	222106 应交税费-应交地方教育附加		贷	计提金额	地方教育附加		

图 6-31-2　分录设置

➢ **步骤 3：Excel 数据导入**

上传“4 月计提附加税费”Excel 数据表，系统自动生成记账凭证。

任务 32　期末企业所得税汇算清缴智能核算

根据基础信息提供的相关数据填制“通用计提表”Excel 数据表，完成企业所得税汇算清缴 Excel 数据建模，导入数据表文件，系统自动生成记账凭证。建模要求：凭证合并方式为完全合并，上传数据表文件名为“4 月企业所得税汇算清缴”。

➢ **步骤 1：下载并填制 Excel 数据表**

根据企业所得税汇算清缴结果，4 月份补计提上年度企业所得税金额 831.44 元。

下载“通用计提表”Excel 数据表，“计提项目”选择“企业所得税汇算清缴”，填制完成后以“4 月企业所得税汇算清缴”命名保存文件，结果见表 6-32-1。

表 6-32-1　通用计提表

所属单位：苏州美乐食品有限公司　　　　计提项目：企业所得税汇算清缴

所属账期：2019 年 4 月　　　　编制日期：2019 年 4 月 30 日

单位：元

序　号	项　目	基　数	计 提 比 例	计 提 金 额
1	企业所得税			831.44
2				
——	合计			831.44

制单：张绣品

➢ **步骤 2：模型配置**

6-32 操作示范

根据“4 月企业所得税汇算清缴”Excel 数据表，确定金额取值，凭证模板凭证头设置见图 6-32-1，分录设置见图 6-32-2。

添加模型设置

① 凭证头设置　② 分录设置　③ 合并及排序

* 模板名称	企业所得税汇算清缴	* 文档类型	通用计提表
记账日期	@编制日期	账期	@所属账期
制单人	@制单	推送方式	自动推送
* 计提项目	企业所得税汇算清缴		

图 6-32-1　凭证头设置

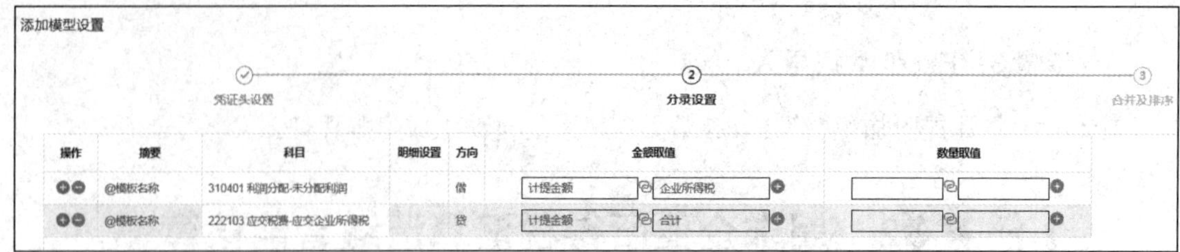

图 6-32-2　分录设置

➢ **步骤 3：Excel 数据导入**

上传“4 月企业所得税汇算清缴”Excel 数据表，系统自动生成记账凭证。

6-33 操作示范

任务 33　期末智能结转损益

在开始期末智能结转损益前，可以通过“凭证预处理”选项检查业务票据凭证共有 162 张、Excel 凭证共 11 张，合计共 173 张，见图 6-33-1。此时通过“期末结账”选项查看金额为“-9013.41”，单击金额生成凭证，系统自动完成结转损益的账务处理，此时系统提示 2019 年第 04 期共录入凭证 174 张。

期末结账完成后，系统自动生成会计账簿数据、财务报表数据，4 月末的核算业务结束。

图 6-33-1　期末结转损益

6-34 操作示范

任务 34　期末智能结账

第一步：在完成上述全部任务操作后，在“首页”菜单依次单击“凭证列表”→“审核凭证”选项，在弹出的“审核凭证”窗口中，全选所有记账凭证，单击“批量审核”按钮，完成全部记账凭证的审核。

第二步：在“首页”菜单依次单击“期末结账”→“结账”选项，在弹出的“结账”窗口中单击“结账”按钮，弹出系统提示“请确认要结转到 2019 年第 5 期”，单击“确认”按钮，自动完成结账，见图 6-34-1。

第三步：此时再在“首页”菜单依次单击“基础设置”→“账套管理”选项，打开“账套管理”窗口，查看系统自动生成的2019年5月账期，见图6-34-2。

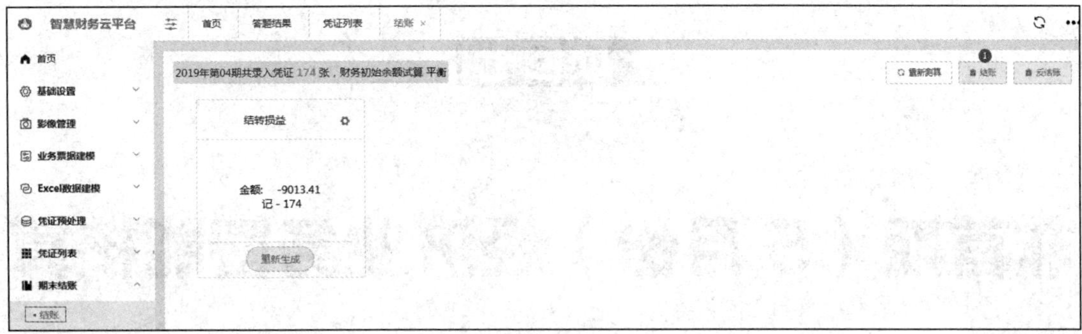

图 6-34-1　期末智能结账

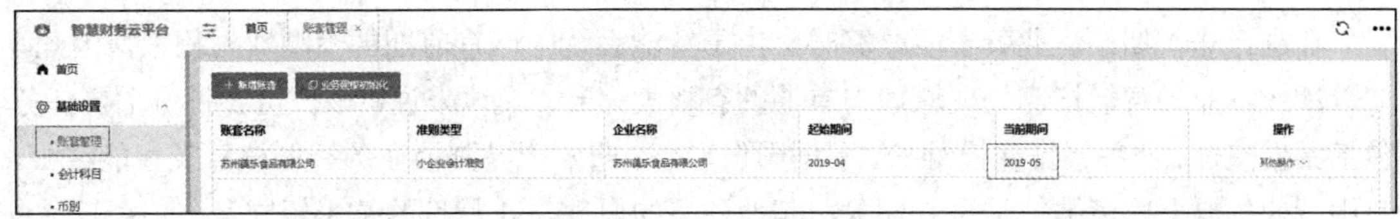

图 6-34-2　启动新账期

项目七

非首期（5 月份）经济业务智能核算

在进行非首期经济业务智能核算时，由于智能系统中已有前期的模型数据积累，因此，非首期经济业务智能核算处理原理与首期的有很大差异。具体来说，该公司 5 月份主要任务包括票据整理、业务票据建模维护、票据影像审核、期末计提摊销业务智能核算及智能结账。其中，业务票据建模维护是核心任务，其他任务的原理与 4 月份的基本相同。

2019 年 5 月，苏州美乐食品有限公司共有 180 张业务票据，针对 5 月发生的全部经济业务，在财务机器人云平台完成自动生成记账凭证和财务报表的智能核算。

任务 1　票据整理

7-1 操作示范

对苏州美乐食品有限公司 5 月份的 180 张票据进行归类分组，并完成扫描。通过与 4 月份业务票据比对，确定哪些业务票据需要进行建模维护，哪些业务票据不需要维护。

（一）票据整理

在“首页”菜单选择 “影像管理”选项，分“影像整理”“影像扫描”两步完成，具体操作原理和步骤与 4 月份业务票据整理相同，不再赘述，由学生自主操作。

（二）票据分类及信息比对分析

5 月份票据分类及信息比对结果见表 7-1-1。

表 7-1-1　5 月份票据分类及信息比对结果

票据性质	机器人识别票据关键信息项目		维护类别 是：√ 否：×
	4月	5月	
采购发票（32 张）	货物或应税劳务、服务名称：*具体商品名称	同 4 月	√
	货物或应税劳务、服务名称：*管理费	货物或应税劳务、服务名称：房租费、保险费	√
入库单（31 张）	物资类别：商品；品名：具体商品名称	同 4 月	×
销售发票（37 张）	货物或应税劳务、服务名称：*具体商品名称	同 4 月	×

续表

票据性质	机器人识别票据关键信息项目		维护类别 是：√ 否：×
	4月	5月	
	货物或应税劳务、服务名称：*展览展示服务	——	×
银行付回款单 （44张）	摘要：*货款	同4月	×
	摘要：手续费	同4月	×
	摘要：出差借款	同4月	×
	摘要：批量代发工资	同4月	×
	摘要：增值税扣款、附加税扣款、印花税扣款、个人所得税扣款、企业所得税扣款、汇算清缴企业所得税扣款 以上共性名称“税扣款”	摘要：增值税扣款、附加税扣款、印花税扣款、个人所得税扣款 以上项目均属非首次	×
	摘要：社保费扣款、工会经费扣款 以上共性名称“费扣款”	同4月	×
	摘要：报销款	同4月	×
	——	摘要：保险费	√
	——	摘要：房租费	√
银行收款回单 （28张）	摘要：*货款	同4月	×
	摘要：向股东借款	同4月	×
借款单 （1张）	票据名称：借款单	同4月	×
通用费用报销单 （1张）	报销项目：福利费	——	×
组合报销单 （2张）	批号B，通用费用报销单 采购发票（办公用品）	同4月	×
组合报销单 （4张）	批号A，差旅费报销单 火车票、的士票（客运服务） 采购发票（普票）（住宿服务）	批号A，差旅费报销单 行程单、的士票（客运服务） 采购发票（电子普票）（住宿服务）	√

任务2　业务票据建模维护

根据票据整理及信息比对结果，可以确定5月需要进行业务票据建模维护的业务票据有采购房租服务和保险服务的增值税专用发票、采购商品的增值税专用发票和增值税普通发票、支付保险费和房租费的银行付款回单及差旅费报销行程单和增值税电子普通发票。下面分别讲述各类业务票据建模维护的具体操作。

（一）采购服务业务票据建模维护

对比4月份数据，5月份采购房租服务、采购保险服务属新增业务，需要新建智能核算模型。具体操作如下。

7-2 操作示范1

➢ 步骤 1：票据类别设置

采购房租服务和保险服务获取的票据为增值税专用发票，属于“采购票据-采购专票”，已在 4 月份进行了票据类别设置，5 月份继续有效，无须修改。

➢ 步骤 2：场景类别设置

“采购房租服务”和“采购保险服务”为新增场景类别，需要进行新场景设置，设置结果分别见图 7-2-1 和图 7-2-2。

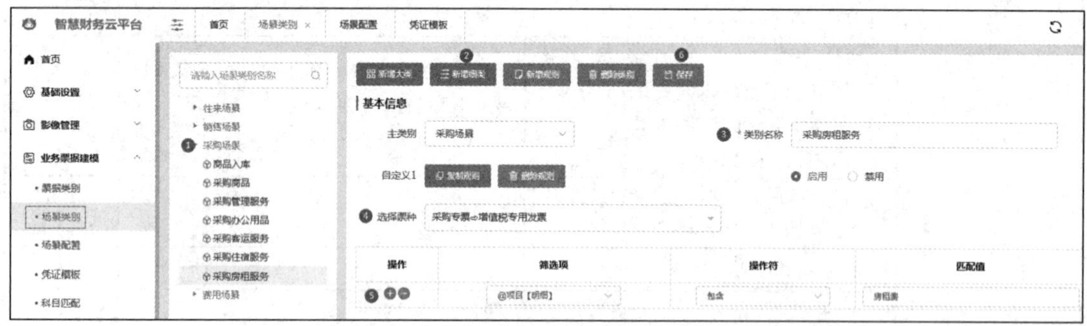

图 7-2-1 增值税专用发票采购房租服务场景类别设置

图 7-2-2 增值税专用发票采购保险服务场景类别设置

➢ 步骤 3：场景配置设置

进行“采购房租服务”和“采购保险服务”新场景配置，配置结果分别见图 7-2-3 和图 7-2-4。

图 7-2-3 采购房租服务场景配置设置

图 7-2-4　采购保险服务场景配置设置

➢ 步骤 4：凭证模板设置

“采购房租服务”和“采购保险服务”凭证模板设置中的分录设置见图 7-2-5 和图 7-2-6，凭证模板其他项目设置不再赘述。

	操作	摘要	科目来源	科目	科目匹配类型	方向	金额取值公式
1		采购房租服务	科目	224103 其他应付款-房租费摊销	请选择	借	@金额
2		采购房租服务	科目	22210101 应交税费-应交增值税-进项税额	请选择	借	@税额
3		采购房租服务	科目	2202 应付账款	请选择	贷	@含税金额

图 7-2-5　采购房租服务分录设置

	操作	摘要	科目来源	科目	科目匹配类型	方向	金额取值公式
1		采购保险服务	科目	224104 其他应付款-保险费摊销	请选择	借	@金额
2		采购保险服务	科目	22210101 应交税费-应交增值税-进项税额	请选择	借	@税额
3		采购保险服务	科目	2202 应付账款	请选择	贷	@含税金额

图 7-2-6　采购保险服务分录设置

（二）采购商品业务票据建模维护

7-2 操作示范 2

与 4 月份业务票据比较，5 月份采购商品业务票据并非首次业务票据，但由于受采购房租和采购保险新业务的影响，需要对上期创建的采购商品业务票据建模进行部分修改。具体操作如下。

➢ **步骤 1：票据类别设置**

5 月份采购商品业务票据涉及增值税专用发票和增值税普通发票，这些票据类别在系统中已完成票据类别设置，继续有效，无须重复。

➢ **步骤 2：场景类别设置**

对场景类别设置需要进行修改，具体内容如下：增加筛选条件“@项目【明细】——不包含——房租费”和“@项目【明细】——不包含——保险费”，见图 7-2-7。

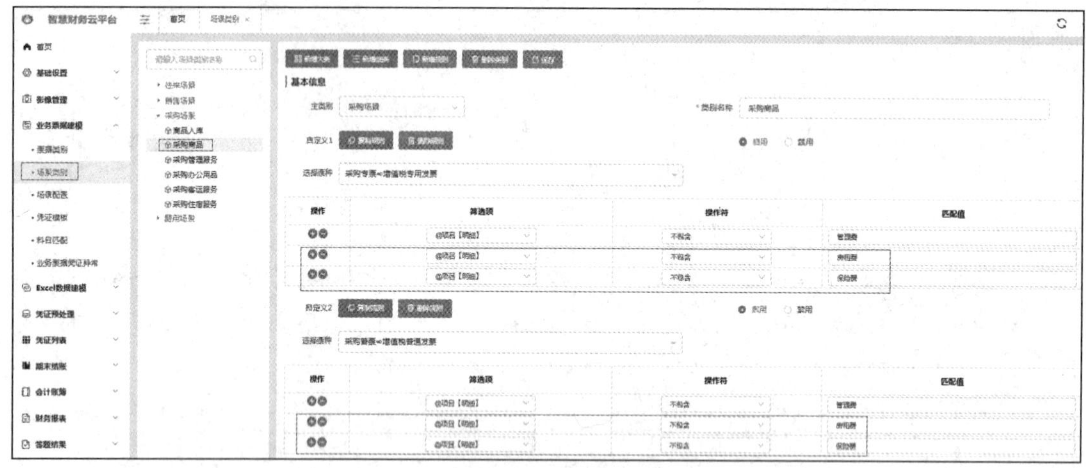

图 7-2-7　场景类别设置

➢ **步骤 3：场景配置与凭证模板设置**

场景配置与凭证模板继续有效，无须修改。

（三）银行付款回单业务票据建模维护

7-2 操作示范 3

支付保险费和房租费的银行付款回单为 5 月份首次出现的业务票据，需要进行建模维护。

➢ **步骤 1：票据类别设置**

支付保险费和房租费获取的票据为银行付款回单，此类票据在 4 月份的往来业务票据设置中已有设置，继续有效，无须修改。

➢ **步骤 2：场景类别设置**

摘要为“保险费”和“房租费”的银行付款回单为首次出现的场景内容，需要增设“支付保险费”和“支付房租费”的场景类别，设置结果见图 7-2-8 和图 7-2-9。

图 7-2-8　银行付款回单支付保险费场景类别设置

图 7-2-9　银行付款回单支付房租费场景类别设置

➢ 步骤 3：场景配置设置

新增“支付保险费”和“支付房租费”的场景配置，设置结果见图 7-2-10 和图 7-2-11。

图 7-2-10　支付保险费场景配置设置

图 7-2-11　支付房租费场景配置设置

➢ 步骤 4：凭证模板设置

增设“支付保险费”和“支付房租费”凭证模板，其分录设置见图 7-2-12 和图 7-2-13，凭证模板其他项目设置不再赘述。

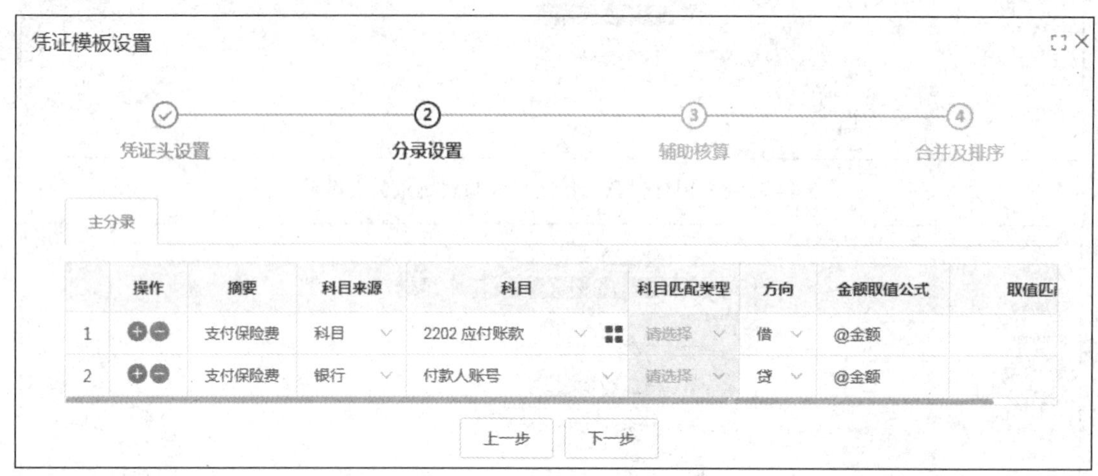

图 7-2-12　支付保险费分录设置

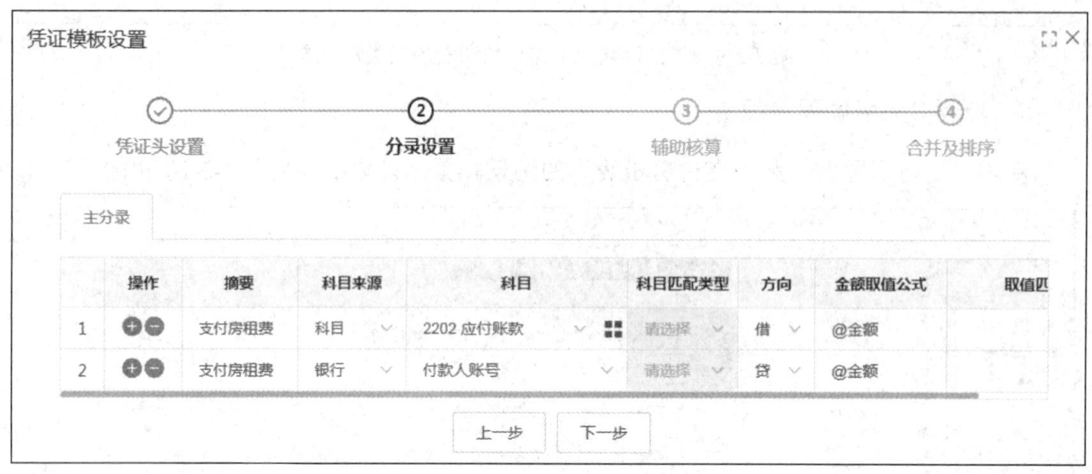

图 7-2-13　支付房租费分录设置

（四）差旅费报销业务票据建模维护

7-2 操作示范 4

差旅费报销业务并非首次出现业务，但其中的行程单、住宿费增值税电子普通发票为首次出现票据，因此需要对差旅费报销模型进行建模维护。

➢ 步骤 1：票据类别设置

在“交通票据”下新增“飞机票”票据类别，见图 7-2-14。

➢ 步骤 2：场景类别设置

依次单击“采购场景”→“采购客运服务”选项，新增票种“飞机票→行程单”，设置结果见图 7-2-15。

图 7-2-14　票据类别设置

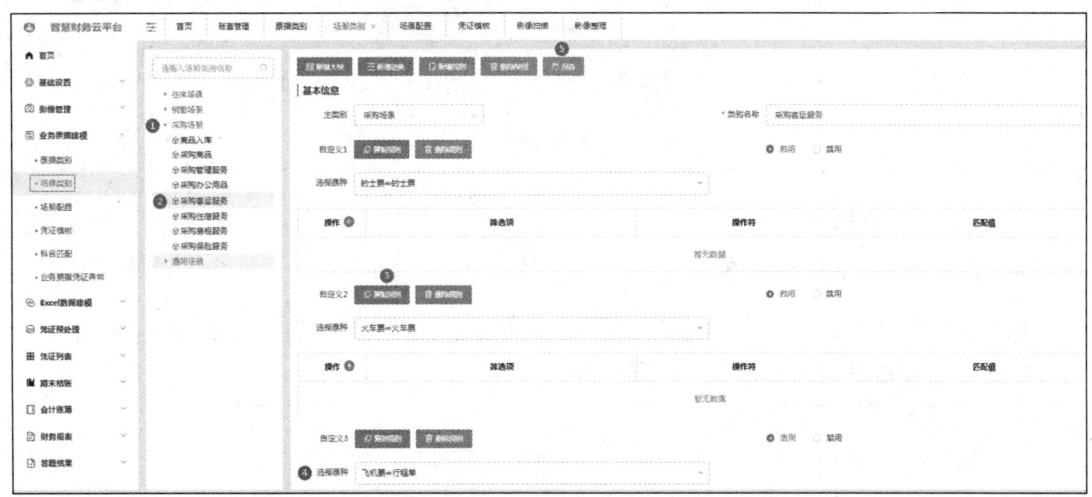

图 7-2-15　火车票、飞机票采购客运服务场景类别设置

增值税电子普通发票场景类别设置，依次单击“采购场景”→“采购住宿服务”选项，新增票种“采购票据→采购电子普票”，设置结果见图 7-2-16。

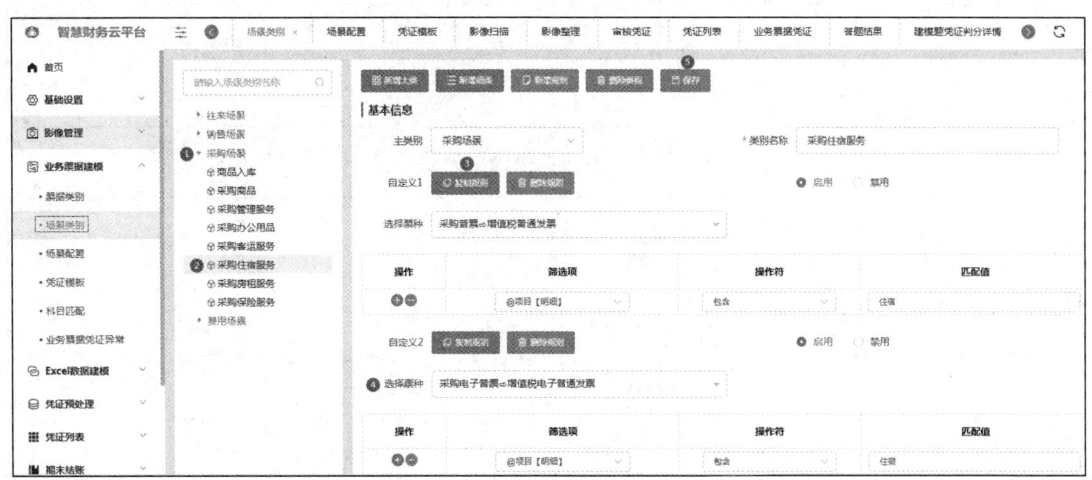

图 7-2-16　增值税电子普通发票采购住宿服务场景类别设置

➢ 步骤 3：场景配置设置

依次单击“费用业务”→“报销差旅费”选项，场景类别修改为“采购场景→采购客运服务”，同时选择票据类别“的士票　火车票　飞机票”，并进行组合名称设置，见图 7-2-17。

图 7-2-17　场景配置设置

➢ 步骤 4：凭证模板设置

先删除原凭证模板，重新设置相关项目。其中分录设置见图 7-2-18 至图 7-2-19，的士票与采购普票不能抵扣增值税，无须设置分录。

凭证头设置　分录设置　辅助核算　合并及排序

主分录　的士票　火车票　飞机票　采购普票

	操作	摘要	科目来源	科目	科目匹配类型	方向	金额取值公式	取值匹配
1		报销差旅费	科目	560209 管理费用-差旅费	请选择	借	@含税金额	@所属部门不包含销售;
2		报销差旅费	科目	560104 销售费用-差旅费	请选择	借	@含税金额	@所属部门包含销售;
3		报销差旅费	科目	122102 其他应收款-职员	请选择	贷	@借款金额	
4		报销差旅费	科目	1001 库存现金	请选择	贷	@含税金额-@借款金额	@支付方式包含现金;
5		报销差旅费	科目	224102 其他应付款-职员	请选择	贷	@含税金额-@借款金额	@支付方式包含银行;

上一步　下一步

图 7-2-18　差旅费报销单分录设置

凭证头设置　分录设置　辅助核算　合并及排序

主分录　的士票　火车票　飞机票　采购普票

	操作	摘要	科目来源	科目	科目匹配类型	方向	金额取值公式	取值匹配
1		报销差旅费	科目	22210101 应交税费-应交增值税-进项税额	请选择	借	@含税金额/1.09*0.09	
2		报销差旅费	科目	560209 管理费用-差旅费	请选择	贷	@含税金额/1.09*0.09	@所属部门不包含销售;
3		报销差旅费	科目	560104 销售费用-差旅费	请选择	贷	@含税金额/1.09*0.09	@所属部门包含销售;

上一步　下一步

图 7-2-19　火车票分录设置

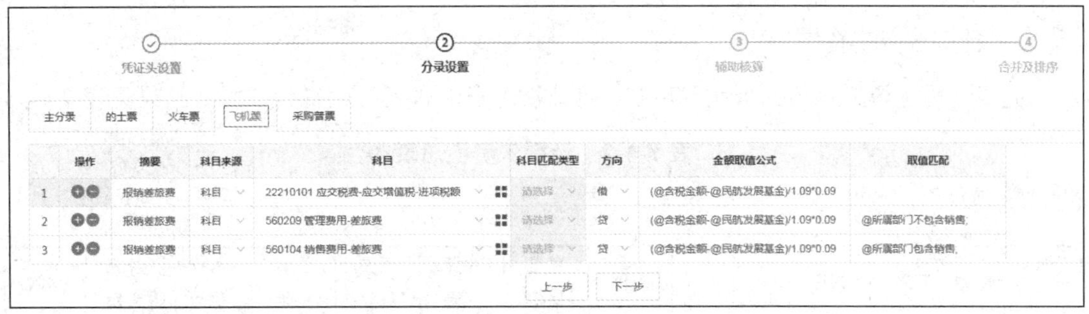

图 7-2-20　飞机票分录设置

任务 3　票据影像审核

对苏州美乐食品有限公司 5 月份全部业务票据进行影像审核及记账，系统自动生成记账凭证。本任务的操作与 4 月份的任务操作完全相同，参考 4 月份的处理，不再赘述。

【友情提示】

经上述任务 1 至任务 3 的处理，业务票据智能核算任务完成，共生成记账凭证 175 张，可以依次单击“凭证预处理”→“业务票据凭证”选项，进行查看。

任务 4　期末计提摊销业务智能核算

从本任务开始进入 5 月份 Excel 数据建模智能核算处理，处理方法与 4 月份的相同。根据基础资料分析，5 月份的具体任务有：发放 5 月份工资；计提 5 月份工资；结转工会经费；结转营业成本；摊销房租费；摊销保险费；计提固定资产折旧；计提增值税；计提附加税；计提企业所得税。

1. 发放 5 月工资

完成发放工资汇总表的填制，并以“5 月发放工资汇总表”命名保存文件，结果见表 7-4-1。

表 7-4-1　发放工资汇总表

所属单位：苏州美乐食品有限公司　　所属账期：2019 年 5 月　　编制日期：2019 年 5 月 31 日

单位：元

序号	所属部门	应付工资	养老保险（个人）	失业保险（个人）	医疗保险（个人）	补充大病（个人）	缴纳个人所得税	实发工资
1	行政部	13500.00	727.20	45.45	181.80	15.00	35.31	12495.24
2	财务部	15200.00	969.60	60.60	242.40	20.00	0.00	13907.40
3	销售部	18982.00	969.60	60.60	242.40	20.00	37.71	17651.69
4								0.00
	合计	47682.00	2666.40	166.65	666.60	55.00	73.02	44054.33

制单：张绣品

2. 计提5月工资

完成计提工资汇总表的填制，并以“5月计提工资汇总表”命名保存文件，结果见表7-4-2。

表7-4-2　计提工资汇总表

所属单位：苏州美乐食品有限公司　　所属账期：2019年5月　　编制日期：2019年5月31日

单位：元

序号	所属部门	基本工资	销售提成	奖金	补贴	应付工资	养老保险（单位）	失业保险（单位）	工伤保险（单位）	生育保险（单位）	医疗保险（单位）	补充大病（单位）	保险合计
1	行政部	13500.00	0.00			13500.00	1727.10	45.45	10.92	72.72	818.10		2674.29
2	财务部	15200.00	0.00			15200.00	2302.80	60.60	14.56	96.96	1090.80		3565.72
3	销售部	15000.00	4050.00			19050.00	2302.80	60.60	14.56	96.96	1090.80		3565.72
4													0.00
	合计	43700.00	4050.00	0.00	0.00	47750.00	6332.70	166.65	40.04	266.64	2999.70	0.00	9805.73

制单：张绣品

3. 结转工会经费

完成通用摊销分配表填制，并以“5月结转工会经费”命名保存文件，结果见表7-4-3。

表7-4-3　通用摊销分配表

所属单位：苏州美乐食品有限公司　　摊销分配项目：结转工会经费

所属账期：2019年5月　　编制日期：2019年5月31日

单位：元

序号	明细项目	工资总额	计算比例	所属部门	分配金额
1	工会经费	13500.00	0.02	行政部	270.00
2		15200.00	0.02	财务部	304.00
3		18982.00	0.02	销售部	379.64
4					
—	合计	47682.00		——	953.64

制单：张绣品

4. 计算并结转营业成本

完成营业成本计算表的填制，并以“5月营业成本计算表”命名保存文件，结果见表7-4-4。

表7-4-4　营业成本计算表

所属单位：苏州美乐食品有限公司　　所属账期：2019年5月　　编制日期：2019年5月31日

数量单位：件　金额单位：元

序号	产品明细	本月发出数量	本月退货数量	数量合计	单位成本	成本总额
1	41.8度 君坊	22.00		22.00	88.50	1947.00
2	北京二锅头	18.00		18.00	38.50	693.00
3	海之蓝	60.00		60.00	119.47	7168.20

续表

序　号	产 品 明 细	本月发出数量	本月退货数量	数量合计	单位成本	成本总额
4	梦之蓝 3	30.00		30.00	340.71	10221.30
5	梦之蓝 6	30.00		30.00	467.26	14017.80
6	天之蓝	42.00		42.00	252.21	10592.82
7	三得利啤酒 7.5 度 330*6*4 特爽罐啤	2.00		2.00	34.96	69.92
8	三得利啤酒 7.5 度 500*4*6 超纯罐啤	25.00		25.00	44.25	1106.25
9	光明牌 400g 高钙维生素 E 调制奶粉	262.00		262.00	21.68	5680.16
10	光明牌 400g 全脂奶粉	298.00		298.00	20.79	6195.42
11	光明牌 800g 高钙多维调制奶粉	50.00		50.00	57.53	2876.50
12	500ml 乌龙茶无糖/低糖	1658.00		1658.00	30.94	51298.52
13	娃哈哈桂圆八宝粥	25.00		25.00	28.36	709.00
14	香飘飘麦香/草莓/香芋/原味奶茶 80g	70.00		70.00	70.80	4956.00
15	1L 红茶/绿茶	105.00		105.00	21.24	2230.20
16	200g 钙多多/锌多多	2402.00		2402.00	28.57	68625.14
17	200g 爽歪歪	10.00		10.00	33.98	339.80
18	220gAD 钙奶	4650.00		4650.00	26.77	124480.50
19	2L 红茶/绿茶	0.00		0.00	26.11	0.00
20	350ml 苏打水	0.00		0.00	38.23	0.00
21	380ml 农夫山泉饮用水	1335.00		1335.00	18.87	25191.45
22	445ml 水溶 C 柠檬/西柚/青桔	1736.00		1736.00	41.31	71714.16
23	450g 营养快线	276.00		276.00	43.14	11906.64
24	480ml 三得利利趣拿铁	72.00		72.00	40.83	2939.76
25	480ml 三得利美式咖啡	215.00		215.00	45.83	9853.45
26	4L 农夫山泉饮用水	29.00		29.00	26.11	757.19
27	500g 营养快线	334.00		334.00	39.60	13226.40
28	500ml 茶派	121.00		121.00	70.39	8517.19
29	500ml 可乐	53.00		53.00	40.35	2138.55
30	500ml 农夫果园橙/菠萝/番茄	95.00		95.00	61.34	5827.30
31	500ml 苏打水	6.00		6.00	31.30	187.80
32	500ml 维他命水	216.00		216.00	60.15	12992.40
33	500ml 雪碧	20.00		20.00	43.33	866.60
34	530ml C 柠檬/西柚/蜜桃/驱动	0.00		0.00	25.37	0.00
35	535ml 农夫山泉饮用水	15.00		15.00	34.24	513.60

续表

序　号	产品明细	本月发出数量	本月退货数量	数量合计	单位成本	成本总额
36	550ml 尖叫纤维/多肽	132.00		132.00	55.72	7355.04
37	550ml 农夫山泉饮用水	634.00		634.00	20.26	12844.84
38	550ml 沁柠水/沁桃水	1706.00		1706.00	29.03	49525.18
39	596ml 娃哈哈纯净水	45.00		45.00	18.32	824.40
40	600ml 脉动（青柠/仙人掌/水蜜桃）	1891.00		1891.00	38.94	73635.54
41	洞庭山天然矿泉水	36.00		36.00	9.31	335.16
42	可乐塑料瓶 300ml	69.00		69.00	15.09	1041.21
43	可乐塑料瓶 500ml	365.00		365.00	46.18	16855.70
44	美汁源果粒橙 420ml	50.00		50.00	26.05	1302.50
45	魔力维他命	240.00		240.00	30.09	7221.60
46	统一 450ml 煎奶奶茶	0.00		0.00	40.71	0.00
47	统一 450ml 鲜橙多	0.00		0.00	33.63	0.00
48	统一 570ml 爱夸水	21.00		21.00	55.66	1168.86
49	统一雅哈冰/意式经典咖啡	0.00		0.00	59.23	0.00
50	香飘飘果汁茶金桔柠檬/泰式青柠/桃桃红柚	28.00		28.00	53.10	1486.80
51	雪碧塑料瓶 500ml	16.00		16.00	46.95	751.20
52	雪碧易拉罐 330ml	0.00		0.00	37.63	0.00
53	雪菲力盐汽水	755.00		755.00	27.32	20626.60
54	呦呦奶茶	0.00		0.00	33.33	0.00
55	汇源青柚水	1320.00		1320.00	29.17	38504.40
	合计	—	—	—	—	713319.05

制单：张绣品

填制原理：

① 下载营业成本计算表、4—6 月进销存明细表、5 月份科目余额表。

② 填制 5 月营业成本计算表：“本月发出数量”取自 5 月进销存明细表（可利用数据透视表求出各商品本期发出数量合计）；“单位成本”采用月末一次加权平均法计算，单位成本=（5 月期初库存金额+本期购入金额）/（5 月期初库存数量+本期购入数量），其中“（5 月期初库存金额+本期购入金额）”可通过 5 月科目余额表得出，“5 月期初库存数量”即为 4 月期末库存数量，可通过 4 月进销存明细表得出；“本期购入数量”可通过 5 月进销存明细表得出。

5. 摊销房租费

完成通用摊销分配表的填制，并以“5 月摊销房租费”保存文件，结果见表 7-4-5。

填制原理：查看财务制度资料，4 月初剩余房租费 17145 元分 9 个月摊销，行政部占 30%，财务部占 30%，销售部占 40%。5 月份支付房租费 20571.43 元，摊销期限为 9 个月，5 月份开始摊销，各部门占比保持不变。则：

5 月份应分摊房租费总金额=17145÷9+20571.43÷9=4190.71（元）

【友情提示】

进行 Excel 数据表填制时，如果出现需要保留 2 位小数的要求时，应使用 ROUND 函数，否则会出现借贷不平。

表 7-4-5　通用摊销分配表

所属单位：苏州美乐食品有限公司　　摊销分配项目：摊销房租费

所属账期：2019 年 5 月　　编制日期：2019 年 5 月 31 日

单位：元

序　　号	明 细 项 目	待摊销金额	摊销期数（月）	所 属 部 门	分 配 金 额
1	房租费		0.30	行政部	1257.21
2			0.30	财务部	1257.21
3			0.40	销售部	1676.29
4					0.00
—	合计	4190.71	1.00	——	4190.71

制单：张绣品

6. 摊销保险费

完成通用摊销分配表的填制，并以“5 月摊销保险费”保存文件，结果见表 7-4-6。

填制原理：查看财务制度资料，4 月初剩余保险费摊销 4 月至 7 月每月摊销 1017.5 元，5 月份购入保险费 3688.35 元，摊销期限为 9 个月，5 月份开始摊销。

5 月份摊销保险费总金额=1017.5+3668.35÷9=1427.32（元）

表 7-4-6　通用摊销分配表

所属单位：苏州美乐食品有限公司　　摊销分配项目：摊销保险费

所属账期：2019 年 5 月　　编制日期：2019 年 5 月 31 日

单位：元

序　　号	明 细 项 目	待摊销金额	摊销期数（月）	所 属 部 门	分 配 金 额
1	保险费	1427.32	1.00	销售部	1427.32
2					
—	合计	1427.32		——	1427.32

制单：张绣品

7. 计提固定资产折旧

完成通用计提表的填制，并以“5 月计提固定资产折旧”保存文件，结果见表 7-4-47。

表 7-4-7　通用计提表

所属单位：苏州美乐食品有限公司　　计提项目：计提固定资产折旧

所属账期：2019 年 5 月　　编制日期：2019 年 5 月 31 日

单位：元

序　　号	项　　目	本月折旧金额	累计折旧金额	计 提 金 额
1	行政部			699.30

续表

序　号	项　目	本月折旧金额	累计折旧金额	计 提 金 额
2	财务部			965.84
3	销售部			3873.89
4				
——	合计			5539.03

制单：张绣品

8．计提增值税

完成通用计提表的填制，并以“5 月计提增值税（无留抵税额）”保存文件，结果见表 7-4-8。

填制原理：依次单击“会计账簿”→“科目余额表”选项，打开“科目余额表”窗口，其中当期销项税额为 107749.42 元、当期进项税额为 97798.88 元，“应交税费——未交增值税”期初无借方余额，说明无上期留抵税额。根据增值税法规定，当期应缴增值税= 107749.42（当期销项税额）−97798.88（当期进项税额）−0（上期留抵税额）= 9950.54，为正数，无留抵税额，见图 7-4-1。

表 7-4-8　通用计提表

所属单位：苏州美乐食品有限公司　　　　计提项目：计提增值税（无留抵税额）

所属账期：2019 年 5　　　　编制日期：2019 年 5 月 31 日

单位：元

序　号	项　目	销 项 税 额	可抵扣进项税额	计 提 金 额
1	增值税	107749.42	97798.88	9950.54
2				
—	合计			9950.54

制单：张绣品

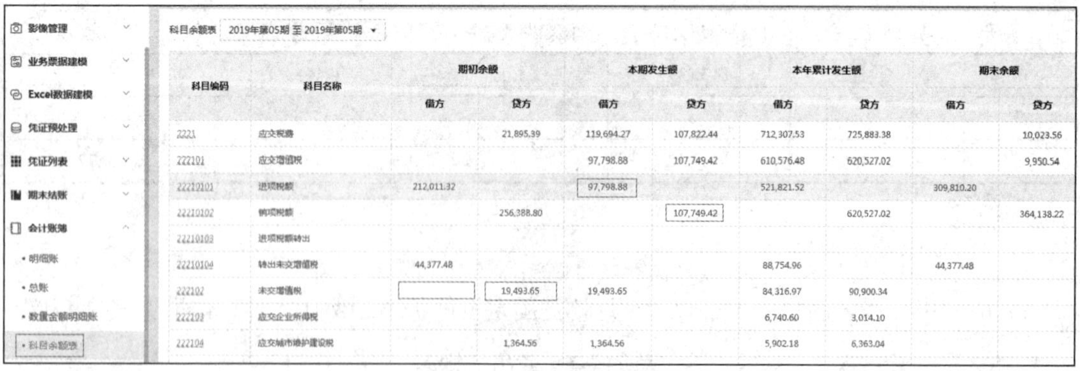

影像管理
业务票据建模
Excel数据建模
凭证预处理
凭证列表
期末结账
会计账簿
• 明细账
• 总账
• 数量金额明细账
• 科目余额表

科目余额表　2019年第05期 至 2019年第05期

科目编码	科目名称	期初余额		本期发生额		本年累计发生额		期末余额	
		借方	贷方	借方	贷方	借方	贷方	借方	贷方
2221	应交税费		21,895.39	119,694.27	107,822.44	712,307.53	725,883.38		10,023.56
222101	应交增值税			97,798.88	107,749.42	610,576.48	620,527.02		9,950.54
22210101	进项税额	212,011.32		97,798.88		521,821.52		309,810.20	
22210102	销项税额		256,388.80		107,749.42		620,527.02		364,138.22
22210103	进项税额转出								
22210104	转出未交增值税	44,377.48				88,754.96		44,377.48	
222102	未交增值税		19,493.65	19,493.65		84,316.97	90,900.34		
222103	应交企业所得税					6,740.60	3,014.10		
222104	应交城市维护建设税		1,364.56	1,364.56		5,902.18	6,363.04		

图 7-4-1　“应交税费”科目余额（部分）

9．计提附加税

完成通用计提表的填制，并以“5 月计提附加税费”保存文件，结果见表 7-4-9。

表 7-4-9　通用计提表

所属单位：苏州美乐食品有限公司　　　　计提项目：计提附加税费

所属账期：2019 年 5 月　　　　编制日期：2019 年 5 月 31 日

单位：元

序　号	项　目	基　数	计提比例	计提金额
1	城市维护建设税	9950.54	0.07	696.54
2	教育费附加	9950.54	0.03	298.52
3	地方教育附加	9950.54	0.02	199.01
4				
——	合计			1194.07

制单：张绣品

【友情提示】

此处会因为保留两位小数出现借贷不平，应使用 ROUND 函数保留 2 位小数。

10. 计提企业所得税

完成通用计提表的填制，并以“5 月计提企业所得税”保存文件，结果见表 7-4-10。

填制原理：做完成上述全部业务记账凭证自动生成后，通过“期末结账”选项查看损益金额为 38542.09 元。

根据当期小微企业所得税税收优惠政策“对小型微利企业年应纳税所得额不超过 100 万元的部分，减按 25%计入应纳税所得额，按 20%的税率缴纳企业所得税”，计算本期应缴纳的企业所得税。

应纳税额=38542.09×0.25×0.2=1927.1（元）。

提示：在选择计提项目时要注意“企业所得税汇算清缴”与“计提企业所得税”的差别。

表 7-4-10　通用计提表

所属单位：苏州美乐食品有限公司　　　　计提项目：计提企业所得税

所属账期：2019 年 5 月　　　　编制日期：2019 年 5 月 31 日

单位：元

序　号	项　目	基　数	计提比例	计提金额
1	企业所得税	38542.09	0.05	1927.10
2				
——	合计			1927.10

制单：张绣品

任务 5　期末智能结转损益

在开始期末智能结转损益前，可以通过“凭证预处理”检查业务票据凭证共有 175 张、Excel 凭证共 10 张，合计共 185 张。此时通过“期末结账”选项查看金额为“36614.99”，见图 7-5-1，单击金额生成凭证，系统自动完成结转损益的账务处理，共生成记账凭证 186 张。

期末结账完成后，系统自动生成会计账簿数据、财务报表数据，5 月末的核算业务结束。

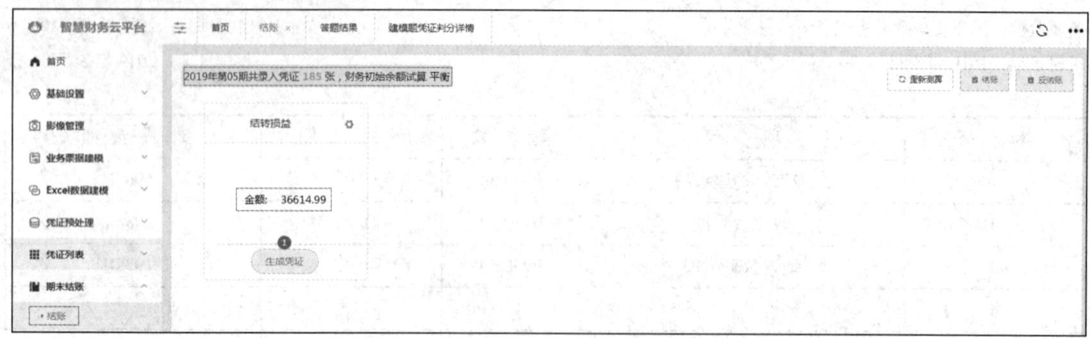

图 7-5-1　结转损益

任务 6　期末智能结账

第一步：完成上述全部任务操作后，在“首页”菜单依次单击“凭证列表”→“审核凭证”选项，在弹出的“审核凭证”窗口中，全选所有记账凭证，单击“批量审核”按钮，完成 5 月份全部记账凭证的审核。

第二步：在“首页”菜单依次单击“期末结账”→“结账”选项，在弹出的“结账”窗口中单击“结账”按钮，弹出系统提示“请确认要结转到 2019 年第 6 期”，单击“确认”按钮，自动完成结账，见图 7-6-1。

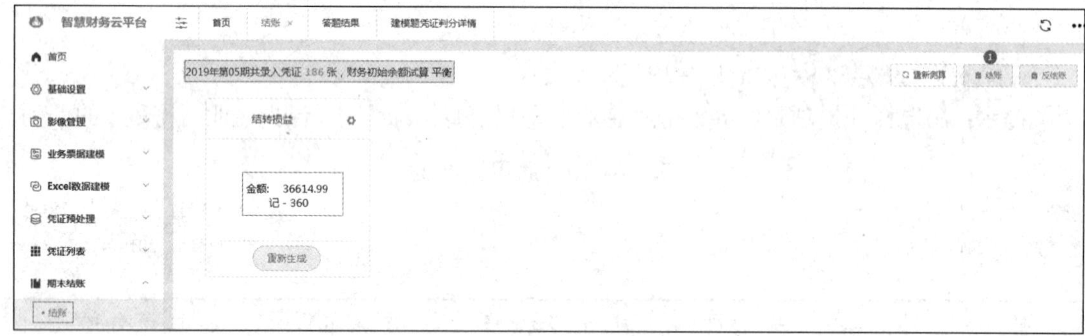

图 7-6-1　期末智能结账

第三步，此时再在“首页”菜单依次单击“基础设置”→“账套管理”选项，打开“账套管理”窗口，查看系统自动生成的 2019 年 6 月账期，见图 7-6-2。

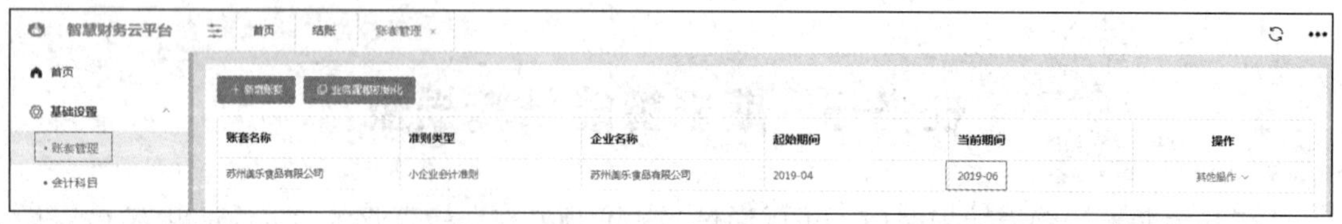

图 7-6-2　启动新账期

项目八

非首期（6月份）经济业务智能核算

苏州美乐食品有限公司6月份经济业务同属非首期经济业务智能核算，因此其智能核算流程及原理与5月份的相似，具体的任务包括票据整理、业务票据建模维护、票据影像审核、期末计提摊销业务智能核算及智能结账。

2019年6月，苏州美乐食品有限公司共有146张业务票据，针对6月份发生的全部经济业务，在财务机器人云平台完成自动生成记账凭证和财务报表的智能处理。

任务1　票据整理

对苏州美乐食品有限公司6月份的147张票据进行归类分组，并完成扫描。通过与4、5月份业务票据比对，确定哪些业务票据需要进行建模维护，哪些业务票据不需要维护。

（一）票据整理

在“首页”菜单单击“影像管理”选项，分“影像整理”“影像扫描”两步完成，具体操作原理与前期月份业务票据整理相同，不再赘述，由学生自主操作。

（二）票据分类及信息比对分析

通过对票据进行比对分析，确定需要维护的票据类型，6月份票据分类信息比对结果见表8-1-1。

8-1 操作示范

表8-1-1　6月份票据分类及信息对比结果

票据性质	机器人识别票据关键信息项目			维护类别 是：√ 否：×
	4月	5月	6月	
采购发票 （12张）	货物或应税劳务、服务名称： *具体商品名称	同4月	同4、5月	×
	货物或应税劳务、服务名称： *管理费	货物或应税劳务、服务名称： 房租费、保险费	——	——
入库单 （14张）	物资类别：商品 品名：具体商品名称	同4月	同4、5月	×

续表

<table>
<tr><th rowspan="2">票 据 性 质</th><th colspan="3">机器人识别票据关键信息项目</th><th rowspan="2">维护类别
是：√
否：×</th></tr>
<tr><th>4月</th><th>5月</th><th>6月</th></tr>
<tr><td rowspan="2">销售发票
（47张）</td><td>货物或应税劳务、服务名称：*具体商品名称</td><td>同4月</td><td>同4、5月</td><td>×</td></tr>
<tr><td>货物或应税劳务、服务名称：*展览展示服务</td><td>——</td><td>——</td><td>——</td></tr>
<tr><td rowspan="9">银行付款回单
（40张）</td><td>摘要：*货款</td><td>同4月</td><td>同4、5月</td><td>×</td></tr>
<tr><td>摘要：手续费</td><td>同4月</td><td>同4、5月</td><td>×</td></tr>
<tr><td>摘要：出差借款</td><td>同4月</td><td>同4、5月</td><td>×</td></tr>
<tr><td>摘要：批量代发工资</td><td>同4月</td><td>同4、5月</td><td>×</td></tr>
<tr><td>摘要：增值税扣款、附加税扣款、印花税扣款、个人所得税扣款、企业所得税扣款、汇算清缴企业所得税扣款
以上共性名称“税扣款”</td><td>摘要：增值税扣款、附加税扣款、印花税扣款、个人所得税扣款
以上项目均属非首次</td><td>摘要：增值税扣款、附加税扣款、印花税扣款、个人所得税扣款
以上项目均属非首次</td><td>×</td></tr>
<tr><td>摘要：社保费扣款、工会经费扣款
以上共性名称“费扣款”</td><td>同4月</td><td>同4、5月</td><td>×</td></tr>
<tr><td>摘要：报销款</td><td>同4月</td><td>同4、5月</td><td>×</td></tr>
<tr><td>——</td><td>摘要：保险费</td><td>——</td><td>——</td></tr>
<tr><td>——</td><td>摘要：房租费</td><td>——</td><td>——</td></tr>
<tr><td rowspan="3">银行收款回单
（25张）</td><td>摘要：*货款</td><td>同4月</td><td>同4、5月</td><td>×</td></tr>
<tr><td>摘要：向股东借款</td><td>同4月</td><td>——</td><td>——</td></tr>
<tr><td></td><td></td><td>基本户结息</td><td>√</td></tr>
<tr><td>借款单
（1张）</td><td>票据名称：借款单</td><td>同4月</td><td>同4、5月</td><td>×</td></tr>
<tr><td>通用费用报销单
（1张）</td><td>报销部门：行政部
报销项目：福利费</td><td>——</td><td>——</td><td>——</td></tr>
<tr><td>组合报销单
（2张）</td><td>批号B
通用费用报销单/行政部
采购发票（办公用品）</td><td>同4月</td><td>批号B
通用费用报销单/销售部
电子普票(办公用品)</td><td>√</td></tr>
<tr><td>组合报销单
（5张）</td><td>批号A
差旅费报销单
火车票、的士票
采购发票（住宿服务）</td><td>批号A
差旅费报销单
行程单、的士票
采购发票（住宿服务）</td><td>批号A
差旅费报销单
行程单
电子普票（住宿、餐饮）</td><td>√</td></tr>
</table>

任务2　业务票据建模维护

根据票据整理及信息比对结果，可以确定6月份需要进行建模维护的业务票据有银行收款回单（结息）、报销办公费票据组合、报销差旅费票据组合。对需要维护的票据逐一进行建模维护。

（一）银行结息票据建模维护

8-2 操作示范 1

收取银行结算利息银行收款回单为 6 月份首次出现的票据，需要按下列步骤新建智能核算模型。具体操作扫二维码 8-2 操作示范 1。

➤ 步骤 1：票据类别设置

银行收款回单在 4 月份票据类别设置中已设置，无须修改。

➤ 步骤 2：场景类别设置

银行收款回单的摘要“基本户结息”为首次业务，可在“往来业务”场景大类下新增“收到基本户结息”场景类别，设置结果见图 8-2-1。

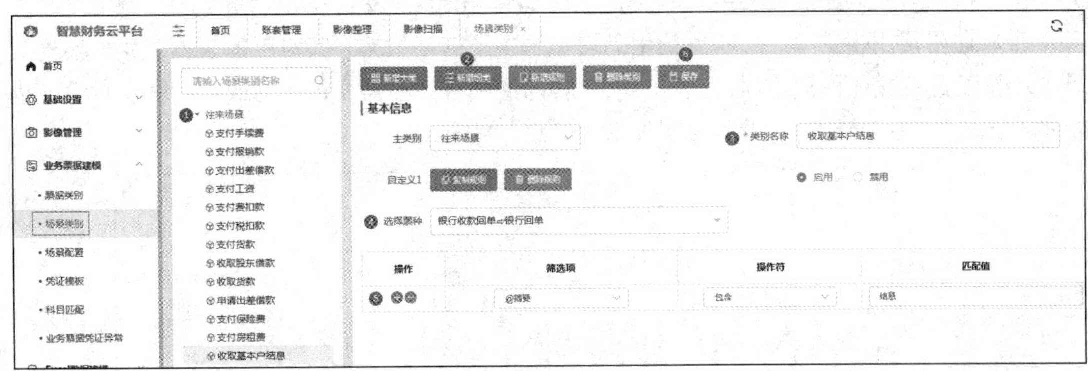

图 8-2-1　场景类别设置

➤ 步骤 3：场景配置设置

在“往来业务”场景配置大类下新增“收到基本户结息”场景配置，设置结果见图 8-2-2。

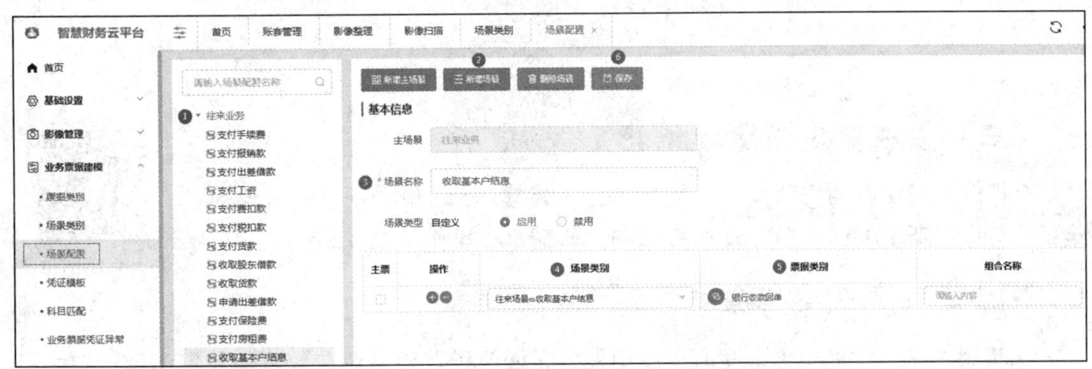

图 8-2-2　场景配置设置

➤ 步骤 4：凭证模板设置

凭证模板分录设置见图 8-2-3，凭证模板其他项目设置不再赘述。

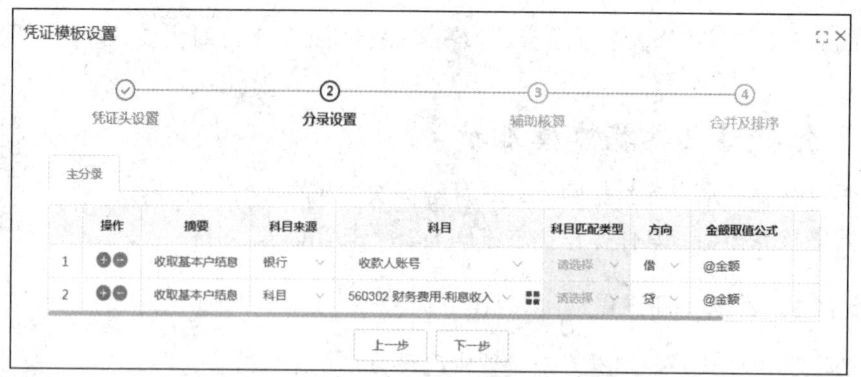

图 8-2-3　分录设置

（二）办公费报销建模维护

8-2 操作示范 2

4 月份我们已就行政部报销办公费进行建模，6 月份新增了销售部报销办公费建模，区别为所属部门为销售部。具体操作扫二维码 8-2 操作示范 2。

查看通用费用报销单、采购办公用品增值税电子普通发票，其对应的票据类别、场景类别、场景配置及凭证模板等项目，前三项内容均继续有效不需要进行修改，只需要对凭证模板的分录设置进行修改，设置结果见图 8-2-4。

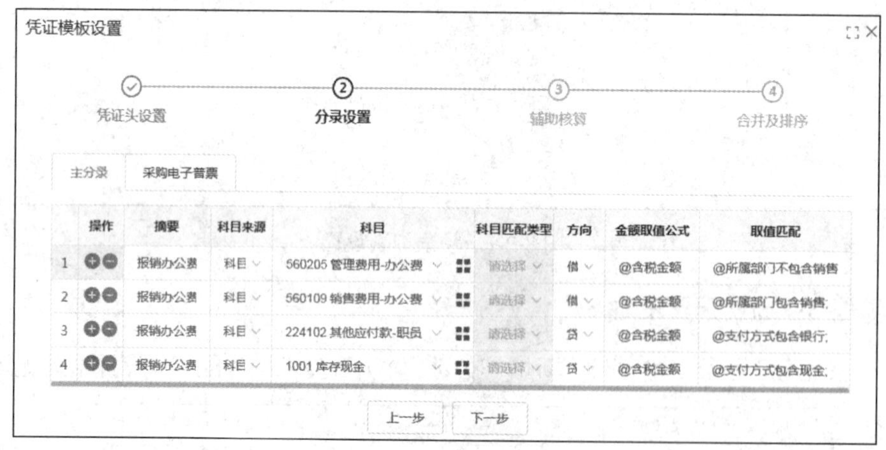

图 8-2-4　分录设置

（三）差旅费报销建模维护

8-2 操作示范 3

4 月份我们已就销售部报销差旅费进行了建模，5 月份进行了飞机票的维护，6 月份新增餐饮服务。具体操作扫二维码 8-2 操作示范 3。

➢ **步骤 1：票据类别设置**

飞机票、差旅费报销单、增值税专用发票、增值税普通发票在 4 月份票据类别设置中已设置，无须修改。

➢ **步骤 2：场景类别设置**

采购住宿服务增值税专用发票未进行场景类别设置，需要增设场景类别，设置结果见图 8-2-5。

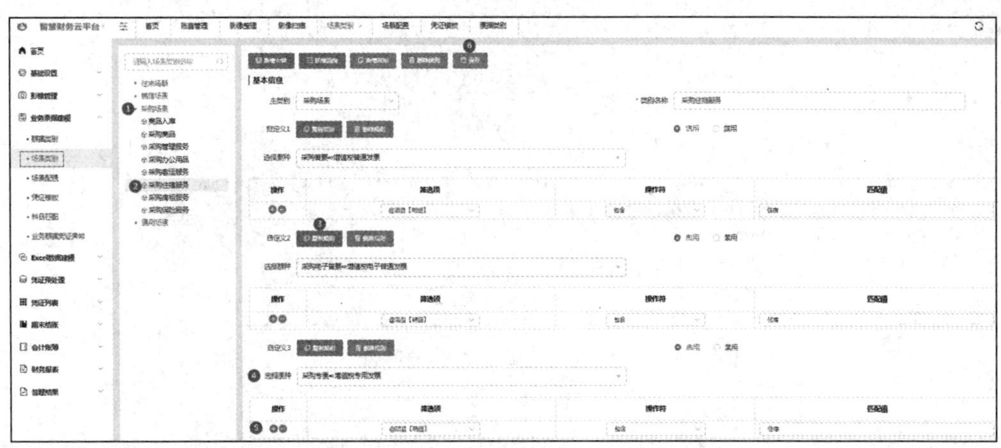

图 8-2-5　增值税专用发票、普通发票和电子普通发票采购住宿服务场景类别设置

采购餐饮服务增值税普通发票为首次业务，需要在“采购场景”下增设“采购餐饮服务”，具体见图 8-2-6。

图 8-2-6　增值税普通发票采购餐饮服务场景类别设置

➢ 步骤 3：场景配置设置

修改“报销差旅费”场景配置，具体见图 8-2-7。

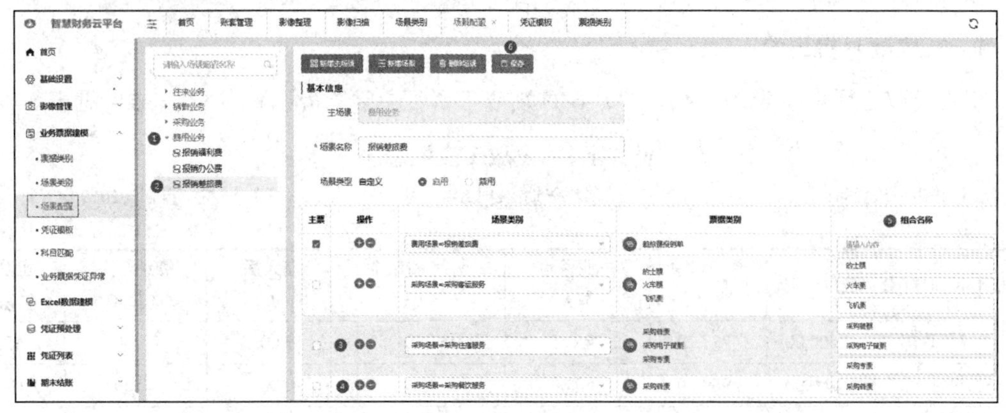

图 8-2-7　场景配置设置

➢ 步骤 4：凭证模板设置

只须对采购专票进行分录设置修改，其他票据对应分录继续有效。分录设置见图 8-2-8。

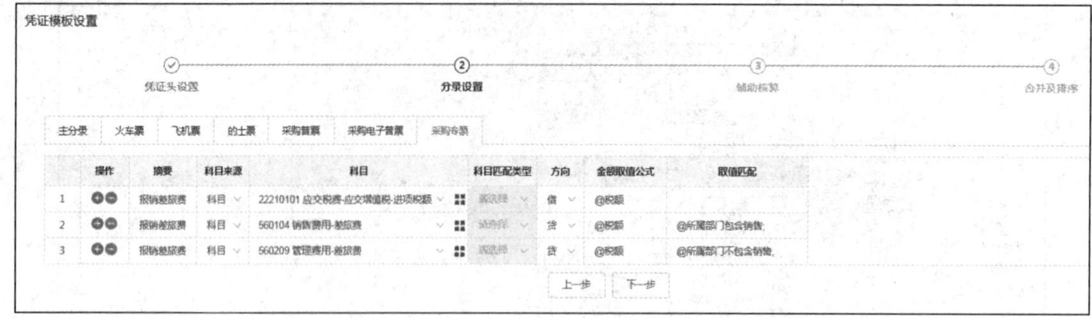

图 8-2-8　采购专票分录设置

任务 3　票据影像审核

对苏州美乐食品有限公司 6 月份全部业务票据进行影像审核，系统自动生成记账凭证。本任务的操作与前期月份完全相同，参考 4 月份的处理，不再赘述。

【友情提示】

经上述任务 1 至任务 3 处理，业务票据智能核算任务完成，共生成记账凭证 141 张，可以依次单击"凭证预处理"→"业务票据凭证"选项，进行查看。

任务 4　期末计提摊销业务智能核算

从本任务开始进入 6 月份 Excel 数据建模智能核算处理。处理方法与 4 月、5 月均相同。根据基础资料分析，6 月份具体任务有：发放 6 月份工资；计提 6 月份工资；结转工会经费；计算并结转营业成本；房租费摊销；保险费摊销；计提固定资产折旧；转出未缴增值税；计提附加税；计提企业所得税。

1. 发放 6 月份工资

完成发放工资汇总表的填制，并以"6 月发放工资汇总表"命名保存文件，结果见表 8-4-1。

表 8-4-1　发放工资汇总表

所属单位：苏州美乐食品有限公司　　所属账期：2019 年 6 月　　编制日期：2019 年 6 月 30 日

单位：元

序号	所属部门	应付工资	养老保险（个人）	失业保险（个人）	医疗保险（个人）	补充大病（个人）	缴纳个人所得税	实发工资
1	行政部	13500.00	727.20	45.45	181.80	15.00	35.30	12495.25
2	财务部	15200.00	969.60	60.60	242.40	20.00	0.00	13907.40
3	销售部	19050.00	969.60	60.60	242.40	20.00	38.30	17719.10
4								0.00
——	合计	47750.00	2666.40	166.65	666.60	55.00	73.60	44121.75

制单：张绣品

2. 计提6月工资

完成计提工资汇总表的填制，并以“6月计提工资汇总表”命名保存文件，结果见表8-4-2。

表8-4-2 计提工资汇总表

所属单位：苏州美乐食品有限公司　　所属账期：2019年6月　　编制日期：2019年6月30日

单位：元

序号	所属部门	基本工资	销售提成	奖金	补贴	应付工资	养老保险（单位）	失业保险（单位）	工伤保险（单位）	生育保险（单位）	医疗保险（单位）	补充大病（单位）	保险合计
1	行政部	13500.00	0.00			13500.00	1727.10	45.45	10.92	72.72	818.10		2674.29
2	财务部	15200.00	0.00			15200.00	2302.80	60.60	14.56	96.96	1090.80		3565.72
3	销售部	15000.00	4000.00			19000.00	2302.80	60.60	14.56	96.96	1090.80		3565.72
4													0.00
	合计	43700.00	4000.00	0.00	0.00	47700.00	6332.70	166.65	40.04	266.64	2999.70	0.00	9805.73

制单：张绣品

3. 结转工会经费

完成通用摊销分配表的填制，并以“6月结转工会经费” 命名保存文件，结果见表8-4-3。

表8-4-3 通用摊销分配表

所属单位：苏州美乐食品有限公司　　摊销分配项目：结转工会经费

所属账期：2019年6月　　编制日期：2019年6月30日

单位：元

序　号	明细项目	工资总额	计算比例	所属部门	分配金额
1	工会经费	13500.00	0.02	行政部	270.00
2		15200.00	0.02	财务部	304.00
3		19050.00	0.02	销售部	381.00
4					
——	合计	47750.00		——	955.00

制单：张绣品

4. 结转营业成本

完成营业成本计算表的填制，并以“6月营业成本计算表”命名保存，结果见表8-4-4。

表8-4-4 营业成本计算表

所属单位：苏州美乐食品有限公司　　所属账期：2019年6月　　编制日期：2019年6月30日

数量单位：件　　金额单位：元

序号	产品明细	本月发出数量	本月退货数量	数量合计	单位成本	成本总额
1	41.8度 君坊	0.00		0.00	88.49	0.00
2	北京二锅头	0.00		0.00	38.49	0.00

续表

序号	产品明细	本月发出数量	本月退货数量	数量合计	单位成本	成本总额
3	海之蓝	0.00		0.00	119.46	0.00
4	梦之蓝 3	0.00		0.00	340.70	0.00
5	梦之蓝 6	0.00		0.00	467.25	0.00
6	天之蓝	0.00		0.00	252.22	0.00
7	三得利啤酒 7.5 度 330*6*4 特爽罐啤	0.00		0.00	34.96	0.00
8	三得利啤酒 7.5 度 500*4*6 超纯罐啤	0.00		0.00	44.25	0.00
9	光明牌 400g 高钙维生素 E 调制奶粉	0.00		0.00	21.69	0.00
10	光明牌 400g 全脂奶粉	0.00		0.00	20.80	0.00
11	光明牌 800g 高钙多维调制奶粉	0.00		0.00	57.52	0.00
12	500ml 乌龙茶无糖/低糖	1297.00		1297.00	31.01	40219.97
13	娃哈哈桂圆八宝粥	18.00		18.00	28.36	510.48
14	香飘飘麦香/草莓/香芋/原味奶茶 80g	0.00		0.00	70.80	0.00
15	1L 红茶/绿茶	51.00		51.00	21.24	1083.24
16	200g 钙多多/锌多多	248.00		248.00	27.90	6919.20
17	200g 爽歪歪	0.00		0.00	33.98	0.00
18	220gAD 钙奶	300.00		300.00	26.81	8043.00
19	2L 红茶/绿茶	0.00		0.00	26.11	0.00
20	350ml 苏打水	0.00		0.00	38.23	0.00
21	380ml 农夫山泉饮用水	879.00		879.00	18.88	16595.52
22	445ml 水溶 C 柠檬/西柚/青桔	76.00		76.00	41.69	3168.44
23	450g 营养快线	74.00		74.00	43.14	3192.36
24	480ml 三得利利趣拿铁	71.00		71.00	46.18	3278.78
25	480ml 三得利美式咖啡	80.00		80.00	45.76	3660.80
26	4L 农夫山泉饮用水	98.00		98.00	26.23	2570.54
27	500g 营养快线	0.00		0.00	39.60	0.00
28	500ml 茶派	659.00		659.00	70.40	46393.60
29	500ml 可乐	116.00		116.00	40.35	4680.60
30	500ml 农夫果园橙/菠萝/番茄	141.00		141.00	61.26	8637.66
31	500ml 苏打水	9.00		9.00	31.29	281.61
32	500ml 维他命水	176.00		176.00	64.17	11293.92
33	500ml 雪碧	26.00		26.00	43.33	1126.58
34	530ml C 柠檬/西柚/蜜桃/驱动	300.00		300.00	25.37	7611.00
35	535ml 农夫山泉饮用水	183.00		183.00	34.24	6265.92
36	550ml 尖叫纤维/多肽	231.00		231.00	55.71	12869.01
37	550ml 农夫山泉饮用水	1280.00		1280.00	20.26	25932.80

续表

序号	产 品 明 细	本月发出数量	本月退货数量	数量合计	单位成本	成本总额
38	550ml 沁柠水/沁桃水	334.00		334.00	28.71	9589.14
39	596ml 娃哈哈纯净水	0.00		0.00	18.30	0.00
40	600ml 脉动（青柠/仙人掌/水蜜桃）	418.00		418.00	38.93	16272.74
41	洞庭山天然矿泉水	0.00		0.00	9.30	0.00
42	可乐塑料瓶 300ml	30.00		30.00	15.09	452.70
43	可乐塑料瓶 500ml	30.00		30.00	46.18	1385.40
44	美汁源果粒橙 420ml	10.00		10.00	26.05	260.50
45	魔力维他命	70.00		70.00	30.08	2105.60
46	统一 450ml 煎奶奶茶	5.00		5.00	40.71	203.55
47	统一 450ml 鲜橙多	12.00		12.00	33.63	403.56
48	统一 570ml 爱夸水	16.00		16.00	55.65	890.40
49	统一雅哈冰/意式经典咖啡	5.00		5.00	59.23	296.15
50	香飘飘果汁茶金桔柠檬/泰式青柠/桃桃红柚	0.00		0.00	53.10	0.00
51	雪碧塑料瓶 500ml	0.00		0.00	46.95	0.00
52	雪碧易拉罐 330ml	0.00		0.00	37.63	0.00
53	雪菲力盐汽水	155.00		155.00	27.33	4236.15
54	呦呦奶茶	5.00		5.00	33.33	166.65
55	汇源青柚水	200.00		200.00	29.10	5820.00
	合计	——	——	——	——	256417.57

制单：张绣品

5. 摊销房租费

完成通用摊销分配表的填制，并以“6 月摊销房租费”命名保存文件，结果见表 8-4-5。

4 月初剩余房租费 17145 元分 9 个月摊销，行政部占 30%，财务部占 30%，销售部占 40%。5 月份支付房租费 20571.43 元，摊销期限为 9 个月，5 月份开始摊销，各部门占比保持不变。

6 月份应分摊房租费总金额=17145÷9+20571.43÷9=4190.71（元）。

表 8-4-5 通用摊销分配表

所属单位：苏州美乐食品有限公司　　　　摊销分配项目：摊销房租费

所属账期：2019 年 6 月　　　　编制日期：2019 年 6 月 30 日　　　　单位：元

序　号	明 细 项 目	待摊销金额	摊销期数（月）	所 属 部 门	分 配 金 额
1	房租费		0.30	行政部	1257.21
2			0.30	财务部	1257.21
3			0.40	销售部	1676.29
4					0.00
——	合计	4190.71	1.00	——	4190.71

制单：张绣品

6. 摊销保险费

完成通用摊销分配表的填制，并以“6月摊销保险费”命名保存文件，结果见表8-4-6。

4月初剩余保险费摊销4月至7月每月摊销1017.5元，5月份购入保险费3688.35元，摊销期限为9个月，5月份开始摊销。

6月份摊销金额=1017.5+3668.35÷9=1427.32（元）。

表8-4-6 通用摊销分配表

所属单位：苏州美乐食品有限公司 摊销分配项目：摊销保险费

所属账期：2019年6月 编制日期：2019年6月30日 单位：元

序 号	明细项目	待摊销金额	摊销期数（月）	所属部门	分配金额
1	保险费	1427.32	1.00	销售部	1427.32
2					
——	合计	1427.32		——	1427.32

制单：张绣品

7. 计提固定资产折旧

完成通用计提表的填制，并以“6月计提固定资产折旧”命名保存文件，结果见表8-4-7。

表8-4-7 通用计提表

所属单位：苏州美乐食品有限公司 计提项目：计提固定资产折旧

所属账期：2019年6月 编制日期：2019年6月30日

单位：元

序 号	项 目	本月折旧金额	累计折旧金额	计提金额
1	行政部			699.30
2	财务部			965.84
3	销售部			3873.89
4				
——	合计			5539.03

制单：张绣品

8. 计提增值税

完成通用计提表的填制，并以“6月计提增值税（转入留抵税额）”命名保存文件，结果见表8-4-8。

表8-4-8 通用计提表

所属单位：苏州美乐食品有限公司 计提项目：计提增值税（转入留抵税额）

所属账期：2019年6月 编制日期：2019年6月30日

单位：元

序 号	项 目	销项税额	可抵扣进项税额	转入留抵税额
1	增值税	38247.34	71103.09	32855.75
2				
——	合计			32855.75

制单：张绣品

填制原理：依次单击“会计账簿”→“科目余额表”选项，打开“科目余额表”窗口，其中当期销项税额为38247.34元、当期进项税额为71103.09元，“应交税费——未交增值税”期初无借方余额，说明无上期留抵税额。根据增值税法规定，当期应缴增值税=38247.34-71103.09-0=-32855.75，负数表示当期有留抵税额，选择填制“计提增值税（转入留抵税额）”Excel数据表，并且注意“转入留抵税额”栏应用正数填制，见图8-4-1。

科目余额表 2019年第06期 至 2019年第06期

科目编码	科目名称	期初余额		本期发生额		本年累计发生额		期末余额	
		借方	贷方	借方	贷方	借方	贷方	借方	贷方
2221	应交税费		13,144.73	82,320.72	38,320.94	1,230,530.23	1,207,200.65		-30,855.05
222101	应交增值税			71,103.09	38,247.34	1,055,768.33	1,022,912.58		-32,855.75
22210101	进项税额	309,810.20		71,103.09		902,734.81		380,913.29	
22210102	销项税额		364,138.22		38,247.34		1,022,912.58		402,385.56
22210103	进项税额转出								
22210104	转出未交增值税	54,328.02				153,033.52		54,328.02	
222102	未交增值税		9,950.54	9,950.54		146,172.82	156,251.59		
222103	应交企业所得税		1,927.10			10,110.90	8,375.35		1,927.10

图8-4-1 应交税费科目余额（部分）

9. 计提企业所得税

完成上述全部业务记账凭证自动生成后，通过“期末结账”选项查看损益金额为“-37898.75”元，表示亏损，因此，本期无须计提企业所得税。

任务5 期末智能结转损益

在开始期末智能结转损益前，可以通过“凭证预处理”选项检查业务票据凭证共有141张、Excel凭证共8张，合计共149张。此时通过“期末结账”选项查看金额为“-37898.95”，单击金额生成凭证，系统自动完成结转损益的账务处理，见图8-5-1。

期末结账完成后，会计账簿数据、财务报表数据系统自动生成，5月末的核算业务结束。

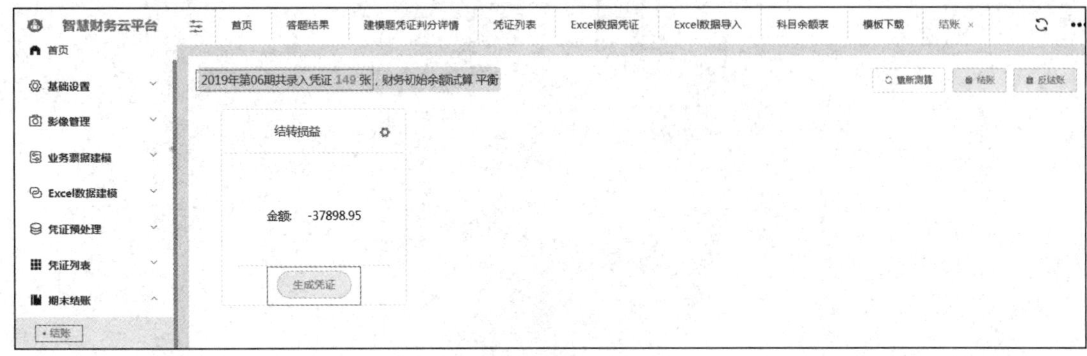

图8-5-1 智能结转损益

任务 6　期末智能结账

完成上述全部任务操作后，在“首页”菜单依次单击“凭证列表”→“审核凭证”选项，在弹出的“审核凭证”窗口中，全选所有记账凭证，单击“批量审核”按钮，完成 6 月份全部记账凭证的审核。

在“首页”菜单依次单击“期末结账”→“结账”选项，在弹出窗口单击“结账”按钮，弹出系统提示“请确认要结转到 2019 年第 7 期”，单击“确认”按钮，自动完成结账，见图 8-6-1。

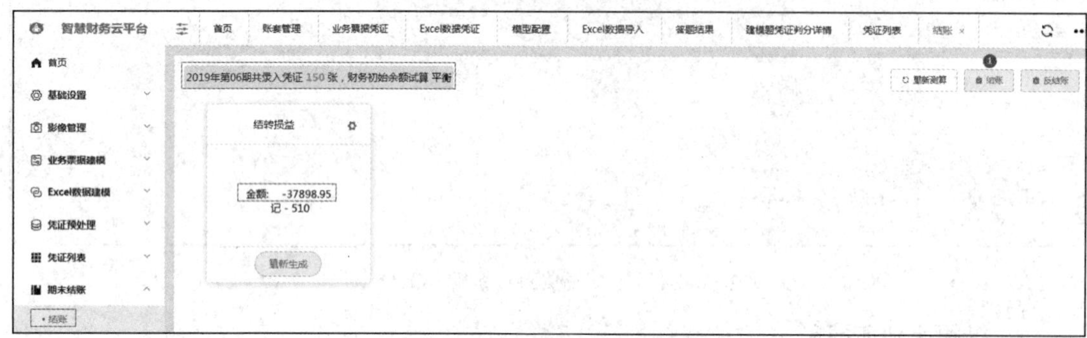

图 8-6-1　期末智能结账

此时再在“首页”菜单依次单击“基础设置”→“账套管理”选项，打开“账套管理”窗口，查看系统自动生成的 2019 年 7 月账期，见图 8-6-2。

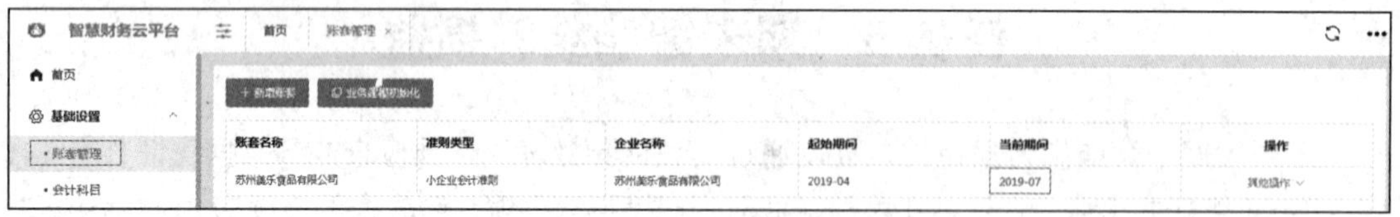

图 8-6-2　启动新账期